디지털 매트릭스

디지털 매트릭스

벤캇 벤카트라만 지음 | 엄성수 옮김

디지털 기술을 통한
기업 혁신의 새로운 법칙

THE DIGITAL MATRIX

New Rules for Business
Transformation Through Technology

시그마북스
Sigma Books

디지털 매트릭스

발행일 2019년 1월 1일 초판 1쇄 발행
지은이 벤캇 벤카트라만
옮긴이 엄성수
발행인 강학경
발행처 시그마북스
마케팅 정제용
에디터 장민정, 최윤정, 김경림
디자인 최희민, 김문배, 강경희
등록번호 제10-965호
주소 서울특별시 영등포구 양평로 22길 21 선유도코오롱디지털타워 A404호
전자우편 sigmabooks@spress.co.kr
홈페이지 http://www.sigmabooks.co.kr
전화 (02) 2062-5288~9
팩시밀리 (02) 323-4197
ISBN 979-11-89199-59-3 (03320)

이 도서의 국립중앙도서관 출판예정도서목록(CIP)은 서지정보유통지원시스템 홈페이지(http://seoji.nl.go.kr)와 국가자료공동목록시스템(http://www.nl.go.kr/kolisnet)에서 이용하실 수 있습니다.
(CIP제어번호: CIP2018034156)

* 시그마북스는 (주) 시그마프레스의 자매회사로 일반 단행본 전문 출판사입니다.

머리말

나는 비즈니스를 연구하는 사람이다. 지금까지 30년 넘게 각 조직이 어떻게 움직이는지, 그 조직들의 성공 동력은 무엇인지, 또 취약점들은 무엇인지를 알아내기 위해 연구해 오고 있다. 그러면서 기업들이 어떤 일을 할 수 있는지를 분석하고 있으며, 또 기업들이 새로운 차원의 효율성을 발휘하고 새로운 성장 궤적을 그릴 수 있게 이끌어주는 일도 하고 있다.

그 점에서 나는 별로 특별하지 않다. 마케팅, 영업 활동, 전략, 회계에 관심이 있든 경제학, 심리학, 사회학, 컴퓨터공학에 관심이 있든, 경영대학원 교수라면 누구나 단기적 효율성 및 장기적 효율성과 관련된 이런저런 의문들에 관심이 많은 법이기 때문이다.

다만 내가 다른 사람들과 다른 점이 있다면 우리가 알고 있는(또한 가르치고 연구하고 실행하고 있는) 경영이 여러 다른 유형의 디지털 기술들에 의해 어떤 영향을 받고 있는가 하는 것에 관심이 많다는 것이다.

1985년 매사추세츠공과대학교 내 MIT 슬로언 경영대학원에서 처음 연구 생활을 시작했을 때, 나는 운이 좋게도 마이클 스콧 모튼 교수가 이끌고 많은 주요 민간단체들과 정부 기관들이 후원하던 한 공동 연구 프로젝트(1990년대에 경영[Management]이라 불림)에 참여하게 됐다. 우리의 목표는 다음과 같은 의문에 답하는 것이었다. "기업들은 정보기술의 힘을 이용해 어떻게 스스로 변화할 수 있을 것이며, 또 그것은 우리가 알고 있는 경영 분야에 어떤 의미가 있을까?"

IBM의 개인용 컴퓨터들과 제록스의 스타 워크스테이션들, 그리고 디지털 이퀴프먼트의 미니컴퓨터들이 풍미하던 그 시대에 우리는 '정보기술(IT)' 또는 '정보 시스템(IS)' 이야기를 했다. 정보기술을 토대로 한 그 당시의 혁신 속에는 현금자동입출금기(ATM)와 이메일 그리고 전화식 모뎀으로 기업들을 연결해 주는 업계용 프로토콜들과 커뮤니케이션 등이 포함되어 있었다.

그리고 〈와이어드〉를 창간한 니콜라스 네그로폰테가 디지털 기술과 그 기술이 만들어낼 미래에 대해 쓴 선견지명이 있는 베스트셀러 『디지털이다』가 막 출간된 것도 그때였다.[1]

제너럴 모터스(지금의 GM)와 아메리칸 익스프레스, 영국 국영 석유회사(오늘날의 BP), 미국 국세청(IRS) 그리고 미 육군이 어떻게 일부 초창기 디지털 변화를 활용하고 있는지를 연구하는 과정에서, 나는 정보기술 덕에 가능해질 5단계 혁신의 뼈대를 만들었다. 1994년에 〈MIT 슬로언 경영 리뷰〉에 발표됐던 내 논문은 지금까지도 그 저널에 실린 논문들 가운데 가장 많은 관심을 받는 논문인데, 그 논문의 내용은 간단명료했다. 정보기술 활용의 이점들을 깨닫기 위해서는 기업들이 조직되는 방식은 물론 확대된 기업 네트워크 내에서 서로 연결되는 방식에도 상응하는 변화가 있어야 한다는 것이었다. 게다가 중간 관리자들은 정보 시스템을 활용하기 위해 국지적인 방식들을 사용할 수 있지만 고위 관리자들은 정보기술이 자기 기업의 핵심적인 전략, 즉 기업 운영의 범위와 핵심 능력(이는 기업마다 다름), 그리고 생산, 구매 또는 제휴 결정 등을 어떻게 변화시킬 수 있는지를 알아야 한다.

그 당시에 널리 받아들여지던 경영상의 지혜는 '정보기술 전략은 사업 전략에 따라야 하며 또 정보기술 전략과 조직은 선택된 사업 전략을 뒷받침할 수 있어야 한다'는 것이었다. 그러나 우리의 연구 결과를 토대로, 내 동료 존 C. 헨더슨과 나는 새로운 사업 논리를 만들어냈다. 우리는 경영인들에게 정보기술 전략이 사업 전략을 뒷받침하던 조건들은 물론, 정보기술 전략이 사업 전략 그 자체에 영향을 주던 조건들에 대해서도 체계적으로 생각해 볼 것을 요구했다.

이런 논리와 논리를 뒷받침해주는 틀, 그리고 각종 경영 권고안들로부터 '전략적 연계 모델'이 탄생했다. 이 모델은 1993년 IBM의 〈시스템즈 저널〉에 처음 실렸고 1999년에 다시 실렸는데, 이때 1960년대부터 20세기 말까지의 정보기술과 관련된 사고의 주요 개념들 중 하나인 '전환점(turning point)' 개념이 발표되기도 했다.

MIT 슬로언 경영대학원에서 시작되어 현재 보스턴대학교 퀘스트롬 경영대학원에서 계속되고 있는 연구와 강의, 컨설팅 작업을 통해 나는 계속해서 기업과 정보기술 전략들의 관계를 추적 조사하고 있는 중이다. 나는 그간 기업들이 어떻게 항공, 보험, 자동차, 소매업 분야에서 자신의 한계를 뛰어넘어 정보기술 분야와 서로 연결되고 있는지를 살펴보았다. 그리고 존 헨더슨과 나는 특히 기업을 관계의 네트워크를 통해 결집된 여러 능력들의 포트폴리오로 이해하기 위해 '제휴(partnership)'와 관련된 개념들을 개발했다.

그 외에도 나는 이런 '생태계'가 소프트웨어와 비디오 게임이라는 두 분야에서 어떻게 생겨나고 자라고 진화하는지도 연구했고, 소셜 웹과 모바일 웹 그리고 미디어 웹들의 출현에 대해서도 조사했다. 그 과정에서 나는 기업들이 서로 연결돼 있다는 걸 알게 됐으며, 또한 성공한 기업들은 이처럼 새로운 생태계에 언제 뛰어들고 언제 빠져나와야 하는지를 잘 안다는 것도 알게 됐다.

나는 그간 이런 아이디어들을 로레알, 카날플러스, 닐슨, IBM, 마이크로소프트, 브리티시 텔레컴(BT), 스와이어, BP, 스타토일, 시어스 캐나다, 루센트, GM, 머크, 미 육군, 페덱스, 비자 유럽, 에릭슨 등과 함께 일하면서 테스트하고 다듬어왔으며, 기업들이 어떻게 서로 힘을 합쳐 자신들의 사업 전략을 만들어내고 이처럼 역동적인 비즈니스 네트워크 안에서 가치를 포착하는지를 이해하게 되었다.

오늘날, 디지털 기술은 도처에서 볼 수 있다. 그리고 구글과 페이스북이 디지털 기술 분야의 대표적인 글로벌 브랜드이다. 타이핑 기술은 음성 명령 기술로 대체되고 있는 중이며, 인쇄된 지도와 백과사전, 어학 사전 등은 이미 온라인 데이터베이스로 대체되었고, 사진 앨범과 CD 역시 온라인 데이터 저장소인 클라우드 스토리지의 등장과 함께 사양길로 접어들었다.

조만간 자율주행 자동차가 우리를 실어 나를 것이고, 드론이 각종 물건들을 배달해 줄 것이다. 과거 공장에만 있던 로봇이 이제 우리의 가정과 사무실과 병원 안으로 들어오고 있다. 그러나 이처럼 디지털 기술은 이제 도처에서 볼 수 있고 그 영향력은 갈수록 커지고 있지만 많은 기업들은 여전히 이런 변화를 제대로 따라가지 못하고 있다.

30년이나 흘렀음에도 불구하고, 내 연구의 바탕이 됐던 핵심 의문은 여전히 유효하다. "기업들은 어떻게 디지털 기술의 힘을 이용해 스스로를 변화시킬 수 있을 것인가?" 많은 기업들은 여전히 헤드라이트 불빛에 놀란 사슴처럼 어쩔 줄 모르고 있는데, 어떻게 어떤 기업들은 새로운 디지털 기술을 잘 받아들이는 걸까? 또한 대부분의 경영진은 디지털 기술의 힘과 장점들을 직감적으로 잘 알고 있으면서, 왜 여전히 더 깊이 파고들어 그 기술들을 최대한 잘 활용할 방법을 알아내려 하지 않는 걸까? 그리고 또 전통적인 산업 분야의 경영인들은 미래는 분명 다를 것이라고 말하면서 왜 여전히 기존의 경영 원칙들에 기대려 하는 걸까?

내가 이 책을 쓰고 있는 목적은 경영인들로 하여금 디지털 기술을 좀 더 제대로 이용할 수 있게 해주자는 것이다. 첫째, 그간 구글이나 페이스북, 이베이, 아마존 같은 디지털 분야의 '신성'들이나 페이팔[2] 같은 기술 기업들의 성공을 다룬 책은 많았고, 소셜 웹이나 모바일 웹, 빅데이터(디지털 환경에서 생성되는 방대한 데이터 – 옮긴이), 공유 경제, 노동의 미래 같은 중요한 트렌드를 다룬 책도 많았지만, 전통적인 산업 분야의 기업들이 무엇을 할 수 있고 무엇을 해야 하는지, 또 디지털 분야의 신성 및 기술 트렌드와의 관계를 어떻게 설정해야 하는지를 체계적으로 다룬 책은 별로 없었다. 둘째, 내가 보기에 우리는 지금 이른바 '티핑 포인트(어떤 현상이 서서히 진행되다 작은 요인으로 한 순간에 폭발하는 것 – 옮긴이)'에 도달해 있으며, 그래서 클라우드 컴퓨팅(자신의 컴퓨터가 아닌 인터넷으로 연결된 다른 컴퓨터로 정보를 처리하는 기술 – 옮긴이), 로봇공학, 3D 프린팅, 머신 러닝(인공지능의 한 분야로, 컴퓨터가 스스로 방대한 데이터를 분석해 미래를 예측하는 기술 – 옮긴이), 블록체인(네트워크에 참여하는 모든 사용자가 모든 데이터를 분산 저장하는 데이터 분산 처리 기술 – 옮긴이) 알고리즘 같은 새로운 영역들에서 디지털 기술상의 급격한 힘의 변화를 목격하고 있을 뿐 아니라 그런 기술들이 삶과 일, 학습, 놀이, 혁신, 거래, 통제 같은 인간의 핵심 활동들에 어떻게 적용되고 있는지도 목격하고 있다. 디지털화는 우리 사회 곳곳에 파고들 것이며, 그 같은 변화 과정에서 디지털 기술을 마스터할 수 있느냐 없느냐로 승자와 패자가 갈리게 될 것이다.

내가 지금 미래학자 흉내를 내려는 것이 아니다. 실제로 나는 예를 들어 2025년에 비즈니스 환경이 어찌 될지 예측도 하지 못한다. 그러나 나는 디지털화가 단순히 모바일 앱과 소셜 상호작용을 도입하거나 데이터 사이언티스트(데이터로부터 의미 있는 정보를 추출해 내는 전문가 – 옮긴이)들을 채용해 방대한 데이터를 분석하는 것을 넘어서 그보다 훨씬 더 강력하고 깊은 영향을 모든 산업 분야에 미칠 거라고 믿는다. 그래서 나는 지금 제조,

자동차, 광업, 석유 및 가스, 에너지, 수송 및 물류, 소비재 및 소매업, 여행 및 접객, 제약 및 의료, 패션 및 의류업 같은 전통적인 산업 분야에 속한 전통적인 기업들의 리더들을 위해 이 책을 쓰고 있다.

나는 디지털화가 문제가 되지 않을 분야는 단 한 군데도 없을 거라 생각한다. 그래서 나는 당신에게 필요한 뼈대를 제공해 디지털 사업 전략을 이해하게 해주고, 당신의 사업 논리와 관행, 가정, 주장들을 되돌아보며 의문을 제기할 수 있게 해주며, 당신으로 하여금 디지털화와 관련된 변화들을 평가하고 직접 그 변화들에 참여할 수 있게 하려 한다. 당신이 기업 내에서 어떤 위치에 있고 어떤 일을 하고 있는지는 중요치 않으며, 당신이 대기업에 있든 중소기업에 있든 상관없다. 어떤 경우든 당신은 당신 회사의 디지털 변화에 중요한 역할을 할 수 있다.

북아메리카, 유럽, 인도, 중국, 한국, 사하라 이남 아프리카, 남아메리카 등 어디에 있든 역시 별 문제가 되지 않는다. 디지털화는 전 세계적인 트렌드이며, 그래서 이제 시대에 뒤떨어진 낡은 비즈니스 모델들이 안전하게 살아남을 수 있는 피신처란 없다.

이 책에서 나는 주로 대기업들을 예로 들겠지만, 이는 순전히 그래야 당신이 더 이해하기 쉽기 때문이다. 미래에는 개별 기업들의 규모는 그리 중요하지 않다. 서로 다른 규모의 조직들이 어떻게 서로 힘을 합쳐 디지털 기술의 힘을 활용해 고객들에게 가치를 전달하느냐 하는 것이 훨씬 더 중요하다.

나는 당신이 이 책을 통해 미래의 기업 환경은 어떨 것인지, 향후 10년간 어떤 일들이 있을 것인지 알게 되기를 바란다. 또 그 10년간 기회를 잘 살리는 기업들은 짜릿한 혁신을 이루겠지만 기회를 놓치는 기업들은 크나큰 고통을 겪게 되리라는 걸 보다 잘 이해할 수 있기를 바란다.

아마 2025년에도 우리는 아마 여전히 이런 의문을 가질 것이다. "기업들은 어떻게 디지털 기술의 힘을 이용해 스스로를 변화시킬 수 있을 것인가? 그리고 또 그것이 우리가 알고 있는 경영에 어떤 의미가 될 수 있을 것인가?”

단 한 가지 차이가 있다면, 그건 2025년에는 또다시 새로운 기술들이 등장해 있을 것이고, 경영 원칙과 관행들 또한 변해 있을 것이라는 사실이다. 나는 당신이 디지털 변화기에 당신의 기업을 성공적으로 이끈 리더들 중 한 사람이 되길 바라며, 또한 당신의 여정이 우리가 생각하는 2025년이라는 미래의 경영에 토대가 되길 바란다.

THE DIGITAL MATRIX

New Rules for Business
Transformation Through Technology

contents

서론

낡은 원칙들을 고집하느라 불리한 상황을 자초하고 있는 것은 아닌지

사업가들은 '포천(Fortune) 500(〈포천〉 선정 미국 내 500대 기업 - 옮긴이)'에 대해 얘기하는 걸 좋아한다. 그해에 미국에서 가장 많은 매출을 기록한 500대 기업의 명단이 미국 경제 전체와 어떤 관련이 있는지 얘기하는 걸 좋아하는 것이다. 그리고 그 무엇보다 우리는 이런저런 트렌드들을 알아내 그걸 보고 이런저런 결론을 내리는 것을 좋아한다.

따라서 내가 만일 1955년에 처음 포천 500에 들어갔던 500개 기업 가운데 단 61개 기업, 그러니까 약 12퍼센트의 기업들만 2015년의 포천 500 명단에 그대로 들어 있다[1]는 얘기를 한다면 당신은 의아해할 것이다. 그건 대체 뭘 의미하는 걸까? 예전에는 포천 500에 들어갔던 기업은 60년 이상 그 수명이 지속될 걸로 기대됐지만 지금은 그 수명이 15년에서 20년 정도밖에 안 된다.[2]

이런 현상은 뮤추얼 펀드(투자자들로부터 자금을 모아 전문 자산운용회사에 맡겨 채권이나 주식 등에 분산 투자해 얻은 수익을 다시 투자자들에게 배분하는 투자 회사 - 옮긴이)와 관련된 다음과 같은 짧은 문구로 유명해졌다. "과거의 실적은 미래의 수익을 보여주는 지표가 되지 못한다." 다시 말해, 현재 당신 기업의 사업 전략이 아무리 큰 성공을 거두고 있다 해도 그게 미래까지 지속될 거라 장담할 수 없다는 것이다.

만일 당신이 아직도 산업 시대의 생각들을 가지고 일한다면 당신은 이미 디지털 경제의 현실에서 뒤처져 있는 것이거나 아니면 적어도 조만간 그렇게 될 것이다. 그리고 그 때문에라도 당신은 반드시 이 책을 읽어야 한다.

증거는 너무도 확실하다. 두 괴짜 컴퓨터 과학자가 머릿속에서 상상해 낸 검색 관련 신생 기업 구글은 1990년대 중반에 설립되었으며, 지금은 무려 5,000억 달러 이상의 가치를 지닌 글로벌 기술 브랜드가 되어 있다. 일개 온라인 서점으로 출발한 아마존은 20년 만에 매출 면에서 월마트를 능가하는 글로벌 전자상거래 소매업체가 되었으며, 클라우드 컴퓨팅 서비스와 미디어, 인공지능 분야에서도 리더가 되었다. 그리고 애초에 하버드 대학교 학생들만 이용할 수 있는 온라인 소셜 네트워킹 사이트로 출발한 페이스북은 3,000억 달러 이상의 가치를 지닌 글로벌 소셜 네트워크가 되었다. 그리고 디지털화 추세 덕에 지난 10년간 여러 브랜드와 소비자, 그리고 선거 후보와 유권자 간의 대화가 촉진됐다.

비교적 젊은 이 세 기업(셋 중 가장 오래된 아마존도 생긴 지 21년밖에 안 됐으므로)은 2016년 중반에 벌써 자본금이 무려 1조 달러가 넘게 되었다. 이 세 기업은 모두 디지털 기술 분야에서의 괄목할 만한 발전을 토대로 강력한 사업 모델들을 만들어냈고, 그 결과 강력하면서도 거대한 디지털 분야의 거인들이 되었다.

이 기업들은 포천 500 명단 중 어디쯤 랭크되어 있을까? 페이스북은 지금까지 4년간 이 명단에 올라 있는데, 2013년의 482위에서 2016년에는 157위로 뛰어올랐다. 구글(구글의 모회사 알파벳)은 2006년에 353위였으나 2016년에는 36위까지 뛰어올랐다. 아마존은 2002년에 처음 492위로 명단에 이름을 올렸는데 순위가 꾸준히 올라가 2016년에는 18위가 되었다. 매출 기준으로 2016년 현재 애플은 3위, 마이크로소프트는 25위, IBM은

31위에 랭크되어 있다. 그리고 2016년 8월 초 현재 다우존스 지수 기준으로 시가 총액 5위 안에 든 기업은 애플, 알파벳, 마이크로소프트, 아마존, 페이스북이었다.

이 기업들이 주는 교훈은 무엇일까? 디지털 기술은 당신 기업을 비롯한 모든 기업, 모든 업계에 반드시 필요한 기술이라는 것이다. 구글, 아마존, 애플, 페이스북은 과거에도 그랬지만 지금도 전통적인 정보기술(IT) 기업은 아니다. 디지털 기술은 이 기업들이 강력한 글로벌 브랜드가 되는 데 도움을 주고 있다. 2015년 현재 인터브랜드가 선정한 세계 최고의 브랜드 목록에 따르면, 애플이 1위, 구글이 2위, 아마존이 10위, 페이스북이 23위이다.[3] 이 같은 브랜드 파워 덕에 이제 세계 각지에서 과거 그 어느 때보다 더 많은 사람들이 이 기업들에 접근할 수 있게 됐다.

가장 흔한 두 가지 오해를 풀어보자. 첫째, 내가 만일 "당신 기업은 디지털 기업입니까?"라고 묻는다면 많은 기업 리더들이 그러듯 당신 역시 아마 금방 "아니요"라고 답할 것이다. 왜냐하면 당신 기업은 의료, 수송, 접객, 패션 같은 어떤 분야의 기업이기 때문이다. 그러나 내가 만일 "당신 기업이 디지털 기업이 아니라면, 어떤 기업이 디지털 기업이라고 생각하십니까?"라고 묻는다면, 다른 많은 사람들이 그러듯 당신 역시 아마 구글, 아마존, 페이스북 같은 최첨단 기업들이나 애플, 알리바바, AT&T같이 규모가 큰 글로벌 기업들 또는 에어비앤비, 우버, 트위터, 핏빗 같은 신생 기업들이 디지털 기업이라고 답할 것이다. 그러면서 아마 당신은 디지털이 점점 당신과도 관련 있는 것이 되어가고 있지만, 아직 당신에게 절대 필요한 건 아니라고 생각할 것이다. 그러나 한 번 더 강조하지만, 디지털화는 이제 모든 기업, 모든 산업, 모든 곳에 절대 필요한 것이다. 디지털 기술은 이제 어디서나 꼭 필요한 기술이지만 대부분의 리더들은 디지털 기술에 대해 아는 게 별로 없으며, 또 디지털 기술로 인해 초래될 수 있고 또 초래될 변화들에 전혀 준비가 되어 있지 못하다.

지금 디지털이 세계를 장악해 가고 있다

우리는 이제 디지털 변화의 초기 단계에 와 있으며, 그래서 미래가 어찌 될지는 아직 알 수가 없다. 기술 분야에 종사하는 사람들은 조만간 등장할 최첨단 기술들에 대해 얘기하는 걸 좋아한다. 당신은 그간 틀림없이 모바일 또는 소셜 앱, 클라우드, 인지과학 기술 등에 대한 프레젠테이션을 여러 차례 받았을 것이다. 이제 그 프레젠테이션 목록에 3D 프린팅, 로봇공학, 블록체인, 인공지능, 증강현실, 드론, 나노 기술, 가상현실 등의 기술들을 추가할 수 있을 것이다. 어떤 기술들은 이미 여기 와 있고, 어떤 기술들은 아직 저 멀리 들판에 있으며, 또 어떤 기술들은 아마 다음해 또는 그 다음해에 등장해서 다가올 것이다. 이것만은 분명히 말할 수 있다. "지금 디지털이 물리적인 세계와 산업적인 세계를 장악해 가고 있다."[4]

포천 500 명단과 기타 명단들로 대변되는 업계 순위는 앞으로 점점 더 많은 디지털 기술의 영향 아래 재편될 것이다. 그러나 이 책은 기술을 독려하기 위한 책은 아니다. 내가 그간 이런저런 연구와 강의 그리고 컨설팅 작업을 해오면서 배운 교훈이 하나 있다면, 그것은 기업들이 자신의 조직 구조, 즉 자신의 구조, 과정, 결정권, 기업 간 관계, 자원 할당 논리, 인센티브, 보상 등을 제대로 변화시킬 때 비로소 새로운 디지털 기술로 인한 혜택들이 하나둘 축적되기 시작한다는 것이다.[5] 아무리 강력한 기술이라 해도 단순히 그 기술을 기존의 조직 구조에 덧씌우기만 한다면 아무 소용이 없다. 내가 말하는 디지털화는 이른바 '막강한 컴퓨팅 능력, 폭넓은 연결성, 강력한 클라우드'의 교차 지점에 서 있는 새로운 기업 인프라를 받아들인다는 뜻이다. 우리는 지금 컴퓨팅 능력이 점점 더 낮은 가격으로 보급되며 기하급수적으로 커져가는 현상(무어의 법칙[6])을 보고 있고, 네트워크 규모가 점점 커져가면서 네트워크의 가치 역시 점점 더 커져가는 현상(메트칼프의 법칙[7])을 보고 있으며, 또한 클라우드 컴퓨팅 기술을 활용해 보다 많은 데이터가 보다 싼 가격에 보다 높은 신뢰도로 전송되는 현상(길더의 법칙[8])도 보고 있다. 함께 움직이는 이 세 가지 법칙 내지 힘이 새로운 기업 인프라를 만들어냈으며, 또한 이것이 당신 기업이 적응하지 않으면 안 되는 새로운 현실이다. 따라서 그저 습관적으로 전통적인 제조 및 경영 과정들을 거치는 게 아니라 디지털 기술을 이용해 고객들의 중요한 문제들이 뭔지 알아내 해결하고, 또한 전통적인 기업 및 업계의 한계 내에서 또는 그 한계를 뛰어넘어 서로 힘을 합쳐 일하는 것이 이제부터 당신이 해야 할 일이다.

2016년까지 글로벌 전기통신 기업 에릭슨의 최고경영자였던 한스 베스트베리는 이런 말을 즐겨 했다. "연결에서 혜택을 볼 수 있는 것이라면, 네트워크화된 사회에서 그런 연결을 찾을 수 있을 것이다." 다시 말해, 그 어떤 제품이나 서비스든, 과정이든, 기업 인프라든, 디지털화에서 혜택을 볼 수 있다면 가까운 장래에 디지털화될 수 있다고 본다. 당신이 기업의 리더라면 당신 스스로가 그 어떤 기술이든 속속들이 알 만큼 전문가가 될 필요는 없지만 서로 다른 기술들을 어떻게 적용해야 당신 기업의 사업 모델에 변화를 주고 주요 수입원을 바꿀 수 있는지 정도는 알고 있어야 한다. 또한 디지털 기술들이 어떻게 당신 기업의 현재 사업에 도움을 줄지에 대해서만 생각할 게 아니라 그 기술들이 어떻게 당신 기업의 미래 전략과 사업 모델에까지 영향을 줄 것인지에 대해서도 생각해야 한다. 이를 위해 당신은 새로운 기업 가치를 창출할 혁신적인 방법들을 만들어내기 위해 어떻게 기술 발전과 디지털 제휴 관계들을 활용할 것인지에 대해 폭넓은 조사와 신중한 판단을 해야 한다.

왜 디지털화는 아직 안건에 오르지 않고 있는가?

당신이 왜 디지털화에 전력투구해야 하는지를 이해하려면 보다 폭넓으면서도 아주 중요한 다음과 같은 의문으로부터 시작해야 한다. "왜 한때 성공했던 기업들이 사라지는가?" 그리고 이 의문에 대한 답을 찾아내게 된다면 많은 기업들이 왜 디지털화에 의해 생겨나는 기회와 도전들을 제대로 이해하지 못하는지 그 이유들까지도 알 수 있을 것이라 믿는다. 나는 그 이유들을 '성공의 덫(success traps)'이라 부르는데, 왜냐하면 그 이유들은 전부 산업 시대의 경제 환경에서 개별 기업들이 전통적인 사업 모델들(아마 당신도 이런 사업 모델에 아주 익숙할 것이다)을 가지고 경쟁에서 살아남아 번성할 수 있었던 전략들이기 때문이다.

역량의 덫

모든 기업은 처음에는 일련의 물적 자산을 획득함으로써, 그다음에는 자사 제품을 생산할 지식과 능력을 가진 사람들에게 투자하고 기업을 조직화해 적절하게 관리함으로써 나름대로의 핵심 역량들을 개발한다. 이후 그 핵심 역량들은 조직 전체의 전략과 구조 그리고 시스템 정비를 통해 꾸준히 다듬어지고 강화된다. 핵심 역량들은 한 기업의 매출과 수익을 좌우하고, 한 기업을 다른 기업과 차별화시키며, 고객들로 하여금 특정 제품이나 서비스에 돈을 더 내게 하는 이유가 된다. 시간이 지나면서 이런 역량들은 경쟁 기업들이 흉내 내기 힘들어지며, 그 기업이 향후 계속 사업 성과를 올리는 데 핵심적인 역할을 하게 된다. 결과적으로 기업의 리더들은 현재의 사업 모델에 집착하게 된다. 물론 현재의 사업 모델이 아직은 통하기 때문이다. 그런데 문제는 현재의 사업 모델에 집착하는 가운데, 이런 역량들이 과연 언제까지 통할 것이냐는 의문을 제기할 기회를 갖지 못하게 된다는 것이다. 그러니까 고객들이 더 이상 자신의 역량을 높이 사주지 않고 그 결과 수익성이 떨어지기 시작하는 시점이 언제쯤일까 하는 고민을 해보지 못하게 되는 것이다.

블랙베리 노키아를 예로 들어보자. 2007년 블랙베리는 자신들의 스마트폰이 기업 리더들에게 더없이 적합한 스마트폰이라고 생각했다. 그 스마트폰에는 중요한 메신저 앱이 들어 있었고, 소프트웨어는 제한된 주파수 대역폭에 최적화되어 있었으며, 배터리 역시 장시간 사용할 수 있게 최적화되어 있었다. 그 무렵 노키아는 간단한 문자 메시지 서비스(SMS 또는 문자 서비스) 기능이 있는 자신들의 세계적인 피처폰(스마트폰보다 성능이 낮고 상대적으로 가격이 낮은 휴대전화 – 옮긴이)이 앞으로도 계속 먹힐 거라 믿었다. 블랙베리와 노키아 모두 자신들의 영역 내에서는 자타가 공인하는 리더였다. 그런데 애플이 아이폰을 들고 나오면서, 블랙베리와 노키아의 전화기들은 한물간 전화기들이 되어버렸다. 두 기업 모두 오랜 세월 지켜온 자신들의 역량 때문에 덫에 빠진 것이다. 특히 디지털 변화의 시기에는 더 많은 기업들이 이와 유사한 덫에 빠지게 된다.

이 책을 통해 당신은 현재의 역량과 위치에 안주하지 않고 디지털화된 미래에 대비하려면 어찌해야 하는지를 알게 될 것이다.

생태계의 덫

모든 기업은 제품 공급망에 있는 파트너들, 기술 판매 회사들, 중요한 마케팅 파트너들, 연구개발 및 혁신 기업들과의 네트워크를 구축하게 된다. 이런 관계는 신뢰와 협상을 거치면서 오랜 기간에 걸쳐 구축되며, 많은 기업들은 이런 관계를 극대화하고 핵심 역량들을 강화하기 위해 나름대로의 조직 과정들을 개발한다. 그 결과 기업들은 별 문제 없이 잘 돌아가는 공급업체 같은 안정적인 파트너들과의 관계만 계속 유지하게 된다. 그러나 그럴 경우 '혹시 다른 관계들이 더 나은 가치를 갖다줄 수도 있지 않을까', '현재의 관계에 갈등이나 문제가 생길 수도 있지 않을까' 하는 의문을 제기조차 할 수 없게 된다. 그런데 디지털 시대의 기업들에게 이런 관계는 더없이 중요하다. 좋든 싫든, 전통적인 경쟁업체들은 물론 기술 신생 기업과 거대 디지털 기업들에게도 의존해야 하기 때문이다. '생태계'라 불리는 이 같은 기업들의 네트워크 속에서 지금 기업들은 과거 전통적인 기업들이 협력하던 방식과는 전혀 다른 방식으로 서로 협력하고 경쟁한다.

마이크로소프트를 예로 들어보자. 빌 게이츠는 1990년대에 지휘자가 오케스트라를 지휘하듯 능수능란하게 개인용 컴퓨터 생태계에서 마이크로소프트의 지배를 이끌어냈다. '컴퓨터를 모든 책상 위와 모든 가정에'라는 목표를 성사시키기 위해 삼성, HTC, 소니, 도시바 같은 하드웨어 제조업체들과 긴밀한 관계를 구축한 것이다. 개인용 컴퓨터들은 점점 강력해져 가는 인텔 칩 덕분에 갈수록 처리 속도가 빨라졌고, 마이크로소프트는 그런 컴퓨터들 안에서 돌아갈 새로운 버전의 소프트웨어들을 계속 공급하기 위해 자신의 생태계를 미세 조정하는 일에 집중했다. 그러다가 모토롤라와 노키아가 휴대전화를 내놓았고, 그러자 애플은 거의 모든 곳에서 작동되는 휴대용 컴퓨터 같은 스마트폰을 내놓았다. 빌 게이츠의 뒤를 이어 애플의 최고경영자가 된 스티브 발머 역시 떠오르는 모바일 생태계에 속해 있던 기업들과 관계를 맺었지만, 그는 모바일 운영체제 생태계의 가치는 알아보지 못했다. 그래서 그와 마이크로소프트는 단순히 자신들의 기존 관계를 유지하는 데만 관심이 있었고, 결국 마이크로소프트는 모바일 분야에 뛰어들 기회를 놓쳤다.

특히 당신이 몸담고 있는 업계의 전통적인 분야들(예를 들어 광업, 농업, 의료, 운송 같은)이 디지털 기술 분야와 충돌하는 상황에서, 이 책은 당신에게 업계의 경계들을 넘나드는 생태계를 구축하고 강화하려면 어찌해야 하는지를 알려줄 것이다.

인재의 덫

모든 기업은 가장 우수한 인재들을 끌어모으고 육성하고 관리하기 위해, 또 그 인재들의 식견에서 가치를 끌어내기 위해 애쓰고 있다. 그건 간단한 일이 아니다. 특히 특정 분야에서 뛰어난 식견을 유지하면서 동시에 다른 기업들과의 차별화도 이루고, 변화하는 상황들에 제대로 적응한다는 것은 정말 쉬운 일이 아니다. 그 결과 기업들은 디지털 중심의 미래에 필요한 인재를 채용하는 게 아니라 현재 하고 있는 일들을 잘 할 직원들을 채용하게 된다. 또한 디지털화에 필요한 지식을 쌓는 일에 등한할 뿐 아니라 직원들에게 디지털 변화에 필요한 새로운 업무 과정과 조직들을 익히고 실행할 수 있도록 적절한 비전을 심어주고, 전문 기술들을 가르치는 일에도 등한하게 된다.

모토롤라의 예를 보자. 휴대용 전화를 발명했을 뿐 아니라 애플과 손잡고 전화기에 아이튠즈 기능을 집어넣는 일까지 한 이 회사가 대체 왜 스마트폰 혁신에 참여할 기회를 놓치게 된 것일까? 변혁의 시기에 모토롤라를 이끌었던 에드워드 잰더는 스마트폰 시대가 다가오는 걸 보았지만, "모토롤라에는 관련 소프트웨어를 이해할 만한 DNA도 사람도 없었다"라고 털어놓은 바 있다.[9] 인재에 대한 그의 생각은 경직되어 있었고, 그의 하드웨어 엔지니어들은 하룻밤 새에 소프트웨어 엔지니어로 변할 수 없었다. 세계적인 경영 컨설턴트 기업 맥킨지앤컴퍼니의 2015년 설문조사에 따르면, 기업 경영자들이 지목하는 '디지털화를 가로막는 가장 흔한 장애물'은 불충분한 인재 또는 리더십이었다.[10]

이 책을 통해 당신은 어떻게 기업의 인재들이 강력한 기계들의 도움을 받아 데이터와 분석이 가장 중시되는 디지털 시대에 맞는 새로운 기업 조직화 방법들을 만들어낼 수 있을지를 알게 될 것이다.

지표의 덫

성공한 조직들은 각종 지표의 영향을 많이 받으며, 특히 효율성, 품질, 가격, 이윤폭 등을 나타내는 양적인 지표의 영향을 많이 받는다. 심지어 각종 성과도 일련의 목표에 의해 평가되며, 그래서 각 관리자와 팀 그리고 기타 조직 단위도 정해진 목표를 달성하는 데 급급하다. 나는 기업 전반에 걸쳐 나타나는 그런 지표들이 대개 시장점유율, 개당 매출 또는 고객 수익성 같은 단기성과에 집중돼 있다는 걸 알게 됐다.

물론 그것이 잘못된 일은 아니다. 문제는 디지털 변화 및 혁신에 대한 보다 장기적인 고려도 없이, 부족한 자원을 어떻게 또 어디에 할당하느냐 하는 단기적인 문제에만 골몰하면서 점진적인 변화만 꾀하려 한다는 것이다. 예를 들어 시장점유율이 최대 목표일 경우, 기업 인수 및 합병 전략은 아주 새로운 능력이 필요한 디지털 기업들보다는 전통적인 산업 경계 내에 있는 기업들에게 더 유리하다. 만일 자동차 기업들이 '판매된 차량 수'가 아닌 '이동한 사람-킬로미터 점유율'에 더 많은 신경을 쓰게 된다면 사업 전략을 대체 어떻게 짜야 할까?

20세기의 가장 중요한 경영학자 중 한 사람인 에드워즈 데밍은 이런 말을 한 적이 있다. "측정할 수 없다면 관리할 수도 없다는 생각은 잘못된 생각이며, 비싼 대가를 치르게 만드는 근거 없는 믿음이다."[11] 사회학자 브루스 카메론은 또 이런 말을 했다. "숫자를 셀 수 있는 모든 게 중요한 건 아니며, 중요한 모든 것이 숫자로 셀 수 있는 것도 아니다."[12]

이 책에서 당신은 올바른 방향을 지향하는 지표들을 사용하는 법을 배우게 될 것이며, 그 결과 새로운 디지털 기술들을 가지고 기업 혁신 과정에 이런저런 실험들을 제대로 해볼 수 있게 될 것이다.

여기서 언급한 덫들은 디지털화 과정에서만 볼 수 있는 덫들이 아니지만, 기업들로 하여금 현상유지에만 급급하게 만든다. 아마 이런 '성공의 덫' 가운데 적어도 한두 가지 정도는 당신 기업에도 해당될 것이며, 그 결과 아마 당신 기업의 발목을 잡아 기업 혁신에 필요한 조치들을 취하지 못하고 있을 것이다. 상황을 정확히 아는 것이 가장 중요한 첫 번째 걸음이며, 당신 기업의 원칙들을 고쳐 쓰는 게 미래를 위한 조직 재창조로 나아가는 두 번째 걸음이다. 그리고 이 책 『디지털 매트릭스』를 통해 당신 기업은 디지털화에 대한 나름대로의 관점을 세우게 될 것이며, 성공의 덫들을 극복하게 될 것이고, 또 디지털 세상이라는 새로운 현실에 맞는 사업 모델을 채택하게 될 것이다.

당신 기업은 지금 디지털화되어 가고 있다

내가 만일 "당신 기업은 지금 디지털화되어 가고 있는가?"라는 질문을 던진다면, 당신은 아마 그렇다고 대답할 것이다. 이 질문은 당신이 지금 당신의 기업 안에서 이미 많은 디지털 변화들을 일으키고 있느냐는 질문이 아니다. 당신 기업이 지금 이미 다른 디지털 기술들의 영향을 받고 있느냐 아니면 가까운 미래에 그렇게 될 것이냐를 묻는 질문에 더 가까운 것이다. 좀 더 분명히 말하자면, 다음과 같은 경우 당신 기업은 지금 디지털화되어 가고 있는 것이다.

- 빅데이터와 분석학, 인공지능 등이 당신 기업의 각종 작업 과정과 중요한 의사결정 방식들에 영향을 주고 있다.
- 소셜 웹이 당신 기업 고객들의 행동과 상호작용과 소비 패턴에 영향을 주고 있다.
- 모바일 앱과 클라우드 컴퓨팅이 당신 기업의 서비스를 개별 고객 및 기업 고객들에게 전달하는 데 꼭 필요해졌다.
- 사물 인터넷(IoT)이 각종 센서와 소프트웨어를 통해 당신 기업의 모든 제품들을 보다 광범위한 머신 웹과 클라우드에 연결해 주고 있다.
- 로봇공학, 드론, 3D 프린팅이 당신 기업의 공급망 혁신에 꼭 필요한 핵심 동력들이다.
- 인지 컴퓨팅 알고리즘과 로봇공학이 당신 기업을 미래에 맞게 재탄생시키기 위한 당신의 방법 선택에 영향을 주고 있다.

이제 다시 앞으로 돌아가 이 특징들 가운데 몇 가지가 당신 기업에 해당되는지를 세어보라. 적어도 한 가지는 당신 기업을 비롯한 모든 기업에 해당될 것이다. 그리고 확언하건대, 아마 이 특징들은 아주 가까운 미래에 훨씬 더 많은 기업들에 해당될 것이다. 그리고 아무리 늦는다 해도 2025년쯤 되면, 대부분의 기업들과 마찬가지로 당신 기업도 모든 일의 중심에서 디지털화를 목격하게 될 것이다.

당신 기업의 경우 이 특징들 중 단 한 가지도 해당되지 않는다고 하자. 그렇다면 경쟁업체들 가운데 이 특징들을 갖고 있는 기업은 없는가? 그 기업들은 대체 왜 사고방식이 당신 기업과 그렇게 다른가? 그런 점이 당신 기업에 비해 그들에게 어떻게 유리한가? 당신 기업이 그런 경쟁우위를 가질 수는 없는가?

구글과 애플, 삼성, IBM 같은 기업들은 얼핏 봐도 디지털 기업이다. 전부 디지털 제품과 서비스를 제공하기 때문이다. 그러나 미국 농기계 제조업체 존 디어와 독일 자동차 제조업체 BMW도 디지털 기업이다. 자신들의 제품을 농업과 운송이라는 디지털 생태계의 일부로 재창조해 내고 있기 때문이다. 테슬라와 우버, 트위터, 에어비앤비 역시 분명 디지털 기업이다. 그들의 제품과 서비스가 디지털 장치 및 디지털 상호작용을 통해 제공되기 때문이다. 그러나 이 책을 다 읽을 때쯤이면 당신 눈에 GE, 필립스, 월풀, 록웰, 보슈 같은 기업들 역시 산업 기업이 아니라 디지털 기업으로 보이게 될 것이다. 또한 머크, 화이자, 노바티스 같은 제약 회사들 역시 자신들의 약이 각 환자와 어떻게 상호작용하는지에 대한 데이터를 통해 의학 분야에서의 전통적인 역량을 강화함으로써 환자의 건강과 행복에 더 큰 가치를 제공하고 있다는 걸 인정하기 시작하게 될 것이다. 그러니까 결국 모든 업계가 나름대로 자신의 디지털 미래를 맞이하고 있는 것이며, 더 나아가 각 업계의 모든 기업 역시 그러고 있는 것이다.

오늘날 우리는 산업과 경쟁 그리고 조직에 대한 낡은 정의가 더 이상

통하지 않는 변곡점에 와 있으면서도, 아직 디지털 기술들에 의해 만들어지고 있는 가치들을 규정하고 그 경계를 정해줄 새로운 방법들은 갖고 있지 못하다. 산업 시대에 테스트되고 완성된 기업 전략 및 경영의 낡은 원칙들은 이제 더 이상 통하지 않는데, 경영 또는 가치 창출 및 포착과 관련된 새로운 원칙들은 아직 갖고 있지 못한 것이다. 우리는 지금 산업 시대 이후의 디지털 세상에서 예전 기업들과는 판이하게 다른 경영 원칙과 관행을 가진 기업들이 탄생하는 것을 보고 있다.

나는 당신이 아주 가까운 미래에 맞닥뜨리게 될 기업 환경에 영향을 줄 힘들을 이해할 수 있게 하기 위해, 이 책 『디지털 매트릭스』를 경영의 틀로 만들어냈다. 나는 전통적인 산업 시대에 성장해 자리 잡은 한 기업의 관점에서 디지털 변혁에 대한 얘기를 할 것이다. 이 기업은 지금 중대한 기로에 서 있는데, 어쩌면 당신이 지금 그 기업에 몸담고 있는지도 모른다. 그러나 나는 굳이 당신이 기업 내에서 어떤 기능이나 직책을 갖고 있는지는 개의치 않을 것이다. 어떤 기능, 어떤 직책을 갖고 있든 당신은 당신 기업의 디지털 변화에 중요한 역할을 할 수 있기 때문이다. 당신은 자신이 변화해야 한다는 걸 알고 있지만, 잘 검증된 사업 모델과 관행을 언제 또 어떻게 포기해야 할지는 아직 알지 못한다. 제1부에서 나는 디지털 매트릭스가 어떻게 작동되는지를 설명할 것이며, 새로운 디지털 생태계 내에서 당신과 협력하고 경쟁하게 될 세 가지 유형의 기업들을 소개할 것이고, 디지털 변화의 3단계에 대해 살펴볼 것이다. 제2부에서는 디지털 변화의 3단계에 대해 좀 더 자세히 살펴봄으로써 당신 업계와 기업이 어느 단계에 위치해 있는지를 알게 해줄 것이며, 또 디지털 변화에서 비롯되는 여러 기회와 압력들도 이해하게 해줄 것이다. 제3부에서 나는 당신 기업에 승리를 가져다줄 세 가지 조치에 대해 설명할 것이다. 먼저 역동적인 디지털 생태계 안에서 어떻게 헤쳐나갈 것인가 하는 얘기로 시작해, 곧이어 새로운 기업 가치를 전할 새로운 능력을 공동 창출하기 위해 다른 기업들과 어떻게 힘을 합칠 것인가 하는 얘기를 할 것이며, 마지막으로 인간과 기계 사이의 강력하고 새로운 상호관계를 반영하기 위해 당신 조직을 어떻게 재설계할 것인가에 대해 얘기할 것이다. 이 세 가지 조치를 통해 우리는 기계 공학에 뿌리를 둔 산업 시대의 원칙들로부터 탈피해, 컴퓨터 공학에 기반을 둔 새로운 경영 원칙들을 반영할 수 있게 된다. 제4부에서 당신은 당신 기업의 '원칙 매트릭스'의 토대가 될 아홉 가지(3×3) 원칙을 잘 조화시켜 디지털 미래에 맞는 자신만의 전략을 짤 기회를 갖게 될 것이다.

변화하는 건 쉽지 않지만 피할 수 없으며, 성장과 생존을 위해서도 꼭 필요하다. 당신 기업이 현재 포천 500 명단에 들어가 있든 그렇지 않든, 당신은 당신 기업의 지속적인 성공을 확신하는가? 앞서 얘기한 '성공의 덫'의 조짐이 보이진 않는가? 당신의 조직은 디지털화 시대를 헤쳐나갈 마음자세와 능력을 갖추고 있는가? 당신 기업이 디지털 변화의 어느 지점에 있든, 당신은 디지털 매트릭스(그리고 그 결과물인 원칙 매트릭스)의 도움으로 새로운 작업 과정과 원칙들을 체계적으로 이해하고, 당신에게 주어진 옵션들을 평가하고, 당신 기업의 단기적이고 장기적인 성공을 위해 현명한 결정을 내릴 수 있게 될 것이다. 이 책은 이 중요한 여정에서 내내 당신을 변화시키고 이끌어줄 것이다. 디지털화를 제대로 이해하고 그에 맞는 행동을 할 수 있는 동료들을 모아라. 이 중요한 시기에 당신 기업이 성공하느냐 마느냐는 사실 거기에 달렸다.

PART 1

당신 기업은 이미 디지털화 중이다

CHAPTER

01

규모, 범위, 속도의 결합

"대부분의 자동차들은 시간이 지난다고 개선되진 않습니다. 그에 반해 모델 S는 시간이 지날수록 더 빨라지고 더 스마트해지고 더 나아지며…… 사실 당신이 잠든 사이에도 개선됩니다. 아침에 일어나면, 기능이 추가되고 성능이 강화되고 사용자 경험도 개선되어 마치 새 자동차를 모는 듯한 기분이 듭니다. 우리는 대부분의 사람들이 가능할 거라고 상상도 못 한 방법들로 자동차를 개선하려 합니다."[1]

공상과학 소설 속 얘기 같겠지만 아니다. 테슬라 모터스는 전기 자동차와 무선 소프트웨어 업데이트 분야에서 선구자적인 길을 걸어왔다. 알파벳과 애플, 아마존, 페이스북 같은 기업들과는 달리 테슬라 모터스는 아직 포천 500에는 들지 못한다. 그러나 나머지 네 기업처럼 테슬라 역시 디지털 시대에 태어났거나 디지털 전환기에 만들어진 새로운 유형의 기업들 중 하나로, 일찍이 업계에서 볼 수 없었던 빠른 속도로 사업 규모와 범위를 확대해 성장해 가고 있다. 이 기업들은 이미 당신이 몸담고 있는 업계에 영향력을 미치기 시작했고, 향후 10년간 훨씬 더 많은 영향력을 미칠 전망이다.

3차원의 디지털 산업

산업 시대에 기업들은 제품 판매량을 늘려 사업 '규모'를 확대했고, 그를 통해 시장점유율을 높였다. 그리고 이 같은 규모 확대는 성장에 필요한 물적 · 인적 자본 및 금융 자본 조달 능력을 바탕으로 순차적으로 이루어졌다. 코카콜라가 전 세계적인 기업으로 확대되고 월마트가 미국을 비롯한 세계 도처에 매장을 연 것이 그 좋은 예다. 어떤 기업들은 기존의 제품군을 늘리고 새로운 관련 제품군을 도입함으로써 사업 '범위'를 확대했다. 프록터앤갬블이 유기적인 방식으로 또 타기업 인수를 통해 아이보리 비누에서 팸퍼스 일회용 기저귀, 질레트 면도날에 이르는 다양한 가정용품 브랜드들로 사업 범위를 확대한 걸 생각해 보라. 이 같은 사업 범위 확대는 다소 점진적으로 이루어졌으며 상당한 금융 자본 및 인적 자본을 필요로 하는 경우가 많았다. 이처럼 꾸준하고 점진적인 규모 및 범위의 확대는 성공을 보장해 주는 사업 전략이었다.

지금 디지털 기업들은 산업 시대와는 비교도 안 될 만큼 빠른 '속도'로 사업 규모와 범위를 확대시켜 나가는 패턴을 보이고 있다. 디지털 기업들은 순차적인 변화 속도가 아닌 비순차적이고 기하급수적인 속도의 사업 규모 및 범위 확대에 능하다. 그렇게 함으로써 새로운 디지털 기술 활용 능력으로 업계에 영향력을 미치기 시작하고 있는 것이다. 그래서 당신은 이제 당신 기업의 사업 규모, 범위, 속도 이 세 가지를 잘 조정할 필요가 있다. 자, 이제 말보다는 각종 수치들이 더 흥미진진한 얘기를 들려줄 것이다.

규모

1999년 구글은 10억 개의 검색어를 다뤘다. 그런데 2012년에 이르면 그 수가 한 해에 1조 2,000억 개, 그리고 2014년에 이르러서는 매년 2조 개에 이르게 된다.[2] 또한 구글은 2008년에는 스마트폰 사업에 관여하지 않았으나, 2015년 말에 이르면 무려 15억 개가 넘는 스마트폰에서 구글의 안드로이드 운영체제(OS) 소프트웨어가 돌아가게 된다.[3] 이것이 바로 구글이 검색 및 스마트폰 분야에서 채택한 비순차적이고 기하급수적인 사업 규모 확대 방식이다. 여기에 유튜브까지 더한다면, 구글은 현재 10억 명 이상의 유저(전 세계 온라인 시청자의 약 3분의 1)를 거느리고 있으며, 그들의 유튜브 시청 시간은 지난 3년간 매년 50퍼센트씩 늘어왔다.[4]

2011년에 몇 안 되는 운전자들을 확보하고 있던 우버는 2015년 말에 이르러 운전자 수가 30만 명을 넘어섰는데, 이는 2014년의 15만 명에서 두 배나 늘어난 수치다. 우버는 2015년 12월 30일에 10억 번째 우버 택시 탑승 기록을 세웠으며,[5] 그 수는 6개월 후 20억에 도달했다.[6] 이 회사는 2016년 초 현재 70개 국가 400개 이상의 도시에서 사업을 하고 있다. 반면에 『택시캡 팩트 북』에 따르면, 라이드-헤일링(스마트폰 앱 등을 써서 택시를 직접 불러 이용하는 새로운 교통 서비스 시스템-옮긴이)으로 유명한 도시 뉴욕에서 옐로 택시의 2014년 탑승 기록은 1억 7,500만에 그쳤다. 그 바람에 택시&리무진 위원회(뉴욕 시에서의 택시 영업 자격 요건을 규제하는 위원회)에서 발행하는 택시 영업 허가증 '택시 메달리온'은 한때 선망의 대상이었으나 지금은 그 가치가 계속 떨어지고 있다.[7]

어쩌면 전통적인(내 식으로 말하자면 '기존의') 기업들과 그들의 디지털 경쟁 기업들을 비교하는 게 이해가 더 빠를 것이다. 예를 들어 유서 깊은 매리어트 호텔은 2015년에 전 세계에서 약 76만 개의 객실을 운영했다.[8] 2008년에 설립된 온라인 숙박 예약 서비스 기업 에어비앤비는 2011년에 등록된 객실 수가 5만이었으나, 2014년에는 그 수가 열 배나 늘어 55만이 되었고, 2016년 초에는 다시 네 배 가까이 늘어 190개 이상의 국가에서 200만 개의 객실을 운영했다.[9]

소매업 분야에서 월마트는 2015년에 고객 수가 2억 6,000만 명을 기록했다.[10] 그런데 온라인 최대 소매업체이자 월마트의 주요 경쟁자이기도 한 아마존은 생겨난 지 20년밖에 안 된 2015년 말에 이미 활발히 활동 중인 고객 수가 3억 400만을 기록했다.[11] 그리고 그 20년 동안 전자상거래(닷컴) 분야 경쟁업체들은 대부분 사라졌거나 규모가 줄거나 틈새시장 기업이 되었다.

산업 시대에는 유리한 입지 조건이나 차별화된 상품을 토대로 여러 대형 소매업체들이 공존했지만, 디지털 시대의 소매업 분야에서는 1~2개의 대형 업체와 많은 전문 틈새시장 기업들이 공존하는 경우가 더 많은 듯하다. 이런 현상을 흔히 '롱테일(다품종 소량 생산된 비주류 상품이 대중적인 주류 상품을 밀어내고 시장점유율을 높여가는 현상 - 옮긴이)'이라 하게 된다.

19세기와 20세기에는 철로와 전신의 발달로 교통 및 통신 비용이 줄어들었고, 규모의 경제를 활용하는 데 필요한 조직 능력을 구축하고 유지할 수 있는 기업들이 성공했다. 그 기업들은 지역 및 세계를 상대로 한 마케팅 및 유통망 구축과 대량 생산에 필요한 자본 설비에 집중 투자했다. 그리고 투자를 통한 규모의 경제를 활용하기 위해 공식적인 조직 구조와 경영 관리 시스템을 갖추었다. 역사학자 알프레드 챈들러의 말마따나, 20세기의 현대적인 산업형 기업은 생산과 유통, 관리 3개 분야에 대한 투자를 위해 규모의 경제를 활용한 것이다.[12]

나는 20세기 선도 기업들의 순차적인 성장에 대해 얘기할 때 맥도날드의 예를 즐겨 든다. 미국인이라면 아마 각 맥도날드 매장 앞에 서 있던 '○○ 십억 개 이상 판매' 팻말을 기억할 것이다. ○○ 안의 숫자는 주기적으로 업데이트됐다. 맥도날드는 1955년에 햄버거 100만 개 판매 기록을 돌파했고, 1963년에 10억 개, 그리고 1994년 4월 15일에 1,000억 개 판매 기록을 돌파했다.[13]

1994년에 '990억 개 이상 판매'라고 쓰인 팻말을 본 기억이 있는데, 그 이후 맥도날드는 모든 팻말의 내용을 '수백억 개 판매'로 바꾼 채 그대로 두었다. 왜? 맥도날드 측에서 계속 자신들의 햄버거를 소비하는 사람들의 수를 파악한 게 아니라, 자신들의 모든 매장으로 배송되는 햄버거 패티 수를 파악했기 때문이다.

차이는 바로 그것이다. 우버, 에어비앤비, 넷플릭스, 구글 같은 디지털 시대의 기업들은 자신들의 사업 활동과 관련해 상세한 자료를 수집해 오고 있다. 구글의 데이터베이스에 수집된 사람들의 검색어 수는 현재 수십 조에 달하며, 스마트폰 플랫폼을 위한 데이터베이스 역시 마찬가지다. 우버는 10억이 넘는 탑승 기록에 대한 자료를 수집하고 있으며, 과거의 택시 기업들 같으면 실현 가능하리라고 기대도 못 했을 방법들로 그 자료를 활용해 사업 활동을 미세 조정하고 있다. 넷플릭스는 과거의 케이블 및 텔레비전 기업들은 결코 쓰지 않았고 또 쓸 수도 없었던 방법들로 영화에 대한 우리의 선호도를 파악하고 있다. 단순히 자료를 수집하고 처리하고 분석하고 해석하는 게 목적이 아니다. 에어비앤비는 일반 호텔 체인들은 쓰지도 않고 또 쓸 수도 없는 방법들로 우리가 언제 어디서 얼마나 오래 묵는지를 파악하고 있다. 아마존은 월마트보다 훨씬 더 세세히 우리의 구매 습관들을 파악하고 있다.

요점은 이렇다. 당신은 아직도 사업 규모라는 게 제조 또는 판매된 제품의 수를 의미하며, 그래서 경쟁업체들에 비해 더 많은 제품을 판매하는 게 시장점유율을 높이고 그 결과 제품 단가도 낮추고 수익성도 높이는 길이라는 가정하에 사업을 하고 있는가? 만일 그렇다면 당신은 디지털 세계에서 규모의 경제에 관한 한 불리한 입장에 처할 수도 있다.

범위

2001년까지만 해도 개인용 컴퓨터를 판매하는 많은 기업들 중 하나에 불과했던 애플이 대체 어떻게 해서 2011년에 이르러 음악 및 전기통신 업계를 지배하는 기업이 된 것일까? 또 인터넷 검색 분야의 강자였던 구글은 대체 어떻게 해서 단 10년 만에 모바일 웹(스마트폰 운영체제 안드로이드)과 미디어 웹(유튜브) 분야의 리더가 됐고, 거기서 한 걸음 더 나아가 자동차와 의료 분야에까지 뛰어들게 된 것일까? 일개 전자상거래 서점이었던 아마존은 또 어떻게 해서 단 20년 만에 클라우드 업계를 지배하는 거인이 된 것일까?

제2차 세계대전 이래 많은 기업들은 자신들의 핵심 사업을 인접 분야들로 확대해 왔다. 예를 들어 정육업체들은 생산 과정에서 나오는 부산물들을 이용해 가죽, 비누, 비료 등으로 사업 분야를 넓혔다. 그리고 혼다는 자신들의 핵심 엔진 기술을 활용해 오토바이, 자동차, 잔디 깎는 기계, 비행기 엔진 등도 제작했다. 20세기 말에 이르러 제너럴 일렉트릭(오늘날의 GE)은 자신들의 주력 제품인 가정용품뿐 아니라 비행기 엔진, 엔터테인먼트(NBC 유니버설 공동 소유), 금융 서비스같이 전혀 무관한 제품과 서비스들에도 손을 댔다. 그 당시에는 자신의 핵심 시장에서 너무 멀리까지 사업을 다각화한 기업들(항공기 제작업체로 출발한 유나이티드 테크놀로지스나 전기통신업체로 출발한 ITT 코포레이션처럼) 대부분이 주식 시장에서 혹독한 평가를 받았고, 그래서 얼마 되지 않아 모두 비핵심 사업 및 작업 과정들을 포기하고 자신들의 핵심 사업으로 되돌아왔다.

전통적으로, 기업들은 테스트를 거친 뒤 자신들의 핵심 역량을 새로운 분야나 시장으로 확대하거나 아니면 자신들의 주력 제품이나 서비스에 서서히 새로운 상품이나 서비스를 추가함으로써(자동차 제조업체들이 금융 서비스나 보험, 컴퓨터 통신 등의 분야로 사업 범위를 확대할 때 그러듯) 비교적 차근차근 점진적으로 사업 범위를 넓혔다. 그러나 디지털 시대의 기업들은 자신들의 핵심 역량(데이터와 분석)을 잘 활용해 고객들이 원하는 게 무엇인지를 아주 정확히 예측해 낸다. 구글과 우버, 넷플릭스, 에어비앤비, 아마존은 머신 러닝 및 인공지능 기술을 활용해 방대한 데이터를 수집해 처리하고 분류하고 분석해, 전혀 무관한 산업 분야와 시장으로 사업 범위를 넓힐 수 있었다. 그리고 또 이 기업들은 고객들이 언제 어디서 어떻게 반응하는지를 추적해 그 결과를 자신들의 제품 및 서비스에 신속히 반영함으로써, 위험을 줄이고 성공 가능성을 높여 기하급수적인 성장을 이끌어 내고 있다.

그래서 여기에서의 요점 역시 이렇다. 당신이 만일 아직도 사업 범위 확대라는 것이 그저 당신이 속한 업계나 관련 업계 내에서 그리고 당신 기업의 핵심 역량과 관련된 제품이나 서비스만 가지고 사업 영역을 넓히는 걸로 알고 있다면, 당신은 사업 범위 확장 측면에서 이미 핸디캡을 안고 들어가는 것이다. 그리고 또 만일 당신이 관련 업계 리더 기업들과의 경쟁에서만 뒤처진다고 생각한다면, 당신은 지금 생태계를 너무 안일한 시각으로 보고 있는 것이다.

속도

당신은 아마 페이스북 최고경영자 마크 저커버그의 좌우명을 들은 적이 있을 것이다. "빠르게 움직이면서 모든 틀을 깨부숴라. 틀을 깨부수지 않으면 빨리 움직이지 못한다."[14] 그리고 이는 디지털 세계에서 중시되는 속도 개념이다. 무모해지라는 얘기가 아니라 끊임없이 개선하고 반복하라는 얘기로, 저커버그는 이런 문화를 소위 '해커 방식'이라 부른다. 해커들은 모든 게 늘 더 좋아질 수 있으며 그 어떤 것도 완전하지 못하다고 믿고 있기 때문이다.[15] 구글은 이와 동일한 전제하에서 공개적으로 제품을 개발하면서 매일 또는 매주 새로운 특징들을 추가하고 고객들이 그 제품을 어떻게 사용하는지 면밀히 관찰한다. 이처럼 신속한 피드백 덕에 고객들이 신뢰하는 공동 개발자들이 생겨난다.

그리고 테슬라는 무선 소프트웨어 업데이트를 통해 자신들의 자동차를 관리하고 업그레이드시키는데,[16] 이 또한 디지털 기업들의 주요 특징인 또 다른 형태의 속도로 볼 수 있다.

산업 시대에는 기업들이 생산 및 운송은 물론 땅과 기계 같은 물적 자산들 역시 서둘러 단속을 했다. 그리고 전통적으로 속도가 빠르다는 건 한 기업이 특정 업계 내에서 또 다른 경쟁 기업들과 비교했을 때 변화에 반응하는 데 걸리는 시간이 짧다는 걸 뜻했다. 1980년대 말에 보스턴 컨설팅 그룹의 조지 스토크는 이런 말을 했다. "경쟁 기업들에 비해 더 빨리 고객들의 요구에 응하는 기업들이 더 빨리 성장하고 경쟁 기업들에 비해 수익성도 더 좋다. 우리는 미국 기업들의 입장에서 시간은 향후 10년간 가장 강력하고 경쟁력 있는 무기이자 경영 수단이 될 거라고 본다."[17]

이런 관점에서, 다른 경쟁 기업들보다 속도가 빠른 기업일수록 동종 업계 내에서 선점 기업의 경쟁우위를 누릴 수 있었다. 다시 말해서, 시장 안에서 경쟁 기업들보다 얼마나 더 빨리 움직일 수 있는가 하는 것은 제품 디자인 및 개발, 제조, 공급망 동기화 등의 분야에서 그 기업의 클록 스피드(컴퓨터 운영 속도 - 옮긴이)가 어느 정도인지에 달려 있었다는 말이다. 또한 그 속도는 신제품 개발을 앞두고 그 기업의 정보기술 부서가 비영업 부서들(시대에 뒤떨어진 예전 시스템이나 인프라 위에서 운영되는 경우가 많은)의 작업 과정들을 얼마나 단축시킬 수 있느냐에 달려 있기도 했다. 서로 연결된 작업 과정들 중 가장 느린 과정이 그 기업의 속도를 결정했던 것이다.

물론 그 기업의 경쟁 기업들도 비슷한 상황이라면, 속도가 느린 건 그리 큰 문제가 되지 않았다.

이제 디지털 기업들은 클라우드와 휴대폰 앱들을 통해 제공되거나 사용 가능한 새로운 서비스들을 들고 나와 고객 서비스의 속도를 마음대로 조정하고 있다. 당신은 이제 전통적인 경쟁 기업들과 경쟁하기 위해 비영업 부서들의 작업 과정을 단축시켜야 할 뿐 아니라, 제품 및 서비스 전달 속도를 디지털 시대에 태어난 기업들이 설정한 속도에도 맞춰야 한다. 당신이 만일 아직도 속도가 빠르다는 건 기회를 먼저 잡는다는 의미가 아니라 새로운 시장에 먼저 진입한다는 의미라는 가정하에 움직이고 있다면 당신은 속도 측면에서 핸디캡을 안고 있는 것일 수도 있다.

규모-범위-속도의 상승효과

산업 시대 기업들의 경우에는 규모와 범위와 속도는 서로 별개로 작동되었다. 규모와 관련된 결정들은 개별 기업 단위 내에서 이루어졌다. 그러니까 처음에는 실행 가능한 최소 규모로 생산 분야 내지 유통 분야에서 효율성을 갖춘 뒤에 활용 가능한 자원들과 유기적인 성장 전략, 기업 인수 등을 토대로 규모의 확대를 꾀한 것이다. 범위와 관련된 결정들은 주로 기업 합병 및 인수, 합작 투자 같은 기업 전략과 관련된 것들이었으며, 기존 기업의 자원들을 재정비하는 일도 포함되었다. 속도는 제품 및 서비스 출시 속도를 나타내는 경우가 많았으며(선도 기업 대 빠른 추종 기업들), 어떤 기업이 특정 업계 내에서 다른 경쟁 기업들에 비해 더 빠른지 더 느린지로 판가름이 났다.

전통적인 업계에 속한 기업들 중 하나인 당신 기업은 당신 업계 내에서 어떻게 규모와 범위와 속도를 활용해야 할지 이미 잘 알고 있다. 그래서 어쩌면 전통적인 경쟁 기업들에 비해 규모, 범위, 속도 가운데 한두 가지 면에서 이미 경쟁우위를 갖고 있을 수 있다.

당신이 속한 업계가 어떤 때는 점진적으로 그리고 또 어떤 때는 급속도로 디지털화가 이루어질 경우, 당신은 당신 기업의 이 세 가지 측면, 즉 규모와 범위와 속도를 잘 살펴봐야 한다. 규모와 범위는 여전히 당신 기업의 전략적 포부와 관련이 있으며, 다음과 같은 질문에 대한 답을 준다. "우리는 어떤 사업들을 어떤 규모로 해야 하나?" 그러나 속도 있는 사업 규모 확대로 인해 제일 먼저 움직이는 기업이 아닌 빨리 움직이는 기업의 경쟁우위가 생겨날 수도 있는데, 당신 기업의 내부 조직과 시스템들이 보다 새로운 기업들만큼 빨리 각종 변화들을 알아채고 대응하지 못할 경우, 그 내부 조직 과정과 시스템들에 의해 발목을 잡힐 수도 있다. 또한 속도 있는 사업 범위 확대 역시 빨리 움직이는 기업의 경쟁우위를 반영하는데, 이때 경쟁우위가 꼭 제품 및 서비스 출시 면에서만 생겨나는 게 아니라, 서로 연결된 데이터와 특허, 인재, 연구 및 개발 프로젝트 등 부족한 필수 자원의 활용 면에서도 생겨날 수 있다.

당신 기업이 스스로 변화하고 있는 기존 경쟁 기업들뿐 아니라 당신이 속한 업계를 뒤흔들고 변화시키려 하는, 보다 새로운 시대의 기업들을 상대로 얼마나 잘 해낼 수 있는가가 디지털 영역에서의 당신 기업의 경쟁력과 성공 여부를 결정할 수 있다. 규모, 범위, 속도 이 세 가지를 최대한 잘 활용하는 기업들이 디지털 사업 세계에서 아주 큰 경쟁우위를 가질 수 있는 것이다.

첫째, 데이터와 분석 능력과 연결 능력을 통해, 당신은 이제 당신 기업의 한계들을 뛰어넘어 사업 규모를 확대할 수 있고 또 확대된 생태계들을 활용할 수 있다. 둘째, 각종 센서와 소프트웨어와 연결 능력을 통해 당신은 이제 데이터를 수집하고 정보를 처리하고 산업 시대의 세계에서라면 아주 어려웠을(불가능할 정도까지는 아니어도) 방법으로 배울 수 있다.

생태계 경쟁우위

산업 시대의 세계에서 규모의 경쟁우위는 한 기업이 통제하는 자산들과 그 기업이 만들어내는 제품들에서 나왔으나 디지털 시대의 세계에서는 규모의 경쟁우위가 한 기업이 서로 보완적인 역할을 하는 주요 파트너들이 속한 생태계의 일부가 되는 것에서 나온다. 예를 들어 포드와 GM의 규모는 그들이 만들어내는 자동차 수에 의해 정해지지만 우버의 규모는 그들의 글로벌 네트워크상의 자동차 수는 물론 그들이 운영하는 400개 이상의 도시들에 있는 자동차 수에 의해 정해진다. 노키아의 규모는 그들이 세계 각지에서 만들고 판 피처폰 수에 의해 정해졌지만 안드로이드 모바일 운영체제를 만들어낸 구글의 규모는 생태계 내에서 그들의 파트너 기업들이 만들어낸 스마트폰 수와 그 운영체제 개발자들이 만들어낸 소프트웨어 앱 수에 의해 정해진다. 산업 시대에 규모는 어떤 기업이 자신들의 자산을 이용해 만들어내는 제품이나 서비스의 결과물이었다. 그러나 디지털 세계에서 규모는 어떤 기업이 직접 만들어내는 제품이나 서비스의 결과물일 뿐 아니라, 생태계 내에서 그들의 파트너 기업들로부터 획득할 수 있는 것들의 결과물이기도 하다. 그러니 당신이 속한 생태계가 주는 규모의 경쟁우위를 잘 활용하도록 하라.

규모와 마찬가지로, 디지털 세계에서의 범위의 경쟁우위 역시 생태계의 일부가 되는 것에서 나온다. 여기에서도 당신은 아마 산업 시대와 디지털 시대의 극명한 차이에 놀라게 될 것이다. 산업 시대에는 한 기업의 핵심 영역과 주변 영역들과의 관계가 (고객들이 그 관계를 받아들일 수 있을 만큼) 밀접해야 했다. 그러나 디지털 시대에는 기업의 핵심 영역인 데이터가 엄청 가변적이어서 데이터를 수집하는 기업들은 그 데이터를 모바일 플랫폼 등 다양한 플랫폼에 보다 쉽게 적용할 수 있다. 예를 들어 애플의 iOS와 구글의 안드로이드처럼 자신들의 핵심 모바일 소프트웨어가 있는 디지털 거대 기업들은 논리상 서로 다른 앱들을 통해 사업 범위를 확대할 수 있다. 상인들과 글로벌 소액 거래 은행들에 의해 지원되는 애플 페이와 안드로이드 페이 같은 결제 앱들은 하나의 생태계를 만들어냈고, 그 결과 애플과 구글의 모기업 알파벳이 외견상 무관해 보이는 소매 금융에 진출할 수 있게 됐다.

그러나 애플과 알파벳이 그런 사업 확대에 나선 이유는 서로 달랐다. 애플의 경우 그 같은 거래에 따른 정보를 활용하기 위해서가 아니라 자신들의 전화기와 시계 판매를 늘리기 위해, 그리고 구글의 경우 그 정보를 활용해 광고 수입을 늘리기 위해 결제 앱 시장에 뛰어든 것이다. 당신이 속한 생태계가 주는 범위의 경쟁우위를 잘 활용하도록 하라.

어떤 기업이 어떤 새로운 시장에 뛰어든 첫 기업이 됨으로써 경쟁우위에 설 수 있었던 산업 시대의 세계와는 달리, 디지털 세계에서는 생태계 내의 모든 기업이 대략 비슷한 속도로 움직여야 한다. 당신 기업이 모든 역량을 갖고 있는 건 아니므로, 당신 기업 역시 생태계에 의존해야 한다. 마치 릴레이 경주 팀이 되는 것과 비슷하다. 월등하게 빠른 주자 1명이 있다 해서 그 팀이 릴레이 경주에서 승리하진 못한다. 또 현저하게 느린 주자 1명 때문에 생태계 전체가 경주에서 질 수도 있는 것이다. 다시 말해, 당신은 당신의 중요한 기술과 능력들 덕에 생태계에 참여할 가능성이 높아질 수도 있지만, 속도를 높이는(또는 더 높이는) 능력이야말로 결정적인 요소가 될 수 있다.

소니 플레이스테이션은 지난 10년 넘게 성공을 누리고 있는데, 그건 소니가 연이은 콘솔 개발의 속도에 맞춰 게임 개발 파트너들을 총동원해 왔기 때문이다. 주변 관계를 잘 구축해 당신이 속한 생태계가 주는 속도의 경쟁우위를 잘 활용하도록 하라.

이 책에서 우리는 이제 당신이 어떻게 다른 생태계들에 연결되어 경쟁우위를 확보하고, 그 결과 당신에게 승리를 안겨줄 사업 전략들을 짜낼 것인지를 좀 더 자세히 살펴볼 것이다.

배움 경쟁우위

규모-범위-속도의 한 가지 중요한 특징은 사용 중인 제품과 서비스로부터 배운다는 것이고 그 특징들을 개인들의 특정 요구에 적용한다는 것이다. 그렇다면 우리는 데이터 수집에 대해 어떻게 생각하고 있을까? 산업 시대의 기업들은 주로 운영 효율성과 관련된 몇 안 되는 요소들에 대한 데이터를 일정 기간 동안 수집한 뒤 그 엉성한 데이터를 분석했다. 그러나 디지털 기업들은 아주 세세한 데이터를 상시적으로 수집하고 있으며, 새로운 툴들로 그 데이터를 분석해 고객들의 기호를 파악한 뒤 자신들의 전략을 미세 조정하고 있다.

맥도날드의 경우, 자신들이 얼마나 많은 햄버거를 팔았는지를 파악하기 위해 각 매장으로 보내지는 전체 햄버거 패티 수를 집계했다. 그러나 스타벅스의 경우, 자신들의 각종 앱과 로열티 프로그램들을 활용해 자신들이 얼마나 많은 커피를 팔았는지는 물론, 고객들이 언제 어디서 자신들의 커피를 사 마시는지, 어떤 커피를 더 좋아하는지, 한 차례 매장 방문에 얼마나 많은 돈을 쓰는지 등 아주 세세한 정보까지 알아낸다.

제품들은 여러 다른 상황에서 다른 움직임을 보인다. 그리고 실험실에서 제아무리 많은 테스트를 한다 해도, 제품이 사용되는 실제 상황에서의 이런저런 움직임을 다 파악할 수는 없다. 문제의 제품이 들판 위의 트랙터든 하늘 위의 비행기 엔진이든 도로 위의 자동차든 집 안에 있는 세탁기든 다 마찬가지다. 지금 기업들은 워낙 많은 장소에서(심지어 원격 조종의 힘을 빌어) 실시간으로 대규모로 사용 중인 자신들의 제품을 모니터링하고 있어, 과거 그 어느 때보다 자신들의 제품을 정확히 파악하고 변경할 수 있을 뿐 아니라 더 큰 문제가 터지기 전에 잘못된 부분들을 시정할 수도 있다. 대규모로 사용 중인 제품들로부터 나오는 경고 신호들을 조기에 발견해 내도록 하라.

산업 시대의 기업들은 관련 제품이나 시장으로 뻗어감으로써 사업 규모를 확대했으며, 그 모든 것은 다른 기업들을 따라 만든 정해진 패턴들을 토대로, 그리고 또 시장 조사를 통해 얻은 데이터와 다른 조잡한 데이터를 분석한 것을 토대로 결정됐다. 그러나 디지털 시대의 기업들은 분석용 소프트웨어를 활용해 비효율적인 분야들을 예측할 수 있어, 관련이 없어 보이는 분야로도 사업을 확대해 나갈 수 있다. 예를 들어 GE는 애플과 구글, 마이크로소프트 등의 사업 원칙과 전략들을 참고해, 그리고 각종 소프트웨어와 앱, 데이터, 분석법을 활용해, 건축 및 에너지, 운송, 의료라는 네 가지 산업 분야에서 새로운 사업들을 펼치고 있다. 또한 GE는 지금 자체 개발한 산업용 인터넷 소프트웨어 플랫폼 프리딕스를 활용해 업계 내의 또는 여러 업계들 전반의 가장 비효율적인 영역들을 예측하고 있어서, 고객들을 비롯한 그 누구보다 문제들을 잘 해결해 낼 수 있다.[18]

게다가 이제 기업들은 자신의 제품에 대한 데이터를 수집하는 걸로 끝나는 게 아니라, 고객들의 문제를 해결하기 위해 다른 기업들의 제품을 어떻게 활용할 수 있는가 하는 것까지 알아낼 수 있다. 예를 들어 의료 분야에서 기업들은 자신들의 의료 장비나 약품이 다양한 환자군 치료와 관련해 어떤 상호작용을 보이는지를 모니터링할 수 있다. 그러니까 제품(또는 서비스) 생산에 관여하는 모든 기업들이 환자의 사생활 보호와 안전을 염두에 둔 채 각종 데이터에서 필요한 정보를 얻고, 각 환자와 특정 치료 계획, 기타 다른 변수들에 맞춰 맞춤형 제품을 만들 수 있는 것이다. 마찬가지로 아마존, 구글, 페이스북 같은 기업들도 배움 경쟁우위를 이끌어낼 보물 창고나 다름없는 고객 데이터에 접근할 수 있다. 주요 특징들을 개선시키기 위해 상호보완적인 제품들을 사용하는 고객들에게서 배우도록 하라.

산업 시대의 기업들은 어떤 프로젝트를 시작하기에 앞서 목표들이 잘 설정됐는지 또 각종 과제 수행 지시는 잘 이루어졌는지를 확인하는 데 많은 시간을 보냈다. 그러나 디지털 기업들은 실패하든 성공하든 일단 시도해 보고 그 과정을 통해 배우고 적응하는 열정적인 사람들을 믿고 어떤 프로젝트를 시작한다. 디지털 기업들은 '빨리 실패하고 방향을 튼다.'[19] 데이터를 통해 그만큼 빨리 배우고 자신들의 시제품을 손보고 고객들의 피드백을 반영한다는 것이다. 디지털 기업들은 고객 세분화, 유통 체계, 매출원, 제휴, 가치 제안 같은 여러 방면에서 과감히 방향을 튼다. 기업과 고객들 간의 상호작용은 사용 중인 제품과 시스템에 대한 데이터를 수집할 좋은 기회이기 때문에, 디지털 기업들은 빠른 속도로 새로운 아이디어들을 받아들이는데, 이는 이들 기업이 맹종적이어서가 아니라 보다 깊이 있게 배우려 하기 때문이다. 규모-범위-속도의 결합으로 인한 최종적인 이점은 실험을 통해 배우는 데서, 그리고 또 당신이 속한 생태계의 보다 큰 규모와 범위를 활용하는 데서 나타난다. 예를 들어 넷플릭스는 고객들에 대한 맞춤형 비디오 추천을 위해 머신 러닝, 분석학, A/B 테스팅(어떤 제품이나 서비스의 두 가지 버전에 대한 선호도 조사 - 옮긴이) 등을 활용했다.[20] 이런 일을 신속하게 함으로써, 그러니까 당신의 추정들이 얼마나 잘 먹히는지 타당성 검토를 하고 그 결과에 따라 빠른 속도로 반복함으로써, 당신은 주요 영역들에서의 작업가설을 개선해 나갈 수 있다. 아니면 린 스타트업(일단 빠른 속도로 시제품을 제조해 시장에 내놓고 반응에 따라 제품을 수정해 성공 가능성을 높이는 경영 방법론 - 옮긴이) 전문가인 에릭 리스가 설파한 것처럼, 제품의 각 요소를 테스트하기 위해 실험을 통해 당신이 배운 걸 과학적으로 입증하고, '만들고 - 측정하고 - 배우는' 린 스타트업 3단계 방식을 통해 피드백 주기를 단축시킬 수도 있다.[21] 데이터와 분석을 통한 실험에서 배우도록 하라.

기하급수적 궤도 마스터

생태계로부터 배우는 일은 끝이 없다. 생태계는 당신 기업이 규모를 확대하는 데 도움을 주는 동안, 당신 기업은 그만큼 배울 기회가 더 많게 된다.

생태계를 통해 당신 기업이 사업 범위를 확대하는 데 도움을 받는 동안, 당신 기업이 뭔가를 배울 기회 또한 그만큼 더 많아지게 된다. 그리고 당신 기업이 더 빠른 속도로 규모와 범위를 확대하는 동안, 당신 기업이 뭔가를 배울 기회 또한 더 많아지게 된다. 이처럼 규모와 범위와 속도는 서로가 서로를 강화해 주는 역할을 한다. 규모-범위-속도의 결합 끝에 생겨나는 것이 비선형적인 기하급수적 궤도에 대한 새로운 집중이다. 또한 당신이 속한 업계가 디지털화되어 가고 기하급수적인 진화를 거듭할 때, 이런 변화들을 마스터할 수 있는 능력이야말로 꼭 필요한 새로운 전략적 요건이다.

이를 제대로 이해하기 위해 한 가지 예를 들어보기로 하자. 알파벳에 상주하는 미래학자이자 유명한 저자인 레이 커즈와일은 개인용 컴퓨터와 스마트폰의 성능 및 기능이 기하급수적으로 향상되는 데서 비롯되는 '가속 리턴의 법칙'[22]을 믿고 있다. 그는 1890년 미국 인구 조사에 사용됐던 기계식 계산기에서부터, 1937년 나치의 에니그마 암호를 해독해 낸 튜링의 릴레이 기반의 기계, 1952년 아이젠하워의 대통령 당선을 예견한 진공관 방식의 컴퓨터, 1960년대에 초창기 우주선 발사에 사용된 트랜지스터 방식의 컴퓨터, 1980년대의 집적회로 방식의 개인용 컴퓨터에 이르기까지, 지난 110년 넘게 계속 빠른 속도로 진행되어 온 컴퓨터의 진화 과정을 추적하고 있다.

앞날을 예측하자면, 컴퓨터의 성능이 이처럼 기하급수적으로 향상될 경우, 그 영향은 사물 인터넷과 연결된 장치, 옷이나 신발 안에 내장되는 착용식 컴퓨터 장치, 의료 장치, 드론, 3D 프린터, 로봇, 자동차 같은 영역들까지 그대로 확대될 것이다. 향후 10년간 네트워크 접속이 가능한 강력한 컴퓨터 관련 장치들의 수가 500억 대를 넘을 것으로 예상되기 때문에[23] 디지털 기업의 입장에서는 이처럼 빠른 변화들을 관리하는 일이 그 무엇보다 시급한 과제가 될 것이다. 기술 특징 및 성능 개선 측면에서의 이 같은 비선형성은 당신 팀의 기술 전문가들에게는 너무도 분명한 일이겠지만, 이처럼 업종을 뛰어넘는 새로운 사업 생태계와 확대된 소셜 네트워크 및 전문적인 네트워크들 안에 생겨나는 기회와 위협들을 파악하고 그에 대처하는 것은 당신이 해야 할 일이다. 다음 장에서 보게 될 '디지털 매트릭스'는 그런 일을 하는 당신을 돕기 위한 것이다.

CHAPTER

02

디지털 매트릭스

당신이 새로운 비즈니스 게임을 하기 위해 어떤 방에 들어간다고 가정해 보라. 당신은 흥분되면서도 내심 불안할 것이다. 그 게임을 한 번도 해본 적이 없기 때문이다. 당신은 게임 규칙들도 모른다. 게임 상대들이 누군지도 전혀 모른다. 그들의 실력이 어떤지, 어떤 포부를 갖고 있는지도 모른다.

당신은 아마 예전에 했던 어떤 게임(지금의 게임과는 게임 룰이 다른)에서 알게 된 사람들 몇몇을 알아볼지도 모른다. 과거에 당신을 지지해 주었지만 현재의 역할과 동기가 무언지는 잘 모르는 그런 사람들도 몇몇 있을지 모른다. 당신은 이 게임에 참여하는 사람이 총 몇 명인지도 모른다. 다만 이 게임이 순전히 서로 경쟁만 하는 게임이 아니라, 다른 사람들과 손잡고 연합체를 만든 뒤 다른 연합체들을 상대로 싸울 수도 있는 게임이라는 건 안다. 이 게임이 시간을 두고 장시간 계속되는 게임이라는 것도 알고, 사람들이 서로 다른 시간에 게임에 참여해 새로운 관계를 형성할 수 있다는 것도 알고, 일부 기존 관계들은 그대로 굳어지고 새로운 관계들이 형성되기도 한다는 것도 안다.

어떤 사람들은 순차적인 성장을 잘 이해하고 있으며, 또 어떤 사람들은 기하급수적인 성장에 능하다. 게임 참가자들은 성장하면서 새로운 능력들을 개발하게 되고 투자에 따른 보상도 점점 커지게 되는데, 이는 곧 투자에 따른 손실 또한 점점 커지게 된다는 의미다. 아직 아무도 그랜드 마스터 자리에 오른 적은 없으며, 그래서 모든 사람이 자신이 그런 영광을 누릴 기회를 잡을지도 모른다고 생각한다. 모든 게 디지털화된 미래에 이런 새로운 비즈니스 게임을 당신 기업이 이제 곧 하게 될 것이다. 당신은 어떤가? 준비가 다 됐는가?

당신의 렌즈인 디지털 매트릭스

당신이 이 새로운 게임에 대해 제대로 알고 게임 규칙들을 이해하고 게임에서 이기기 위한 나름대로의 전략들을 개발할 수 있게 하기 위해, 나는 '디지털 매트릭스'를 개발했다.

이는 일종의 경영 틀로, 이 틀을 통해 당신은 세 종류의 게임 참가자들(당신 포함)이 어떻게 다양한 디지털 기술들을 이용해 당신이 속한 업계의 미래를 변화시키고, 어떻게 당신 기업의 전략적 행동들에 영향을 주며, 또 어떻게 디지털 변화의 3단계에 대처할 것인지를 알게 될 것이다. 또한 디지털 변화의 3단계에서 게임 참가자들은 승리를 가져다줄 세 가지 전략을 활용해 디지털 미래에 대비한 효율적인 사업 모델들을 만들어내고 또 거기에 적응할 수 있게 된다.

디지털 매트릭스를 아래위로 세 칸씩 총 아홉 칸으로 된 바둑판 모양의 제어판으로 상상해 보라. 한쪽 축에 세 종류의 게임 참가자들이 있고, 다른 축에는 디지털 변화의 3단계가 있다. 이 장에서 나는 이 세 종류의 게임 참가자들과 디지털 변화의 3단계를 하나씩 소개함으로써, 당신에게 디지털 매트릭스라는 틀이 이 게임을 이해하는 데 어떤 도움이 되는지를 보여줄 것이다.

디지털 매트릭스는 경영 틀이라는 걸 잊어서는 안 된다. 기술적인 틀도 전술적인 틀도 아니다. 이 틀 안에서 당신은 토론을 하게 되고 또 여러 옵션과 투자 절충점들을 찾게 된다.

또한 당신은 한때 성공을 가져다줬지만 이제는 한물간 과거의 관행들을 버리고 새로운 원칙들을 받아들이게 될 것이며, 새로운 접근법들을 가지고 끊임없이 실험하고, 또 당신이 필요로 하는 것들에 그 접근법들을 적용하게 될 것이다. 이 디지털 매트릭스는 세 가지 중요한 특징 때문에 다른 책들에서 소개하는 접근법과는 차별화된다.

기술의 매트릭스가 아니다

디지털화의 힘은 단순한 기술들의 결합에서 나오는 게 아니다. 디지털 매트릭스 안에서 당신은 세 종류의 게임 참가자들이 내리는 결정들과 그에 따른 행동들이라는, 보다 광범위한 여건 속에서 당신의 전략을 개발하게 된다.

디지털 매트릭스 안에서는 기술이 발휘하는 힘과 기능이 아니라 게임 참가자들이 변화를 이끌게 된다. 또한 디지털 매트릭스에서는 서로 다른 역할을 맡고 있고 서로 다른 성장 단계에 있는 기업들이 전부 디지털 기술을 받아들이고 실험하고 잘 활용해 각자에게 경쟁우위를 가져다줄 새로운 사업 논리를 만들어내게 되지만, 그러면서 또 디지털 기술을 서로 달리 받아들이고 소화해 새로운 관계들을 만들어내고 서로 다른 가치 추진

동력을 추구한다는 점도 고려된다.

디지털 매트릭스에서는 서로 다른 유형의 게임 참가자들을 움직이게 하는 장치(technology push, 기술 중심)들을 중시하는 게 아니라, 그 게임 참가자들이 하는 핵심 행동(business pull, 사업 중심)들을 중시한다.

고정된 것이 아니다

디지털 전략은 미리 정해진 라이프 사이클 내지 하이프 사이클(hype cycle, 기술 성숙도를 표현하기 위한 주기로, 5단계로 되어 있음. '과대광고 주기'라고도 함 - 옮긴이)[1] 내의 특정 단계에서 특정한 순서대로 이루어지는 일련의 특정 행동들이 아니다.

디지털 매트릭스에서 기업과 업계들은 빠른 속도로 진화하는 디지털 변화의 3단계 안에서 끊임없이 변화하며, 그래서 모든 경우에 다 적용되는 해결책을 찾으려 하지는 않는다. 그리고 모든 게임 참가자, 기술, 행동이 끊임없이 변화되며 새로운 조건들을 만들어낸다는 점도 고려된다.

디지털 매트릭스에서는 각종 행동과 반응과 후속 결정들을 내놓음으로써, 당신이 늘 서로 다른 기술 발전들을 활용해 디지털화된 미래에서 당신 기업을 성장시킬 수 있게 한다.

1차원이 아니다

성공은 세 종류의 게임 참가자들과 디지털 변화의 3단계에 어떻게 동시에 집중할 수 있느냐에 달려 있다. 그중 어느 변수 하나를 빠뜨리면 성공에 충분한 조건이 되지 못한다. 그래서 디지털 매트릭스에서 가장 중시되는 것도 바로 이런 점이다.

당신은 일단 당신의 사고가 전통적인 한계들을 뛰어넘어야 하고 또 당신 자신의 행동뿐 아니라 게임에 참가한 다른 사람들의 행동까지 체크해야 한다는 걸 깨닫게 될 것이다. 그러고 나면 다른 환경들에서는 어떤 일들이 일어나는지가 보이고, 게임의 규칙들을 어떻게 정하는지도 더 잘 이해하게 되며, 또한 새로운 기회를 활용하거나 크게 이기는 데 필요한 전략적 연합이나 다른 중대 조치들을 취할 수 있는 위치에 서게 된다.

디지털 매트릭스에서는 9개의 빈칸을 통해 다차원적인 특성이 시작되며, 그래서 모든 단계에서의 당신의 행동들(서로 긴밀히 연결되어 있고 서로가 서로를 강화하게 되는)은 세 종류의 게임 참가자들로부터 이런저런 반응을 불러일으키게 된다.

무엇보다 먼저 당신이 이 전략 게임을 다르게 준비해야 한다는 걸 알아야 한다. 특수한 기술로서의 디지털은 잊어라. 그리고 당신 기업의 정보기술 부서를 개편한다거나 새로운 디지털 담당자를 지명한다거나 전략 전담팀을 꾸려 새로운 디지털 기술을 찾는다거나 가능성 있는 기업 인수 및 연합을 꾀한다거나 하는 단편적인 해결책들은 버려라. 대신 디지털화가 어떻게 당신 기업의 전략과 조직 구조를 재편하는가 하는 큰 그림을 보도록 하라. 그리고 디지털 기술들 덕에 갖게 되는 새로운 방식과 기능들이 당신 기업의 제품 및 서비스를 찾는 고객들에게 어떻게 더 나은 가치를 주는지를 생각해 보라. 먼저 진정한 보상은 당신이 각 기능과 기업 전반에 걸친 데이터 접근 및 분석이 가능해질 때 주어진다는 걸 깨닫고, 그런 다음 그 모든 걸 연결하는 제품과 작업 과정 그리고 서비스에 변화를 주도록 하라.

이런 변화는 결국 디지털 기술들, 그러니까 우리가 봐온 기술, 저 멀리 수평선에 떠오른 기술, 아직도 연구실이나 대학에서 개발 중인 기술들이 당신 기업의 규모와 범위와 속도를 어떻게 변화시키기 시작하는지를 체계적으로 확인하는 과정이라 할 수 있다. 지금 그런 디지털 기술들이 전례 없는 방식으로 당신 기업의 전략에 영향을 주고 있다. 당신은 이제 기업 시스템 전반을 살펴봐야 하는데, 이는 곧 이 디지털 전략 게임에서 만나게 되는 모든 게임 참가자들, 그러니까 9개의 빈칸에 나타나는 게임 참가자들 모두를 확인하고 분석해야 한다는 뜻이다.

세 종류의 게임 참가자

디지털 세계에서 당신은 오늘날 익숙한 게임 참가자들이 아니라 보다 폭넓은 유형의 게임 참가자들과 경쟁을 벌이게 될 것이다.

게임 참가자 1 : 업계의 기존 기업

당신은 현재 업계의 경쟁 기업들을 잘 알 텐데, 나는 그 기업들을 '업계의 기존 기업'이라 부른다. 당신은 아마 같은 업계에 속해 있는 이 전통적인 경쟁자들이 시장 변화에 어떻게 대응하고 있는지 나름대로 조사하고 분석해 어느 정도 알고 있을 것이다. 그래서 그들이 앞으로 어떤 조치들을 취할지 예측할 수 있을 것이고, 또 그런 조치들에 맞설 나름대로의 대책들도 있을 것이다. 그러나 이제 곧 당신은 당신이 잘 아는 그 전통적인 경쟁 기업들 외에 전혀 모르는 새로운 경쟁 기업들까지 있는 낯선 네트워크 안에 존재하게 될 것이다. 나는 특히 다음과 같은 두 종류의 게임 참가자들을 집중 조명하고 싶다.

게임 참가자 2 : 기술 기업

야심만만한 신생 기술 기업들은 자신이 속한 업계를 뿌리째 뒤흔들어 재편할 수 있다는 뻔뻔스러울 정도로 대담한 포부를 갖고 있다. 금융 서비스 분야에서 페이팔이 그랬고, 자동차 분야에서 테슬라가 그랬으며, 분석 및 보안 분야에서 팔란티어가 그랬다. 또한 가전

제품 분야에서 중국의 샤오미가 (멋지게 디자인된 제품들로 애플을 뛰어넘겠다는 야심으로) 그랬고, 자동차 공유 분야에서 중국의 디디가 (우버를 흉내 내되 글로벌 기업이 되겠다는 야심으로) 그랬고, 전자상거래 분야에서 인도의 플립카트도 (아마존의 대안이 되겠다는 야심으로) 그랬다.

이런 종류의 기업들은 산업 시대의 경영 원칙들은 철저히 무시한 채 디지털 기업으로 태어난다. 이들은 자신들이 디지털 기술의 힘을 활용해 고객들에게 타의 추종을 불허하는 가치를 제공할 사업 모델을 만들어낼 수 있다고 믿는다. 각종 알고리즘과 자동화가 그들의 사고를 이끌어줄 가이드이고, 데이터가 그들만의 차별화된 자원이며, 분석 능력이 그들 특유의 역량이다.

그들은 편협하게 규정된 업계의 한계를 뛰어넘는 사고를 하며, 다양한 디지털 기술을 활용해 자신들의 사업 모델을 진화시킨다. 알다시피 모든 신생 기술 기업들이 성공하는 건 아니다. 그러나 일단 성공을 거둔 몇 안 되는 기술 기업들은 당신이 변화를 추구하는 과정에서 무서운 미래의 경쟁자가 될 수도 있고 믿을 만한 파트너가 될 수도 있다.

게임 참가자 3 : 디지털 거인

세 번째 유형의 게임 참가자들을 나는 '디지털 거인'이라 부른다. 알파벳, 아마존, 페이스북, IBM, 마이크로소프트, 삼성 같은 기업들이 그 좋은 예로, 이 디지털 거인들은 자신들의 전통적인 업계를 뛰어넘어 꾸준히 영향력을 확대해 오고 있다. 이들은 과거 한때는 기술 기업들이었으나, 그간 계속 성장해 예전에는 자신들이 기술만 공급했거나 비영업 분야만 관리했던 업계로까지 자신들의 사업 범위를 확대해 오고 있다.

이들의 핵심 사업 모델은 여전히 디지털 제품 및 서비스를 제공하는 일일 수도 있으나, 이 디지털 거인들 중 일부는 점차 '업계의 기존 기업들'과의 제휴 관계를 늘려 그들의 사업 모델을 디지털 시대에 맞는 사업 모델로 바꾸는 데 일조하고 있다.[2] 그 결과 디지털 거인들은 특정 업계에서 보다 많은 수직 통합 및 수평 통합을 이룰 수 있게 된다.

당신 기업을 비롯한 업계의 기존 기업들은 곧 기술 기업들과 디지털 거인들까지 망라한 생태계 안에서 살아가게 될 것이다. 그리고 곧 그런 생태계 안에서는 모든 관계가 꼭 경쟁적이고 적대적인 것은 아니라는 걸 알게 될 것이다. 어떤 관계는 협력적이고 또 어떤 관계는 경쟁적이다. 이에 대해서는 제6장에서 좀 더 자세히 다루겠다. 이 새로운 비즈니스 환경 속에서는 한때 협력적이었던 관계가 이후 경쟁적인 관계가 될 수도 있고, 그 반대일 수도 있다. 그리고 이런 관계들 중 일부는 점점 협력적이면서 동시에 경쟁적인 관계가 되는데, 나는 이런 관계를 '경쟁 협력적인' 관계라 부른다. 이에 대해선 제7장에서 좀 더 자세히 얘기하겠다. 그래서 어쨌든 디지털 기업 생태계는 빠른 속도로 변화하는 운동장이다. 당신 기업이 세 종류의 게임 참가자들과 최대한 좋은 관계를 맺기 위해서는 각기 다른 게임 참가자들의 관점과 능력을 잘 알아야 한다.

이제 글로벌 자동차 업계의 예를 보면서, 이 세 종류의 게임 참가자들에 대해 좀 더 자세히 알아보도록 하자.

내일의 디지털 자동차 업계에서의 세 종류의 게임 참가자

자동차 업계의 기존 기업들로는 GM, 포드, 도요타, BMW, 메르세데스-벤츠 같은 전통적인 자동차 제조업체들을 손꼽을 수 있다. 그런데 우버, 리프트, 테슬라 같은 기술 기업들과 애플, 알파벳 같은 디지털 거인들이 어떤 식으로 그 기존 기업들과 제휴를 맺거나 아니면 직접 자동차 업계에 혁신적인 기술을 도입하는지에 대해 생각해 보라.

디지털화는 이미 자동차 설계 방식(가솔린 엔진 자동차를 보완하는 하이브리드 및 전기 동력 전달 장치), 자동차 디자인(3D 프린팅 등의 기술을 이용한 신속한 시제품화), 자동차 제조(다양한 치환과 다양한 부품들의 조합을 가능하게 해주는 모듈식 플랫폼 조립), 서비스 개선(자동차에 내장되어 이동통신을 통해 내비게이션, 안전, 엔터테인먼트, 통신 등이 업데이트되는 텔레매틱스, 즉 무선 인터넷 서비스), 사업 모델(전통적인 자동차 소유 개념이 서비스로서의 운송 개념으로 변화) 등에 지대한 영향을 미치고 있다.

이런 식으로 보면, 이미 도처에 스며든 디지털화가 이제 그 영역을 보다 넓은 사업 분야들로 확대해 가고 있다는 걸 금방 알 수 있다. 그러니까 디지털화는 이제 자동차 하부 시스템을 만드는 제조업체들(차축, 구동축 같은 동력 전달 장치 부품을 공급하는 다나 인코퍼레이티드, 타이어를 공급하는 콘티넨탈과 파이어스톤, 자동차용 전자제품들을 생산하는 보슈)은 물론 수없이 많은 자동차 대리점과 주유소들로까지 확대되고 있는 것이다. 다시 말해, 이제 제조업, 공급망 운영, 디자인, 연소 기관 공급 등을 더 이상 개별적인 행동들로 봐선 안 된다는 것이다. 그 모든 일들이 새로운 디지털 기업 생태계와 불가분의 관계를 맺고 있으니 말이다. 모든 게임 참가자들은, 그러니까 기존 기업과 기술 기업 그리고 디지털 거인들은 자동차 업계의 변화 과정에서 독립적으로 움직이는 것과 다른 게임 참가자들과 손잡고 일하는 것 중 어느 쪽이 더 나은지를 잘 판단해야 한다.

자동차 업계에서 기존 기업들의 관심을 가장 많이 받고 있는 기술 기업은 어디일까? 보나마나 테슬라 모터스일 것이다. 페이팔로 유명해진 전설적인 기업가로, 현재 테슬라의 최고경영자이자 선구자적인 설계자이기도 한 일론 머스크는 전기 자동차의 진화를 진두지휘해 왔으며, 테슬라의 소중한 특허들을 다른 기업들도 맘껏 사용할 수 있게 해 운송 체계 전반의 전기화를 앞당기고 있다. 테슬라는 2016년 중반 현재 시가 총액이 GM과 포드의 50퍼센트를 넘어서면서, 이제 신뢰할 만한 새 경쟁자가 되었다.[3] 2016년 3월 테슬라가 모델 3를 공개했을 때는 채 일주일도 안 돼 무려 30만 명이 넘는 잠재 고객들이 1인당 1,000달러의 현금을 내며 선주문을 했다. GM과 포드는 2015년에 포천 500 명단에 나란히 8, 9위에 올랐다. 그때 테슬라는 588위로 까마득한 아래 순위에 있었다. 테슬라는 향후 몇 년간 이 포천 500 명단에 이름을 올리고 빠른 속도로 순위를 올릴 수 있을까? 모델 3가 성공한다면, 그럴 가능성이 아주 높다.

테슬라 외에 주목할 만한 가치가 있는 틈새 기업들은 얼마든지 있다. 샌프란시스코에 기반을 둔 신생 기업 오토매틱 랩스[4]는 자동차 핸들 아래쪽에 꽂아 쓰는 어댑터를 만들고 있는데, 이 어댑터를 별도의 앱과 함께 사용할 경우 자동차의 주행 거리, 연료 사용량, 엔진 상태, 주행 성능 등과 관련된 자세한 데이터를 받을 수 있다. 특히 눈길을 끄는 특징은 자동차 소유주들이 추가 장착하기만 하면 운전 패턴과 관련된 그 어떤 데이터도 제조업체에 보내지 않고 맘껏 사용할 수 있다는 것이다. 게다가 이 회사는 지금 클라우드 기반의 자동차 보험과 지능적인 자동차 관리 서비스를 가능하게 해주는 '자동차 클라우드'를 개발 중이다. 신생 기업 펠로톤 테크놀로지[5]는 차량 간 통신 시스템을 통해 여러 대의 자율 주행 트럭들을 연결함으로써(이를 트럭 플래투닝이라고 함), 각 트럭의 가속 장치와 제동 장치를 통제해 사실상 사고를 줄이고 주행 효율을 높이는 일을 가능하게 만들고 있다. 물론 우버와 리프트 역시 새로운 시대의 새로운 기업들로, 현재는 필요에 따라 운전자를 공급하는 서비스에 앞장서고 있으나, 앞으로는 경우에 따라 운전자에 의존할 필요가 없는 '주문형 운전자' 서비스도 제공할 수 있을 전망이다.

현재 자동차 업계의 질서를 재편하고 있는 가장 유명한 벤처형 기업은 역시 우버겠지만(2016년 6월 현재 600억 달러가 넘는 기업 가치를 갖고 있음[6]), 예를 들어 GM 같은 기존 기업들은 통합된 미국 내 주문형 자동차 네트워크를 구축하기 위해 장기적인 전략적 제휴의 일환으로 리프트[7]에 상당한 투자를(2016년 1월 현재 5억 달러) 해오고 있다. 다른 자동차 제조업체들 역시 다양한 서비스 기반의 실험들을 하고 있는 중인데, 그에 대해서는 이 책에서 계속 살펴보도록 하겠다.

기술 기업들은 대개 수직적인 특정 기술 분야에, 이를테면 자동차 분야(자동차 기술)나 의료 분야(의료 기술), 소매 분야(소매 기술), 농업 분야(농업 기술), 금융 서비스 분야(금융 기술) 등에 대한 깊이 있는 전문지식과 특화된 기술들을 가지고 출발한다. 그래서 당신이 속한 업계 상황에 따라, 당신은 그렇게 전문화된 기업들의 잠재적인 역할을 잘 파악할 필요가 있다. 이는 디지털 거인들과는 대비되는데, 앞서 제1장에서 살펴본 것처럼, 디지털 거인들은 수평적인 전문 기술을 갖고 있어 자신들만의 전문 기술을 수평적으로 확대해 나간다.

지금 여기에서 말하는 수평적인 범위 확대란 어떤 것일까? 지금 자동차 업계가 디지털화되어 가고 있는 상황에서 알파벳과 애플은 자신들이 이 분야에서 중요한 역할을 하겠다는 의도를 그간 여러 차례 내비쳐왔다. 알파벳의 안드로이드 오토와 애플의 카플레이는 고객들(운전자들)이 자신의 스마트폰 지식을 자연스레 자동차에 적용할 수 있게 해줄 소프트웨어 프로그램이다. 그래서 이 두 디지털 거인이 지금 자동차 시장에, 특히 자동 주차나 자율 주행, 고속도로에서의 완전 자동 운전 같은 자동차 관련 소프트웨어 분야에 보다 깊이 뛰어들고 싶어 한다는 추정이 가능하다. 피아트 크라이슬러는 2016년 5월에 알파벳과 공동으로 100대의 자율 주행 미니밴 시제품을 제작하기로 예비 협정을 맺었는데, 알파벳은 현재 그 미니밴 시제품에 사용할 자신들의 자율 주행 기술[8]을 테스트 중이다. 현 단계에서 우리는 이 실험 이후 두 기업이 좀 더 깊은 관계를 맺거나 아니면 서로 제 갈 길로 가거나 둘 중 하나일 거라고 추정할 수 있을 뿐이다. 도요타는 자동차 공유 서비스 분야에서 협력도 하고 새로운 자동차 내장용 앱과 서비스도 개발할 목적으로 우버에 투자를 해오고 있다.[9] 폭스바겐은 독일 택시 콜 서비스 신생 기업인 겟[10]에 3억 달러를 투자했으며, 향후 몇 년간 더 많은 제휴 관계를 맺을 것으로 전망된다.

여기서 얻을 수 있는 교훈은 GM, 포드, 크라이슬러 같은 자동차 업계 내 기존 기업들의 경우와 마찬가지로, 당신 기업 역시 효과적인 디지털 전략을 개발하려면 먼저 당신 업계의 다른 기존 업체들이 어떻게 디지털 변화에 필요한 조치들을 취하고 있는지를 정확히 분석해야 한다는 것이다. 당신 업계의 경쟁 기업들은 디지털 역량을 직접 손에 넣을 수도 있고, 디지털 역량을 자신들의 핵심 조직에 흡수해 들일 수도 있고, 아니면 다른 기업들과 제휴를 해 확보할 수도 있다. 기술 기업들이 당신 업계 고객들의 핵심적인 문제들을 해결하기 위해 새로운 마음자세로 새로운 기술을 개발할 수도 있다.

디지털 거인들은 자신들의 역량을 수평적으로 확대해 당신 업계까지 뻗어오고 있으며, 수평적으로 확대되는 기술 기업들은 전문지식을 통해 새롭고 효율적인 방법들로 문제 해결에 나서고 있다. 그리고 이후에 보게 되겠지만, 여기서 살펴본 세 종류의 게임 참가자들은 다른 분야에서도 디지털 변화에 영향을 미친다.

이 세 종류의 게임 참가자들은 디지털 매트릭스상에서 한 축을 차지한다. 자, 이제 다른 축을 집중 조명해 보자.

디지털 변화의 3단계

업계는 변화한다. 업계는 성장하고 위축되고 전환된다. 새로운 건 아니다. 그러나 디지털 시대에는 이런 변화들이 훨씬 더 빨리 일어나며, 더욱이 그 변화들이 더 이상 순차적이거나 단계적이지 않다. 기존 기업들은 디지털 변화의 3단계를 거치면서 세 종류의 게임 참가자들과의 관계에서 매순간 발생하는 자신들의 행동과 상호작용을 동시에 잘 관리해야 한다.

1단계 : 경계에서의 실험

디지털화와 관련된 실험들이 나타나고 진화되는 시기의 디지털 변화 초기 단계다. 한 디지털 아이디어가 성숙되면 또 다른 실험이 이어지기 때문에, 디지털 실험은 계속 일어나게 된다. 나는 이 단계를 '경계에서의 실험' 단계라고 부른다. 이 단계에서는 많은 아이디어들이 나온다. 터무니없고 믿기지 않는 아이디어들과 보다 현실적이고 잠재적 가치도 있어 보이는 아이디어들이 냅킨에 끄적거린 낙서 형태에서 시제품이나 시험용 제품, 정식 제품으로 발전되는 것이다.

이 시기에 당신 기업은 이미 사업 모델을 조정하기 위해 착수한 실험들에 집중하고 있을 수도 있다. 그건 필요한 일로, 당연히 그런 실험들에 집중해야 한다. 그러나 이 단계에서 중요한 것은 보다 폭넓은 기업들에 의해, 특히 당신 업계의 경계 너머에 있는 기업들에 의해 행해지는 실험을 잘 지켜봐야 한다는 것이다. 그래야 그 기업들이 당신 업계 특유의 경영 방식에 어떤 잠재적 영향을 끼칠지 알 수 있기 때문이다. 디지털화에서 눈에 띄는 특징들 중 하나가 개별 제품들에서 '플랫폼'으로 연결되는 상호 의존적인 제품들로의 변화이다.[11] 본질적으로, 플랫폼은 다른 기업들이 그걸 토대로 사업을 할 수 있는 기반이다. 애플의 iOS나 구글의 안드로이드 같은 컴퓨터 운영체제를 생각해 보라. 이 운영체제들은 다면성 플랫폼이어서, 각각 다른 많은 유형의 고객들과 거래하는 여러 유형의 기업들을 서로 연결시켜 주며 그 기업들에게 표준화된 방법을 제공해 여러 종류의 가치들을 받거나 교환할 수 있게 해준다.

이런 트렌드는 당신 기업의 현재 사업 모델을 보완해 주고 강화시켜 줄까 아니면 그 사업 모델을 근본적으로 변화시키거나 아주 못 쓰게 만들어 버릴까? 설사 당신 업계에 아직 플랫폼 같은 게 등장하지 않았다 해도, 플랫폼으로 인해 경쟁과 변화가 일어날 수 있는 상황들에 대한 이해는 있어야 한다. 일례로, 호텔 업계의 경영인들은 에어비앤비가 나타나기 전까지만 해도 플랫폼이라는 게 자신들의 사업 논리를 뒤엎어버릴 줄은 미처 상상도 못 했었다. 플랫폼을 빼놓고 이 단계에서 당신한테 필요한 것은 현재의 당신 업계와 이미 정해진 사업 모델(당신 기업이 수익을 올릴 방법의 저변에 깔린 기본적인 전제에 이의를 제기할 수도 있는)의 주변에서 나오는 신호들을 제대로 이해하는 일이다.

이 '경계에서의 실험' 단계를 제대로 이해하려면 보다 깊이 생각해 볼 필요가 있다. 2005년 애플의 최고경영자 스티브 잡스가 "우리는 휴대전화에 세계 최고의 음악 경험을 접목시키기 위해 모토롤라와 긴밀히 손잡고 일해 왔습니다"[12]라는 말을 했을 때, 사람들의 머릿속에 제일 먼저 떠오른 생각은 '애플의 아이튠즈 소프트웨어와 사업 모델이 독립형 아이팟 기기에서 모토롤라 전화기로 옮겨갔구나' 하는 것이었다. 음악계에 몸담고 있던 사람들이 보기에는 애플의 영향력이 더 커지고 있다는 신호이기도 했다.

그런데 음악 업계 외의 다른 업계들, 그러니까 모토롤라, 블랙베리, 노키아, 소니 에릭슨 등이 지배하고 있던 전기통신 업계 사람들은 어떤 생각을 했을까? 이 업계의 경영인들은 아마 속으로 당시 자신들의 휴대폰에서 돌아가던 심비안 운영체제나 아니면 블랙베리의 소프트웨어 프로그램과는 전혀 다르고 기능도 훨씬 더 뛰어난 아이튠즈를 가지고 대체 무얼 할 수 있을까 하는 생각을 했을 것이다. 2005년 애플이 모토롤라와 손잡고 행한 이 실험이 휴대폰 업계에까지 영향을 미치게 될까?

경계에서의 실험을 좀 더 깊이 들여다보면 이런 의문들이 뒤따르지 않을 수 없게 된다. "애플이 직접 휴대폰 사업에 뛰어들려면 기술적으로 다른 어떤 것들이 필요할까?", "만일 음악이 휴대폰에 안성맞춤인 응용 분야라면, 향후 소프트웨어와 사용자 인터페이스(사람과 시스템 사이에서 상호작용이 잘 일어나도록 도와주는 장치나 소프트웨어 - 옮긴이)가 더 발전될 경우 다른 어떤 분야가 응용 가능하며 또 사업성이 있을까? 그리고 이런 의문들을 거쳐 우리는 결국 보다 큰 그림을 그리고 현실적인 혁신 가능성을 뽑아보기 위해, 경영과 기술 역량을 적절히 활용해 보다 깊이 있는 후속 연구와 분석을 하지 않을 수 없게 된다.

보다 최근에는 과거 구글에서 일했던 폴 테일러가 소트 머신이란 회사를 설립했다. 그리고 2016년 7월 그는 '클라우드 안에서 돌아가는 은행'을 만들어낼 수 있는 볼트 운영체제를 선보였다. 그 운영체제는 모든 금융 거래에 공식 인가를 받은 암호화된 중앙집중식 원장을 단일 소스 저장소로 사용한다.

그 덕에 아주 높은 수준의 보안이 보장되며 모든 금융 상품들에 스마트 계약(블록체인 같은 분산 원장 기술에서 거래의 일정 조건을 만족시키면 당사자 간에 자동으로 거래가 체결되는 계약 - 옮긴이) 시스템을 사용한다.[13] 이는 한 신생 기업의 무모한 야망에 지나지 않는 걸까 아니면 금융 서비스 업계 전체를 뒤흔들 수도 있는 대담한 시도일까?

비록 이 볼트 OS 사업 모델이 지금은 아주 엉뚱한 비전으로 보일지도 모르지만, 이 비전을 현실화하려면 다른 어떤 게 필요할지 생각해 볼 필요는 있다. 다른 누군가가 폴 테일러와 손잡고 이 비전을 더 발전시켜 우리가 알고 있는 현재의 금융 업계를 재편할 수는 없는 걸까? 아니면 다른 누군가가 볼트 운영체제의 토대인 블록체인 기술을 잘 활용해 금융 서비스 업계나 다른 업계에서 실현 가능한 다른 새로운 비전을 만들어낼 수는 없는 걸까? 이런 비전이 실현 불가능하다거나 아니면 당신 기업에서 직접 실험해 볼 가치도 없다거나 하는 결론은 이런 의문들에 대해 심사숙고해 본 뒤에 내려야 할 것이다.

다른 분야들을 살펴볼 때에도, 즉 아마존과 알파벳, 페이스북이 내놓은 드론, 마이크로소프트와 페이스북이 내놓은 가상현실 헤드셋, 애플과 아마존, 마이크로소프트, 알파벳이 내놓은 챗봇(인간과 대화를 할 수 있는 로봇 - 옮긴이) 등에 대해 살펴볼 때에도, 이런 접근법을 통해 도출 가능한 결과들을 깊이 생각해 보도록 하라. 예를 들어 드론의 경우 농장이나 광산 같은 곳에 대한 물류 지원이나 재난 현장에 대한 지원 외에 또 다른 용도로도 쓸 수 있는지를 생각해 보는 것이다.

AT&T는 휴대폰 기지국 안테나 타워를 검사할 때뿐 아니라 각종 콘서트나 스포츠 행사같이 주어진 시간 동안 고도의 주의를 기울여야 하는 일을 할 때에도 드론을 활용하고 있다. 또한 가상현실 장치들은 비단 컴퓨터 게임 분야뿐 아니라 특수한 의료 분야에서의 교육 및 훈련 같은 데에도 활용되고 있다. 아마존의 알렉사와 애플의 시리 같은 챗봇들이 인간의 사생활 및 정체성과 관련해 어떤 의미를 갖는지에 대해서도 생각해 보라. 이 같은 실험들은 이제 실험실이나 연구 단체의 테두리를 벗어나 주류 사회로 들어오면서 황금기를 맞을 준비를 하고 있다. 그러니까 디지털 비즈니스 게임에 참여 중인 세 종류의 참가자들에 의해 추진되는 보다 새롭고 혁신적인 사업 모델들의 토대가 되고 있는 것이다.

2단계 : 핵심에서의 충돌

디지털 변화의 2단계에서는 각종 아이디어들이 시제품 차원에서 당당한 사업 옵션들로 진화된다. 그리고 각종 실험 결과 가능성(과연 제대로 작동될까?)과 사업성(제대로 작동되어 수익을 낼 수 있을까?)의 차이가 드러난다. 이 단계에선 산업 시대에 완성된 기존 경영 방식들과 최근 들어 실험되고 있는 새로운 디지털 경영 방식들이 충돌하면서 긴장 상태가 조성된다. 나는 이 단계를 '핵심에서의 충돌' 단계라고 하는데, 이 단계에서는 디지털 시대의 원칙들과 산업 시대의 전통적인 관행 및 이미 확립된 경영 원칙들 사이에 충돌이 일어난다.

이런 충돌은 어떤 업계들에서는 서서히 발생하고 또 어떤 업계에서는 훨씬 빠른 속도로 발생한다. 그리고 심지어는 한 업계 내에서도 그 충돌

강도는 기업의 사업 전략에 따라 서로 다르게 나타나기도 한다. 또한 변화 속도는 갑자기 가속될 수도 있다.

예를 들어, 20세기 말까지만 해도 전자상거래는 아직 실험 단계에 있었고, 아마존은 소매업 분야에 혁신을 일으킬 걸로 보이는 여러 유망 기업들 틈에 낀 야심만만한 한 신생 기업에 지나지 않았다. 2000년에 월마트는 아마존과 그 유사 기업들에 대해 전혀 신경도 쓰지 않았다. 그들은 전자상거래라는 게 그저 중요한 오프라인 매장들을 보충하는 또 다른 채널에 지나지 않는다고 여겼다. 온라인 판매를 소비자들로 하여금 사무실 컴퓨터의 빠른 인터넷을 이용해 상품을 구입하게 해 연말 소매 판매를 늘리려는 마케팅 전략의 확대로, 또 사이버 먼데이(미국 추수감사절 주말 다음 월요일로, 이때 온라인 쇼핑 업체들이 대대적인 할인 판매를 함 - 옮긴이)같이 어쩌다 행해지는 행사의 확대 정도로 본 것이다. 월마트는 전 세계를 상대하는 온라인 물류 인프라가 오늘날처럼 그리 강력한 인프라가 되리라곤 전혀 예측하지 못했던 것이다.

2016년 6월 현재, 아마존의 시가 총액은 매출과 고용 면에서 세계 최대 규모의 소매업체인 월마트의 시가 총액을 넘어섰다.[14] 월마트와 다른 주요 대형 소매점의 리더들은 지금 소매업 분야에서 오프라인 사업 모델과 온라인 사업 모델 간에 일어나고 있는 '핵심에서의 충돌'이 점점 더 심해지는 걸 생생히 지켜보고 있다. 1994년 처음 사업을 시작할 때 아마존의 상대는 오프라인 서점들이었는지 모르나 그건 시작에 지나지 않았다.

앞서 제1장에서 이미 살펴보았듯, 아마존은 규모와 범위와 속도에 아주 강했고, 그 면에서 21세기 초의 다른 많은 전자상거래 기업들과 차별화되었다. 그리고 지난 10여 년간 아마존의 사업 모델은 도매 및 소매 분야의 기존 틀과 관행들을 모조리 뒤엎어버렸다. 그리고 미국 외부로 눈을 돌려 보면, 지금 중국의 소매 거인 알리바바가 글로벌 시장을 향해 보다 큰 야심을 드러내 보이고 있다.[15]

핵심에서의 충돌은 디지털 기술들이 다음과 같은 두 가지 측면에 영향을 끼치면서 일어난다. 첫째, 전통적인 제품과 서비스들이 디지털 제품과 서비스들의 도전에 직면해 있다. 전통적인 아날로그 손목시계들은 스마트워치 및 디지털 손목 밴드와 경쟁을 벌이고 있다. GE와 보슈, LG전자 등이 내놓은 재래식 자립형 냉장고들은 사물 인터넷(IoT) 네트워크와 연결된 삼성의 냉장고와 경쟁을 벌이고 있다. 점점 더 많은 제품들이 디지털화되어 가면서, 이 핵심에서의 충돌 역시 갈수록 더 격화되고 있고, 전통적인 업계들과 디지털 거인들 그리고 야심만만한 기술 기업들 간의 경쟁 역시 갈수록 더 치열해지고 있다.

둘째, 보다 새로운 조직 모델들은 프레더릭 테일러가 제창한 과학적 관리 원칙에 믿음을 줬던 기계 엔지니어링 원칙보다는 자동화와 각종 알고리즘, 소프트웨어 모델을 통한 분석 같은 컴퓨터 과학의 원칙들을 토대로 하고 있다.[16] 그 결과 새로운 조직 모델에서는 과거의 표준화, 전문화, 가치 사슬(생산 단계별로 부가가치가 생성되는 과정 - 옮긴이)의 최적화 대신 끝없는 실험, 생태계 내 파트너들과의 긴밀한 협력, 강력한 기계들과 똑똑한 인간들의 협력을 통한 신속한 머신 러닝 등이 강조된다. 다시 말해, 산업 시대 기업들과 디지털 시대 기업들 간의 충돌은 가치 전달 및 조직 논리를 둘러싼 전제들의 충돌인 것이다. 이런 충돌 속에 살아남는 기업들은 새로운 원칙들에 영향력을 미치게 되는데, 이것이 바로 디지털 변화의 마지막 단계이자 세 번째 단계이다.

3단계 : 뿌리에서의 재창조

진화와 재창조의 이 단계에 이르면, 디지털 사고방식들은 더 이상 뒷전으로 밀리지 않는다. 대신 업계의 기존 기업들과 기술 기업들과 디지털 거인들이 서로 힘을 합해(또는 여러 형태로 연합해) 그리고 디지털 기능을 활용해 고객(개인과 기업)의 중요한 문제들을 해결하게 된다.

모든 가치 제안에서 제품이나 서비스는 전부 디지털 제품이나 서비스이고 모든 기업은 디지털 기업이다. 또한 B2B(기업 대 기업)니 B2C(기업 대 고객)니 하는 전통적인 구분은 사라지며, 모든 기업은 B2B2C(기업 대 기업 대 고객) 상호작용 네트워크 안에 존재한다. 그리고 이제는 최종 고객과의 상호작용은 누가 최종 책임을 지는가 하는 문제, 그 고객과 상호작용하는데 필요한 인터페이스(모바일 앱, 소셜 앱, 클라우드 등)는 누가 만드는가 하는 문제, 데이터는 누가 수집해 분석하고 통찰력을 기르는가 하는 문제 등이 새로운 관심사로 떠오른다. 나는 이 단계를 '뿌리에서의 재창조' 단계라 부른다.

원칙들을 재창조하기 위해서는 새로운 마음자세가 필요한데, 왜냐하면 뿌리에서의 재창조라는 것이 결국 이런 상호작용들을 아주 면밀히 모니터링하기 위해 고객의 신뢰를 사고 그 데이터의 프라이버시를 지키는 일이기 때문이다.

또한 뿌리에서의 재창조란 개인 및 기업 고객들이 직면한 근본적이고 골치 아픈 문제들과 또 그 고객들이 갖고 있는 고충들에 대한 해결책을 찾는 일이기도 하다.

그리 머지않은 미래의 디지털 홈(모든 디지털 가전기기가 유무선 네트워크로 연결돼 언제든 다양한 디지털 서비스를 제공받을 수 있는 집 - 옮긴이)에서의 시나리오를 그려보자. 예로부터 월풀은 월마트나 베스트 바이 같은 소매점들에서 끝나는 B2B 과정을 통해 움직여온 B2C 기업이다. 월풀의 경우 세탁기와 건조기의 모델당 매출에 대해선 비교적 정확한 데이터를 갖고 있을지 몰라도, 그 제품들이 각 가정에 실제 어느 정도 설치돼 있는지에 대한 데이터를 갖고 있을지는 의문이다.

그러나 사물 인터넷의 출현으로 그 모든 게 변화되고 있다. 자신들의

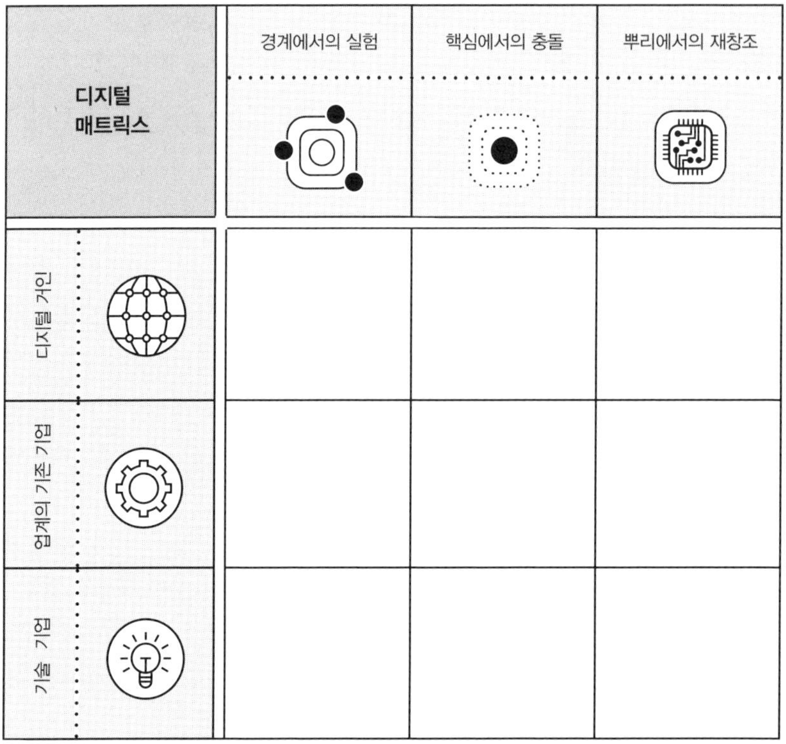

그림 1 디지털 매트릭스

세탁기와 건조기들을 인터넷에 연결시킴으로써, 월풀은 이제 각 가정에 설치된 자사 제품들을 추적 · 감시할 수 있으며, 그 결과 각 가정의 세탁기 및 건조기 사용 패턴까지 세세히 파악할 수 있게 되었다. 디지털화 덕에 각 가정의 제품 사용 패턴을 실시간으로 추적해, 유의해야 할 트렌드들을 미리 파악함으로써 뭔가를 배우고, 이런저런 실험들을 집중적으로 해보며, 모든 게 연결되지 않았던 세상에서보다 훨씬 더 높은 수준의 고객 서비스를 제공할 수 있게 된 것이다.

월풀의 사업 모델은 이제 자신들의 제품을 단순히 소매상에 보내 유통시키는 형태에서 네트워크화된 제품들을 통해 고객들에 대한 서비스의 질을 높이는 형태로 변화되어 가고 있다. 연결되는 고객들이 많아지고 그들이 연결하는 제품이 많아질수록, 월풀은 자신들의 정보를 더 잘 미세 조정할 수 있고 또한 각 가정을 스마트한 삶의 중심지로 만드는 데 더 큰 역할을 할 수 있다.[17]

뿌리에서의 재창조는 결국 직관과 판단력을 강화하는 일로, 직관과 판단력은 과거 같으면 데이터와 분석을 통한 가시적인 지원 아래 각종 결정에 도달하는 데 적절한 수단들이었다. 이 단계에서는 통찰력을 길러 그걸 경쟁 기업들보다 더 빨리, 더 잘 응용하는 게 성공의 열쇠이며, 따라서 민첩성과 재빠른 응용 능력이 필수다. 빠르고 민첩해지기 위해 기업들은 데이터와 각종 분석법을 활용하지만, 그보다 더 중요한 것은 산업 시대의 특징이었던 관료주의를 내던지는 것이다. GE의 최고경영자였던 제프 이멜트는 한 인터뷰에서 이런 말을 했다. "산업 시대형 기업들은 원하든 원하지 않든 정보 비즈니스를 하고 있습니다. 마치 지난 50년 넘게 물질과학이 그랬던 것처럼, 20년 넘게 분석법이 기업의 핵심인 양 우리는 늘 이런 저런 분석법을 쓰고 싶어 합니다."[18]

그러면서 그는 GE가 디지털 비즈니스 게임에서 승리하려면, 지난 10여 년간 알파벳과 애플이 고객 인터넷을 위해 해온 것처럼 해야 한다는 사실을 일찍이 인정했다. 그러니까 GE 역시 여러 업계에 필요한 플랫폼 및 애플리케이션 기업이 되고, 물리학과 디지털화를 융합시키고, 기계들과 데이터를 연결하고, 실시간으로 정보에 따라 움직여야 한다고 본 것이다. 이는 흥미진진한 경계다.

이제 처음으로 우리는 정보 기반의 기업들을 위한 가상의 웹이 아닌 '피지컬 웹(구글이 2014년 10월 발표한 오픈 소스 IoT 플랫폼 프로젝트로, 모바일 앱을 내려받지 않아도 웹을 통해 버스정류장 안내 시스템, 자동판매기 등 다양한 기기를 조작할 수 있는 방식의 표준을 만드는 프로젝트임 - 옮긴이)'의 디지털화에 대한 얘기를 하고 있다. GE, 보슈, 존 디어, 월풀 같은 기업들이 앞장서고 있는데,

그들이 세운 새로운 원칙들은 이 새로운 디지털 사업 모델들이 자신들의 낡고 경직된 전통적인 원칙들과 충돌할 때, 어떤 기업이 살아남고 어떤 기업이 뒤처지게 될지를 규정하고 있다.

디지털 매트릭스의 가장 중요한 두 축과 세 종류의 게임 참가자들, 디지털 변화의 3단계를 제대로 이해했다면, 이제 당신 기업이 빈칸 9개 중 1개의 칸에 위치해 있는 걸 상상해 보라. 당신은 이미 이 게임이 단지 그 빈칸 하나에서만 진행되진 않으리라는 걸 안다. 다른 빈칸들 안에서 일어나는 어떤 움직임과 그에 대한 대응들이 또 당신 기업의 움직임과 대응에 영향을 주게 될 것이다.

자, 그럼 이제 당신 기업이 디지털 매트릭스 내에서 어디에 위치해 있나 알아보도록 하자. 그러면 다른 게임 참가자들과의 관계 속에서 당신 기업이 어떤 입장에 있는지를 좀 더 잘 이해할 수 있게 될 것이다.

디지털 매트릭스 내에서의 당신 기업의 위치

어떤 업계에 속해 있든 또 어떤 제품이나 서비스를 제공하고 있든, 당신 기업은 그림 1에서 보듯 세 종류의 게임 참가자들과 디지털 변화의 3단계의 복잡한 연관관계 속에 위치해 있다.

디지털 매트릭스를 보면, 현 시점에서 당신이 어디에 위치해 있는지, 즉, 그림 1의 제어판에서 빈칸 9개 중 어디에 위치해 있는지 정확히 알 수 있다. 만일 당신 기업이 기술 기업이라면 맨 아래쪽 3개의 빈칸 중 하나에 위치해 있을 것이고, 디지털 거인이라면 맨 위쪽 3개의 빈칸 중 하나에 위치해 있을 것이다. 업계의 기존 기업이라면 중앙 3개의 빈칸 중 하나에 위치해 있을 것이다. 이는 첫 번째 기준, 즉 당신이 어떤 게임 참가자인가로 결정된다. 자 이제, 특정 업계가 진화해 가는 과정을 살펴보자.

1. 당신 업계가 디지털 변화의 3단계 중 어디에 있는지 확인하라 당신 업계는 경계에서의 실험 단계에 있는가? 그러니까 당신 기업과 업계 내의 다른 기존 기업들 내에 디지털 변화의 가능성이 보이고 있다거나, 아니면 기술 기업이나 디지털 거인들이 몇 가지 흥미로운 개혁을 들고 나와 소위 간을 보고 있는데 당신의 핵심 사업 모델은 변하지 않고 있는가?

글로벌 농업 업계가 지금 이 단계에 있다. 최근 몇 년 사이 각종 센서들, 기후 데이터 그리고 클라우드에 연결된 트랙터 등과 관련된 실험들이 행해지고 있지만 농업의 사업 모델들은 근본적으로 변한 게 없는 것이다. 그러나 저 지평선 위에서는 이미 정밀 농업(precision farming, 각종 정보통신 기술을 활용해 비료, 물, 노동력 등 투입 자원을 최소화하고 생산량은 극대화하는 농업 - 옮긴이)과 디지털 농업이 그 모습을 드러내고 있다.

아니면 당신 업계는 핵심에서의 충돌 단계에 있는가? 그러니까 신생 기술 기업들과 디지털 거인들이 강력한 기술을 동원해 당신 기업과 전통적인 경쟁 기업들의 사업 방식에 정면 도전하며 당신 업계 전체를 뒤흔들고 있는가? 글로벌 자동차 업계가 지금 이 단계에 있다. 신생 기업들이 자동차 구조 및 사용에 대한 정의를 재정립하고 있고(테슬라), 교통수단을 자동차 소유에 대한 대안 서비스로 제공하고 있어(우버, 리프트), 자동차 업계의 기존 기업들이 자신들의 사업 모델에 대해 재고하지 않을 수 없는 상황에 놓인 것이다.

아니면 당신 업계는 '뿌리에서의 재창조' 단계에 있는가? 그래서 업계의 기존 기업들, 기술 기업들, 디지털 거인들이 모두 강력한 기술과 새로운 접근법을 활용해 근본적인 사업 문제들을 해결하려 하는가? 지금 미디어 업계와 엔터테인먼트 업계는 디즈니(ABC)와 컴캐스트(NBC)는 물론 구글(유튜브), 아마존, 넷플릭스 같은 기업들에 의해 재편 중이다. 이 기업들은 고객들의 선호도를 면밀히 모니터링하면서 그 데이터를 활용해 개인들에게 맞춤형 서비스를 제공하고 제품과 서비스를 미세 조정하며 변화

가 필요할 때 빠른 속도로 변화한다.[19]

디지털 매트릭스의 빈칸 9개 중에서 당신 업계가 현재 어느 위치에 있는지를 찾아보라. 당신 기업이 업계의 기존 기업에 속한다면, 당신 기업은 지금 분명 중앙의 3개 빈칸 중 하나에 위치하게 될 것이다. 그러나 이제 다음 단계로 나아가 관련 기술 기업이나 디지털 거인이 이미 당신 업계에 들어와 있거나 조만간 들어오려 하진 않는지 확인하도록 하라.

2. 당신 기업이 직접적인 경쟁 기업이나 업계의 다른 기존 기업들과 어떤 관계에 있는지 파악하라 기업들은 새로운 트렌드에 어느 정도의 중요성을 부여하는가에 따라 변화의 폭이 크게 달라지는데, 디지털화의 경우도 예외는 아니다. 당신은 업계의 다른 기존 기업들에 비해 앞서가고 있는가? 농업 업계에서의 존 디어나 몬산토의 경우와 마찬가지로, 당신 기업 역시 디지털화 추세를 인정하고 있으며, 기업 인수와 제휴를 통해 선점 효과를 보는 등 다른 기존 기업들과의 경쟁에서 앞서 나가고 있는가? 그래서 다른 기존 기업들이 당신 기업을 예의주시하고 있는가? 제조업계의 기존 기업들이 디지털 변화 속에 따라갈 길을 찾기 위한 벤치마킹 대상으로 독일의 지멘스나 보슈를 예의주시하듯 말이다.

아니면 디지털화는 아직 회사 전체의 전략적 이슈가 못 된다고 믿는 많은 기업들처럼, 당신 기업 역시 디지털화 과정에서 다른 기업들에게 선두 자리를 내주고 있는가? 당신 기업이 만일 다른 급박한 문제들 때문에 디지털화를 의식적으로 뒤로 제쳐놓고 있다면, 당신 업계 내의 다른 기업들이 디지털 기술에 얼마나 많은 투자를 하고 있는지 잘 추적해 보라고 촉구하고 싶다. 또한 이게 더 중요한 것이지만, 다른 업계들에서 일어나고 있는 변화 패턴들 중 당신 기업에도 좋은 참고가 될 패턴들을 파악해 보라고도 촉구하고 싶다. 아니면 당신 기업의 경우 필요성은 인정하지만 그 이상은 아니어서, 디지털화에 최소한의 관심만 보이고 있는 다른 기존 기업들과 보조를 맞춰 앞서지도 뒤처지지도 않고 그저 중간 정도를 달리고 있을 수도 있다.

'앞섬-동등함-뒤처짐' 저울에 올려놓고 당신 기업의 정확한 위치를 찾는 것은 유용한 일이다. 궁극적으로, 업계의 전통적인 다른 기존 기업들에 비해 이미 몇 걸음 앞서 나가고 있든 그렇지 않든 그건 중요치 않다. 중요한 것은 디지털화를 당신 업계가 변화하는 데 도움을 줄 힘으로 받아들일 준비가 되어 있어야 한다는 것이다. 당신 기업이 디지털 매트릭스의 빈칸 9개 중 어디에 위치해 있는지를 알고 시작하는 게 좋다. 그러나 그건 어디까지나 시작일 뿐이다. 앞서 말했듯, 디지털 세계에서는 그 어떤 기업도 외떨어진 섬이 아니다. 모든 섬들이 가치 창출과 가치 확보를 통해 서로 연결되기 때문이다. 디지털 매트릭스에서 우리는 기술 기업과 디지털 거인들은 잠재적인 우군이며 동시에 잠재적인 적이라는 사실을 알게 된다. 그래서 그들 스스로가 또는 당신 업계의 기존 기업들 및 당신 기업과의 관계에서 행하는 행동과 상호작용들은 당신 기업이 승리 전략들을 짜내는 데 지대한 영향을 미친다.

디지털화는 왜 업계의 기존 기업들에게 중요한가?

나는 이 책을 그 누구보다 기존 기업들의 관리자들을 위해 쓰고 있다. 당신 기업과 당신 기업이 속해 있는 전통적인 업계가 디지털 변화의 3단계 중 어느 단계에 있든, 당신 기업이 디지털 기술의 힘과 영향력을 인정하지 못하게 만드는 성공의 덫으로부터 벗어나 자유로워지도록 하는 것이 나의 바람이다. 이 책에서 거론되는 얘기들은 기술 기업과 디지털 거인들을 포함한 모든 게임 참가자들에게, 그리고 또 한 기업 내의 모든 직위에 있는 직원들에게 해당되는 얘기다.

설사 당신이 디지털화와 관련해서는 모바일 앱과 소셜 미디어 외에는 생각해 본 적조차 없다 하더라도, 현재 당신 기업이 직면하고 있는 것과 똑같은 기회와 불확실성, 도전, 우려, 불안감, 전제 등을 겪어본 다른 기업들의 경험으로부터 뭔가를 배울 수 있을 것이다.

나는 지난 5년간 여러 업계에 몸담고 있는 관리자 수백 명과 깊은 얘기를 나눠봤고, 그 결과 지금 당신 기업이 급속한 디지털화에 직면한 상황에서 당신이 알고 싶어 할 만한 사실 네 가지를 뽑아냈다.

당신 기업의 관련성

당신 업계가 디지털 세상으로 뛰어들 때 당신 기업은 어떤 역할과 관련성을 갖게 될까?

디지털 기술들은 거의 모든 업계의 제품 구조 로드맵에 영향을 준다. 우선 각종 센서들과 항시 인터넷과 연결되어 있는 클라우드가 서비스 전달 방식 자체를 변화시키고 있다. 그 결과 디지털화로 인해 업계 내에서 당신 기업이 하는 역할이 변할 수 있으며, 매출을 올리고 수익을 내는 당신 기업의 능력에도 변화가 생길 수 있다. 일단 이걸 이해하고 나면, 당신 기업은 잘 알고 있는 가치들을 측정해 스스로의 역할이 차별화되고 중요해지는 새로운 사업 모델을 만들 수 있다. 당신 기업이 제공하는 제품이나 서비스는 동일하겠지만 고객들에게 흥미로운 맞춤형 가치를 제공하기 위해 그것들을 보다 창의적인 방법들로 제공해야 할지도 모른다. 아니면 디지털 변화가 보다 근본적인 변화를 줄 수도 있다. 그러니까 만일 당신 기업이 제품 기업이라면 서비스 기업이 되어야 할 수도 있고 그 반대일 수도 있으며, 아니면 당신 기업이 다른 기업들의 제품과 서비스를 위한 플랫폼을 만들어야 할 수도 있다. 그리고 또 만일 당신 기업이 서비스 기업이라면, 솔루션 기업이 되기 위해 고객 관계를 강화시켜야 할 수도 있다.

제6장과 제7장에서 나는 당신 기업이 여러 옵션들을 이해하고 또 다른 기업들과 연결해 계속 중요한 역할을 하는 데 필요한 체계적인 방법을 제시할 것이다.

특유의 능력

당신 기업은 어떤 독특한 능력들 덕에 디지털 세계에서도 계속 중요한 역할을 하게 될까?

디지털 기술들 때문에 일부 전통적인 자원들과 부수적인 자원들이 대체되거나 조정된다. 예를 들어 각종 알고리즘과 앱 그리고 로봇들 덕에 작업 과정들이 자동화되고 또 업계들의 중요한 활동들이 대체된다. 지금 당신 기업이 갖고 있는 독특한 능력들 중에 어떤 능력들이 디지털 시대에도 여전히 중요한 역할을 하게 될까? 또 당신 기업의 독특한 능력들을 어떻게 손봐야 미래에도 계속 중요한 역할을 하게 될까? 그렇게 차별화되는 독특한 능력들을 갖추기 위해 당신 기업은 핵심 역량 이외의 역량들도 살펴봐야 하며, 당신 기업의 전통적인 재무 구조에 대해서도 재고해야 하고, 또 다양한 기술을 가진 사람들을 채용해야 할 수도 있다. 이런 능력들을 키우기 위해 당신 기업은 인지 컴퓨팅(cognitive computing, 인간 두뇌의 기능을 모방해 인식, 행동, 인지 능력을 재현해 내는 컴퓨터 기술 – 옮긴이)과 머신 러닝을 어떻게 활용할 수 있을까? 이에 대해서는 제7장과 제8장에서 좀 더 자세히 다루도록 하겠다.

중요한 관계

당신 기업은 다른 게임 참가자들과 어떻게 협력해야 할까?

디지털 전략은 네트워크 중심의 전략이다. 다시 말해, 디지털 세계에서는 각 기업이 제휴를 맺은 기업이나 고객들과 함께 일하면서 가치가 공동으로 만들어진다. 그래서 당신 기업의 성공 또한 관계 네트워크를 어떻게 구축하고 또 시간의 흐름에 따라 그 관계들을 어떻게 적극적으로 변화시켜 나가느냐에 달려 있다.

그리고 다시 말하지만, 이런 관계들은 당신 기업이 오늘날의 전략들을 시행하기 위해 조직하고 관리하는 관계들 그 이상이다. 디지털 시대에는 이런 관계들이야말로 당신 기업이 전략을 수립하는 데 도움을 줄 핵심 관계들이다. 나는 제6장과 제7장에서 이 문제를 다시 거론할 것이며, 그때 당신 기업이 역동적인 생태계 내에서 효과적으로 대처해 나갈 접근법들을 제시할 것이다.

변화의 길

당신 기업은 디지털 미래에 어떻게 효과적으로 역량을 동원하고 변화해야 할까?

디지털 변화의 시기에는 단순히 당신 기업의 과거 조직 구조에 맞는 최신 디지털 기술들을 받아들이는 것을 뛰어넘어 더 빠르고 더 드라마틱한 변화를 적용할 것이 요구된다. 당신 기업은 제품 로드맵을 개편해 속도를 더 높이고, 내부 작업 과정들을 클라우드에 연결하고, 새로운 능력들을 획득해 내 것으로 만들고, 보다 새롭고 보다 적절한 기술들을 보유한 직원들을 채용하고, 가능하다면 별도의 유기적인 독립 자회사나 부서들을 만들어야 할 수도 있다.

또한 당신은 기업의 리더 입장에서 이 같은 변화들의 토대를 닦아야 하며, 그러지 않을 경우 당신의 비전은 제대로 펼쳐보지도 못하게 될 것이다. 그리고 또 당신은 당신 기업이 제대로 변화해 승리할 수 있게 해줄 원칙들을 개발해야 한다. 제대로 변화하고 적응하려면 어떻게 해야 하는지에 대해서는 제9장과 제10장에서 논의하도록 하겠다.

이번에 당신이 참여한 디지털 비즈니스 게임은 의심할 여지 없이 위험하지만 그만큼 보람이 있을 수 있으며, 당신 기업의 입장에서는 피할 수 없는 게임이다. 그렇다고 또 당신 입장에서 뭔가 역할을 맡지 않았으면 하고 바랄 수 있는 게임도 아니다. 당신은 이제 새로운 유형의 게임 참가자들과 그들의 능력을 잘 안다. 서로 손 잡고 일하는 것이 당신 고객들에게 가치를 전달하는 데 가장 좋은 접근법이 될 수 있으며, 그 가치는 당신 기업은 물론 당신 기업의 협력 기업과 경쟁 기업들에게도 도움이 될 수 있다는 것도 잘 안다. 그리고 그간 일부 전문가들은 많은 기존 기업들이 이미 죽었다는 성급한 단언을 내리기도 했지만, 당신 업계가 디지털 변화의 3단계를 거치고 있는 지금 당신에겐 여전히 당신 기업을 재창조할 기회가 많다. 다음 제2부에서 당신은 그런 기회를 잡는 데 필요한 도움들을 받게 될 것이다.

PART 2

디지털 변화의 3단계

CHAPTER

03

경계에서의 실험

실험 I 배우는 데 필요한 체계적인 행동, 과정 또는 관행

'우리 GE는 페이스북으로부터 무얼 배울 수 있을까?' GE 제품 관리팀에서 일할 때 카일 라이스너는 스스로에게 이런 질문을 던졌다. 페이스북의 천재성은 사람이 아닌 프로그램에 의해 움직이는 이른바 '백엔드 시스템(backend systems)'이 지능을 갖고 간단한 인터페이스들을 사용해 실시간 상황에 역동적으로 적응한다는 데 있다. 카일 라이스너는 그게 바로 페이스북이 일개 소셜 네트워크 수준을 벗어나 사회 지능을 위한 플랫폼으로 발전된 원동력이라고 생각했다. 그리고 그는 사용자들을 데이터 소스로 대체하고 대신 기계들을 집어넣는다면 GE의 효율성에 어떤 변화가 일어날지 궁금했다.[1] 그러니까 페이스북이 사람들에게서 얻은 데이터를 이용해 적절한 시기에 적절한 사람에게 적절한 정보를 보낼 수 있다면 GE 역시 각종 센서와 기계와 시스템들에서 얻은 정보를 가지고 똑

같은 일을 할 수 있는 게 아닐까 하는 생각을 한 것이다. 이런 식의 사고를 통해 GE는 스스로를 '산업계의 페이스북'으로 여길 수 있게 되었고, 또 실시간 지능 솔루션을 개발하기 위한 각종 실험들을 할 수 있었다. 큰 그림을 그리면서 향후 사업과 관련된 결정들을 내리는 데 도움이 될 흥미로운 전략들을 개발하는 것은 당신 기업이 디지털 변화의 1단계를 시작할 충분한 이유가 된다.

다양한 실험들의 상관관계를 잘 파악하라

디지털 매트릭스 제어판의 빈칸 9개로 다시 돌아가보자. 왼쪽에서 첫 번째 줄의 빈칸 3개는 세 종류의 게임 참가자들이 벌이는 실험들을 나타낸다. 개성 강한 기술 기업의 시도, 디지털 거인의 대담한 실험, 그리고 여러 업계 내 기존 기업들의 신중한 확대 등, 그 실험들은 종류도 다양하다. 그 실험들은 또 예전의 업계나 기능, 지정학적 특성이라는 개념을 뛰어넘는 것들이다.

당신은 폭넓게 살펴보고 싶겠지만 목표는 분명하다. 실험들 간의 상관관계를 잘 파악해 당신 기업을 변화의 길로 이끄는 게 바로 목표다. 세 종류의 게임 참가자들이 벌이는 다양한 실험들 간의 상관관계를 잘 파악하는 것이야말로 디지털 미래에서 당신 기업이 승리할 수 있는 열쇠다.

당신은 당신 기업의 현재 사업 모델이 과거 한때 잘나갈 때 도움이 된 원칙들을 토대로 만들어진 것이라는 걸 너무도 잘 안다. 이제 그런 원칙들 밑에 깔린 전제들, 그러니까 당신 조직이 현재 따르고 있는 그 전제를 재검토하고, 어떤 전제를 어떻게 고쳐야 할지를 파악해 내는 게 리더인 당신이 해야 할 일이다. 각종 실험들을 제대로 이해하는 게 그 일에 도움이 된다.

널리 퍼져 서로 단절돼 있는 것처럼 보이는 낯선 트렌드들의 결합에서,

즉 소셜 웹과 블록체인, 인공지능, 웨어러블 테크놀로지 등의 결합에서 미래의 사업 모델들이 나온다는 것을 당신은 이제 알고 있다. 그리고 또 당신은 그 낯선 트렌드들이 어떻게 한데 뭉쳐져 흥미롭고 새로운 사업 원칙들이 만들어지는지도 안다. 이는 단순히 웹 콘텐츠를 스마트폰이나 태블릿 안에 집어넣는 모바일 웹을 만드는 것을 뛰어넘는 일이며, 또한 당신 브랜드들을 위해 '미투(Me-too, 경쟁사의 인기 제품을 모방함으로써 기존 제품의 인기에 편승하는 것 - 옮긴이)' 페이스북 페이지들을 만들거나 우버나 에어비앤비를 따라 하려 애쓰는 걸 넘어서는 일이다. 이는 마치 3D 프린터로 만든 자동차나 인간 장기에 대한 아이디어들처럼, 공상과학 소설 얘기 같다며 묵살됐던 아이디어들이 바로 그다음 날 현실화되고 상업적인 성공도 거두는 사례들을 보는 것과 같다. 그런 아이디어들이 언제 어디서 어떻게 대규모 시제품 형태로 현실화될 수 있는지를 이해하는 게 중요하다.

당신은 지금 디지털화가 어떻게 당신 업계의 미래에 영향을 줄 수 있는가 하는 이야기를, 그러니까 데이터와 분석에 의해 뒷받침되는 흥미진진한 기업 이야기를 만들어내기 위해 폭넓게 살펴보는 중이다. 또한 당신은 지금 서로 단절된 기술들이 어떻게 서로 연결돼 새로운 사업 모델을 만들어내는지를(지난 5년간 모바일 웹과 소셜 웹이 상호 연결됐듯) 보고 싶어 한다. 당신은 또 3D 프린팅이나 로봇공학, 드론 같은 기술들이 어떻게 부가가치가 높은 제조 활동들의 지리적 배분 문제를 재정립하는 원동력으로 떠오르고 있는지에 대해서도 정확히 알고 싶어 한다. 그리고 당신 자신의 업계와 다른 업계의 경계에서 일어나고 있는 실험들에서 그럴싸한 시나리오들을 뽑아내 디지털 사업 이론을 만들어내는 게 당신의 도전 과제가 될 것이다.

이를 사진에 비유해 설명해 보도록 하자. 사진을 제대로 잘 찍으려면 넓은 조리개와 긴 피사계 심도를 가진 강력한 렌즈가 필요하다. 흥미롭게도, 세 종류의 게임 참가자 모두가 같은 종류의 렌즈를 사용하면서도 찾고 있는 대상과 트렌드는 다를 수 있다. 그것이 이 단계가 아주 흥미진진하고 도전적인 단계인 이유이며, 또한 경계에서의 실험들을 제대로 이해하려는 당신의 접근법이 중요한 이유이기도 하다.

자기 사업을 시작하고 발전시키는 실험을 하는 기업가

2010년 우버캡(현재의 우버)은 샌프란시스코에서 한 모바일 앱을 선보였으며, 그 모바일 앱은 이후 비단 샌프란시스코뿐 아니라 전 세계적으로 택시 및 운송 업계에 변화를 몰고 왔다. 이 앱 자체의 기능은 아주 간단해, 스마트폰 화면을 가볍게 톡톡 치기만 하면 된다. 우버는 자동차 탑승이 필요한 사람들과 그런 기회를 제공할 수 있는 운전자들을 연결시켜 주는데, 이때 가격은 당시의 시장 수요와 탑승자의 필요 사항에 맞춰 결정된다. 분명 적어도 현재까지는 이런 서비스를 제공해 줄 앱은 달리 없다. 우버가 5년여 만에 전 세계적인 명성을 얻은 것을 보면, 여러 기술들을 대규모로 신속히 하나로 묶어 그간 충족되지 않던 시장의 필요성들을 충족시켜 줄 때 디지털화가 성공한다는 것을 알 수 있다. 우버의 사례를 전통적인 자동차 업계에서 이루어진 경계에서의 실험으로 보고, 다음과 같은 세 가지 질문을 던져보자.

1. GM, 포드, 도요타, 메르데세스-벤츠 같은 글로벌 자동차 제조업체들 역시 일찍이 자동차 공유 서비스 같은 서비스를 실험했어야 할까? 만일 이 제조업체들이 자신들을 단순한 자동차 설계자나 제작자로 보지 않고 운송 서비스 제공자로 봤다면 적어도 자신들의 스마트폰 앱들을 텔레매틱스(GM 온스타의 경우처럼 자동차문 잠금장치 해제, 내비게이션, 엔진 성능 모니터링 등을 수행하는 자동차 정보통신 환경) 이외의 영역으로 확대하는 실험을 했을지도 모른다는 얘기들도 있다. GM은 일찍이 릴레이라이즈(이후 이 앱은 투로로 이름이 바뀌면서

자동차 공유 업계의 에어비앤비가 되었음)에 대한 제한적인 실험을 한 바 있으나 현재 우버가 하고 있는 것 같은 대규모의 실험은 아니었다. 이 질문은 답이 뻔한 일종의 수사적인 질문이지만, 우리가 디지털 변화의 초기 단계를 이해하려 할 때 이 질문을 통해 흥미롭고도 중요한 도전 과제들이 주어진다는 점에서 유용하다. 만일 자동차 제조업체 같은 기존 기업들이 자사 사업 모델과 관련된 이 같은 경계에서의 실험이 갖고 있는 잠재적 영향력을 알 수 있다면 가장 좋은 대응책들을 생각해 낼 시간을 벌게 될 것이다.

2. 허츠와 애비스 버짓 그룹 같은 렌터카 업체들 역시 이런 모델에 대한 실험을 했어야 할까? 우버가 전 세계적인 기업으로 성장해 갈 때처럼 애비스 버짓 그룹은 2013년에 최초의 자동차 공유 서비스라 할 수 있는 집카(비록 운전자가 지원되지 않는 자가운전 서비스였지만)를 약 5억 달러에 인수했다.[2] 어떤 사람들은 우버 역시 자사의 사업 모델이 제대로 돌아가게 하려면 GM이나 포드 같은 자동차 제조업체들의 도움이 필요하다고 주장한다. 마찬가지로, 우리는 GM의 입장에서는 렌터카 업체들을 정기적인 구매자로 삼아야 하듯 우버의 도움이 필요하다고 주장할 수도 있을 것이다. 그러나 허츠와 애비스 버짓 그룹의 경우는 어떨까? 우버가 지금 렌터카 사업을 위협하고 있는가? 렌터카 업체들은 우버를 자신들의 사업 모델을 보완해 주는 기업으로 볼 뿐, 자신들을 위협하는 기업으로 보진 않은 걸까?

3. 우버의 실험은 자동차나 렌터카와 무관한 업계의 기존 기업들에게는 어떤 의미가 있을까? 우버의 사업 모델은 배나 비행기 또는 레저용 차량은 물론 운송 이외의 다른 분야, 그러니까 재단이나 배관, 개 산책, 전기 기사의 일 같은 분야에까지 적용될 수 있을까?[3] 나는 지금 경계에서의 실험이란 말을 통해 우버의 실험들은 그들이 처음 사업을 시작한 운송 업계보다 훨씬 더

크고 광범위한 분야에 영향을 주고 있다는 얘기를 하려는 것이다.

디지털 매트릭스의 제어판 중 왼쪽에서 첫 번째 줄의 빈칸 3개를 보며, 우버 식의 실험이 다른 분야들에서는 어떻게 진행되는지 멀리 또 넓게 살펴보라.

넷플릭스에게서 배우기

미국 영화 렌탈 업계를 뒤흔들고 블록버스터 같은 비디오 렌탈 체인들의 몰락을 불러온 넷플릭스의 이야기는 아마 많은 사람들이 이미 잘 알고 있을 것이다. 그러나 넷플릭스의 이야기에서 보다 중요한 장은 지금 진행 중인 실험에 대한 장이다.

초창기 넷플릭스의 핵심 사업이었던 DVD 우편배달 사업은 지금은 이 기업의 일부 사업에 지나지 않는다. 넷플릭스는 그간 비디오 스트리밍을 통해 꾸준히 지난 세기의 방송 TV 사업 모델을 대체할 새로운 인터넷 TV 네트워크의 선두주자로 변신해 왔다. 인터넷 TV는 주문형이고(시간이 바뀌고 장소가 바뀌는), 개인 맞춤형이며(페이스북에 연결된 넷플릭스 링크들을 비롯한 많은 데이터 요소들과 개인들의 관람 습관을 토대로 하는), 클라우드로부터 그 어떤 스크린(장비 바뀜) 그 어떤 장소(전통적인 법적 제한들에 따르는)로도 배달된다. 현재 190개 이상의 국가에서 7,500만 명이 넘는 구독자들이 유료 회원으로 가입돼 있으며, 매일 그 구독자들이 1억 2,500만 시간 넘게 각종 TV 프로그램과 영화를 즐기고 있다.

넷플릭스 공동 창업자인 리드 헤이스팅스는 그간 그야말로 완벽한 실험자였다. 여러 차례의 시도 끝에 21세기의 미디어 웹을 위한 자신의 사업 모델을 꾸준히 미세 조정해 온 것이다. 그의 실험들은 모두 텔레비전 및 엔터테인먼트 업계에서 행해진 경계에서의 실험이었지만, 텔레비전 및 엔터테인먼트 주류 업계의 리더들은 아주 최근까지만 해도 그 실험들을 심각하게 받아들이질 않았다.

영화 렌탈 업계의 다른 사람들은 대개 전체 영화 목록의 상위 인기 영화들에 많은 신경을 썼지만, 리드 헤이스팅스는 추천 엔진, 그러니까 각 개인의 영화 선호도를 알아내 그 정보로 자신들의 영화 목록에서 다른 적절한 영화들을 추천해 주는 소프트웨어를 개발하는 데 전력투구했다. 처음에 이 추천 엔진은 회원들이 이전에 관람한 영화들로부터 얻은 각 개인의 평가와 선호도를 토대로 다른 영화들에 대한 사용자들의 평가를 예측하는 방식이었다. 그러나 후에는 관람 습관의 유사한 프로필들로부터 데이터를 뽑아냈다. 그리고 자신들의 추천 엔진의 기능을 더 완벽하게 만들기 위해 헤이스팅스는 2006년에 공개적인 경연 대회인 넷플릭스 상을 신설했다. 넷플릭스의 영화 선별 및 추천 알고리즘인 '시네매치'를 능가하는 알고리즘을 개발하는 게 그 목표였다. 그러니까 시네매치 알고리즘을 능가하는 최고의 기술을 개발해 계속해서 업계의 선두 자리를 지키고 싶었던 것이다.[4]

그런 뒤 헤이스팅스는 2007년에 DVD 유료 회원들에게 무제한적인 스트리밍을 제공하는 서비스를(초기에는 아주 제한된 양의 영화들만 제공했지만) 추가하는 실험을 했고, 그 덕에 일찍이 한정된 대역폭과 미덥지 않은 이동통신 서비스에도 불구하고 얼마나 많은 사람들이 온라인 스트리밍 서비스를 원하는지를 알게 됐다.

오늘날 넷플릭스는 자타가 공인하는 비디오 스트리밍 분야의 리더인데, 그건 거의 전적으로 개인 맞춤화 전략 덕이다. 각 유료 회원의 홈페이지에는 비디오들이 그룹별로 열을 지어 정리되어 있는데, 제목만 봐도 각 그룹에 속한 비디오들 간에 의미 있는 관련이 있다는 걸 알 수 있다. 넷플릭스는 자신들의 비디오 선별 및 추천 알고리즘을 활용해 각 비디오 열을 각 개인에 맞게 정리해 주며, 각 열의 비디오 순서 역시 각 개인에 맞게 정리해 준다. 넷플릭스는 개인 맞춤화 분야의 선두주자로, 개인 맞춤화는 기계들에 의해 대규모로 또 빠른 속도로 이루어진다.

헤이스팅스가 클라우드 기반의 스트리밍 서비스를 위해 아마존과 손잡는(이 디지털 기능을 직접 소유하지 않고) 실험을 하기로 한 것은 이런저런 분석 끝에 나온 이유 있는 결론이었다. 아마존의 클라우드 관련 역량이 워낙 뛰어나 넷플릭스 입장에서 달리 선택의 여지가 없었던 것이다.[5] (경쟁 기업들과의 제휴가 얼마나 중요한지에 대해서는 제6장과 제7장에서 다시 논의하기로 하겠다.)

넷플릭스 하드웨어(로쿠, 구글 크롬, 애플 TV 같은)를 직접 만드는 것과 소프트웨어에 집중하는 것의 장단점을 체계적으로 분석한 끝에 넷플릭스는 다양한 기기들(텔레비전 스크린, 셋톱박스, 넷플릭스에서 준비한 텔레비전 세트, 개인용 컴퓨터, 태블릿, 전화기 등)에 쓸 스트리밍 서비스에 넷플릭스 소프트웨어를 활용하기로 결론 내렸다.

다른 텔레비전 네트워크들의 경우에는 영화 제작자 케빈 스페이시를 상대로 그가 제안한 TV 드라마 〈하우스 오브 카드〉에 대한 시청자 반응을 테스트해 보기 위해 파일럿 편을 준비할 것을 강요했지만, 그와 달리 헤이스팅스와 그의 팀은 자사 유료 회원들의 영화 관람 습관에 대한 데이터를 분석해 그 TV 드라마의 전망을 예측해 볼 수 있었다.[6] 그리고 다른 텔레비전 네트워크들은 전통적으로 파일럿 편과 그 뒤를 잇는 몇 편을 토대로 드라마를 선정한 뒤 전체 시즌을 결정하지만, 넷플릭스는 위험 부담을 줄이기 위한 자체 데이터를 활용할 수 있어 미리 두 시즌을 결정할 수 있었고, 그 덕에 드라마 제작자와 감독들은 자신의 창의력을 보다 잘 발휘할 수 있었다.

이 TV 드라마 〈하우스 오브 카드〉의 성공을 토대로, 넷플릭스는 이후 계속해서 〈오렌지 이즈 더 뉴 블랙〉, 〈블러드라인〉, 〈마르코 폴로〉 같은 창작 드라마들을 제작할 수 있었다.

이렇듯 넷플릭스는 미디어 및 엔터테인먼트 업계의 경계에서 인터넷 TV에 필요한 여러 요소들을 가지고 연속적인 실험을 할 수 있었다. 타임워너, 디즈니, 폭스, NBC 유니버설, CBS 같은 전통적인 기존 기업들은 넷플릭스의 특징이 된 개인 맞춤화의 원동력인 추천 소프트웨어의 힘을 뒤늦게야 깨달았다. 또한 이 기업들은 넷플릭스의 창작 드라마 제작을 가능하게 만들어준 데이터 기반 통찰력의 힘도 뒤늦게 깨달았으며, 분산형 클라우드 구조에서 비롯되는 다양한 광대역과 여러 종류의 기기에 맞춰 스트리밍을 최적화하는 방면에서의 넷플릭스의 기술적 우수성도 제대로 이해하지 못했다. 시간이 지나면서 점차 정교하게 다듬어진 이 일련의 실험들 덕에 넷플릭스는 인터넷 TV 분야에서 글로벌 강자가 되었다. 텔레비전 업계의 기존 기업들은 이후 넷플릭스와 맞서기 위해 나름대로 여러 방법을 들고 나왔다. 그러니까 각종 앱과 대안들을 동원해 넷플릭스 타도에 나선 것이다.

넷플릭스에 대해 알아보다 보면, 헤이스팅스와 그의 팀이 행한 실험들은 결코 일회성 실험이 아니었다는 걸 알게 된다. 그러니까 그들의 실험은 발전된 기술들을 보다 나은 고객 가치를 만들어내기 위한 실현 가능한 옵션들, 그리고 알고리즘과 분석법, 스트리밍, 클라우드 같은 디지털 요소들에 기반한 다양한 사업 모델들에 연결시키기 위한 지속적인 실험이었던 것이다.

또한 미디어 및 엔터테인먼트 분야에서의 다양한 실험들에 대해 알아보다 보면, 디지털 변화에서의 3단계에 앞서 이런 의문을 갖게 될 수 있다. "미디어 및 엔터테인먼트 분야에서의 디지털 미래는 넷플릭스 같은 기술 기업과 아마존(프라임 비디오), 알파벳(유튜브), 애플(아이튠즈와 애플 TV) 같은 디지털 거인들에 의해 결정될까?" 경계에서의 실험 단계에서 마련된 토대들이 뿌리에서의 재창조 단계에 어떤 영향을 줄 것인가에 대한 이 의문은 비단 넷플릭스 경우에 국한된 건 아니다. 당신은 이런 연관성이 디지털 매트릭스의 필수 요소라는 걸 알게 될 것이다.

2010년에 우버는 택시를 잡기 위한 일개 스마트폰 앱 정도로만 보였다.[7] 1997년에 넷플릭스는 연체료 무는 걸 싫어하는 누군가가 만든 DVD

우편 배송 업체 정도로만 보였다. 그러나 이 두 회사는 계속해서 디지털화되어 가는 자신들의 전통적인 업계에서 강력한 기업들로 부상했다. 이 두 기업의 실험들은 두 업계 내 기존 기업들의 눈에는 별것 아닌 것으로 보였지만, 시간이 지나면서 그 실험들 덕에 이 두 기업은 디지털 역량들을 마스터할 수 있었고, 그 역량들을 토대로 수익성 높은 강력한 비즈니스 모델들을 만들어낼 수 있었다. 기업들의 이 같은 경계에서의 실험들은 터무니없어 보이거나 하찮아 보이는 경우가 많다. 그러나 이런 기업들은 곧 기술 발전에 속도를 붙여가며 변신하고 파트너 기업들과 손잡고 새로운 특징들을 더해가며 빠른 속도로 성장해 생태계를 변화시킨다.

기존 기업들은 이런 실험을 두 가지 관점에서 봐야 한다

업계 내 기존 기업의 관리자들이 내게 "대체 어떤 디지털 실험들을 예의주시해야 하나요?"라고 물어올 때 내 답은 분명하다. 당신은 두 종류의 경계에서의 실험, 즉 당신 기업의 기존 사업 모델을 보완해 주는 실험과 기존 사업 모델에 정면 도전하는 실험을 예의주시해야 할 사전 경고로 받아들여야 한다. 그래서 당신 기업은 전자의 경우 그 아이디어들을 적극적으로 받아들여야 하며, 후자의 경우 기존 사업 모델 자체를 신중히 재고해 봐야 한다. 그러므로 기존 기업들 내에서 일어나는 각종 조치와 상호작용 패턴들을 살펴보면서 이 두 가지 관점을 적절히 취해야 한다.

기존 사업 모델을 보완해 주는 실험들 : 나이키에게서 배우기

1987년 나이키는 크기가 문고판 정도 되는 모니터라는 장치를 선보였다. 음파탐지기가 부착된 일종의 띠로, 이 장치를 허리에 두르고 달리면 속도가 계산되어 머리에 쓴 헤드폰을 통해 알려주게 되어 있었다. 아이팟 열풍이 일기 한참 전인 소니 워크맨 시절의 일이었으니, 나이키는 스포츠 신발 및 의류 분야에서 이미 오래전부터 디지털화를 시작한 셈이다. 나이키는 늘 어느 정도 디지털 기술 분야에 대한 관심을 보였는데, 모니터 역시 그런 나이키가 해온 여러 실험들 중 하나였다. 모니터라는 제품은 실패로 끝났지만, 분명 시대를 앞서간 장치였다.[8]

그런 다음 나이키는 브랜드 스포츠 손목시계와 심박동 수 모니터 판매에 나섰다. 이들 역시 실패로 끝났지만 시대를 앞서간 장치들이었다. 실험을 디지털 미래를 이해하는 한 방법으로 받아들이지 않았다면, 아마 나이키의 고위 관리자들은 새로운 기술과 관련된 더 이상의 실험은 용인하지 않았을 것이다. 그러나 나이키는 디지털 미래가 자신들의 제품들이 갖고 있는 한계를 보완해 줄 거란 믿음을 버리지 않았다. 그래서 그들은 이후에도 꾸준히 이런저런 실험을 했고, 그 결과 2004년에는 스마트 신발(각종 센서들이 내장된)을 출시했다. 오늘날 우리가 사물 인터넷이라 부르는 스마트 장치들의 네트워크가 등장하기 훨씬 전의 일이었다. 역시 그 당시로서는 대단히 시대를 앞서간 제품이었다.

그런데 이 실험이 특히 눈에 띄고 유익했던 것은 전통적인 업계의 한 기업(나이키, 신발 및 의류 전문)과 초창기 디지털 업계의 한 기업(애플, 각종 디지털 센서 전문) 간에 이루어진 제휴의 결과물이었다는 점이다. 나이키의 설립자 필 나이트는 기능상의 한계에도 불구하고 초기 단계의 센서들이 신발에 내장될 경우 달리는 사람들에게 각종 피드백을 주어 동작 교정 등에 도움을 줄 수 있다는 점을 간파했다. 이렇게 해서 나이키는 애플과 함께 나이키 플러스라는 운동화를 개발했다. 달리기(핵심 능력)와 음악 감상 및 데이터 수집(보완)을 연결시켜 주는 첨단 운동화였다. 현재의 나이키 최고 경영자인 마크 파커는 나이키 플러스 실험에 대해 이런 말을 했다. "사람들은 이미 거의 다 달리기를 하면서 음악을 듣습니다. 그래서 우리는 음악에 데이터까지 더한다면 기막히게 좋을 거라 생각했습니다."[9]

나이키와 애플은 이렇게 초창기 디지털 시대에 서로 손 잡고 선구자적인 경계에서의 실험을 했다. 애플은 2001년에 휴대용 음악 장치 아이팟을 출시했고, 애플의 아이튠즈 기술 덕에 나이키는 인터페이스처럼 작동되는 개인용 컴퓨터를 통해 자연스레 데이터를 활용할 수 있었다. 애플은 나이키의 시제품 센서들을 개선시켰고, 나이키는 신발에만 집중하면서 웹과 아이팟을 위한 인터페이스를 구축할 수 있었다. 그 결과 탄생한 것이 애플의 최고경영자 스티브 잡스가 말한 스포츠용 속도계였다. 다시 말해 나이키 플러스가 장착된 신발을 신고 달리면 음악을 들으면서 달리기와 관련된 각종 데이터를 수집할 수 있었던 것이다. 근본적으로 각종 앱을 활용해 우리의 삶과 일과 놀이를 측정하는 '자기 자신에 관한 수량화' 붐이 시작된 것이다. 전통 기업과 디지털 거인 간의 이 같은 제휴는 디지털 매트릭스의 핵심적인 특징들 중 하나다.

이런 사례에서 당신 기업이 배울 수 있는 건 무엇일까? 장차 흥미로워질 수도 있고 중요해질 수도 있는 경계에서의 실험들을, 그리고 그 사전 경고들을 알아채야 한다는 것이다. 2016년까지만 해도 각 지역 운동화 매장에서 각 개인의 발에 딱 맞춘 맞춤형 운동화를 산다는 아이디어는 말도 안 되는 아이디어였다. 그러나 지금 나이키, 뉴발란스, 아디다스 같은 기업들은 3D 프린터를 활용해 그 아이디어를 현실화시키는 실험들을 하고 있다.

이와 관련해 나이키의 마크 파커는 이런 말을 했다. "혁신이 우리가 하고 있는 모든 일의 원동력이라면 그 모든 걸 가속화시키는 건 디지털이다. 디지털은 제품 설계에서부터 제조 방법 그리고 고객 서비스에 이르는 모든 것에 영향을 주면서 우리의 사업을 철저히 그리고 근본적으로 변화시켜 왔다. 또한 창의성을 확대시키고 규모의 경제를 가능하게 해주고 있다."[10] 이런 아이디어가 얼마나 멀리까지 나아갈 수 있을까? 나이키는 사업 모델을 확대해 직접 제조업에도 나서고, 소규모 지역 소매점들(크기와 모양을 각 고객의 발에 맞춘, 그리고 각종 센서를 달아 고객의 건강과 운동량 등을 모니터링해 주는 맞춤형 신발을 제작하는 첨단기술 디자인 스튜디오와 유사한)을 직접 운영할 수도 있을 것이다.[11] 그러자면 나이키는 디자인에서 제작, 유통 등에 이르는 사업 활동 전반을 재고해야 할 것이며, 시장을 테스트하기 위해 일련의 새로운 실험들도 해야 할 것이다.

기존 사업 모델을 보완해 주는 실험들: 언더 아머에게서 배우기

언더 아머는 나이키와 치열한 경쟁을 벌이고 있는 기업들 중 하나인데, 이 회사가 어떻게 기술을 활용해 경쟁이 치열한 스포츠웨어 업계에서 자신만의 틈새시장을 만들어냈는지를 보는 것도 의미가 있을 것이다. 1996년 대학 미식농구 선수 케빈 플랭크는 수분을 흡수하는 합성섬유를 가지고 실험을 시작했다. 경기 중에 땀에 흠뻑 젖는 걸 막기 위해 그 합성섬유로 티셔츠를 만들어본 것이다. 그는 자신의 팀 동료들과 전미미식축구리그에서 뛰는 친구들에게 그 티셔츠 시제품들을 나눠줬는데, 그 얘기가 입소문을 타면서 점점 더 널리 알려지기 시작했다.

2013년에 이르러 언더 아머는 이제 전자상거래 기술을 활용해 제품 주문을 받고 있으며 셔츠에 부착하는 심박동 수 모니터링 띠도 개발했다. 그러나 플랭크는 디지털 세계가 생각보다 더 넓고 더 깊으며, 그래서 디지털화를 제대로 받아들이고 활용하지 못할 경우 도태될 수도 있다는 걸 금방 파악했다. 그래서 그는 맵마이피트니스, 엔도몬도, 마이피트니스팰이라는 피트니스 운동 앱 기업 3개를 인수한 뒤, 거기에 디자이너와 앱 개발자 300명을 붙였다.[12] 그리고 언더 아머는 페이스북의 한 페이지와 소셜 웹을 통해 단 3년 만에 활발히 활동하는 회원이 1억 5,000만 명이 넘는 거대한 피트니스 커뮤니티를 만들어냈다.

언더 아머는 어떻게 이런 일을 해냈을까?[13] 먼저 그들은 파트너 기업인 제퍼 테크놀로지의 기술을 이용해 자신들의 신발과 셔츠에 각종 센서를 내장시킨 뒤 각종 데이터를 수집하는 실험을 했다. 그런 다음 그 센서들로부터 오는 실시간 정보(심박동 수, 피부 온도, 해당 제품들을 사용한 운동선수들의 가속도 등)를 분석했다. 그러면서 언더 아머는 단순히 제품을 판매하는 데 그치지 않고 계속 사세를 확장해 링크드인, 페이션츠라이크미 같은 활기찬 커뮤니티들에까지 뻗어나가게 된다. 그리고 그 커뮤니티 회원들이 자신들의 생활방식과 관련해 활발히 업로드해 온 데이터를, 그러니까 그들이 먹는 음식과 그들이 운동할 때 착용하는 장치 등에 대한 데이터를 수집했다.

방대한 데이터와 각종 분석법을 활용해 추천 엔진 상태를 다듬어온 넷플릭스나 아마존과 마찬가지로, 언더 아머는 자신들의 데이터를 미래에 맞춰 스스로를 재정립하는 데 쓸 연료 정도로 보고 있다.

그래서 그들은 고객들을 상대로 깊이 신뢰할 만한 관계를 구축해 고객의 로커 안에 들어 있는 모든 것, 고객이 달리기를 하는 모든 시간, 고객이 먹는 모든 것, 고객이 필요로 하는 모든 것, 고객이 필요로 하는 모든 콘텐츠, 고객이 좋아하는 모든 것, 고객이 싫어하는 모든 것에 대해 제대로 알아내려 하며, 또 그 관계를 고객의 문제들을 해결해 줄 수 있는 관계로 발전시키려 한다.

또한 성공을 하려면 고객들의 신뢰를 얻어야 함은 물론이고 24시간 마트인 월그린스나 의료 서비스 업체인 휴매나 같은 기업들과 제휴를 맺어야 하며, 또 자신들의 플랫폼이 고객들이 건강과 운동에 대한 얘기를 나눌 수 있는 곳이 될 수 있게 지속적인 혁신을 해나가야 한다.

케빈 플랭크는 아마존을 벤치마킹할 모델로 보고 있다. "아마존이 올리는 수익의 40퍼센트는 그들의 추천 엔진에서 나옵니다."[14] 그는 자기 회사의 온라인 커뮤니티가 올린 데이터를 활용해 고객들에게 행동 추천을 해줄 수 있길 바란다.

2016년 1월, 언더 아머는 자신들이 IBM과 중요한 제휴 관계를 맺었다고 발표했다. 고객들에게 맞춤형 서비스를 제공하고 각종 데이터 분석법을 개발하기 위해 IBM의 인지 컴퓨팅 능력(왓슨)을 활용하기로 한 것이다.[15] 이 제휴를 통해 양사의 브랜드 가치가 더 강해졌을 뿐 아니라 자사 고객들의 제품 사용 관련 정보 덕에 언더 아머는 고객 충성도에 대해 보다 깊은 통찰력을 갖게 됐고, 그 결과 각종 실험들에서 보다 빠르고 효과적인 피드백을 받게 됐음은 물론, 보다 나은 개인 맞춤 서비스를 개발할 가능성도 더 높아졌다. 디지털 세계에서는 연구실 내 이상적인 상황에서 쓰이는 제품들에 관한 연구 데이터만 갖고 있는 기업들에 비해 연구실 밖 다양한 상황에서 자사 제품들이 어떻게 사용되고 있는지 지속적인 고객 피드백을 받고 있는 기업들이 성공할 가능성이 훨씬 더 높다.

나이키와 언더 아머의 사례에서 보듯, 두 기업의 실험은 자신들의 기존 사업 모델들을 보완해 주는 역할을 했고, 그 결과 각종 아이디어를 테스트해 자신들의 제품과 서비스를 개선할 수 있었다. 또한 이 기업들의 실험은 최고경영자를 비롯한 기업의 리더들이 디지털 기술의 중요성을 제대로 이해하고 있는 게 얼마나 중요한가 하는 것도 보여주었다. 두 기업의 최고경영자들은 내부적으로는 직접 디지털 실험을 앞장서 이끌었고, 외부적으로는 다른 기업들과 손잡을 준비가 돼 있었으며 필요한 기업 인수에 나서 회사가 디지털 여정을 시작할 수 있게 해주었다. 그들은 혼자가 아니었다. 당신 자신의 업계와 다른 업계들을 꼼꼼히 살펴보라. 서로 다른 업계의 기존 기업들이 어떤 식으로 디지털화를 인정하고 받아들였는지 알 수 있을 것이다. 그렇게 되면 전통적인 사업 모델들에 대한 경계에서의 실험이 어떻게 추구되고 있는지에 대해 보다 깊이 있는 통찰력을 개발하는 데 도움이 될 수 있다. 많은 기업들이 자신들의 기존 사업 모델들을 보완하는 아이디어들을 실험하고 있다는 것도 알게 될 것이다. 그러나 또 어떤 기업들은 자신들의 성공에 절대적인 기여를 한 사업 모델을 와해시킬 수 있는 실험들에 착수하기도 한다. 이처럼 기업들이 성공의 덫에서 벗어나기 위해 안간힘을 쓰게 되는 상황들에 대해 살펴보도록 하자.

기존 사업 모델에 정면 도전하는 실험들: 포드에게서 배우기

디지털 시대를 맞아 일부 기업의 리더들은 자신들의 기존 사업 모델들이, 그리고 그에 따른 업계들 간의 단절, 좁은 사업 범위, 기능상의 한계, 가치 사슬에 대한 전제들이 시대에 뒤떨어진 것으로 전락할 수 있다는 사실을 받아들일 마음의 준비가 돼 있다. 그리고 실제 그렇게 될 경우, 그들은 자신들의 전술 계획을 다듬고 개선할 마음의 준비뿐 아니라 자신들의 접근법 자체를 완전히 재고할 마음의 준비까지 되어 있다. 그리고 이런 리더들이 있는 기존 기업들은 디지털화를 위한 실험들이 필요하다는 사실을 깨닫고 있다.

그 과정에서 발생할 수 있는 혼란을 제대로 이해하지 못한 채 계속 현상의 점증적 진화에 집착할 경우, 그 기업들은 신생 기술 기업들과 디지털 거인들로부터 감당 못 할 만큼 거센 도전을 받게 될 것이다. 존재 자체가 위협받고 있는 것이다. 그러나 내가 관찰한 바에 따르면, 기존 기업의 리더들은 최근 몇 년 사이에 과거 그 어느 때보다 디지털 기술의 실험에 적극적이었다. 특히 기업의 리더들과 고위직 관리자들이 디지털 기술의 힘과 폭넓은 보급을 이해하고 받아들이는 기업의 경우는 더 적극적이었다. 그들은 산업 시대의 사업 모델들이 와해되는 건 한 순간이며 자신들이 계속 옛날 이론과 전제들에만 매달릴 수도 없다는 사실도 잘 안다.

포드 자동차의 사장이자 최고경영자였던 마크 필즈는 25가지 이상의 전략적 실험을 통해 전통적인 산업 기술과 디지털 기술을 결합했을 때 교통 및 운송의 미래가 어찌 되는지를 살펴보았다.[16] 그러면서 그는 이런 말을 했다. "우리는 우리 엔지니어와 과학자들과 기술 전문가들에게 도전 과제를 주었다. 혁신을 통해 단순히 더 나은 제품들을 만들어달라고 요청할 게 아니라 교통 전반을 보다 쉽게 경험하게 하고 사람들의 삶을 개선함으로써 보다 나은 세상을 만들어보라는 과제를 준 것이다."[17] 그렇게 해서 그들은 4G 네트워크로 원격 조정되는 자동차, 실외에서 주차 공간을 찾아내 주는 스마트폰 앱, 자동차 계기판에서 스마트 홈 온도조절 장치를 조정하는 시스템 같은 다양한 기술들을 실험했다. 개별적으로 볼 경우 이런 실험들은 별것 아닌 걸로 보일 수도 있다. 그러나 이런 실험들이 한데 합쳐지면 포드는 단순히 자동차를 설계하고 제작하는 자동차 제조업체의 수준을 뛰어넘어 포드 자동차와 트럭에 국한되지 않는 다양한 교통 서비스를 제공하는 기업으로 진화할 수도 있다. 마크 필즈는 이런 실험들을 '우리의 생각을 진화시켜 주고 자동차를 일개 물체가 아닌 보다 폭넓은 교통 네트워크의 일부로 보게 해주는' 실험이라고 설명한다.[18] 2016년 3월, 포드 자동차는 사업 모델을 자동차 및 이동성 기업으로 확대하기 위해 포드 스마트 모빌리티(캘리포니아 주 팰러앨토와 미시간 주 디어건에 사업부를 둠)라는 별도의 자회사를 설립했다.[19] 이는 자동차는 반드시 개인 소유물이어야 한다는 고정관념에서 벗어나면서 생겨난 변화로, 결국 이 회사는 20세기 개인의 자유를 상징하던 자동차 개인 소유의 개념과는 아주 거리가 먼 기업이었다.

포드 자동차는 이 실험들을 통해 앞서 제2장에서 제기한 바 있는 전략적 사고를 위한 주요 의문들에 대한 답을 찾으려 했다. 그러니까 이 실험들을 통해 디지털 기업으로서 미래에 대한 비전을 보다 쉽게 확인할 수 있게 되었고, 내부적으로 자신들만의 역량을 확인해 발전시킬 수 있게 되었으며, 외부적으로는 파트너 기업들을 찾아낼 수 있게 되었고, 조직 발전을 위해 어떤 자원들을 동원해야 할 것인지를 명확히 알게 된 것이다. 포드 자동차의 회장 빌 포드는 이 실험들 중 일부는 실패할 수도 있겠지만 그래도 자동차 업계에서의 치열한 경쟁에 필요한 통찰력을 주어 20세기 초 자기 선배들이 만든 기업과는 다른 기업으로 변신할 수 있게 될 거라 믿고 있다.[20]

포드는 과연 IBM의 길을 좇아 하드웨어보다는 소프트웨어와 서비스에 더 의존하는 기업이 될 수 있을까? 서로 다른 기업들이 어떻게 자동차 분야의 핵심에서 충돌하고 있는지에 대해서는 제4장에서 자세히 설명하기로 하겠다.

기존 사업 모델에 정면 도전하는 실험들 : GE에게서 배우기

포드 자동차의 경우와 마찬가지로, GE 역시 마음자세에 큰 변화를 일으키며 폭넓은 실험들을 해오고 있다. 지난 30여 년간 GE는 다양한 종류의 기업들을 통해 금융 자본에 접근하고 또 그걸 분배하는 복합기업이 되었고 주주들에게 배당을 잘 함으로써 성공을 거둬왔다. 잭 웰치가 회장 겸 최고경영자로 있을 당시 GE는 타의 추종을 불허했다. 다른 많은 복합기업들이 와해되는 동안 오히려 큰 성공을 거둔 것이다.

그리고 새로운 최고경영자 제프리 이멜트 밑에서 GE는 지금 디지털 산업 기업으로 거듭나고 있다. 그는 물리학과 데이터의 경계에서 GE의 각종 실험을 이끌어오고 있다. 오랜 세월 자신들의 장기였던 물질과학에 데이터 과학을 접목하고 있는 것이다. 이와 관련해 이멜트는 이런 말을 한 적이 있다. "나는 회의실 안에서는 실수한 적이 없다. 시장만이 성공을 결정한다. 그리고 시장에서 이기려면 실험이 필요하다."[21] 그는 그간 가장 중요했던 자신들의 실험은 '산업 인터넷(미국의 GE가 모든 산업 장비들에 인터넷을 접목한다는 의미로 '사물 인터넷'을 대신해서 쓰는 말 - 옮긴이)' 계획이라고 믿고 있다.

이멜트는 그것을 이렇게 설명한다. "소프트웨어를 디자인하는 기업들이 있고, 만드는 일에 집중하는 기업들도 있다. 그런데 GE는 혁신적인 기술에 산업적인 깊이를 더하는 유일한 기업이다."[22] 이 말은 GE가 산업적인 사물 인터넷을 개발하고 있다는, 그러니까 데이터를 수집하고 강력한 소프트웨어를 통해 각 고객의 제품 활용을 분석해 최적화하고 맞춤화해 주는 스마트 머신(스스로 주어진 환경을 분석해 자율적으로 움직이는 기계 - 옮긴이)과 연결된 제품들을 개발하고 있다는 것이다.

그는 주로 광고와 미디어를 통해 소비자들에게 모든 것을 거는 데이터는 풍부하지만 자산이 부족한 업계들이 GE가 속해 있는 업계처럼 데이터도 풍부하고 자산도 풍부한 업계들에 필적할 수 있겠느냐는 의문을 갖고 있다. 다시 말해서 소비재 업계 내에서 일고 있는 첫 번째 디지털화 물결에서 뭔가를 배울 동기부여가 되어 있다.

특히 그는 디지털화를 통해 창출될 수 있는 새로운 가치의 잠재력에 관심이 많다. 그의 말을 좀 더 들어보자. "오늘날 S&P 500 지수(미국의 스탠더드앤푸어가 작성해 발표하는 미국 500대 기업의 주가 지수 - 옮긴이)에 오른 주식 가치의 15퍼센트 내지 20퍼센트는 15년 전에서 20년 전에는 존재하지도 않던 소비자 인터넷 주식들의 가치이다. 소비자 기업들은 그 근처에도 못 갔다. 소매업체, 은행, 소비재 기업들의 경우에도 그 근처에도 못 갔다. 10년 내지 15년 앞을 내다본 뒤 산업 인터넷 분야에서 같은 주식 가치가 창출될 거라는 확신이 들 경우, 산업 기업인 당신 기업은 과연 가만히 앉아 '우린 그런 건 원치 않아. 어떤 신생 기업이나 다른 어떤 기업이 그 모든 걸 가져가도 신경 안 쓸 거야.' 이렇게 말할 수 있을까? 그렇게 스스로를 비하하는 게 진정 당신이 원하는 걸까?"[23] 다시 말해, 적극적인 디지털화 목표가 없을 경우, GE든 다른 어떤 업계의 기존 기업이든 미래에 자신의 가치가 아주 빠른 속도로 추락하는 걸 보게 될 것이다.

너무도 잘 알려진 기업 리더인 포드의 마크 필즈와 GE의 제프리 이멜트는 신문에 대서특필될 만한 실험들을, 그러니까 디지털 미래에 맞춰 자신들의 조직을 재창조하는 실험들을 앞장서 이끌고 있다. 그러나 두 사람은 디지털 미래는 현재를 토대로 추정할 수 없다는 걸 깨달은 몇 안 되지만 점점 그 수가 많아지는 리더 집단의 일부에 지나지 않는다. 그들은 과거의 성공은 미래의 성공과 번영을 보장하지 못하며, 그래서 지금 당장 재창조가 필요하다는 걸 잘 알고 있다.

일반적으로, 기술 기업들은 특정 업계나 문제를 중심으로 관심을 수직 집중하지만 때로는 업계의 기존 기업들을 돕기 위한 실험들도 하고 전통적인 사업 방식들에 정면 도전하기도 한다. 또한 기존 기업들은 업계 내에서의 자신들의 전통적인 힘을 보완하고 확대하려 하거나 아니면 시대에 뒤떨어진 사업 모델을 버리고 미래를 위해 스스로를 재창조하려 한다. 그런데 디지털 거인들이 경계에서의 실험을 하는 접근방식은 다르다.

앞서 제1장에서 언급한 것처럼, 디지털 거인들은 직접적인 경쟁 기업들이나 다른 디지털 거인들과 차별화하기 위해 규모 및 범위를 확대하려는 야심을 갖고 있다. 그래서 그들의 실험들에는 대개 '어떻게 보다 새로운 수단들로 사업 규모를 확대할 것인가' 또는 '어떻게 사업 범위를 새로운 영역들로 확대할 것인가' 하는 고민이 담겨 있다.

이제 디지털 거인들이 전통적인 정보기술 분야 이외의 분야에서 추구해 온 대표적인 실험 몇 가지를 살펴보도록 하자.

디지털 거인들은 자신들의 영향력을 여러 업계로 확대하기 위한 실험을 한다

앞서 제1장에서 나는 디지털 거인들이 어떻게 꾸준히 자신들의 영향력 범위를 확대해 왔으며, 또 어떻게 자신들의 핵심 분야와 전혀 동떨어진 업계들에까지 영향을 미치고 있는지에 대해 얘기했었다. 기술 기업들이 매일 벤처 투자가들을 붙잡고 자신들의 실험이 어떻게 여러 분야의 사업 세계를 변화시킬 건지를 설파하듯 디지털 거인들은 자신들의 영향력이 어떻게 여러 업계들로 확대될 수 있을지를 탐색한다.

이를 제대로 이해하기 위해 의료와 '대화형 상거래(메신저로 대화하며 쇼핑을 하는 전자상거래 - 옮긴이)'라는 서로 다른 두 분야를 살펴보도록 하자.

의료 분야에서 배우기

의료 분야는 디지털 거인들이 사업 영역을 확대해 혁신을 도모하면서 점점 더 많은 관심을 끌고 있는 분야다. 사실 디지털 의료 실험은 이미 여러 해째 진행되고 있는 상태지만 현재 거의 모든 디지털 거인들이 적어도 한 가지 의료 관련 프로젝트를 실험 중이다.

구글의 경우는 2011년에 자칫 의료 분야(고객들의 건강 관련 데이터를 수집하기 위한 곳으로서의 의료 분야)를 포기할 뻔했지만[24] 지금까지도 이 분야에 많은 관심을 쏟아오고 있다. 새로운 기업 지배 구조하에서 알파벳은 "인류의 건강을 위해 기술을 어떻게 활용할 수 있을까?"라는 의문에 답하기 위해 베릴리 라이프 사이언스라는 자회사까지 만들었다.[25] 그리고 서로 힘을 합쳐 건강을 지키고 질병을 예방하는 방법들을 찾아내기 위해 화학자, 엔지니어, 의사, 행동과학자 등 여러 분야의 전문가들로 이루어진 팀들을 만들었다.

그게 다가 아니다. 알파벳은 존슨앤존슨과 손잡고 버브 서지컬이란 합자 회사를 설립하기도 했다. 머신 러닝, 로봇 수술, 첨단 시각화 기술, 데이터 분석법 등을 결합시켜 수술의 미래를 열어가는 기업이다. 다시 말해 수술의 의미를 재정의하는 첨단 기업인 것이다.[26] 알파벳은 건강과 생명과학과 수명에 많은 관심을 갖고 있어[27] 향후 10년 이내에 그 방면의 믿을 만한 첨단 기업이 될 전망이다.

애플이 의료 분야에 접근하는 방식은 남다르다.[28] 이 회사의 헬스킷은 스마트폰 소프트웨어로, 개발자들은 이 소프트웨어를 통해 아이폰과 애플 워치에 내장된 각종 센서들을 가지고 다양한 건강 앱들을 개발할 수 있다. 리서치킷은 의료 연구용 오픈 소스 소프트웨어 프레임워크로, 연구원들은 이 프레임워크를 이용해 방대한 의료 관련 데이터를 수집해 연구 목적에 활용할 수 있다. 또한 케어킷은 개인 건강용 오픈 소스 소프트웨어 프레임워크로, 이 프레임워크를 이용해 각 개인은 자신의 건강을 위해 보다 적극적인 역할을 할 수 있다.

애플의 이 같은 건강 관련 소프트웨어 프레임워크들 덕에 의료 연구실과 의료 연구 기관들의 실험이 활성화되고 있다. 시간이 지나면 애플의 이 소프트웨어 키트들이 건강한 인류의 미래에 얼마나 큰 영향을 주었는지 알게 될 것이다.

마이크로소프트의 헬스볼트 앱 실험[29]은 개인들에게 가족 전체의 건강 정보를 수집하고 저장하고 활용하고 공유할 수 있는 중앙집권화된 공간을 제공하고 있다. 그리고 물론 IBM 역시 지금 다양한 의료 환경에서 자신들의 인공지능 컴퓨터 왓슨을 활용하고 있는데,[30] 이에 대해서는 제4장에서 보다 자세히 다루도록 하겠다.

이 같은 각종 의료 관련 실험에서 알고리즘 및 분석에 강한 자신들의 능력을 활용해 의료 분야를 변화시키려는 디지털 거인들의 대담한 야심을 볼 수 있지만 의료 업계의 많은 기존 기업들은 그에 대해 회의적이다. 현재 병원과 환자로 분산되어 있는 데다 사생활 보호 및 보안 문제까지 갖고 있는 개인 건강기록을 디지털 거인들이 과연 어떻게 디지털화할 수 있을까 하는 의문을 갖고 있는 것이다. 그러나 오늘날에는 보다 적은 비용으로 보다 양질의 의료 서비스를 받고 싶다는 환자들의 욕구가 어느 때보다 강해 의료 분야의 변화는 불가피해 보인다. 당신 기업이 만일 의료 분야에 속해 있는 기존 기업이라면 이걸 잊지 말아야 한다. 다른 여러 업계에서 이미 그랬듯 디지털 거인들은 지금 당신 업계에서도 수평적 통합을 꾀하고 있다.

대화형 상거래에서 배우기

2016년에 실험이 빠른 속도로 성과를 본 분야 중 하나가 대화형 상거래 분야였다. 대화형 상거래란 채팅, 문자, 다른 자연적인 언어 인터페이스(예를 들어 음성 같은)를 활용해 사람, 브랜드, 서비스, 챗봇 등과 상호작용을 하는 걸 의미한다. 그 결과 당신과 나는 페이스북 메신저, 왓츠앱, 텔레그램, 슬랙 등을 통해 각종 브랜드 및 기업들과 새해 인사를 주고받게 되고, 그런 일이 흔히 있는 일이라는 걸 알게 된다.[31] 그간 하얏트 호텔 그룹 같은 기업들이 메시지 앱(예를 들어 페이스북 메신저 같은)을 이용해 고객들과 직접 대화하는 실험을 해왔으며, 그 결과 지금 고객들로부터 상당한 피드백을 받고 있다.

그다음은 고객 서비스 챗봇 실험이다. 애플의 시리나 아마존의 알렉사 같이 직접적인 질문에 답하는 오늘날의 디지털 개인 비서들과는 달리, 이 새로운 챗봇들은 대화를 계속 이어갈 수 있다. 그 차이는 상당하다. 분석가들은 대화에서의 주제 전환 수, 특히 말하는 사람이 바뀌는 횟수를 센 뒤, 그 횟수를 CPS, 즉 세션별 대화 수로 기록한다. 오늘날 한 인간과 디지털 개인 비서 간의 전형적인 상호작용은 2 CPS다. 그러니까 인간이 한 번 말하면 챗봇도 한 번 말하는 것이다. 그야말로 한 번씩 질문하고 답하는 세션이다. 마이크로소프트는 그간 중국 시장을 위해 사호아이스라는 실험용 챗봇을 개발했는데,[32] 이 챗봇은 4,000만 사용자와 평균 23 CPS의 상호작용을 한다.

이 결과에서 중요한 점은 무엇일까? 마이크로소프트 측 얘기에 따르자면 다음과 같은 두 가지를 꼽는다. "첫째, 마이크로소프트는 이제 감성 컴퓨팅에 대한 실험을 시작할 수 있게 되었다. 즉, 분석적인 지능과 감성적인 지능 간의 균형이 요구되는 상호작용에 대한 실험을 시작할 수 있게 된 것이다. 인간들 간의 상호작용이, 특히 의사와 환자 또는 교사와 학생 간의 상호작용이 바로 이런 상호작용이다. 둘째, 지난 18개월 넘게 수백억 회의 대화를 함으로써 실험용 챗봇 사호아이스는 알려진 대화 시나리오 비축분을 비약적으로 늘리게 되었고, 정답 후보들 간 순위를 매기는 능력 또한 비약적으로 끌어올리게 되었다. 우리는 이제 사호아이스가 자가학습 및 자가성장을 시작했다고 말할 수 있을 것 같다. 이제 점점 더 나아질 일만 남았다."[33]

아마존 역시 남들에게 뒤질세라 1억 달러짜리 벤처 펀드(벤처 기업과 신생 기업에 자금을 투자하는 펀드 - 옮긴이)를 만들어 인공지능 스피커 에코와 에코 닷을 비롯한 자신들의 제품에 내장할 앱(아마존에선 앱이 아니라 기술이라 하지만) 개발자들에게 자금 지원을 하고 있다.[34]

예를 들어 당신은 한 개발자가 만든 앱을 추가함으로써 아마존 에코 스피커의 기능을 확장해 〈제퍼디!〉 게임 쇼 스타일의 일반상식 퀴즈 기능을 추가할 수 있다. 아니면 아마존의 인공지능 개인 비서 알렉사에 또 다른 앱을 추가해 리프트에 택시를 불러달라 하거나 허니웰 스마트 온도조절기를 조정할 수도 있다.[35] 이 같은 대화형 플랫폼을 이용해 아마존에서 물품을 주문할 수도 있다. 그러나 보다 중요한 것은 아마존이 이 대화형 플랫폼 덕에 새로 떠오르는 스마트 홈 시장에서 애플 및 알파벳과 경쟁을 벌일 수 있게 됐다는 것이다. 개인용 컴퓨터나 스마트폰 안에서 돌아가는 운영체제들과 마찬가지로 이 같은 디지털 기술은 그걸 소유한 기업이 관련 거래에서 지배권을 행사하는 것을 가능하게 해준다.

실험을 할 생각이 있다면 이 같은 대화형 전자상거래를 통해 당신 기업과 고객들 간의 힘의 균형에 변화가 올 수도 있다는 것을 잘 생각하라. 디지털 거인들은 지금 수직적 통합을 추진하고 있는데, 이는 곧 당신 업계에서 디지털화가 더 진행될 경우 당신 기업에 대한 디지털 거인들의 영향력 또한 점점 더 커지게 될 거라는 의미다.

지금 이처럼 많은 기업들이 이처럼 다양한 실험들을 하고 있는데, 이것이 대체 당신과 당신 기업에겐 어떤 의미가 있는 걸까? 최선을 다해 그 기업들을 하나하나 자세히 살펴보고 당신 업계나 시장의 기존 관행을 보완해 주거나 그 관행에 변화를 주려 하는 기업들을 추려내 보라. 그런 다음 그 기업들의 특허 출원 패턴을 분석해 보라. 그 기업들에 몸담고 있는 과학자들이 잘 알려진 회의 같은 데서 발표한 연구 결과들을 잘 살펴보라. 당신 기업 자신의 대략적인 입장을 정리해 보라. 그 입장이 당신 기업이 보이게 될 반응의 배경이 된다.

두 단계의 반응 : 관찰에서 투입까지

당신 업계나 다른 업계들에서 진행되는 경계에서의 실험을 디지털 거인, 기술 기업, 그리고 당신 업계에 속한 다른 기존 기업들의 관점에서 지켜보라. 그러면 기업들이 자신들의 사업 모델과 시장을 테스트하는 다양한 방식은 물론 스스로 동기부여를 하기 위한 전략 또한 좀 더 잘 이해할 수 있게 된다.

그 기업들의 리더들은 전부 한 가지 공통점을 갖고 있다. 모두들 과거의 제품 정의, 업계 경계들에 대한 개념, 가치 제안 등이 더 이상 별 의미가 없는 디지털화 시대의 경계들을 탐구하고 싶다는 지적 욕구 내지 호기심을 갖고 있는 것이다. 성공한 디지털 기업들의 리더들은 디지털화된 미래의 매력적인 가능성들을 보고 각종 실험에 나선다(종종 다른 기업들과 함께). 물론 유망한 길들을 개척해 나름대로의 디지털 미래를 창출하기 위해서이다. 이걸 잊어서는 안 된다. 이 실험들은 기술적인 실험이 아니라 사업적인 실험이다. 또한 이 실험들은 따로따로 떨어진 일회성 실험이 아니라 서로 연결되고 통합된 실험이다.

이렇게 넓은 관점에서 봤을 때, 당신 기업은 경계에서의 실험과 관련해 어떤 조치들을 취해야 할까? 또한 당신 기업은 일련의 집중적인 실험들을 통해 디지털화와 관련된 어떤 이론들을 좀 더 깊이 이해할 수 있을까? 경계에서의 실험에 대한 기존 기업들의 반응은 크게 두 단계로 나뉜다. 첫 단계의 반응은 관찰이고, 두 번째 단계의 반응은 투입(또는 투자)이다.

관찰

만일 당신과 당신의 관리팀이 디지털 기술들이 당신 업계에 영향을 미치고 변화를 줄 수 있다는 가능성을 알고 받아들이면서 디지털화가 대세가 됐다거나 다른 그 어떤 것들보다 중요해졌다는 걸 확신하지 못한다면 당신은 아마 지금 사태를 관찰하고 있는 중일 것이다. 그러니까 이 단계의 반응에서 당신은 안테나를 미세 조정해 조만간 일어날 변화들의 조짐들을 파악하고 추적하려 하고 있는 것이다. 넓은 대지에 걸쳐 일렁이는 디지털 혁신의 물결에 당신 자신을 맡기도록 하라.

내가 경영인들에게 사업 모델의 경계에서 추적 중인 디지털 실험들을 있는 대로 다 나열해 보라고 할 경우, 그들이 나열하는 실험들은 거의 다 대응이 필요한 실험들이다. 그들은 대개 경쟁 기업들이 디지털 기술로 하고 있는 실험들을 추적하고 있다.

페이스북이나 구글 또는 트위터를 이용하는 소셜 미디어 실험, 새로운 기업용 모바일 앱과 소비자용 앱들을 이용하는 실험, 정보기술 및 디지털 기술에 대한 실험, 새로운 연합이나 제휴에 대한 실험들이 그 대상이다. 다시 말해 그들은 주로 경쟁에 필요한 아주 표준적인 추적 및 분석 프로토콜들을 따르고 있는 것이다. 그들은 이런 정보를 특정 주제들에 대한 기업 관련 주요 기사들을 선별 제공하는 서비스를 통해 또는 컨설팅 기업 보고서를 통해 얻고 있다.

디지털화는 다방면에 걸쳐 영향을 주는 힘이기 때문에 체계적인 접근 방식을 취하는 게 도움이 되는 것 같다. 다음 세 가지 질문은 경계에서의 변화를 관찰하기 위한 출발점으로 유용하다.

1. 당신의 경쟁 기업들은 현재 디지털화를 위해 내부적으로 무얼 하고 있는가? 디지털 거인과 신생 기업들의 어떤 실험과 발표들이 당신 기업에 영향을 미칠 가능성이 있는가?
2. 당신의 경쟁 기업들은 다른 두 종류의 게임 참가자들과 손잡고 어떤 실험들을 해왔는가? 그리고 그 실험들은 당신 업계의 미래를 결정하는 데 얼마나 중요한가?

3. 당신 업계의 경계를 넘어 다른 업계들로 눈길을 돌릴 경우, 선제적 통찰력을 기르려면 어떤 실험들을 계속 추적해야 하겠는가?

처음 두 질문은 간단명료하지만 세 번째 질문은 조금 더 복잡하다. 혁신과 타파와 변화에 필요한 디지털화 개념들은 기존 업계의 경계나 당신 업계와 유사한 업계의 경계 내에선 찾을 수 없기 때문이다. 예를 들어 GE는 실시간 작동 계기판 제작에 필요한 통찰력을 얻기 위해 페이스북을 벤치마킹했으며, 산업 분야용 플랫폼 및 앱 제작에 필요한 통찰력을 얻기 위해 소비자 모바일 운영체제 및 소프트웨어 앱 분야의 리더인 애플과 구글을 벤치마킹했다. 마찬가지 맥락에서 당신 기업 역시 여러 유망 분야들을 면밀히 살펴봐야 한다. 예를 들어, 당신 기업이 금융 서비스나 주거용 에너지 또는 산업 교통 업계에 속해 있다면 대화형 엔진(알렉사 같은)이나 추천 엔진들과 관련된 아마존의 실험들은 당신 기업에 어떤 도움이 될 수 있겠는가?

오늘날 소매 기업들은 중역 회의에서 사람들이 '침입자'라 부르기도 하는 디지털 신생 기업들로부터의 거센 도전에 대한 얘기를 하는 경우가 많지만 자동화 알고리즘과 로봇들이 첨단기술 분야와 다른 모든 분야의 사업 및 업무 방식에 어떤 변화를 줄 것인지에 대해서는 모든 기업들이 깊이 생각해 봐야 할 필요가 있다. 업계의 기존 기업에 속하는 당신 기업은 디지털화로 인한 혼란 가능성들에 눈을 감으려 할 가능성이 높을 수도 있지만 디지털 거인들과 기술 기업들은 지금 이 시간에도 디지털 트렌드들을 활용해 현상을 타파할 창의적인 방법들을 모색 중이다. 당신 기업 역시 그렇게 해야 한다.

디지털 혁신 중심지에 전초 기지를 만들어라 가능하다면 팰로앨토(아니면 텔아비브, 방갈로르, 상하이, 뉴욕, 런던, 베를린, 보스턴 등)에 당신 회사의 중역을 몇

명(단 1명이 아니라) 배치해 당신 기업의 현재 사업 모델에 도움이 될 수도 있고 도전이 될 수도 있는 중요한 트렌드들을 유심히 추적하고 관찰하게 하라. 그들이 당신 기업의 '전초 기지'이다. 이들 덕에 당신 기업은 디지털 혁신에 의한 혼란이 언제 어디서 터질지 몰라 입을 수 있는 피해를 최소화할 수 있다. 이들은 평소 기업가들과 어울리고, 각종 모임을 주관 또는 동참하고, 대학과 싱크탱크 등에서 개최하는 공개회의나 콘퍼런스에 참석하고, 해커톤(해킹과 마라톤의 합성어로, 긴 시간 동안 아이디어를 실현하는 행사 - 옮긴이) 및 공개 도전 행사에서 심사를 하기도 한다.

각종 조짐들을 관찰하고 관심을 가져야 할 조짐들에 우선순위를 매겨 그 모든 걸 당신 조직이 이해할 수 있는 언어와 어휘로 설명하는 것이 이들의 임무이다. 첫째, 이들은 다른 기존 기업들은 각종 디지털 실험을 파악하기 위해 전초 기지를 어떻게 활용하고 있는지 관찰한다. 둘째, 이들은 디지털 거인들이 어떤 일에 매달리고 있는지를 알아낸다. 그리고 셋째, 이들은 기술 기업들의 어떤 아이디어들이 벤처 자금을 끌어들이고 있는지에 대한 보고서를 작성한다.

당신 기업이 만일 이동통신사라면 다른 이동통신사들이 실리콘 밸리 같은 혁신의 중심지에서 무슨 일을 하고 있는지에 관심이 있을 것이다. 스위스 이동통신사인 스위스컴은 실리콘 밸리 내 전초 기지를 활용해 기업가들과 교류함으로써 자사와 자사 고객들에게 제공 가능한 모바일 앱들의 모든 것을 파악하고 있다.[36] 스페인 은행인 BBVA는 애초부터 샌프란시스코 내 전초 기지로 개설돼 장기적인 변화들을 파악했으며 소수 주주권을 목적으로 한 투자도 했다. 그러나 2016년 금융 기술 분야들에 대한 좀 더 광범위한 접근을 위해 자체 사무실을 폐쇄하고 프로펠 벤처 파트너스에 합류했다.[37] 이는 관찰과 실험에 기초한 전략적인 결정으로, 투자 수익률을 높이려 하기보다는 벤처 관련 거래의 흐름을 잘 살펴 자신들에게 영향을 줄 수 있는 트렌드들에 대처하기 위함이었다.

당신 기업이 만일 제품 제조업체라면 디지털 혁신 연구소가 전초 기지가 될 수 있을 것이다. 로위스나 홈데포의 경우와 마찬가지로, 리바이스는 자신들과 관련이 있는 분야에 대한 실험을 하기 위해 유레카 혁신 연구소[38]를 설립했다. 그 실험들 중 일부는 독자적인 프로젝트였으나 구글과 손잡고 벌인 프로젝트 자카드의 경우처럼 일부 실험들은 공동 실험이었다. 프로젝트 자카드를 통해 리바이스는 지금 표준적인 산업 직조 기술을 이용해 터치와 제스처로 작동되는 대화형 스마트 직물을 만들어내고 있다. 옷과 가구같이 매일 접하는 모든 물체들이 그 표면을 통해 상호작용이 가능한 물체들로 변화되고 있는 것이다.[39]

몸에 걸칠 수 있는 웨어러블 기술을 만들어내는 이 실험을 통해 구글은 지금 리바이스와 손잡고 전자기기가 내장된 의류와 상호작용이 가능한 대화형 실을 만드는 일을 하고 있다. 예를 들어 옷소매를 터치해 전화를 받는다거나 구글 맵스(지도와 생활정보가 합쳐진 구글의 위치 기반 서비스 - 옮긴이)를 작동할 수 있게 하자는 게 그 목적이다. 이는 비단 패션 업계뿐 아니라 다른 여러 업계의 디지털화에도 영향을 주게 될 것이다.

디지털 혁신 중심지의 전초 기지들은 벤처 펀딩 패턴과 관련된 흥미진진한 이야기를 파악하고 만들어내는 일도 한다. 예를 들어 당신 기업이 만약 의료 업계에 속해 있다면 당신 기업의 전초 기지는 디지털 건강 분야에 집중 투자하는 실리콘밸리 펀드인 록 헬스의 데이터에 관심이 많을 것이다. 그게 아니라 당신 기업이 만약 에너지 업계에 속해 있다면 뉴욕과 런던에 있는 브래마 에너지 벤처 또는 실리콘밸리에 있는 밴티지포인트 캐피털 파트너스나 코슬라 벤처스의 벤처 투자 유형들을 예의주시할 것이다. 이때 중요한 것은 특정 신생 기업들의 양적 데이터를 집중 관찰하되 여러 벤처 펀드의 투자 패턴들도 면밀히 분석해 트렌드를 읽을 수 있어야 한다는 것이다.

이런 전초 기지들을 출발점으로 삼되 이들은 어디까지나 당신 기업 내에서 디지털화에 대한 보다 활발한 논의가 이루어질 수 있게 관련 정보를 수집하고 거르는 보조 역할을 할 뿐이라는 걸 잊지 마라.

보다 깊이 있는 질문들을 만들어내기 위한 워크숍들을 가져라 단순히 트렌드들을 나열하거나 블로그 포스트나 요약 보고서를 작성하는 데 그쳐서는 안 된다. 혁신에 대한 저서들을 내고 있는 유명한 저자 워렌 버거는 '프레임스토밍(프레임과 브레인스토밍의 합성어. 브레인스토밍이 답을 찾기 위한 회의라면, 프레임스토밍은 질문들을 만들어내기 위한 회의를 말한다 - 옮긴이)'을 가질 것을 제안하며 이렇게 말한다. "스스로 질문들을 만들어낼 경우 참석자들은 어떤 문제를 깊이 파고들어 각종 전제들에 의문을 제기하게 된다. 예를 들어 어떤 문제 뒤에 큰 문제가 도사리고 있든 아니든 대체 그 질문이 왜 존재하는지 또는 그 질문이 왜 문제로 여겨지는지(실제로는 문제도 아닌데)를 깊이 파고들 수 있다. 또한 그 과정에서 사람들은 그 누구도 제기하지 않는 경우가 많은 근본적인 질문들도 하게 된다. 그러니까 단순히 어떻게 하면 이걸 더 잘 할 수 있느냐가 아니라 대체 이걸 왜 하고 있느냐를 살펴볼 수 있게 되는 것이다."

'프레임스토밍' 과정에서 제기되는 이런 질문들을 통해 사람들은 창의성을 발휘하게 된다.[40] 그리고 이런저런 질문들이 제기된 상태에서는 관찰이 유용한 입력 수단이 되며 자연스럽게 투자와 후속 조치들이 이어지게 된다.

투입

디지털화가 유망해 보이지만 확실치는 않아 보이는 분야들에 각종 자원(관리 시간과 금융 자원 등)을 투입할 준비가 되었을 경우, 당신 기업은 두 번째 단계의 반응을 준비할 수 있다. 이 단계는 전술적인 실험들을 하면서 데이터 수집 및 분석을 통해 이런저런 아이디어들을 직접 테스트해 보는 단계라고 보면 된다. 비용도 많이 들고 분명 어려움도 많겠지만 여기서의 최우선 과제는 배우는 것이다. 실패는 없다. 다만 보다 깊이 있는 배움만 있는 것이다.

기술이 기업에 미치는 영향을 파악하기 위한 전술적 실험들을 행해보라 이때 가장 중요한 것은 투자 단계에 도달하려면 어느 정도의 성숙 단계에서 어떤 기술들을 받아들일 것인가 하는 것이다. 당신 기업에 도움이 될 파트너 기업들의 명단을 짜는 것도 중요하다. 다시 말해, 이 단계는 디지털 기술을 가지고 행해지는 기업 실험 단계인 것이다. 특정 기술들의 기술적 타당성 문제는 무시하고(그 문제에 대한 검증은 그 기술을 제공하는 업체에 맡기고), 디지털 기술이 당신 기업에 안겨줄 가능성들에 대해서만 면밀히 살펴보라. 그러니까 디지털 기술 덕에 보다 양질의 데이터가 확보돼 당신 기업의 제품 및 서비스를 미세 조정하고 고객들과 보다 더 잘 연결될 수 있는지, 기능이 보다 개선되어 제품 및 서비스 규모를 확대할 수 있는지, 효율성이 보다 좋아져 필요할 때 보다 민첩하게 대응하고 변화할 수 있는지를 살펴보는 것이다. 이때 보다 중요한 것은 당신 기업이 선택한 기술들로 인해 야기될 수 있는 위협과 도전들을 제대로 분석하고 이해하는 것이다.

독일의 글로벌 산업 기업인 지멘스는 5년간 10억 유로 가까운 투자를 해 넥스트47(지멘스가 1847년에 설립됐다는 데서 붙여진 프로젝트명)이란 이름의 글로벌 벤처 기업을 만드는 대담한 시도를 했다.[41] 이 벤처 기업의 목표는 자신들의 직원들은 물론 외부 신생 기업들, 다른 업계의 기존 기업들과 손잡고 파격적인 디지털 기술들을 앞당겨 도입해 GE나 다른 업계 거인들과의 경쟁에 대비하는 것이었다. 미국, 이스라엘, 중국, 독일 등지에 사무실을 두고 있는 넥스트47은 모기업인 지멘스로부터 독립된 기업 형태를 취하고 있으나 필요할 때에는 지멘스의 전문지식을 활용할 수 있게 되어 있다.

모든 실험을 배울 수 있는 기회로 여겨라 적어도 처음에는 당신 기업이 행하는 실험들의 결과에 신경을 덜 쓰는 게 더 좋다. 어떤 특정 결과를 기대하기보다는 데이터가 보여주는 모든 가능성을 또는 당신 기업의 고객이나 파트너 기업들의 반응을 있는 그대로 받아들이도록 하라.[42] 실험 결과들로 인해 당신 기업은 다른 기업들이 예상도 못한 전혀 새로운 방향으로 나아갈 수도 있다. 최고경영자 밥 맥도날드의 지휘 아래, 프록터앤갬블(P&G)은 페이스북과 함께 수백 가지의 디지털 실험을 실시했다. 당시 소셜 미디어는 새로운 영역으로 개별 고객들에 대한 보다 깊은 통찰력을 가질 수 있게 해주었고, 그 덕에 P&G는 자신들의 마케팅 캠페인들을 미세 조정할 수 있었다. P&G는 여러 해 동안 인쇄물에서 TV, 옥외광고물, 모바일 앱, 소셜 앱에 이르는 다양한 미디어를 통한 마케팅 및 광고 자원 할당에 이런저런 원칙을 적용하고 분석하는 실험을 했다. 그런데 그 무엇보다 중요한 것은 P&G가 이 일련의 실험을 통해 페이스북과 구글로부터 얻는 빅데이터 스트림을 최대한 잘 활용하기 위해 필요한 새로운 유형의 기술들에 대해 소중한 통찰력을 얻게 됐다는 것이다.[43]

기업들은 고객들에 대한 통찰력을 갖기 위해 디지털 거인 및 기술 기업들의 알고리즘과 분석법들을 활용하게 되는데, 당신 기업은 디지털 거인 및 기술 기업들과 함께 어떤 마케팅 실험들을 할 수 있겠는가? 그리고 그 실험들을 통해 현재 이런저런 실험들을 하고 있을 경쟁 기업들보다 더 깊은 통찰력을 얻을 수 있겠는가?

단순히 디지털 트렌드들을 수동적으로 관찰한다거나 그저 슬쩍 발을 들여놓고 상황을 살피는 식의 실험들을 하지 말고 당신 업계 이외의 모든 업계에서 일어나는 경계에서의 실험들을 폭넓게 관찰하고, 그런 시도들을 당신 기업에 어떻게 적용할 수 있을 건지 마음을 열고 곰곰이 생각해 보라. 또한 제품 기능과 디자인에 불고 있는 변화의 바람에 대해서도 깊이 생각해 보라. 그런 변화들로 인해 생겨나는 각종 센서와 데이터가 당신 업계를 어떤 식으로 변화시킬 수 있겠는가? 대담하게 사용자들에게 직접 사용할 수 있는 기회를 주어 당신 기업의 실험들에 대한 피드백을 받을 수 있게 하라. 당신 기업이 이런 개념을 공유하든 하지 않든 시제품을 만들고 다른 기업들과 제휴를 맺고 당신 기업의 실험이 세상에 알려지게 하라. 당신의 고객들과 연결하거나 당신 기업의 비전을 성취하는 데 도움을 줄 다른 기업들과 제휴를 맺어 커뮤니티를 형성하라. 생태계를 키워라. 그런 다음 다른 기업들과의 공동 실험에 다양한 전술적 조치들을 섞어 넣어 디지털 변화의 다음 단계인 사업 모델의 핵심에서의 충돌에 대비하라. 이제 비로소 디지털화가 현실화되고 힘을 얻으며 그 모든 걸 이해하고 있는 당신의 역할은 그 어느 때보다 중요해진다.

CHAPTER

04

핵심에서의 충돌

충돌 | 서로 대립되는 관점과 생각과 힘들 간에 갈등이 생기는 시기

AT&T, 블랙베리, 블록버스터, 보더스, 존 디어, 델, 휴렛-팩커드, IBM, 인텔, 코닥, 마이크로소프트, 노키아, 오라클, 화이자, 필립스, 샤프, 소니, 텍사스 인스트루먼츠, 도요타, 제록스. 이런 이름들을 들으면 어떤 생각이 드는가? 블록버스터와 보더스는 더 이상 사람들의 입에 오르내리는 이름이 아니다. 그러나 AT&T나 IBM, 마이크로소프트는 여전히 많은 사업가들이 큰 관심을 보이는 이름들이며, 따라서 디지털 기술의 쓰나미에 파묻혀 버린 기업들에 속하지 않는다. 그런데 이 모든 기업들 간에 한 가지 공통점이 있다면 그건 이 기업들 모두가 기술 기업이나 디지털 거인들이 만들어낸 보다 새로운 사업 모델들로 인해 도전에 직면했다는 것이다. 블록버스터와 코닥과 보더스는 살아남지 못했으나 그 나머지 기업들은 현재까지는 자신들의 사업 모델의 핵심에서 일어난 충돌을 잘

극복했고 적응도 잘했다. 당신 기업은 이 기업들의 경험에서 무얼 배울 수 있을까?

당신 기업은 적응하고 변화할 준비가 되어 있는가?

당신은 이런 생각을 하고 있을 가능성이 높다. 실패한 기업들은 제품 및 서비스 분야 정보는 풍부한데 기업 인프라 내 자산이 부족해 실패했지만 당신 업계는 자산이 풍부하고 정보가 부족해 디지털 거인이나 기술 기업들이 갑자기 쳐들어와 사업 모델을 재편하려 해도 별 영향을 받지 않을 거라고 말이다. 내가 장담하건대, 그건 완전히 잘못된 생각이다.

늦든 빠르든 모든 업계의 기존 기업들은 제품과 서비스의 제작 및 인도 방법에 대한 생각도 다르고 매출 및 수익 증대 방법에 대한 생각도 다른 기술 기업과 디지털 거인들 그리고 업계 내 다른 경쟁 기업들과 충돌하게 될 것이다. 설사 당신 기업과 업계가 아직 이 단계에 오지 않았다 해도, 당연한 얘기지만 언제든 앞서가는 기업들로부터 뭔가 배울 수 있다. 경계에서의 실험들은 아주 빠른 속도로 진행되며, 그래서 기업들이 너무 늦게 발견해 살아남지 못하는 경우가 많다. 따라서 이를 제대로 이해할 경우 당신 기업이 미래에 대비하는 데 도움이 될 수 있다.

디지털 매트릭스 제어판 상의 빈칸 9개로 되돌아가보자. 가운데 3칸은 세 종류의 게임 참가자들이 겪게 되는 다양한 충돌을 나타낸다.

충돌이 일어나고 있다는 조짐

당신 업계 이외의 업계에 속한 기업들 중 당신 기업의 사업 모델들에 정면 도전하기 시작한 기업들을 파악하고 있는가? 고객들에게 전달되는 가치에 대한 혁신들 중 디지털 기술을 활용하는 혁신이 보이는가? 어제 시작된 실험들이 진화해 전통적인 사업 아이디어들에 정면 도전하는 치밀한 사업 아이디어들이 되는 경우들이 눈에 띄는가? 만일 당신 기업이 이 단계에 와 있거나 아니면 이 단계에 거의 다 와 있다고 믿는다면 이제 디지털화가 당신 기업의 관리 목표가 돼 당신 기업의 성장 및 수익 창출의 원동력이 되어야 한다.

기업들은 대개 핵심에서의 충돌이 일어날 때 디지털화의 필요성을 절감하기 시작하는데, 그건 당신 기업의 존재 자체를 위협하는 경쟁 압력들이 뻔히 보이기 때문이다. 먼저 다음 두 분야 중 한 분야에서, 그런 다음 두 분야 모두에서 경쟁 압력들이 보일 것이다.

전략상의 충돌 당신 기업의 전통적인 전략 논리가 그리고 전통적인 업계에서 경쟁 중인 기존 기업들의 논리들이 디지털 기능에 훨씬 더 의존하는 보다 새로운 논리들과 충돌한다. 보다 새로운 모델들은 디지털 변화를 빠른 속도로 받아들인 업계의 다른 기존 기업들이나 보다 새로운 디지털 시대의 기업들 또는 디지털 거인들로부터 나올 수도 있다.

조직상의 충돌 당신 기업의 조직 모델이, 그러니까 20세기 산업 시대에 생겨난 전통적인 구조와 과정들과 시스템들이 디지털 시대에 생겨난 조직 방법들과 충돌한다. 그 과정에서 당신 기업의 조직 모델은 시간이 갈수록 더 비효율적이 되어가고, 그 결과 결국 저절로 소멸하게 된다.

예로부터 우리는 여러 계층 수준들과 기능 부서들에서 전략 형성(사업 모델과 경쟁 전략들에 중점)과 전략 시행(조직 모델과 실행 전술에 중점)을 구분해 다뤘다. 디지털 매트릭스의 핵심 논지는 이 두 가지 충돌이 갈수록 더 상호의존적이 되어가고 또 동시에 일어나고 있다는 것이다. 게다가 애초부터 디지털 기업으로 태어난 기업들의 경우 굳이 전략 모델과 조직 모델을 분리해 기능적으로 규정된 경계나 계층으로 나눌 이유가 없다. 그 기업들의 경우 정보기술은 최고 정보 책임자(CIO)가 관장하는 별도의 기능이 아니라, 자신들이 존재하는 이유이자 승리를 위한 계획의 토대이다. 또한 그 기업들의 경우 별도의 최고 디지털 책임자(CDO)나 별도의 디지털 혁신 팀도 없다. 마이크로소프트의 최고경영자 사티아 나델라는 마이크로소프트에 부임하면서 이런 말을 했다. "오늘날에는 그 어떤 조직 구조도 혼자 고립되어 있지 않은데, 그건 그 어떤 경쟁이나 혁신 과정에서도 그런 경계들이 인정되지 않을 것이기 때문이다. 지금은 모든 게 사이클 시간과 반응 시간이란 두 측면에서 훨씬 더 압축되게 된다."[1]

다시 말해, 마이크로소프트만큼 큰 성공을 거둔 대기업들조차 자신들의 사업 모델과 관련해 핵심에서의 충돌에 직면해 있는 것이다. 패키지화된 소프트웨어 기업으로서의 마이크로소프트의 과거 전략들과 구조는 이동성과 클라우드 컴퓨팅에 의해 사업 논리가 정해지는 다른 디지털 거인들과 기술 기업들로부터의 거센 도전을 견뎌내기 힘들다. 결국 마이크로소프트는 물론 당신 기업과 다른 모든 기업들 역시 이 같은 핵심에서의 충돌에 직면할 경우 스스로를 재창조해야 한다.

이제 한 가지 예를 들어 특정 상황에서 어떻게 이런 핵심에서의 충돌이 일어나는지 살펴보도록 하자.

디지털 시대에 맞춰 재창조된 가정용 온도조절 장치: 허니웰에게서 배우기

온도조절 장치는 주거지나 상업용 건물 안의 온도를 조절할 수 있게 되어 있다. 허니웰의 온도조절 장치는 1956년경 미국인 산업 디자이너 헨리 드레이퍼스가 디자인한 대표적인 산업 시대 제품으로, 미국에서 오랜 기간 제조돼 왔으며 홈데포, 월마트, 시어스 같은 전통적인 유통 경로를 통해 판매되고 있다. 제품 디자인은 지난 50년간 별로 변한 게 없다. 이 제품의 판매는 건설 업계에서의 수요와 주택에서의 정기적인 교체 주기에 따라 예측 가능하며, 전 세계적인 판매와 시장점유율 또한 일정한 편이다. 홈데포, 타겟, 로위스, 에이스 하드웨어 같은 유통 업체들과의 관계가 절대적으로 중요하며, 시장에서 차지하고 있는 위치는 그야말로 최소한도로만 오르내린다. 허니웰은 현재 30퍼센트의 시장점유율을 기록하며 다른 주요 경쟁 기업인 존슨 컨트롤즈 및 에머슨 일렉트릭과 함께 전 세계 온도조절 장치 시장을 선도하고 있다.

2011년 10월 네스트 랩스라는 한 조그만 신생 기업이 새로운 온도조절 장치를 선보이는데[2] 자칭 '스스로 학습을 한다'는 이 온도조절 장치는 사용자들이 집에 있거나 외출할 때 세팅하거나 재세팅하는 걸 학습해 일주일 후면 자체 프로그램에 의해 스스로 에너지 최적화 상태로 설정된다. 필요할 경우 스마트폰 모바일 앱을 통해 재설정을 할 수도 있다.

당신이 만일 가정용 및 상업용 온도조절 장치 업계의 리더인 허니웰의 경영인이라면 이 새로운 제품 때문에 걱정을 했겠는가? "나는 미국 내에서 소비되는 모든 에너지의 10퍼센트를 제어하는 온도조절 장치가 기술 및 디자인 발전의 무풍지대로 남아 있다는 게 도무지 납득이 안 된다."[3] 전설적인 애플 아이팟의 디자이너이기도 한 토니 파델이 네스트 랩스를 설립한 뒤 이런 말까지 했음에도 불구하고 당신은 아마 걱정하지 않았을 것이다. 더욱이 신생 기업 네스트 랩스의 뒤에는 실리콘 밸리의 그 유명한 벤처 캐피털 기업 클라이너 퍼킨스가 있었지만 당신이 허니웰의 경영인이라면 아마 네스트 랩스의 이 새 제품을 장차 영향을 줄 수 있을지 몰라도 아직 그리 큰 관심을 가질 필요는 없는 경계에서의 실험 정도로 봤을 것이다. 어쨌든 벤처 캐피털 기업들은 실패할 기술에 투자하는 경우도 많으니까. 산업 기업들의 다른 많은 관리자들과 마찬가지로, 당신 역시 아마 네스트 랩스의 이 새로운 온도조절 장치를 전문화된 새 하드웨어로 보았을 것이고, 그래서 새로운 소프트웨어 혁신이나 전자상거래 모델에 비하면 덜 위협적이라고 생각했을 것이다.

2013년 10월 네스트 랩스는 네스트 프로텍트를 내놨다.[4] 와이파이와 무선 전화 연결 기능을 이용해 사용자의 전화기에 문제를 알려주는 연기 및 일산화탄소 탐지기였다. 당신이 만일 허니웰의 경영인이라면 네스트 랩스의 이 같은 제품 확장에 걱정을 했을까? 아마 조금은 걱정했겠지만, 이 신생 기업은 아직 당신 기업의 복잡한 유통망을 파고들 정도의 규모나 범위는 못 갖추었다며 스스로를 안심시켰을 것이다. 그러면서 경쟁사인 존슨 컨트롤즈 및 에머슨 일렉트릭과의 치열한 경쟁으로 관심을 돌렸을 것이다.

3개월 후인 2014년 1월, 구글은 그 당시 직원 수가 300명이 채 안 되던 네스트 랩스를 32억 달러에 인수한다.[5] 2015년 11월에 이르러 이 회사는 직원 수가 1,100명 정도로 늘어나며, 그 직원들 모두가 허니웰이나 존슨 컨트롤즈의 직원들과는 전혀 다른 기술들로 무장하게 된다. 이후 네스트 랩스는 구글의 지원 아래 한 웹캠(실시간 비디오 전송이나 인터넷 화상 회의에 사용되는 소형 디지털 카메라 - 옮긴이) 기업을 인수해 홈 보안 및 자동화에 필요한 플랫폼을 개발한다.

2016년 초에, 알파벳의 독립된 자회사가 된 네스트 랩스는 '웍스 위드 네스트' 플랫폼을 개발하며[6] 이를 통해 가정에 있는 자사 제품들을 스마트폰 앱으로 연결했으며, 월풀이나 핏빗, 메르세데스-벤츠 같은 대기업들을 망라하는 새로운 생태계를 만들어냈다. 예를 들어 당신의 메르세데스-벤츠 자동차에서 예상 도착 시간에 맞춰 당신 집에 있는 온도조절 장치에 데이터를 보내면 집안 온도를 최적의 상태로 설정할 수 있다. 집안 월풀 세탁기의 세탁 사이클을 자동 지연시켜 최대 전력 사용 시간을 피해 값싼 전기를 사용할 수도 있다.

자, 당신이 만일 허니웰이나 존슨 컨트롤즈 또는 에머슨 일렉트릭의 경영인이라면 걱정이 되지 않겠는가? 아마 걱정이 될 것이다. 이제 온도조절 장치(그리고 연기 감지기와 기타 관련 제품들)의 디지털화가 더 이상 지엽적인 실험이 아니기 때문이다.

그리고 핵심 제품의 기술이 아날로그 방식에서 디지털 방식으로 바뀌었을 뿐 아니라 핵심 제품 그 자체도 보다 광범위한 플랫폼 및 생태계의 일부로 다른 제품들과 상호 연결되었다. 산업 시대에 제작되어 산업 디자인 상도 다수 수상한 허니웰의 전설적인 온도조절 장치가 이제 여러 하드웨어 및 소프트웨어 그리고 서비스와 연결된 디지털 생태계와 충돌하고 있는 것이다. 산업 시대에 허니웰은 자체적으로 자사 제품에 대한 효과적인 전략을 개발할 수 있었다. 그러나 이제는 디지털 플랫폼과 생태계의 일부로 전략을 개발해야 한다.

이것이 바로 핵심에서의 충돌이다. 허니웰(그리고 같은 업계의 다른 기존 경쟁 기업들)은 이제 알파벳의 뛰어난 디지털 역량에 맞서 경쟁을 해야 하는 것이다. 2013년만 해도 허니웰이 네스트 랩스를 무시할 만했지만 2016년 초에 이르면 홈 에너지 및 편의용품 업계는 사물 인터넷, 모바일 운영체제, 데이터 분석법, 클라우드 연결 등이 지배하는 스마트 홈이라는 디지털 세상과 충돌하게 된다. 네스트 랩스는 2013년에 경계에서의 실험을 했지만 이제는 허니웰과 충돌하면서 정면 도전하고 있다. 앞으로는 여러 업계의 더 많은 기업들에 정면 도전하게 될 것이다.

이 같은 도전에 허니웰은 어떻게 대처했을까? 자신들의 제품군에 리릭이라는 디지털 온도조절 장치를 추가하는 걸로 대처했다.[7] 그러나 신제품 리릭이 성공하려면 허니웰의 변신 로드맵이 일개 디지털 제품을 추가하는 것보다 포괄적이어야 했고 조직 모델 또한 변화되어야 했다.

허니웰 경영진이 바로 갖게 된 전술적인 의문은 이런 것이었다. "리릭을 어떤 운영체제에서 돌아가게 할 것인가?" 처음에 허니웰은 네스트 랩스의 모기업인 알파벳이 통제하고 있는 운영체제인 안드로이드 운영체제를 선택했다. 그런 다음 소프트웨어 범위를 확대했다. 디지털 온도조절 장치를 개발하기 위해 애플 아이폰 홈키트와 삼성 사물 인터넷 그리고 디지털 스마트 홈 허브 자리를 놓고 경쟁 중인 다른 관련 표준들과 손을 잡은 것이다.

운영체제 소프트웨어를 선정하는 일은 허니웰뿐 아니라 제품 디지털화 및 연결을 꾀하고 있는 모든 기업에 필요한 디지털 변화의 핵심이다. 그래서 핵심에서의 충돌은 디지털 트렌드를 활용해 자신들의 제품을 업그레이드하고 재창조하려는 두 업계 거인들 간의 단순한 충돌 사례가 아니라 한 산업 기업이 한 디지털 거인에 맞서면서(그리고 잠재적으로는 협력하면서) 벌이는 충돌 사례이다. 이는 디지털 매트릭스의 핵심이기도 한데, 그것은 그로 인해 경쟁과 협력에 대한 전통적인 관점에 변화가 오기 때문이다. 이에 대해서는 제7장에서 다시 다루도록 하겠다.

이 시점에서 허니웰 경영진의 가장 큰 전략적 의문은 이런 것이었다. "리릭을 보다 큰 생태계들에 연결하기 위한 우리의 계획은?" 독립형 제품인 전통적인 온도조절 장치와 달리 네스트 온도조절 장치는 '웍스 위드 네스트' 생태계를 이루는 네스트와 기타 파트너 기업들이 만든 다른 제품들까지 포함된 플랫폼의 일부이다. 그리고 이 플랫폼의 장점은 새로운 파트너 기업들이 만드는 새로운 제품들을 추가해 그 규모가 기하급수적으로 커질 수 있다는 것이다.

게다가 이 플랫폼은 디지털 방식으로 연결되어 데이터를 수집하기 때문에 생태계 내의 모든 파트너 기업들은 사용 중인 자사 제품 관련 정보 기반의 서비스로 추가 수입을 올릴 수도 있다. 토니 포델은 2016년 6월에 네스트를 떠났는지 몰라도[8] 구글은 여전히 네스트를 각 가정에 영향력을 행사하기 위한 자체 로드맵의 중요한 일부로 여기고 있다. 허니웰의 리릭 생태계는 어떻게 네스트 생태계와 경쟁하거나 서로 연결되게 될까? 아니면 리릭은 과연 네스트나 다른 기업들이 주도하는 디지털 생태계의 일부가 될 수 있을까?

우리는 허니웰의 이 사례에서 두 가지 중요한 교훈을 얻을 수 있다. 첫째, 산업 시대에 만들어진 모든 제품은 조만간 디지털 시대에 태어난 기업들이 만들고 보급하는 제품들과 경쟁을 벌이게 될 것이다. 그리고 그렇게 되면 제품 경쟁 또한 개별 기업들이 만든 제품 대 제품 경쟁(산업 시대의 경쟁)에서 많은 기업들로 이루어진 생태계에서 만들어진 제품들 간의 경쟁으로 변할 것이다. 그리고 그런 생태계들이 디지털 기술 발전을 활용해 제품들의 기능 자체를 재정립할 것이고, 정보 기반 서비스들과 그 사용에 대한 분석을 추가해 가치 제안들도 변화시킬 것이다. 단순히 각 가정을 적정 온도로 유지시켜 주고 연기나 이산화탄소가 위험 수준에 도달할 때 경고를 발하는 걸 뛰어넘어, 네스트는 지금 실시간 모니터링과 클라우드 연결을 통해 각 가정에 마음의 평화와 편안함을 안겨주고 있다. 다시 말해, 보다 넓은 가치 제안들을 가진 제품들이 디지털 생태계 내 여기저기에 들어가 자리잡고 있다.

둘째, 가치 제안이 바뀌면 수익 모델과 수익원도 바뀌며, 그 결과 결국 조직 모델들도 바뀌어야 한다. 네스트는 하드웨어 디자인, 소프트웨어 응용, 알고리즘, 분석력 등을 핵심 역량으로 삼고 있는 기업으로, 이는 산업 시대 기업들의 역량들과는 사뭇 다른 역량들이다. 또한 네스트는 알파벳의 사업 종류나 방식 등에 잘 맞지만, 리릭과 보다 폭넓은 제품들의 디지털화는 허니웰과 대부분의 산업 시대 기업들에겐 잘 맞지 않는다. 디지털화 과정에서 직면하게 되는 허니웰의 기술적 위험 부담은 네스트의 위험 부담과는 차원이 다른데, 그건 알파벳은 그런 기술적 위험 부담을 다루는 일에 훨씬 능하기 때문이다. 허니웰은 유통과 마케팅 채널 문제들에 관한 한 더 많은 걸 알고 있을지 모르지만, 그렇다고 알파벳의 네스트가 그런 일들을 이해하고 차별화하는 일을 잘 못 할까? 디지털화가 이루어지면 핵심적인 조직 역량들과 사업 방식들이 재정립된다.

이것이 허니웰 같은 산업 기업들과 네스트 같은 디지털 기업들 간에 발생하는 핵심에서의 충돌이 단순히 기술구조상의 문제나 제품 로드맵상의 사소한 변화에 그치지 않는 이유다. 충돌은 결국 전략 모델과 조직 모델 간의 충돌인 것이다. 기존 기업들은 이런 충돌을 인지하는 데 그쳐서는 안 되며 제대로 대처하는 게 더 중요하다. 디지털화 작업이 아무리 힘들고 벅차다 해도 현명한 리더라면 자신의 조직이 디지털화를 받아들이고 필요한 변화를 꾀할 수 있게 해야 한다. 그 외의 어떤 대안도 그리 도움이 되지 못할 것이다.

디지털 기술을 어떻게 받아들이고 적응해야 할까?

기존 기업들이 적응 능력이 없는 건 아니다. 결국 당신 기업이 디지털화에 성공할 수 있느냐 하는 것은 당신 기업이 디지털화에 얼마나 전력투구할 수 있느냐에 달려 있다. 그러니까 하드웨어 디자인, 소프트웨어, 앱 등의 분야에서 새로운 역량을 기르기 위해 투자를 하고, 새로운 기업 인수에 나서고, 다른 기업들과 새로운 연합이나 제휴 관계를 맺어야 하는 것이다. 디지털 시대에 태어난 기업들과 경쟁하는 데 필요한 새로운 조직 능력을 파악하는 일 또한 중요하다.

물론 네스트(알파벳의 지원을 받는)와 허니웰의 충돌 사례는 결코 특이한 사례는 아니다. 지금 많은 업계에서 유사한 충돌들이 일어나고 있다. 예를 들어, 세계적인 호텔 체인들은 지금 에어비앤비의 거센 도전에 직면해 있다. 전 세계에 3,900개 정도의 호텔을 보유하고 있는 프랑스의 아코르 호텔 그룹은 디지털 접객 분야의 리더가 되기 위한 광범위한 디지털 변화 전략을 모색하면서 대응에 나섰다.[9] 그리고 통합된 모바일 앱을 통해 고객들에게 맞춤형 서비스를 제공하는 데 필요한 디지털 인프라를 업그레이드하기 위해 2억 5,000만 달러를 쏟아부었다. 원클릭 부팅에서부터 온라인 결제, 온라인 체크인, 실시간 피드백에 이르는 모든 과정이 끊임없이 자연스레 이어지는 맞춤형 서비스 구축에 나선 것이다. 아코르 호텔 그룹은 지금 이렇게 자체 생태계를 통해 고객들과 직원들과 파트너 기업들을 서로 연결하고 있다.

그렇다면 새로운 사업 모델이 당신 기업의 사업 모델을 위협할 때 어떻게 대처하는 게 적절할까? 또는 당신 기업이 경계에서의 실험들을 추적 중이고 직접 전술적 실험들을 하고 있는 상황에서 변화하는 환경에 매몰되지 않고 오히려 그것을 제대로 이용하려면 어떻게 해야 할까? 자동차 업계에서의 사례를 살펴보면 이와 관련해 어느 정도의 통찰력을 갖게 될 것이다.

자동차 또는 클라우드에 연결된 바퀴 달린 컴퓨터? 자동차 업계에서 배우기

변화하는 운송 세계에서 이제 이런 질문이 나올 법도 하다. 자동차란 대체 무엇인가? 19세기 말에 처음 말 없는 마차로 불린 산업화 시대의 내연 기관 차량이 자동차인가? 아니면 수천만 개의 소프트웨어 코드가 클라우드에 연결되어 있는 컴퓨터 네트워크들이 자동차인가? 21세기의 자동차에 더 적절한 건 어느 쪽일까?

자동차를 많은 서비스들로 둘러싸인 물리적인 제품으로 볼 경우에 우리의 사고는 자동차 업계가 20세기 말까지 선형 가치 사슬들로 기능했던 방식 수준에 머물게 된다. 그러나 자동차를 소프트웨어와 엔터테인먼트, 전기통신, 클라우드 연결의 결합으로 본다면 이동성 및 운송과 관련해 보다 폭넓은 가치 제안들을 하기 위해 자동차 업계가 다른 업계들과 서로 연결되는 이동성 및 운송 생태계의 시작이 보이게 된다. 이런 생각은 포드 자동차의 빌 포드와 마크 필즈가 자동차 업계에서의 '핵심에서의 충돌'에 대처하기 위해 물리적인 제품 너머를 내다보면서 보여준 관점들과도 일

맥상통한다. 그리고 이런 생각을 그 두 사람만 한 건 아니다.

라스베이거스에서 열리는 국제 전자제품 박람회는 일반적으로 자동차 기업 최고경영자들이 기조연설을 하는 자리가 아니지만 2012년에 디터 제체는 다임러 AG의 회장 자격으로 처음 이 박람회의 연설대에 섰다. 당시 그는 이런 말을 했다. “이곳 라스베이거스 국제 전자제품 박람회장에는 자동차를 가전제품의 액세서리 정도로 보는 사람들이 있습니다. 그러나 디트로이트 자동차 전시회장에는 가전제품을 자동차의 장식 정도로 보는 사람들이 많습니다. 양쪽 모두 한 가지 중요한 사실을 놓치고 있습니다. 스마트폰이 단순한 통신 수단을 훨씬 뛰어넘듯 스마트 자동차 역시 단순한 운송 수단을 뛰어넘는다는 사실 말이죠. 정확히 통신과 이동성 사이의 접점에 엄청난 혁신의 잠재력이 잠자고 있는데, 우리가 그 잠재력을 깨울 생각입니다.”[10]

메르세데스-벤츠의 모회사인 다임러는 어떻게 서로 다른 업계들이 손잡고 이동성 및 운송 생태계를 구축할 수 있는지 잘 알고 있었고, 그래서 이미 구글과 손잡고 구글 맵스와 스트리트 뷰즈와 기타 관련 검색 프로그램들을 메르세데스-벤츠 자동차의 계기판 안에 집어넣고 있었다. 이런 실험들은 자동차에 무선통신을 결합한 무선 인터넷 서비스인 텔레매틱스를 이용해 메르세데스-벤츠 운전자들에게 보완적인 서비스를 제공하자는 데 그 목적이 있었다. 구글과 다임러가 서로 손 잡고 고객들에게 전해줄 새로운 가치를 만들어낸 것이다.

21세기 들어와 처음 15년간(그리고 심지어 그 훨씬 전에도), 많은 기술 기업들과 디지털 거인들 그리고 심지어 업계의 기존 기업들까지도 자동차 업계의 경계에서 이런 디지털 기술들을 실험하고 있었다. 이와 관련해 BMW 이동성 서비스 부서의 전략 책임자 토니 더글러스는 이런 말을 했다. “우리는 단순히 운송 관련 하드웨어를 생산할 게 아니라⋯⋯ 보다 넓은 시각으로 서비스 업계에 진출해야 한다.”[11] 디지털 거인들과 손잡고 만드는 경우가 많은 이런 서비스들은 주로 안전(휴대폰 연결을 통한 에어백 작동 및 차문 개폐 모니터링), 내비게이션(녹음된 음성 메시지를 통한 방향 지시), 편의성(모바일 앱을 통한 긴급출동 서비스 제공), 토인(차내 와이파이를 통해 인터넷을 쓸 수 있는 구역 생성), 엔터테인먼트(스트리밍 기술을 통한 음악 및 게임 자동차 계기판 내 통합) 분야에 집중되어 있으며 자동차 기업들이 추가 수익을 올리고 수익률을 높이기 위해 디지털 채널들을 통해 제공한다.

GM의 온스타, 포드의 SYNC, 메르세데스-벤츠의 엠브레이스, 도요타의 링크같이 전매특허를 낸 디지털 시스템들 역시 각기 다른 자동차 제조업체들의 제품과 자사 제품을 차별화하고 자사 자동차 기술을 보완하기 위한 한 방편이었다.

그러나 최근 들어 이런 실험들의 상당수가 기존 기업들의 전통적인 사업 모델을 위협하고 있다. 자동차는 이제 바퀴 달린 컴퓨터로 변해가고 있고(점점 더 많은 자동차들이 하이브리드 및 전기 자동차로 제작되면서 점점 더), 디지털 거인인 구글과 애플은 서로 더 큰 영향력을 행사하려 애쓰고 있다. 구글은 자신들의 안드로이드 소프트웨어의 사용 범위를 휴대폰에서 자동차로 확대 중이며, 안드로이드 오토 프로젝트를 통해 계기판 지도의 경계를 넘어서고 있다. 안드로이드 오토라는 이 모바일 앱이 있으면 운전자들은 터치스크린과 버튼 조절, 음성 명령으로 GPS 맵핑/내비게이션, 음악 감상, 문자 전송, 전화 통화, 웹 검색 등을 할 수 있다. 그리고 이 모바일 앱은 다양한 맵핑 앱 및 음악 앱들과도 호환이 된다. 마찬가지로 애플 역시 자신들의 모바일 앱 카플레이를 통해 자신들의 iOS 운영체제의 사용 범위를 아이팟에서 자동차로 확대해 오고 있다. 이 두 디지털 거인은 이처럼 핵심에서의 소프트웨어를 가지고 모든 주요 자동차 제조업체들을 상대로 자신들의 확대된 생태계에 들어오라고 설득 중이다.

여기서 보다 중요한 사실은 구글이 자신들의 자율주행 자동차 프로젝트를 성공리에 수행하고 있다는 것이다. 구글의 자동차들은 이미 1,500만

마일 이상 자율주행을 했으며[12] 구글은 2011년 말 현재 자율주행과 관련된 특허까지 획득한 상태다.[13] 구글은 또 피아트와 이미 차세대 자동차 공동 개발에 대한 예비 협약도 맺었다.[14] 애플 또한 우버의 경쟁사인 중국계 자동차 공유 기업 디디에 10억 달러를 투자하는 등 비밀리에 자동차 프로젝트를 진행 중인 걸로 알려져 있다.[15]

2016년 초에는 전통적인 자동차 제조업체들과 디지털 기업들 간에 모든 사람이 알아볼 만큼 큰 충돌이 발생했다. 그와 관련해 다임러 AG의 회장 디터 제체는 이런 말을 했다. "캘리포니아의 디지털 기술과 자동차 업계의 기술이 만나면서 새로운 기회가 생겨났는데…… 두렵지는 않았습니다. 우리가 가진 힘에 자신이 있었으니까요."[16] 그 당시 도요타의 한 고위 중역은 이런 말도 했다. "자동차 제조업체들은 그저 일종의 상품으로 전락되고 싶어 하진 않습니다. 우리는 그저 빈 박스를 보내고 다른 누군가가 그 박스 안에 부가가치가 높은 뭔가를 넣어주는 방식은 원치 않는 거죠."[17]

그리고 또 BMW의 토니 더글러스는 이런 말을 했다. "운송 업계는 혼란을 견딜 수 있을 만큼 원숙합니다. 우리가 그 혼란을 직접 다뤄 거기서 나오는 새로운 사업 모델들에서 이익을 취하든, 아니면 가만히 있다가 다른 누군가가 그 이익을 취하게 하든 둘 중 하나죠."[18] 이 세 사람의 말에서는 디지털 변화의 이 단계에서 생겨나는 긴장감이 분명히 느껴진다. 디지털 역량이 차별화 요소가 되고 있는 상황에서 자동차 제조업체들이 그 추세를 제대로 따라가지 못할 경우, 그들은 생태계의 끄트머리로 밀려나게 될 수도 있다(개인용 컴퓨터와 휴대폰 제조업체들이 보다 넓은 소프트웨어 생태계의 일부가 되면서 생겨난 일처럼).

21세기 초에 우리가 오늘날 어떤 운영체제가 휴대폰들을 움직이게 될지 예측할 수 없었듯이(그 당시에는 아직 애플과 알파벳이 휴대폰 분야에 모습을 드러내지도 않았음), 2025년경에 주로 어떤 운영체제가 자동차들을 움직이게 될지도 현재로선 알 길이 없다. 그러나 자동차 업계가 지금 디지털화된 복합 운송 체제를 향해 달려가고 있기 때문에 디지털 거인들이 이 자동차 업계에서 강력한 영향력을 행사하게 될 거라는 사실 정도는 안다. 바로 이 시기에 기존 자동차 기업들의 경영인들은 다음과 같은 두 가지 결정을 내려야 한다.

1. 자동차 제조업체들도 소프트웨어로 공격해야 할까? 전통적인 자동차 제조업체들은 구글, 애플, 마이크로소프트 같은 디지털 거인들에 맞서야 하는 상황에서 자신들이 소프트웨어 역량 면에서 한계가 있다는 걸 통감하고 있다. 그러나 모든 자동차 제조업체가 부딪히는 전략적 의문은 이런 것이다. "자동차도 개인용 컴퓨터나 휴대폰이 간 길을 갈 수 있을까? 그러니까 개인용 컴퓨터(1980년대 중반에는 개인용 컴퓨터를 IBM PC라 했지만 1990년대 중반에 이르면 윈도즈 PC라 하게 됨)나 휴대폰(노키아와 블랙베리가 지배하던 피처폰에서 구글의 안드로이드와 애플의 iOS가 돌아가는 스마트폰으로 변함)이 그랬듯 자동차의 경우에도 그 가치가 하드웨어에서 소프트웨어로 옮겨가게 될까? 자동차들이 점차 클라우드에 연결된 바퀴 달린 컴퓨터로 변해가는 상황에서 자동차 제조업체들은 어떻게 자신들 나름대로의 역할과 독특한 가치를 지켜야 할까? 그들은 모두 자신들의 핵심 사업 모델을 디지털화해야 한다는 걸 잘 알고 있다. 하지만 어떻게 하느냐가 문제다. 자신들의 소프트웨어 시스템에 투자를 해야 하는가? 기술 기업이나 디지털 거인들과 손잡고 새로운 형태의 소프트웨어 시스템들을 공동 개발해야 하는가? 이 핵심에서의 충돌 단계에서 생겨나는 긴장에 대해서는 제6장과 제7장에서 승리에 필요한 조치들을 다룰 때 다시 얘기하도록 하겠다.

2. 자동차 제조업체들은 앱과 앱 스토어로 방어해야 할까? 설사 자동차 운영체제가 다른 누군가의 것이라 해도 자동차 제조업체들이 앱 스토어(스마트폰

사용자를 위한 다양한 애플리케이션 거래 장터 - 옮긴이)를 통해 새로운 매출을 창출하고 서비스 제공 및 고객 관리를 통해 수익을 올릴 수 있을까? 자동차 제조업체들은 직접 자동차 전용 앱 스토어를 만들어야 할까 아니면 디지털 거인들 손에 넘겨야 할까?

포드 자동차는 현재 자동차 앱을 아예 공장에서 자동차 안에 집어넣는 앱, 자동차 딜러들이 서비스 차원에서 제공하는 앱, 자동차 운전자들과 승객들이 직접 선택해 쓰는 앱, 이렇게 세 종류로 나누고 있다.[19] 앞으로 갈수록 더 핵심에서의 충돌 과정에서 누가 앱과 앱 스토어를 장악하느냐 하는 문제가 관심의 초점이 될 것이다.

제품들이 갈수록 디지털화되어 가고 있고 그 제품들이 네트워크상에서 서로 연결되고 상호작용하는 데 앱이 중심 역할을 하게 되면서, 지금 자동차 업계에서는 거의 모든 업계에서 제기될 만한 의문들이 제기되고 있다. 산업 시대 기업들의 사업 과정 및 관행들과 관련해서도 핵심에서의 충돌이 일어나고 있다. 따라서 업계의 기존 기업에 속하는 당신 기업은 앞으로 갈수록 더 중요해질 보다 폭넓은 산업 솔루션을 대비해서 제품 중심의 전통적인 의사결정 방식을 재고해야 한다. 또한 당신 기업은 다른 기존 기업들은 물론 기술 기업과 디지털 거인들과도 협력하거나 경쟁하는 법을 배워야 한다.

설사 당신 업계가 아직 이 핵심에서의 충돌 단계까지 오지 않았다 해도 당신은 다른 업계들에서 충돌이 언제 어떻게 일어나는지를 제대로 알아야 하며, 그걸 통해 당신 업계에서 어떤 일이 일어날지 예측해야 한다. 당신 업계와 유사한 업계들을 관찰하면 확실한 도움이 될 수 있겠지만 전혀 관계없는 업계들을 관찰하는 것 역시 도움이 되며 어떤 경우 오히려 더 큰 도움이 된다. 그러나 어쨌든 당신 기업은 공존과 변화라는 두 가지 대응 중 한 가지 대응을 하게 될 것이다.

두 단계의 대응 : 공존에서 변화로

디지털 사업 모델들이 처음 선보일 때는 아직 솜털이 보송보송하고 모양도 제대로 갖춰지지 않은 상태여서 그리 매력적이지 못하다. 그래서 대부분의 기존 기업들 입장에서는 차별화되는 가치도 보이지 않고 위협적인 경쟁상대로 인식되지도 않는다. 20년에 걸친 한 연구에 따르면, 실제 기존 기업들은 새로운 디지털 사업 모델이 야기하는 혼란을 인식하지 못하며, 따라서 효과적인 대응도 하지 못한다. 월마트는 아마존이 처음 전자상거래를 선보였을 때 어떻게 대응했을까? 반즈앤노블 아마존의 출현에 어떻게 대응했을까? 블록버스터는 넷플릭스에 어떻게 대응했을까? 브리태니커는 마이크로소프트의 엔카르타에 또 그 이후에 나온 위키피디아에 어떻게 대응했을까? 블랙베리와 노키아는 애플의 아이폰에 어떻게 대응했을까? 마이크로소프트는 애플의 아이폰 출시에 어떤 반응을 보였을까? 이 모든 사례에서 기존 기업들은 디지털 혁신의 심각함을 알아채지 못했다. 곧 다가올 핵심에서의 충돌이 얼마나 위력적인지를 예측 못 한 것이다. 당신은 이제 경계에서 일어나는 변혁의 이론들을 배웠으니[20] 기술 기업과 디지털 거인들이 제기하는 잠재적 위협을 놓치지 않으리라 기대한다. 그러나 당신이 설사 그 위협을 알아차린다 해도 아마 시기적절하면서도 효과적인 대응책들을 생각해 내는 건 여전히 힘든 과제일 것이다. 그래서 이제 몇 가지 조언을 하고자 한다.

공존

디지털 신생 기업들이 제기하는 잠재적 도전을 알아챘을 때 가장 먼저 취할 수 있는 최선의 대응책은 경쟁력 있는 디지털 모델을 만들어낼 디지털 프로젝트 팀을 구성하는 것이다. 그러니까 기본적으로 한 기업 구조 내에서 전통적인 사업 모델과 디지털 사업 모델이 공존하게 하는 것이다. 예를 들어 넷플릭스의 경우, 낡은 DVD 우편 배송 모델과 새로운 비디오 스트리밍 모델이 공존하는 형태를 취하고 있으며, 그러면서 다른 한편으로 공동 창업자 리드 헤이스팅스와 그의 팀이 자신들의 기존 사업 모델 폐기 방법을 찾아내고 있다. 물론 늘 그렇듯 어려움이 있을 것이다. 디지털 프로젝트 팀을 발전시키는 데 필요한 자원의 부족, 새로운 신생 기업이나 디지털 거인들에 효과적으로 맞설 디지털 역량의 부족, 전통적인 팀들과 새로운 팀들 간의 경영 관심 분산 등이 그 좋은 예다. 이런 문제들을 잘 관리해야 한다.

전통적인 기업 구조 안에 디지털 기업의 싹을 틔우는 동안, 다음과 같은 세 가지 길을 잘 살펴보도록 하라.

가치 대 비용 이점을 분명히 하라 디지털 사업 모델이라고 처음부터 모든 측면에서 뛰어난 건 아니다. 우선 생소한 데다가 학습 곡선도 가파르며 다른 제품 및 서비스들과의 연결성도 빈약해, 극복해야 할 일들이 있는 것이다. 그 결과 일부 고객들은 초기의 버그들이 바로잡힐 때까지 기다리는 등 혁신적인 제품이나 서비스에 조심스레 접근한다. 그러니 예를 들어 블루오션 전략의 토대가 되는 분석법들을 이용해 전통적인 비용 대 가치 이점을 분명히 하도록 하라.[21] 경쟁에서 이기기 위해서가 아니라 동시에 차별화와 비용 절감을 꾀해 미개척 시장에서 가치를 만들어내려는 것이다. 또한 당신 업계가 당신 기업을 좌지우지하게 하는 게 아니라 고객 가치가 당신 기업의 주요 관심사가 되고 또 그에 맞춰 당신 기업이 변화하게 하라. 벤처 투자가 제프리 무어의 '힘의 계층'에 대한 생각들이 시장에서 당신 기업의 제품과 서비스들을 어떻게 강화시켜 주는지 잘 살펴보라.[22] 그러니까 투자자 입장에서 생각해 보는 것이다. 먼저 당신 업계의 힘을 평가해 보고 그런 다음 당신 업계 내에서, 같은 제품이나 서비스를 생산하는 경쟁 기업들 사이에서, 또 그 어떤 기업도 특별히 유리하지 않은 상황에서의 당신 기업의 힘을 평가해 보라. 예를 들어 허니웰이라면 전통적인 온도 조절 장치를 어떻게 활용해 경쟁 기업들과의 차별화를 꾀할지 알아보고, 현재 경쟁이 없는 시장에서 고객들을 위해 보다 낮은 비용의 가치를 만들어낼 시도를 해볼 수도 있다.

전통적인 자동차 제조업체들 역시 같은 논리를 주장할 수도 있다. 그리고 또 전통적인 호텔 체인들이라면 자신들 나름의 독특한 특기와 보다 우수한 서비스를 활용해 이익을 볼 수도 있다. 예를 들어 아코르 호텔의 일부 원칙에 따르면 식당이나 라운지가 없고 호텔 룸에 책상이나 옷장이나 서랍이 없고 로비에 직원이 없지만 그들의 침대는 별 2개짜리 호텔들의 침대만큼 편한데 숙박비는 절반밖에 안 된다.

다른 기업과의 연합 이점을 살펴보라 디지털 사업 모델의 새로운 가능성들을 모색하면서 동시에 당신 기업의 전통적인 사업 모델을 지키기 위해 다른 기업과 연합하는 걸 생각해 보라. 예를 들어 독일의 세 자동차 제조업체 다임러와 아우디 그리고 BMW는 2015년 8월 서로 연합해 노키아의 '히어 맵'을 구입했다. 이 기술을 손에 넣은 다른 자동차 제조업체들에 맞서기 위한 방어 수단이었던 것이다.[23] 애플 워치가 나옴으로써 디지털 방식으로 연결된 시계가 현실화되면서 전통적인 시계 업계에 비상이 걸렸을 때 스위스의 럭셔리 시계 제조업체 태그호이어는 구글(안드로이드) 및 인텔과 손잡고 디지털 방식으로 연결된 시계를 공동 개발해 자신들의 전통적인 제품군을 보강했다.[24]

기업 인수 이점을 살펴보라 기술 기업들, 특히 당신의 전통적인 사업 모델에 위협을 가해오는 기술 기업들은 다른 기업에 인수되는 일에 관심이 많다. 아마 벤처 자본가들에 의해 마련된 초기 자금 규모를 뛰어넘는 기업으로 키우고 싶어도 기술 또는 자금 측면에서 한계가 있기 때문일 것이다. 어떤 기업들은 주식 공개 상장(IPO)을 통해 이 과정을 공개적으로 추진하기도 하는데, 그 경우 디지털 변화 1단계에서 이런저런 실험을 한 것이 잠재적 인수 기업을 찾아내는 데 도움이 될 것이다. 또한 새로 인수한 기업은 독립적인 부서처럼 운영해 핵심 사업과는 별개로 관리하는 게 일반적이다. 예를 들어 @월마트-랩스 산하 부서로 운영된 월마트 전자상거래 부서는 코스믹스, 부두, 그래블, 염프린트 등 10여 건의 기업 인수를 이끌었으며,[25] 현재 월마트의 핵심 대형 소매점 및 관련 인수 기업들과 공존하고 있다.

이 같은 공존 단계를 경고 단계로 여겨라. 당신은 아마 당신 기업의 매출과 수익을 보존하기 위해 기존 사업 모델의 독특한 가치 제안들을 명확히 하고 싶을 것이다. 그러나 그러면서 동시에 디지털 대안들을 과소평가하거나 최소화해선 안 된다는 걸 깨달아야 한다. 당신 기업의 전통적인 사업 모델을 핵심에 놓고 이런저런 혁신적인 디지털 사업 모델들을 대안으로 실험해 보라. 이 단계에서는 간혹 당신 기업 안에서 그리고 틀림없이 당신 업계 안에서 산업 시대의 전통적인 사업 모델들이 디지털 시대의 새로운 사업 모델들과 공존한다. 물질 영역과 디지털 영역이 서로를 보완하는 것이다. 일부 기업들의 경우 이 둘의 공존 기간이 길며, 전통적인 사업 모델들이 사라지고 보다 새로운 디지털 사업 모델들이 자리 잡는 시간은 미리 정해진 게 없다. 언제 디지털 사업 부문을 확대하고 물질 영역에서 디지털 영역으로 옮아갈 건지, 그러니까 내 식으로 말해 언제 핵심을 변화시킬 건지는 순전히 당신 기업의 전략적 결정에 달린 것이다.

변화

두 사업 모델의 공존은 일시적인 것이다. 모든 제품과 서비스 그리고 기술도 그렇지만, 모든 사업 모델에도 라이프 사이클이 있다. 시각적으로 표현하자면, 이 라이프 사이클은 S자를 그린다. 한쪽 끝은 탄생(혹은 창조)을 나타내고 중간 부분은 성장과 채택을, 그리고 다른 한쪽 끝은 죽음(또는 폐기)을 뜻한다. 대개 이 S자 곡선의 끝은 새로운 라이프 사이클의 시작을 의미한다. 그러니까 디지털 변화의 초기에는 전통적인 핵심 사업 모델이 디지털 핵심 사업 모델보다 더 많은 관심을 끄는데, 그건 전자가 후자보다 더 친근하기 때문이다. 그러나 시간이 지나면, 그리고 새로운 디지털 사업 모델에 더 많은 자원을 쏟게 되면서, 당신 기업의 핵심 사업 모델은 전통적인 사업 모델에서 디지털 사업 모델로 바뀌게 된다. 경험상 기존 기업들은 이 변화 시점을 놓치는 경우가 많은데, 미리 볼 때에는 이 S자 곡선의 굽은 부분이 애매한 모습을 띠기 때문이다. 대개의 경우 나중에 뒤돌아볼 때에만 타이밍을 놓쳤다는 걸 분명히 알게 된다.

그러므로 디지털 변화에 최대한 잘 대처하려면, 핵심 사업 모델을 변화시키면서 다음 세 원칙을 잘 따르도록 하라.

전통적인 사업 모델에서 눈을 돌려 새로운 디지털 사업 모델에 집중하라 이 단계는 사업의 무게 중심을 산업 시대에서 디지털 시대로 옮기는 단계이다. 효과적인 전략은 단순히 디지털적인 요소를 추가하는 게 아니라 사업 범위 면에서의 균형을 재조정하는 것이다. 현재의 문제들보다는 미래의 가능성들을 관리하는 데 집중하기 위해 어떤 자산들을 처분할 수 있는지를 생각해보라.

예를 들어, GE는 디지털 기술과 데이터 분석을 통해 운송, 건축, 에너지, 의료 분야에서 효율성을 높여줄 사업들에 집중하기 위해 재무 부문과 다른 비전략적 자산들을 정리했다. 마찬가지로, IBM은 인지 컴퓨팅과 사물 인터넷 같은 새로운 분야들에 집중하기 위해 개인용 컴퓨터와 판매 시점 단말기(POS 단말기)같이 가치가 낮은 사업들을 정리했다. 그런데 애초에 당신 기업의 내적 능력이 충분치 않은 디지털 핵심 사업의 경우, 아마존이나 마이크로소프트, IBM 같은 클라우드 서비스 제공업체들의 도움을 받는 것도 한 방법이다. 만일 자산 처분이 시기적절한 옵션이 못 된다면 당신 기업의 전통적인 자산들을 분리해 다음 단계인 '뿌리에서의 재창조' 단계를 뒷받침해줄 가능성이 높은 자산들에 집중할 수도 있다.

새로 인수한 디지털 기업을 핵심 사업으로 흡수해 들여라 공존 단계에서는 많은 기업들이 디지털 역량을 갖추기 위해 디지털 기업 인수에 착수하게 되며, 그렇게 인수한 기업은 기존 기업과는 별도로 독립된 형태로 운영하는 경우가 많다. 이 두 번째 단계에서는 인수한 기업을 당신의 핵심 사업에 통합하는 것이 중요하다. 그렇게 함으로써 당신 기업은 새로 인수한 기업의 디지털 사업 모델에서 배우게 되고 또 당신 기업 자체의 내적 전략 및 조직 변화를 꾀할 수 있게 된다. 예를 들어 자율주행 자동차 기술을 갖고 있는 기술 기업 크루즈 오토메이션을 인수한 GM의 경우,[26] 기업 인수 효과를 제대로 보려면 그 신생 기업의 기능을 흡수해 들여야 했고, 또 자율주행 프로젝트를 위해 새로 만든 엔지니어링 팀에 GM의 핵심 사업 자체를 재정립하고 발전시켜 나갈 임무를 부여해야 했다. 마찬가지로 다임러와 아우디 그리고 BMW는 이제 자신들이 서로 연합해 사들인 노키아의 '히어 맵' 기능을 디지털 거인들의 자동차 맵핑 기술과 차별화될 수 있는 방식으로 자신들의 자동차에 통합시켜야 했다. 그리고 도요타는 2016년 자신들의 디지털 변화를 촉진하기 위해 제이브리지 로보틱스에서 데려온 엔지니어 16명을 자신들의 조직에 잘 통합시켜야 했다.[27] 마찬가지로 몬산토는 최근에 날씨와 토양 등 여러 데이터를 분석해 농부들의 수확량을 극대화시켜 주는 디지털 농사 전문 기업 클라이미트 코퍼레이션을 인수했다.[28] 그리고 현재까지 몬산토는 그 기업을 핵심 기업과 분리해 별도 운영하려 하고 있지만, 곧 양자를 통합해 재창조 단계에서 회사 전체의 핵심 사업에 데이터 과학을 활용할 계획이다.

내가 보기에는 전통적인 업계의 기존 기업들과 기술 기업들 간에는 앞으로도 계속해서 보다 지속성 있는 기업 인수 및 연합이 일어나 기존 기업들이 자신들의 핵심 사업을 바꿀 수 있게 되고, 그 결과 다음 단계에서는 디지털 거인들과 공존할 수 있게 될 것 같다. 그에 대비하려면 핵심에서부터의 디지털화를 이루어내야 하며, 그러자면 다음과 같은 원칙을 염두에 두어야 할 것이다.

당신 기업의 핵심에 디지털 사업 사고를 주입시켜라 당신 기업을 제대로 변화시키려면 전통적인 사고방식에서 탈피해야 한다. 당신 기업의 제품과 서비스, 당신 업계, 당신의 개별 부서들에 국한해 생각하지 말고 보다 넓은 관점에서 생각하도록 하라. 이를테면 당신과 고객들이 전혀 생각지 못한 가치를 제공할 수 있는 제품과 서비스를 만들어내기 위해 누구와 손잡아야 하는지를 생각하는 것이다.

〈뉴욕 타임스〉 경우를 생각해 보라. 전통적인 경쟁 신문사들 중 상당수는 이미 폐간됐고, 〈뉴욕 타임스〉는 독자 수 면에서 디지털 뉴스 매체 〈허핑턴 포스트〉에 밀렸다. 그럼 이 유서 깊은 신문은 이 같은 사업 모델의 핵심에서의 충돌에 어떻게 대처하고 있을까? 자기반성 위에 면밀한 자체 분석을 해본 결과 이런 결론이 나왔다. "우리는 저널리즘 측면에서는 뛰어나지만 그 저널리즘을 독자들에게 전달하는 예술 및 과학 측면에서는 뒤처져 있다. 우리는 지금 디지털 시대에 필요한 암호 해독 일을 제대로 하지 못하고 있는 것이다."

그래서 〈뉴욕 타임스〉 경영진은 특수 프로젝트 팀을 만든 뒤 그 팀에게 디지털 혁신에 필요한 구체적인 아이디어들을 짜내보라는 임무를 부여했다. 그렇게 해서 나온 그 특수 프로젝트 팀의 보고서는 경영진에게 '인재 선발 과정에서부터 조직 구조, 직원들의 업무들, 그 업무들의 처리 방식에 이르는 모든 걸 재검토하고, 인쇄물 중심의 전통을 재고하며, 각종 실험과 데이터를 통해 결정을 내리고, 적절한 디지털 인재를 채용하고 그 직원들에게 권한을 주라'는 제안을 했다. 그러니까 모든 걸 원점에서부터 다시 생각해야 했던 것이다.

웹사이트의 첫 페이지에는 무엇이 있나? 모바일 웹에는 무엇이 있으며 각 개인들은 어디에서 서로 다른 뉴스들을 소비하는가? 소셜 웹에 오른다는 건 무슨 의미이며 소셜 웹에 오르는 뉴스들의 중요성은 무엇인가? 〈뉴욕 타임스〉는 지금 자신들의 유서 깊은 인쇄물 중심의 전통들에 정면 도전하고 있으며, 자신들의 미래의 뉴스룸에 대해 원점에서부터 다시 생각하고 있다.[29]

그리고 몬산토는 지금 농부들에게 월스트리트나 실리콘 밸리에서 흔히 볼 수 있는 데이터 분석법들을 토대로 각종 권고를 함으로써 데이터 과학 기반의 농업(정밀 농업으로 불리기도 함) 분야의 리더로 변신 중이다. 각종 데이터와 분석법을 활용하고 날씨 문제, 토양 건강, 잡초 관리, 해충 종류 및 질병 특징 소개 등을 고려해 농사에 따른 위험을 최소화하고 수확량을 극대화시켜 주자는 게 핵심 아이디어이다. 전략과 조직 모델이 충돌할 때 필요한 디지털 사고의 범위이기도 하다. 그 어떤 게 부족해도 부적절하고 비효율적이 된다.

시간이 지나면 서로 공존하는 전통적인 산업 모델과 보다 새로운 디지털 모델의 혼합 모델은 시장 수요와 불일치를 보이는 등 그 한계를 드러내게 된다. 적절한 때가 되면 성공적인 조직들은 완전한 디지털 사업 모델로 효과적으로 바뀌게 될 것이다. 그러니까 당신 기업에서 비효율적인 작업 방식들을 정리하고 나면 기술 기업들을 닮아가게 될 것이다. 그리고 디지털 거인들의 힘과 역량이 보이기 시작할 것이다. 또한 희망찬 미래도 보이기 시작할 것이다.

당신 기업이 당신 업계에 대해 갖고 있는 전문지식과 디지털 사고가 결합되면서 그 어떤 기업에도 뒤지지 않는 역량을 갖추게 되고, 그래서 다음 디지털 변화 단계에서 리더가 되는 미래 말이다. 당신 기업은 또 단순히 디지털 기술들을 추가하거나 핵심 사업 모델을 바꾸는 데서 그쳐서는 안 된다. 당신 기업이 한 단계 더 올라가기 위해 꼭 필요한 일은 현재의 디지털 기능을 흡수해 당신 기업을 뿌리에서부터 재창조하는 것으로, 이는 다음 장에서 다룰 주제이기도 하다.

CHAPTER

05

뿌리에서의 재창조

재창조 | 무언가를 새로운 버전으로 바꾸는 것

"당신은 어떤 일을 하고 있는가?" 자신의 기업과 관련해 이런 질문을 받은 적이 있을 것이다. 1960년 〈하버드 비즈니스 리뷰〉에 데드 레빗 교수의 논문 「근시안적 마케팅」이 게재된 이후,[1] 이 질문은 세계 곳곳의 강의실과 회의실에서 제기됐다. 당신은 디지털 기술과 관련해, 그러니까 당신 업계와 당신 기업 내에서 들불처럼 번지고 있는 디지털화를 배경으로 이 질문에 대해 깊이 생각해 본 적이 있는가?

당신은 어떤 일을 하고 있는가?

이제 당신은 당신 기업의 전통적인 사업 모델이 당신 업계에 침투해 들어오는 디지털 사업 모델들과 충돌할 경우, 기존의 사업 모델은 한동안 그저 살아남기만 할 거라는 걸 잘 알 것이다. 또한 당신 기업이 계속 살아남으려면 뿌리에서부터 재창조되어야 한다는 것도 잘 알 것이다. 현재 다른 기업들이 만들고 있는 기업 논리를 살펴보는 것이 당신 기업에도 도움이 될 것이다.

기술 기업들은 지금 다른 업계에서 어떤 혁신을 일으키고 있는가? 다른 기존 기업들은 지금 자신들의 사업 모델들을 재창조하고 있는가? 당신은 당신 기업의 핵심에서 진행되고 있는 디지털화의 흥미로운 논리를 이해하는 일에 전력투구해야 한다. 당신의 디지털 매트릭스 제어판에서 맨 오른쪽 줄의 빈칸 3개는 세 종류의 게임 참가자들에 의해 이루어지는 다양한 재창조를 의미한다. 당신 업계가 변화하면 게임 참가자들은 모두 스스로에게 물을 것이다. "나는 어떤 일을 하고 있는가?"

전형적인 논쟁의 요지는 이런 것들이다. "GM은 내연 기관 자동차 분야 일을 하고 있는가 아니면 운수 분야 일을 하고 있는가?" 또는 "〈뉴욕 타임스〉는 신문 분야 일을 하고 있는가 뉴스 분야 일을 하고 있는가 아니면 출판 분야 일을 하고 있는가?" 또는 "IBM은 정보기술 분야 일을 하고 있는가 아니면 소프트웨어 및 서비스 분야 일을 하고 있는가?" 또는 "코카콜라와 펩시는 무알콜성 음료 분야 일을 하고 있는가 아니면 뭔가 다른 분야 일을 하고 있는가?" 그리고 디지털 시대에 이 모든 질문에 대한 답은 "새로운 사업 모델들은 업계들의 교차 지점에서 나타난다"이다. 디지털 시대에 기업들은 자신이 제품이나 서비스를 만들고 있는 게 아니라 사람들로 하여금 거래하고 싶게 만드는 일들을 하고 있다고 생각하는 법을 배워야 한다.

그래서 GM이 하는 일은 내연 기관 자동차를 설계하고 제작하는 걸로 좁게 정의되어선 안 된다. 디지털 시대에 GM은 제품과 서비스 모두를 망라하는 다중 방식의 운송 분야에서 어떤 역할을 할 것인지에 대해 생각해야 한다. 내연 기관 자동차는 역사는 오래됐지만 미래의 자동차는 되지 못한다. 〈뉴욕 타임스〉와 IBM, 코카콜라, 펩시 그리고 거의 모든 기업이 자신들의 사업을 재정의하고 재창조해야 할 것이다.

그러기 위해 당신 기업은 제품 및 서비스의 디자인과 전달뿐 아니라 문제 해결 및 해결책 창출에도 집중해야 한다. 그럼 이제 디지털 거인들의 사례를 통해 그들이 어떻게 문제 해결에 집중하는지를 보도록 하자.

무엇이 큰 문제인가? 페이스북에게서 배우기

페이스북이 해결하려 집중하고 있는 큰 문제는 무엇일까? 페이스북의 목표는 사람들에게 공유할 수 있는 힘을 주고 세상을 보다 더 개방되고 연결된 곳으로 만드는 것이다.[2] 이 디지털 거인은 각종 툴들(페이스북 프로필, 페이지, 앱, 메신저 등)을 통해 사람들에게 힘을 주고, 기업들에게 고객들과 개별적으로 직접 연결할 수 있는 방법들을 만들어주고 있으며, 그걸 통해 매출을 올리고 수익을 내고 있다.

페이스북이 전 세계의 모든 사람들에게 공유할 수 있는 힘을 주고 이 세상을 그 유명한 '분리 6단계 이론(6단계만 거치면 모든 사람이 서로 연결된다는 이론 - 옮긴이)'보다 더 좁은 곳으로 만드는 일에 미리 정해진 업계의 경계 같은 건 없다. 페이스북의 왓츠앱과 메신저 앱은 소셜 웹과 메시징 플랫폼을 이용해 고객과 기업들 간의 상호작용(대화형 상거래)을 재정립할 의도로 만들어졌다.

또한 페이스북의 라이브 비디오스트리밍 앱은 방송국과 시청자들을 실시간으로 연결해 주고 있으며 유튜브, 아마존, 컴캐스트, 버라이즌 등과 경쟁하고 있다. 그리고 또 실감나는 공유 소셜 경험을 선사하는 오큘러스 가상현실 헤드셋은 시청자들로 하여금 좋아하는 게임과 영화 속으로 들어갈 수 있게 해주며 구글의 데이드림 및 마이크로소프트의 홀로렌즈와 경쟁하고 있다.

페이스북은 지금 태양열로 움직이는 드론을 통해 외딴 시골 지역들에 사는 사람들도 인터넷에 접속할 수 있게 해주는 기술을 개발 중이다. 이 분야에서는 알파벳 및 아마존과 경쟁 관계에 있다.

이걸 잊지 마라. 이제 더 이상 제품이란 없다. 소셜 웹에서 개인들이 서로 공유하고 연결될 수 있게 해주는 툴들만 있을 뿐이다. 매끄러운 연결을 방해하는 골치 아픈 문제들을 하나하나 해결하면서 페이스북은 지금 기업들을 고객들에게 보다 잘 연결되게 해주고 있으며, 그를 통해 매출과 수익을 늘리고 있다.

무엇이 큰 문제인가? 테슬라에게서 배우기

테슬라가 해결하기 위해 애쓰는 큰 문제는 무엇일까? 당신은 아마 이 기술 기업이 소프트웨어와 클라우드 연결에 더 많이 의존하는 차세대 자동차와 전기 자동차 개발에 집중하고 있을 거라 생각할 것이다. 그러나 틀렸다. 당신이 테슬라의 최고경영자 일론 머스크에게 이 질문에 답해보라고 한다면 그는 아마 간단히 이렇게 말할 것이다. "우리는 지속 가능한 에너지 시대를 앞당기려 애쓰는 중입니다."[3]

그렇다면 테슬라는 지금 스마트 그리드(기존의 전력망에 정보기술을 접목해 전력 공급자와 소비자가 양방향 실시간 정보 교환을 통해 에너지 효율을 최적화하는 차세대 지능형 전력망 - 옮긴이) 사업을 하고 있는 걸까? 두 질문 모두 답은 '그렇다'이다. 그러나 테슬라의 방식은 과거처럼 제품과 서비스를 제공하는 방식은 아니다. 1960년대에 레빗 교수가 제기했던 질문에 답하는 방식으로도 아니다. 테슬라의 방식은 배터리와 급속 충전소들을 연결해 가솔린 중심의 운송 모드를 전기(그리고 보다 지속 가능한 에너지) 중심의 운송 모드로 바꾸는 데 꼭 필요한 역할을 하는 것이다.

테슬라의 원대한 목표는 업계들이 공통으로 안고 있는 문제들, 그러니까 에너지, 운송, 이동성, 홈 편의성 문제들을 해결하는 데 있다. 지속 가능한 에너지라는 이 까다로운 문제를 해결하기 위해 테슬라는 지금 파나소닉과 손잡고 2020년까지는 2013년에 전 세계에서 생산된 리튬이온 전지보다 더 많은 리튬이온 전지를 생산할 계획이다.[4]

기가팩토리(테슬라가 네바다 주 교외에 건설 중인 배터리 공장 - 옮긴이)에서는 가정 및 기업용 거치형 저장 장치로 쓸 배터리 팩도 생산하고 있어, 전기망을 보강해 주고 가정과 기업의 에너지 비용을 줄여주고 예비 전력도 공급하고 있다.

그렇다면 테슬라는 GM이나 포드 또는 BMW 같은 자동차 제조업체인가? 전통적인 의미에선 그렇다. GM 등과 마찬가지로 테슬라 역시 자동차를 디자인하고 개발하기 때문이다. 그런데 또 어떤 의미에선 자동차 제조업체가 아니다. 전통적인 자동차 제조업체들은 무료 가솔린을 제공하지 않지만 테슬라는 가정과 슈퍼 차징 충전소에 전기 충전 서비스를 제공하고 있기 때문이다. 테슬라 측은 이렇게 말한다. "테슬라는 단순한 자동차 제조업체가 아니라 에너지 혁신에 집중하는 기술 및 디자인 기업이기도 하다."[5]

그러나 에너지 혁신은 경쟁 기업들이 따로 있고 일반적인 업계 경계들이 있는 분야가 아니다. 현재 테슬라는 전기 자동차와 배터리를 제작하는 일을 하고 있지만 지속 가능한 에너지 쪽으로의 전환을 앞당기는 데 전력투구 중이라 사업 범위는 얼마든지 확대되거나 변화될 수 있다. 그래서 테슬라를 그 제품과 서비스(그리고 시장) 측면에서 볼 경우, 여러 업계들의 교차 지점에 적용되는 원칙들에 영향을 주려 하는 이 기업의 큰 목표를 보지 못하게 된다.

그렇다면 페이스북과 테슬라는 뭔가 공통점을 갖고 있는가? 두 기업 모두 자신들의 임무가 각종 문제를 해결하는 데 있다고 주장하고 있으며, 전통적인 업계 경계들이나 전통적인 제품/서비스 정의 또는 전통적인 수익 모델에 얽매이지 않는다. 두 기업 모두 야심찬 목표들을 달성하기 위해 강력한 디지털 기술을 활용하고 있다. 두 기업 모두 자신들의 디지털 역량을 전통적인 업계들에 투입하고 있다. 두 기업 모두 디지털 기술을 활용해 과거 그 어느 때보다 효율적으로 큰 문제들을 해결하고 있으며, 그러면서 가치 창출 및 확보의 새로운 원칙들을 정립하려 애쓴다.

당신 기업은 어떤 까다로운 문제를 특히 잘 해결하는가?

당신 기업이 뿌리에서의 재창조를 할 때는 "당신은 어떤 일을 하고 있는가?"라는 질문 대신 서로 관련이 있는 다음 두 가지 근본적인 질문을 해봐야 한다.

1. 우리는 지금 세상 그 누구를 위해 어떤 문제들을 해결하려 하는가?
2. 우리는 디지털 기술을 활용해 그 문제들을 어떻게 유난히 잘 해결하고 있는가?

이 두 질문에 답하려면 당신은 디지털 기술들이 사업 모델의 핵심 요소들을 어떻게 변화시켰는지 또 보다 넓은 생태계 안에서 어떻게 한 기업의 활동들이 다른 기업으로 옮아갔는지를 잘 살펴봐야 한다. 또한 새로운 상호작용들이 어떻게 효율적으로 현금화되는지도 면밀히 살펴봐야 한다. 그런 문제들은 여러 업계에 걸쳐 규모의 경제를 통해 빠른 속도로 해결되어야 한다는 게 요점이다. 소수의 부유한 사람들을 위한 값비싼 맞춤형 해결책들이 아니라 사회의 다수를 위한 아주 혁신적이고 가치 있는 해결책이어야 하는 것이다.

그러니 당신 기업이 했으면 하는 사업 분야를 밝히려 할 게 아니라 당신 기업이 해결하고자 하는 까다로운 문제들에 집중하도록 하라. 다음 세 업계의 사례를 보면 어느 정도 감이 잡힐 것이다.

의료 노바티스는 스위스 제약 회사로, 그 최고경영자인 조지프 지메네즈는 '약을 넘어' 캠페인에 적극 참여해 핵심적인 의료 문제들을 해결하는 데 전력투구하고 있다. 그는 이런 말을 했다. "나는 미래에는 노바티스 같은 제약 회사들이 단순히 약을 팔아 돈을 버는 게 아니라 환자의 결과에 따라 돈을 받게 될 거라고 믿습니다."[6] 그러니까 과거에는 환자의 전반적인 치료의 일환으로 효과에 대한 보장 없이 약만 건네주는 게 통했는지 몰라도 현재와 미래의 고객들은 건강 문제와 관련해 각종 정보와 분석법 그리고 전체론적인 접근법을 중시하게 될 거라는 걸 깨달은 것이다. 제약 회사들은 지금 치료와 효과 간의 복잡한 상호작용을 파악하려 애쓰고 있으며 또한 각 개인이 필요로 하는 맞춤형 의료를 제공하는 일에 관심이 많다. 각종 문제를 해결하기 위해 자신들의 사업 모델을 재창조 중인 노바티스 같은 제약 회사들은 지금 단순히 약만 만들어내는 제약 회사들과의 차별화를 모색 중인 것이다.

산업 인터넷 GE 역시 문제 해결을 위해 과감히 새로운 가능성들을 모색 중이다. 오랜 세월 가전제품 회사로 명성을 날려온 이 기업이 지금 물질과학 및 물리학 분야에서의 전통적인 역량들과 데이터와 소프트웨어, 분석 분야에서의 새로운 역량들을 결합해 앞서 제4장에서 살펴본 네 가지 분야에서의 핵심 문제들을 효과적으로 해결하기 위해 스스로를 재창조하고 있는 것이다.

예를 들어 GE는 지금 각종 센서와 네트워크에 연결된 소프트웨어가 장착된 기계들을 활용함으로써 관찰 및 예측 분석을 하고 공장의 작업 효율성을 높여줄 적극적인 해결책들을 제공하고 있다. 또한 실시간 가시성을 통해 시작에서부터 끝까지 이어지는 제조 과정들이 엄격히 통제될 수 있고, 또 미리 정해진 일정에 의해서가 아니라 필요한 때나 편한 때에 언제든 유지 보수를 할 수 있게 되어 있다. 그래서 GE는 지금 디지털 기술이 없었다면 불가능했을 방법으로 고객들의 비효율적인 문제들을 해결해 주고 있다.

보슈, 지멘스, 삼성 같은 동종 업계의 다른 기업들도 지금 각종 데이터와 분석법들을 활용해 자기 기업 내의 비효율적인 면들을 없애고 있다. 그 결과 생산성이 늘고 비용이 줄어들며 가치 사슬 내 여러 기업들 간에 시간 지연이 나타나는데 이런 상태를 독일 제조업체들은 '인더스트리 4.0'[7]이라 부른다. GE의 연구에 따르면 맥킨지앤컴퍼니[8]나 세계경제포럼 등은 제조업 및 공급망 분야에서의 이 같은 뿌리에서의 재창조 덕분에 앞으로 10년간 수십억 달러가 절약될 수 있을 것으로 예상한다고 한다. 갑자기 제조업, 공급망, 유통 같은 보이지 않는 디지털화 영역들이 독자들이 접하는 앱, 광고, 알고리즘과의 상호작용 같은 눈에 보이는 디지털화 영역들만큼 중요해진 것이다.

사업 솔루션 최고경영자 지니 로메티가 주도한 IBM의 재창조는 '시스템 통합 기업', 즉 그 어떤 경쟁 기업들보다 이질적인 시스템들(컴퓨팅 하드웨어, 소프트웨어, 서비스 등)을 잘 통합해 온 시스템 통합 기업으로서의 오랜 역할에 획기적인 변화를 준 것으로 평가된다. 나는 IBM이 이 재창조 작업을 통해 다음과 같은 의문들에 답하는 데 필요한 깊은 전문지식과 기술을 습득하게 됐다고 믿는다. "도시들이 대규모 도시화 과정을 거치면서 어떻게 더 효율적으로 기능할 수 있겠는가?", "암같이 중요한 질병 분야에서 어떻게 적절한 가격에 양질의 의료 서비스를 제공할 수 있겠는가?", "블록체인 기술을 어떻게 더 깊은 신뢰를 얻는 데 사용할 수 있겠는가?", "빅데이터와 분석법들을 통해 어떻게 지식 작업(데이터의 수집, 처리, 전달 등과 관련된 작업 - 옮긴이)을 향상시킬 수 있겠는가?" IBM은 지금 스스로 '솔루션 통합자'로 자리매김하고 있다. 그러니까 각 고객 특유의 비즈니스 문제들을 해결하기 위해 업계들 전반에 걸친 광범위한 경험을 토대로 관련 지식을 끌어 모으고 있는 것이다.[9]

앞서 제4장에서 이미 살펴봤듯, 로메티의 주도 아래 IBM은 낮은 가치의 하드웨어 제품 생산에서 탈피해 높은 가치의 영역들에 집중하고 있으며, 클라우드 및 인공지능 기술에 대한 투자를 늘리고 있고, 독립적인 부서를 만들어 왓슨 브랜드 아래 인지 컴퓨팅 분야의 상품화에 나서고 있다. 또한 웨더 컴퍼니[10]와 트루븐 헬스 애널리틱스[11] 같은 기업들을 인수해 특정 수직 시장에 대한 전문지식을 강화하고 있으며, 또한 애플[12], 마이크로소프트, 시스코, 브이엠웨어 같은 기업들과 글로벌 연합을 구축해 자신들의 전문지식 범위와 규모를 확대해 나가고 있다.

정밀 농업 몬산토는 지금 뿌리에서의 재창조를 통해 유전자 변형 종자를 공급하던 기업에서 탈피해 농부들의 수확량을 극대화시켜 주는 방법을 제시하는 문제 해결 기업 쪽으로 옮아가고 있다. 그렇게 하자면 결국 종자 농사, 종자 처리, 작물 보호 등에서의 전통적인 역량과 다양한 자원들로부터 얻은 데이터에 접속하고 그걸 분석하는 디지털 역량을 잘 결합해야 하며, 그래야 고객들에게 정확한 해결책(파종 달력 및 관개 스케줄 변경 등)을 제시해 줄 수 있다.

몇 가지 실험을 통해 몬산토는 이미 여러 상황에서 파종하는 종자의 양을 달리함으로써 농부들의 수확량이 7퍼센트 정도 늘어날 수 있다는 걸 입증해 보였다.[13] 이런 실험 결과를 계속 살려나가기 위해 몬산토는 몬산토 그로스 벤처스를 설립했는데, 소프트웨어, 원격 탐사 및 측정, 로봇공학 및 자동화, 생명공학, 농업 분야의 새로운 사업 모델 등 새로운 분야를 다루는 기업들에 투자하는 벤처 캐피털 그룹이다. 몬산토는 지금 자신의 사업 모델을 재창조하기 위한 토대를 마련하고 있는 것이다.

재창조에는 어떤 사업 모델이 적합한가?

앞서 말했듯, 기업의 디지털 변화에 성공하려면 사고방식을 전환해 당신 기업을 제품이나 서비스 중심의 사업 모델에서 문제 해결 중심의 사업 모델로 이끌고 가야 한다. 이 같은 변화를 보다 쉽게 이해하려면 당신에게 이미 익숙할 두 가지 사업 모델부터 시작해 네 가지 전형적인 사업 모델(그림 2 참조)을 보는 게 도움이 될 것이다.

제품 제품은 판매하려고 내놓은 유형의 물품으로, 우리는 이를 산업 시대부터 익히 알고 있다. 컴퓨터, 냉장고, 세탁기, 테니스 라켓, 전구 같은 것

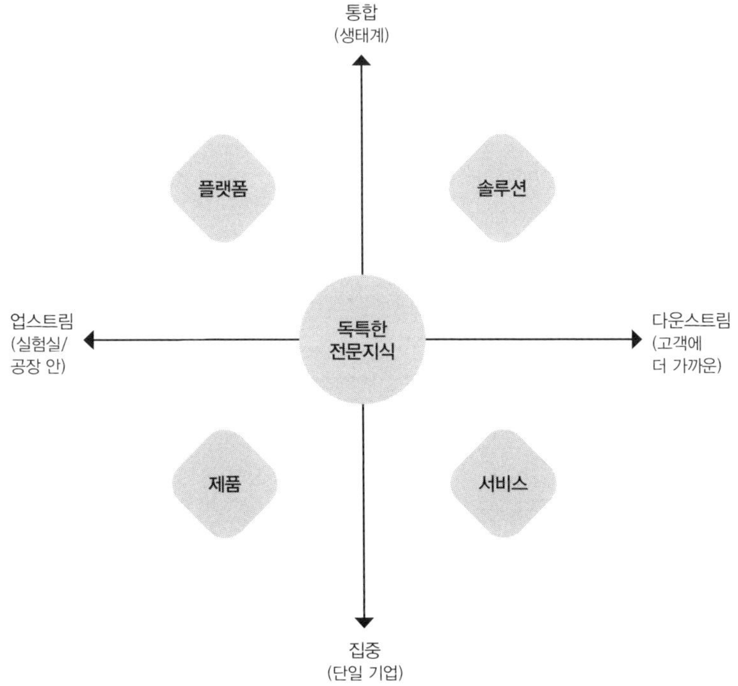

그림 2 네 가지 디지털 사업 모델

들이 다 제품이다. 디지털 시대에도 기업들은 여전히 동일한 제품들을 만들고 있지만, 그 제품들에는 이제 각종 센서와 소프트웨어가 부착되어 데이터를 수집하기도 하고 다른 제품 및 서비스들에 연결되기도 한다. 제품들이 디지털화되면서 점점 스마트해지고 있는 것이다. 예를 들어, 앞서 보았듯 텔레매틱스를 이용해 시동을 걸 수 있는 등 자동차는 이제 클라우드와 연결돼 움직이는 바퀴 달린 컴퓨터나 다름없다.

서비스 서비스는 무형의 제품 또는 어떤 필요나 수요를 충족시키는 데 필요한 행동이다. 산업 시대 이후로 우리는 호텔, 은행, 엔터테인먼트, 교육 같은 서비스들에 익숙하다. 그러나 디지털 시대의 서비스는 디지털 기술들에 의해 뒷받침되고 영향을 받고 또 전달된다. 또한 서비스와 관련된 데이터가 풍부해지면서 서비스 역시 갈수록 더 스마트해지고 있다.

전통적인 자동차 제조업체들의 경우 판매 시점(소유권 기록)까지의 자동차 관련 데이터가 많았고, 그래서 그 데이터를 이용해 기존 경쟁 기업들보다 더 좋은 자동차를 제작하는 게 가능했다. 그러나 우버, 리프트, 디디, 웨이즈같이 보다 새로운 자동차 서비스 기업들은 자신들의 사업 범위를 보다 넓게 잡는다. 그래서 이들은 자동차 사용 방법(운전 기록), 관련 불만 사항(주차, 교통량), 부수적인 서비스(보험, 수리, 택시나 기타 운송 수단에 대한 의존) 등에 대한 믿을 만하고 자세한 데이터를 수집하며, 그래서 특정 시간대에 A 장소에서 B 장소까지 갈 수 있는 가장 좋은 교통수단을 제공할 수 있다.

고객들의 기대치와 경험과 관련된 보다 자세한 이 '아웃사이드-인(소비자 영역으로부터 공급자 영역으로의 - 옮긴이)' 정보는 시장 조사 데이터로부터 얻는 예전 '인사이드-아웃(공급자 영역으로부터 소비자 영역으로의 - 옮긴이)' 정보보다 훨씬 더 풍부하다.

디지털 환경에서는 다음과 같은 두 가지 모델이 나온다.

플랫폼 컴퓨터 운영체제, 비디오 게임 콘솔, 스마트폰, 검색 엔진 그리고 디지털 세계에서 생겨나는 그 외의 것들이 플랫폼이다. 앞서 이미 살펴보았듯, 플랫폼들에 의해 서로 다른 많은 유형의 기업들이 서로 다른 많은 유형의 고객들과 연결된다. 경제학자 데이비드 에반스와 리처드 슈말렌지가 자신들의 새 저서 『매치메이커스』에서 이렇게 말하고 있다. "플랫폼은 둘 이상의 그룹이 서로 연결할 수 있게 물리적인 공간이나 가상공간을 제공하기 때문에 본질적으로 다면적이다."[14]

플랫폼들이 발전해 더 많은 개별 기업들이 디지털 방식으로 연결되면 그들의 제품과 서비스의 가치가 더 높아지게 된다. 과거 같으면 불가능했을 방식으로 서로 힘을 합치게 되기 때문이다. 현재 자동차 업계의 경우 애플 카플레이와 안드로이드 오토 같은 자동차용 운영체제가 그런 일을 해내고 있다. 이 디지털 거인들은 지금 그 서비스를 스마트폰에서 자동차로 자연스레 확대해 가고 있는데, 이들의 사업 범위는 앞으로 점점 더 늘어나게 될 가능성이 높다.

솔루션 이제 이 같은 맞춤형 제품들 생산, 제품과 서비스의 결합, 제품과 서비스의 혼합은 디지털 세계에서 보다 흔한 현상이 되었으며, 또한 기업들은 데이터와 분석을 통해 특정 사업 문제를 해결하는 게 더 용이해졌다. 예를 들어 우리는 지금 앞서 제3장에서 본 것처럼 인간과 대화를 할 수 있는 로봇인 챗봇 같은 새로운 디지털 기술들을 목격하고 있는데, 챗봇은 당신을 관찰하고 이해해 정확히 당신이 원하는 걸 권하며 적절한 비용에 맞춤형 솔루션, 즉 해결책을 제시해 준다. 예를 들어 자동차 분야에서 GM은 자신들의 자동차 공유 서비스 프로그램인 메이븐을 통해 맞춤형 자동차 공유 서비스를 시작했다.[15] 다임러는 자신들의 자동차 관련 플랫폼 무블을 통해 미래의 도시 운송 시스템을 재창조 중이며, 특히 운송 수단들을 서로 연결하는 기술을 사용해 걷든 자전거를 타든 대중교통을 이용하든

직접 자동차를 운전하든 개인 편의에 따라 다양한 방식으로 이동을 할 수 있게 해준다.[16]

자동차 분야의 뿌리에서의 재창조 과정에서는 제품, 서비스, 플랫폼, 솔루션이라는 이 네 가지 사업 모델 전부에 초점이 맞춰진다. 자동차 모양과 스타일 등을 다루는 디자인 역량들에 대해서는 인사이드-아웃 방식의 사고가 중시되고, 개인의 각종 선호도와 제약하에서 A 장소에서 B 장소로 가는 최선의 방법을 찾는 식의 문제 해결 역량에 대해서는 아웃사이드-인 방식의 사고가 중시된다. 인사이드-아웃 방식의 사고는 필요한 공급업체와 하도급 업체들을 끌어 모아 공급망의 효율성을 높이고 목표 가격에 최상의 자동차를 제작하는 데 유용하며, 아웃사이드-인 방식의 사고는 고객들을 위해 각종 운송 문제들을 해결해 줄 옵션들의 네트워크를 구축하는 데 유용하다. 또한 아웃사이드-인 방식의 사고를 활용할 경우, 일반 승용차 외에 다양한 공유 차량과 대중교통까지 포함하는 폭넓은 옵션들이 제공될 수 있다. 예를 들어 사용자는 어떤 때는 가장 빠른 운송 수단을 선호할 수도 있고 또 어떤 때는 이산화탄소 배출이 가장 적은 친환경 운송 수단을 선호할 수도 있다. 아니면 어떤 때는 개인용 운송 수단을 선호할 수도 있고 또 어떤 때는 공유형 운송 수단을 선호할 수도 있다. 아마 머지않아 어떤 때는 자율주행 차량을 또 어떤 때는 인간이 직접 운전하는 차량을 선호할 수도 있을 것이다. 중요한 건 두 가지 다른 문제 해결 방식 밑에 깔려 있는 데이터와 정보와 지식 또한 다르다는 것이다. 아웃사이드-인 방식의 사고를 하려면 새로운 전문지식들과 새로운 기업 제휴가 필요하며, 그래서 우리는 전통적인 두 가지 사업 모델에 얽매이지 말고 그 너머를 바라봐야 하는 것이다.

자동차 분야에서 배우기

앞서 살펴본 네 가지 비즈니스 모델은 전부 기업의 독특한 전문지식을 규정하는 두 가지 차원을 갖고 있으며, 각 차원은 연속된 흐름 속에 놓여 있다. 첫 번째 차원은 업스트림(고객들과 떨어진 연구실과 공장 안) 또는 다운스트림(실험실이나 공장을 떠난 현장, 구매 시점 또는 고객의 장소에 내장)이다. 예를 들어 자동차 제조업체들은 대개 제품 사업 모델에 집중하며, 그래서 고객들과 떨어진 자신들만의 독특한 업스트림을 얻는다. 반면에 우버 같은 모바일 자동차 공유 기업들은 서비스와 솔루션 사업 모델에 집중하며, 그래서 고객들과 상호작용하는 자신들만의 독특한 다운스트림을 얻게 된다.

두 번째 차원은 전문지식의 집중이다. 예를 들어 자동차 제조업체들은 전통적으로 자신들의 제품이나 서비스 사업 모델에만 집중해, 가장 멋진 럭셔리 자동차나 가장 다부진 스포츠 유틸리티 차량(거친 노면을 달릴 수 있게 만들어진, 주로 사륜구동 차량 - 옮긴이)을 공급하는 업체로서 스스로를 차별화한다(단일 초점). 반면에 애플 카플레이 같은 자동차 운영체제는 하드웨어 제조업체부터 자동차 딜러, 전자상거래 소매업체들에 이르는 다양한 게임 참가자들이 활동하는 생태계 내에 또는 여러 생태계들에 걸쳐 자신들의 사업 모델을 강도 높게 통합시킴으로써 스스로를 차별화한다(통합 초점). 향후 자동차 업계의 재창조 과정은 오로지 제품 또는 서비스 중심의 사업 모델만 고집하는 개별 기업에서 탈피해 까다로운 운송 문제들을 해결하기 위해 네 가지 사업 모델을 가지고 여러 생태계 내에서 활동하는 기업들로 변화하는 과정이 될 것이다.

사업의 뿌리에서부터 재창조하는 과정을 거치면서 GM은 지금 자신들이 해결하고 있는 문제들이나 자신들만의 독특한 장점과 관련된 의문들에 대해 어떻게 답하고 있을까? 분명한 것은 서로 다른 고객 집단들을 상대로 한 답은 얼마든지 많겠지만, 아마 그중 한 가지 답은 다음과 같으리라는 것이다.

1. 우리는 도시에 사는 개인들이(누가) 러시아워 때 직면하는 운송 문제

들을(무엇을) 해결하고 있는 중이다.

2. 우리는 자동차 지분 소유, 자동차 공유, 카풀링(출발지와 목적지가 비슷한 사람들끼리 1대의 차량을 공동 이용하는 것 - 옮긴이), 주문형 탑승, 복합 운송(두 가지 이상의 다른 운송 수단을 활용하는 운송 방식 - 옮긴이) 같은 다양한 운송 옵션을 제공하고 있다(어떻게).

산업 경제 시대에 나왔을 답과는 아주 다른 답인데, 아마 미래에는 십중팔구 이 답들도 또 바뀔 것이다. 그러나 현재로서는 내가 처음 던진 질문, "당신은 어떤 일을 하고 있는가?"라는 질문에 대한 답으로는 쓸모가 있다. 그리고 이 두 가지 답은 다양한 데이터를 수집해 고객들의 자동차 사용 패턴을(자동차 구입 패턴이 아니라) 파악하려는 GM의 필요에 부합되며, 고객 대 수익에 초점을 맞춰 새로운 성과 측정을 하고, 교통비 지출과(승용차나 트럭 판매 대수가 아니라) 관련해 시장점유율이 아닌 지갑 점유율을 높이려는 필요에도 부합된다.

새로운 사업 모델에서는 각 개인이 A 장소에서 B 장소로 가는 방법에 대한 미시적 수준의 이해가 필요하며, 또한 적절한 가격 수준에 가장 좋은 옵션들을 묶어내는 능력도 필요하다.

또 그 새로운 사업 모델이 성공하려면 고객 충성도가 높아 GM이 통찰력을 기르는 데 필요한 소중한 데이터를 수집할 수 있어야 한다. 이를 위해 GM은 새로운 파트너 기업들의 네트워크를 구축하고 데이터 추적 및 분석 능력을 길러야 하며, 그런 다음 가장 좋은 옵션을 대규모로, 또 빠른 속도로 개인들에게 제공해야 한다.

GM의 재창조 작업을 진두지휘하고 있는 GM의 현 최고경영자 메리 바라는 이런 말을 했다. "우리는 지금 전통적인 자동차 소유 모델이 뒤흔들리고 있다고 믿습니다. 어느 정도인지는 아무도 모릅니다만 앞으로 5년 내지 10년 후엔 아마 지난 10년간 봐온 것보다 더 심한 변화를 보게 될 겁니다. 물론 전통적인 자동차 소유 모델을 통해서든 아니면 공유 모델을 통해서든 어쨌든 사람들이 A 지점에서 B 지점으로 가야 할 일은 여전히 생길 겁니다. 그 때문에 우리는 지금 자동차를 넘어 더 광범위한 곳들까지 관계를 넓혀나가는 중입니다."[17] 그녀는 GM의 재창조 작업이 자신의 재임 기간 중에 시작되어야 한다는 걸 잘 알고 있으며, 또 디지털 변화의 중요성과 긴급성도 잘 알고 있다.

자동차 업계를 보고 있노라면, 디지털화 과정에서 디지털 거인들과 기술 기업들이라고 해서 전통적인 기존 기업들에 비해 무조건 유리한 건 아니라는 것을 알 수 있다. 물론 구글의 경우 전기 자동차, 자율주행 자동차 같은 관련 기술들과 안드로이드 오토 덕분에 자동차 업계에서 영향력을 행사할 수 있는 능력이 있으며 실제 그런 야심도 갖고 있다. 그리고 우버의 경우 그간 각 개인의 승차 습관과 관련해 방대한 데이터를 축적해 왔으며, 자체 앱을 통해 관련 서비스들(오픈 테이블, 마스터카드, 호텔 등)을 통합해 가고 있다.

또한 일론 머스크의 테슬라는 그간 지속 가능한 운송 수단을 개발하기 위해 대담무쌍한 혁신들을 벌여왔다. 그리고 대당 약 3만 달러라는 적절한 가격대에 매년 50만 대 정도의 전기 자동차를 제작해 내고 리튬이온 배터리와 방대한 슈퍼 충전기 네트워크의 뒷받침을 제대로 받게 된다면 엄청난 영향력을 가진 자동차 제조업체가 될 것이다.

이 모든 노력에도 불구하고, 도시 운송의 재창조 작업은 아직 걸음마 단계이다. 그리고 디지털 거인들이나 기술 기업들, 업계의 기존 기업들 또는 인수 및 연합을 통해 생겨난 새로운 기업들 중 과연 누가 전 세계 대도시들이 필요로 하는 운송 문제들을 해결해 줄 새 원칙들을 세울지는 아직 알 수가 없다. 이와 관련해 메리 바라는 이런 말을 했다. "우리가 효율성을 높이기 위해 열심히 노력해 왔고 앞으로도 계속 노력해 좋은 결실을 맺게 될 핵심 사업 모델이 있다는 건 고위급 중역이면 다 압니다. 그러나 우리가 신속히 받아들여야 할 운송 분야의 보다 새로운 사업 모델들도 있습니다. 구글이나 애플은 갖고 있지 못하지만 전통적인 자동차 제조업체들은 갖고 있는 뛰어난 자산들이 있기 마련이고, 우리 GM에도 그런 자산들이 있기 때문입니다. 예를 들어 우리의 연결성 같은 자산은 미래를 이끌 원동력이 될 거라 확신합니다."[18]

정도는 다를지 몰라도, 지금 모든 전통적인 자동차 제조업체들이 자신들의 사업을 재창조 중이다. 자신들의 기업과 업계가 디지털화라는 단절과 혼란 상황에 직면해 있다는 걸 절감하고 있기 때문이다. 전통적인 자동차 제조업체들은 자신들이 디지털 변화에 실패할 경우, 보다 거대한 운송 및 이동 솔루션들 중 하나인 자동차(물리적인 자동차)에 주어지던 가치 지분 역시 줄어들게 되리라는 걸 이미 잘 알고 있다. 자동차라는 물리적인 하드웨어는 일개 상품으로 전락되고, 자동차에 내재된 가치는 사업 시스템 내의 다른 곳으로 옮아가게 될 수도 있는 것이다. 시내 여행 예약이 아니라 고객 요청에 따라 즉시 공유형 자동차를 제공한다거나(요청에 따른 시내 주행), 특정 그룹에 속한 운전자들끼리 서로 자동차를 교환한다거나(자동차 교환), 6~8명의 통근자들을 정해진 지점에서 태우고 내려주는 주문형 셔틀 버스를 운행하면서 탑승자 모두를 위한 최적의 노선을 찾는다거나(다이내믹 소셜 셔틀), 다양한 상황에서의 차량 운행 기록을 세세히 분석해 데이터 중심의 보험료를 책정한다거나, 계기판에 플러그인 방식의 장치를 장착해 주차 가능한 공간을 찾아내는(힘들지 않은 주차)[19] 등 포드 자동차가 다양한 실험을 한 것도 다 이 같은 변화 때문이다. 결국 뿌리에서의 재창조는 앞에서 본 그림 2의 네 가지 디지털 사업 모델들 중 하나를 선택해 다른 세 가지 사업 모델을 따르는 기업들과 관계를 맺어서 다른 기업들보다 뛰어난 가치를 제공하는 매력적인 제품이나 서비스를 만드는 작업이라 할 수 있다.

그림 2에서 당신 기업의 위치를 찾아보라. 현재 당신 기업의 사업 모델

은 무엇이고, 당신이 원하는 가까운 미래의 당신 기업의 사업 모델은 무엇인가?

재창조 기간 중에는 어떻게 명맥을 유지할 것인가?

당신 기업과 당신 업계가 어떻게 또 얼마나 빨리 변할 것인가 하는 것에 대해선 아마 사람마다 생각이 다를 것이다. 대개 1단계, 즉 경계에서의 실험 단계는 3년에서 5년 정도 지속되며, 그래서 대부분의 회사 중역들 입장에서 어떤 실험을 할 것인지 또 자원을 어떻게 적절히 할당할 것인지를 생각하면서 회사를 이끌 시간적 여유가 있다. 이 단계는 미래와 변화의 가능성에 대해 생각하는 단계인 데다가 모든 일을 과거와는 다르게 하는 단계여서 흥미진진한 단계이기도 하다. 그러나 이 1단계는 현실에는 별 영향을 주지 못하며 별도로 진행될 수도 있다. 그리고 앞서 제3장에서 살펴본 것처럼 당신 기업의 각종 사업들은 경계에서 일어나는 활동들로부터 별 영향을 받지 않으며 계속 진행된다.

2단계, 즉 핵심에서의 충돌 단계는 보다 빨리 진행된다. 그리고 앞서 제4장에서 살펴본 것처럼 기업들은 현재와 미래 사이에, 알려진 것들과 아직 알려지지 않은 것들 사이에, 그리고 수량화할 수 있는 사업 사례들과 아직 입증이 안 된 보다 새로운 옵션들 사이에 자원을 할당하는 문제와 관련해 힘겨운 결정을 내리거나 절충점을 찾게 되면서, 내부적으로 혼란과 긴장이 생겨나는 걸 목격하게 된다. 디지털 변화와 관련된 이런 혼란은 대개 18개월에서 3년 정도까지 지속된다. 그 과정에서 더 오래된 전통적인 사업 모델들은 약점들을 노출하게 되며, 경영진은 자신들의 기본적인 사업 원칙들을 어떻게 디지털 사업 방식에 맞춰 변화시킬 것인지를 결정해야 한다.

디지털 변화 4단계 중 3단계, 즉 당신 기업을 재창조하고 당신 기업 및 당신 업계를 위해 새로운 원칙들을 만드는 단계에 이르면 당신은 가까운 미래(18개월에서 36개월 뒤)를 예의주시해야 한다. 이 단계에서는 가끔 약간의 혼란이 있을 수 있다. 당신 기업의 주요 관심사는 현재의 매출과 수익을 그대로 유지하는 것이고, 그러면서 동시에 미래에 대한 계획도 더없이 중요해 많은 관심을 쏟아야 하기 때문이다. 또한 뿌리에서의 재창조 단계에서는 새로운 사업 원칙들에 영향력을 행사하면서 성공을 가져다준 과거의 사업 모델들은 잊어야 한다.

이 단계에서 가장 힘든 부분은 당신 기업이 아무리 찬란한 성공의 역사를 갖고 있고, 아무리 과거 여러 차례 혼란을 잘 헤쳐 나왔고, 또 아무리 어려운 상황들에 잘 적응해 왔다 해도 이제는 어떻게든 까다로우면서도 시급한 각종 문제들을 해결해야 하는 이 새로운 시대에 살아남아야 한다. 이제 더 이상 디지털 변화를 무시할 수 없으며, 디지털화에 대한 점진적 투자나 다른 기업들과의 공존을 무시할 수도 없다. 이 단계에서 당신과 다른 중역들은 그야말로 디지털화에 전력투구해야 한다. 당신 기업이 미래에 성공하느냐 마느냐는 전적으로 그것에 달렸으며, 이제 생각을 실천할 때가 되었다.

그리고 당신 기업을 재창조하는 이 단계에서는 앞의 두 단계에서보다 더 체계적인 사고가 필요하며, 그 뒤에 대담한 행동들도 따라야 한다. 당신에게는 서로 다른 여러 이상적인 사례들을(아직 그런 사례는 없기 때문에) 벤치마킹할 여유가 없으며, 그럼에도 불구하고 어쨌든 디지털 미래를 위해 전력투구해야 한다. 당신 기업은 규모, 범위, 속도의 모든 면에서 만족할 만한 문제 해결에 나서야 하는 것이다. 그러니까 모든 상황에 맞추기 위해 고객들에게 미리 정해진 표준적인 제품이나 서비스를 강요하는 게 아니라 변화하는 상황들에 적응해 가면서 개별적인 고객의 문제들을 해결해 줘야 한다는 의미이다.

당신 업계를 관찰해 보면, 아마 최근까지만 해도 당신 기업의 제품이나 서비스가 장악하고 있던 분야들에 디지털 거인과 기술 기업들이 밀고 들어오는 게 보일 것이다. 이를테면 당신 기업이 1세기 이상 자동차 업계를 지켜왔는데 어느 날 갑자기 테슬라나 구글에 스포트라이트가 집중되는 것이다. 아니면 당신 기업이 특허받은 일련의 블록버스터급 약품들로 제약 업계를 지배해 왔는데 이제 개별적인 약품들이 아니라 환자들한테 그리고 일련의 치료에 환자들이 어떻게 반응하는지에 관심이 몰리고 있는 것이다. 아니면 당신 기업이 50년 가까이 시장 조사 분야에서 선두를 지켜왔는데 그야말로 갑자기 전무후무할 정도로 방대한 소비자 정보를 축적한 구글, 페이스북, 아마존, 트위터 같은 디지털 거인들과 연을 맺기 위해 경쟁을 벌여야 하는 처지가 되어버렸을 수도 있다. 아니면 또 당신 기업이 상까지 받은 소매업체인데 이제 고객들이 아마존, 알리바바, 이베이 같은 전자상거래 사이트들로 몰려가는 걸 보고 있을 수도 있다. 까다로운 문제를 해결해 자신의 존재감을 드러내야 할 때가 된 것이다. 그런데 대체 어떤 문제를 해결해야 하는 것일까?

한 가지 통합된 대응 : 문제 확정 및 문제 해결을 한 번에

뿌리에서의 재창조 단계에서 흔히 볼 수 있는 것이 사업 논리의 변화이다. 기존 기업들은 제품 및 서비스 차원을 뛰어넘어 자신들의 사업 모델 자체를 재정립하려 하고, 기술 기업들은 강력한 기술을 토대로 새로운 사업 혁신들을 도입하려 하며, 디지털 거인들은 자신들의 플랫폼을 확대하고 통합된 관련 솔루션들을 제공하려 한다. 이 모든 기업들의 행동이 당신 기업의 재창조 작업에 영향을 주며, 매출 및 수익을 올리기 위한 접근법을 재고하지 않을 수 없게 만든다. 당신 기업을 어떻게 다른 기업들과 차별화할 것인지를 생각하면서 스스로에게 이렇게 물어보라. '제품 및 서비스를 전달하는 것에서 문제를 해결하고 각종 솔루션을 제시하는 걸로 사업 논리가 바뀌는 상황에서 내가 할 일은 무엇일까?'

설사 당신 기업이 모바일 앱과 소셜 마케팅 수준을 뛰어넘는 디지털화를 하고 있지 못하다 해도 이제 디지털 거인들의 침입과 기술 기업들의 의미 있는 혁신들에 맞설 당신 기업의 사업 논리의 타당성을 테스트해 봐야 한다. 게다가 어쩌면 당신의 전통적인 경쟁 기업들 역시 이미 디지털화의 중요성을 깨닫고 대처하고 있을 것이다. 아마 이제 당신 업계도 관련 업계들과(어쩌면 관련 없어 보이는 업계들과도) 서로 연계해 고객들에게 단편적이고 독립적인 솔루션을 제공하던 과거와는 달리 보다 매력적이고 가치 있는 솔루션을 제공하려 하고 있을 것이다.

이제 당신이 나설 때다. 더 이상 당신 기업이 업계와 시장에서 밀려나는 서러움을 당할 수는 없다. 이제 당신이 해결하고자 하는 큰 문제 쪽으로 나아가 차별화된 해결책들을 내놓아야 할 때다.

문제 확정

물리학자 앨버트 아인슈타인은 이런 말을 했다고 한다. "만일 내게 어떤 문제를 해결할 시간이 1시간 주어졌고 내 인생이 그 문제 해결에 달렸다면 나는 55분을 적절한 질문을 만드는 데 쓸 것이다. 적절한 질문만 정해지면, 나머지 5분 안에 문제를 해결할 수 있기 때문이다." 기술 기업들이 어떤 핵심 문제 해결에 전력투구하듯, 뿌리에서의 재창조 과정에서 리더인 당신은 디지털 기술로 해결할 중요한 사업(및 관계) 문제를 정확히 파악해야 할 책임이 있다.

'사악한 문제들'[20]에 대해 생각해 보라고 권하고 싶다. 불완전하고 모순되거나 계속 변화해서 해결하기 까다로운 문제들 말이다. 자신의 저서

『사악한 전략들』[21]에서 존 카밀러스 교수는 아주 복잡하고 불확실한 이런 문제들을 다룰 때 왜 전략적 사고 및 계획에 대한 전통적인 접근방식들이 별 효과를 보지 못하는지를 자세히 설명하고 있다. 그러면서 그는 그간 대부분의 계획 수립 방법들은 문제의 단편적인 부분에 집중돼 왔으므로 관리자들은 이제 문제를 단순화시키지 말고 교차 지점에서 접하게 되는 난제들에 대해 생각해야 한다고 주장한다.

당신은 이제 당신 기업의 미래를 '우리는 여러 업계들의 교차 지점에서 접하게 되는 일련의 관련 문제들과 해결책들 중 어디쯤에 위치해 있는가?'라는 관점에서 봐야 한다.

1960년대에 관리자들이 레빗 교수의 "당신은 어떤 일을 하고 있는가?"라는 질문에 답했을 때, 그 초점은 시장의 정의를 폭넓게, 그러니까 소비자들의 이런저런 요구에 새로운 방식으로 대응하는 해결책들에 약점 잡히지 않을 정도로 폭넓게 내리는 데 맞춰져 있었다. 아마 그래서 소비자들은 트럭 대신 승용차를 선택했고 기차 여행보다는 비행기 여행을 선호했으며 책을 읽는 대신 TV를 봤다.

보다 최근 들어서는 스탠퍼드대학교 디자인 스쿨[22]과 컨설팅 기업 아이데오(IDEO)[23] 등이 앞장서 '디자인적 사고'라는 방법론을, 그러니까 문제 파악 및 해결을 같은 과정의 일부로 보는 방법론을 널리 퍼뜨렸다. 간단히 말해, 문제를 파악하기에 앞서 사용자 관점에서 데이터를 관찰하고 수집해 제대로 된 정보를 토대로 솔루션을 찾는 방법론이다. 이는 소비자들에게 가치를 제공하는 데 꼭 필요한 과정이다.

예를 들어, 일단의 스탠퍼드대학교 학생들이 개발도상국들을 위해 값싸고 사용하기 편한 인큐베이터를 제작하는 일에 도전한 일이 있었다. 개발도상국들에서 매년 태어나는 2,000만 명의 조산아나 저체중아들의 사망률을 줄이자는 게 그 목적이었다. 학생들은 며칠간 네팔 카트만두 병원 신생아실을 면밀히 관찰한 뒤 여러 시골 지역들을 방문했다. 그 결과 대부분의 조산아들은 그런 시골 지역들에서 태어나는 데다 결코 병원을 찾는 법이 없다는 걸 알게 됐다. 그러니 자신들이 만드는 인큐베이터가 아무리 디자인이 좋고 값이 싸고 병원 간호사들이 사용하기 쉽다 해도 그것만으로는 제대로 문제를 해결할 수 없는 상황이었다. 전기가 없는 시골 환경에서도 잘 작동되고 휴대 가능하며 직관적이고 위생적이며 문화적인 이질감도 없는 그런 인큐베이터를 만들어야 했던 것이다. 물론 그러면서 값도 싸야 했다. 결국 학생들은 인큐베이터 대신 온도로 조절되는 '임브레이스'라는 이름의 파우치를 개발했다.[24]

그러나 디자인적 사고는 단순한 제품 디자인 내지 서비스 전달 방식 변경 이상으로 확대되어야 한다. 하버드 경영대학원의 란제이 굴라티 교수는 디지털화가 아웃사이드-인 방식의 사고를 강화하고 고객들을 사업의 중심에 둘 수 있는 좋은 기회라고 주장한다.[25] 한때 마이크로소프트에 근무했고 현재 컨설턴트 기업 올리버 와이만에 근무 중인 내 친구이자 동료인 릭 차베스는 기회 있을 때마다 경영인들을 향해 기존 기업들이 직면한 가장 큰 과제는 익숙한 제품 중심(product push)에서 익숙지 않은 고객 중심(customer pull)으로의 방향 전환이라는 것을 알려준다. 그러니까 고객들이 뭘 원하는지를 더 잘 파악하기 위해 고객들과의 상호작용에 디지털 기술을 사용하라는 것이다. 고객들이 어떻게 이런저런 결론들에 도달하는지를 수량화해 분석할 수 있다면 올바른 질문을 더 잘 만들어 해결책도 더 잘 찾아낼 수 있으며, 아직도 여전히 자기들이 원하는 걸 고객들에게 얘기하고 있는 기업들을 앞지를 수 있다.

밖으로부터 문제들을 확정 지어라 문제들을 확정하려 할 때 단순히 기업 입장에 맞추려고 하면 쉽고 편하겠지만, 고객 입장에 맞춰야 한다. 당신 기업이 제공하는 제품 및 서비스들이 어떤 부분에서 고객의 요구에 맞지 않는지를 파악하라. 다른 기업들의 제품 및 서비스가 어떤 부분에서 갈등과 좌절을 안겨주는지를 살펴보라. 고객들의 입장에 서서 그들의 고충이 무언지, 원하는 것은 무엇이며 어떤 점에서 실망하는지를 이해하도록 하라. 제품 사용 전반을 살펴보든 아니면 고객의 하루를 살펴보든, 폭넓은 관점에서 살펴보아 문제의 깊이와 넓이를 제대로 파악하도록 하라.

그리고 문제들을 확정지으려 할 때는 단순히 제품 및 서비스 차원을 넘어 고객들의(개인 고객이든 기업 고객이든) 이런저런 고충들까지 깊이 들여다보도록 하라. 어쩌면 그 고충들은 전통적인 사업 개념으로는 제대로 해결할 수 없을지도 모른다.

단순히 열과 전기를 제공하거나 단순히 그 효율적인 사용을 모니터링해 주거나 단순히 주변 일대의 안전만 책임지는 게 아니라 집안 전체의 편안함과 안전까지 보장해 줄 수 있다면 어떨까? 단순히 자동차를 제공하거나 택시를 수배해 주거나 자동차 보험과 유지 서비스를 제공하는 게 아니라 각 개인의(또는 각 가정의) 운송 관련 요구 사항들을 다 들어줄 수 있다면 어떨까? 단순히 의료계가 현재 하고 있는 방식이 아니라 통합된 방식으로 의료 서비스를 제공할 수 있다면 어떨까?

당신 기업의 열정에 맞는 문제들을 선정하라 해결해야 할 까다로운 문제들은 많지만 당신 기업이 다음 단계에서 집중하고 싶어 하는 문제들을 위주로 선정하도록 하라. 또한 직원들에게 활기를 불어넣고 그들의 열정에 불을 당길 수 있는 문제, 그래서 그들이 자신의 전문지식을 동원해 문제 해결에 나설 수 있는 그런 문제들을 선정하라. 이 단계에서 지금 당신 기업은 실험을 하는 게 아니라 행동 방침을 정하려 하는 것이다. 당신 기업이 현재 갖고 있는 능력으로, 아니면 다른 기업들과 연합해 갖게 될 능력으로 당신 기업의 문제를 해결하기 위한 행동 방침 말이다. 독창적인 방식들로 고객들의 문제를 해결하려 하는 당신 기업의 열정을 뒷받침해 주는 것은 역시 수익이다.

문제 해결

당신 기업이 해결해야 할 문제를 확정 지었다면 이제 디지털 기술의 힘을 빌어 예전 같으면 불가능했을 방법들로 그 문제를 해결할 합리적이면서도 현실적이고 체계적인 방법을 정해야 한다.

업계 및 분야의 경계들을 초월하라 혁신이 복잡한 일이라는 건 잘 알려져 있지만 전통적인 분야나[26] 업계의 경계들을 초월할 수 있을 때 창의적인 솔루션들이 나타난다는 사실 역시 잘 알려져 있다. 프록터앤갬블은 2000년 이후 자신들의 '연결+발전' 프로그램[27]에 의존해 공개적인 혁신을 이끌어왔으며, 자신들의 기업 경계 밖에 존재하는 지적 자본과 전문지식들을 활용해 왔다.

다른 기업들은 클라우드소싱(대중들의 참여로 솔루션을 얻는 방법 - 옮긴이)으로 그룹들의 지혜를 활용해 이런저런 문제들을 해결해 오고 있다. 예를 들어, 클라우드소싱 전문 기업 이노센티브는 네트워크화된 세계에서 서로 다른 관점을 가진 사람들로부터 솔루션을 찾고 있다.[28] 디지털 거인들이 자신들의 소프트웨어와 각종 앱, 분석법 등을 확대해 사업 규모를 늘려나가는 과정에서 보았듯 지난 수십 년간 이런 디지털 기술들 덕에 각종 솔루션들이 업계를 초월해 보다 광범위하게 적용되게 된 것이다. 이와 관련해 IBM의 최고경영자 지니 로메티는 이런 말을 했다. "나는 늘 대부분의 솔루션들을 수학의 뿌리에서 찾을 수 있다고 믿어왔습니다."[29] 우리는 서로 중복되는 개념인 인공지능과 머신 러닝, 인지 컴퓨팅을 통해 업계 및 분야 경계들에 걸쳐 있는 패턴들을 찾고 있다. 그리고 IBM과 GE가 지금 바로 그런 식으로 자신들만의 독특한 길을 가고 있다.

아마 앞으로 몇 년 안 지나서 많은 기업들이 문제를 대규모로 해결하기 위해 기능의 새로운 경계들을 통합하는 데 쓸 수 있는 툴들이 더 많아질 것이다.

문제 해결을 위해 제휴하라 당신은 이제 개별 기업들이 혼자 힘으로 까다로운 큰 문제들을 해결하지 않는다는 걸 아주 잘 안다. 당신 기업 내의 집단적인 전문지식을 동원해 문제의 일부를 해결할 수 있을지는 모르지만 보다 큰 문제를 해결하려면 다른 기존 기업들이나 기술 기업들 또는 디지털 거인들과 힘을 합쳐야 한다. 본질적으로 당신 기업은 나(당신 자신의 기업) 뿐 아니라 우리(당신 업계와 다른 업계의 모든 게임 참가자들)한테도 관심을 쏟아야 하는 것이다. 그러니 관계의 네트워크를 잘 구축하고, 생태계 내에서 각 게임 참가자들이 갖고 있는 독특한 역할들을 정확히 규명하도록 하라. (이에 대해서는 제6장에서 자세히 다룰 것이다.) 앞서 두 단계에서와 마찬가지로, 언제 어떻게 경쟁 상대인 기존 기업들을(그리고 기술 기업과 디지털 거인들을) 파트너로 삼을 수 있는지, 다른 업계들에 어떤 기여를 할 수 있고 또 다른 업계들로부터 어떤 걸 배울 수 있는지를 살펴봐야 한다. 생태계 안에서 다른 기업이나 업계들과 상호작용을 하면서 새로운 사고방식으로 문제들을 대하고 그 문제들을 해결할 창의적인 방법들을 찾아내도록 하라.

나는 이 장을 "당신은 어떤 일을 하고 있는가?"라는 질문으로 시작했다. 그 질문에 어떻게 답할 것인가? 당신은 아마 그림 2에서 본 네 가지 사업 모델 중 하나를 들어 답할 것이며, 생태계 안에 일어나는 보다 큰 문제들을 해결하기 위해 당신이 선택한 사업 모델이 나머지 세 가지 사업 모델들과 잘 연결되어야 한다는 걸 강조하게 될 것이다. 그리고 당신 기업이 단일 업계의 문제에서 여러 업계에 걸친 문제로 눈을 돌리는 이 과정에서 디지털 시대에는 고정된 게 없다는 걸 잊지 말아야 한다. 당신 기업이 이번에 재창조 과정을 거쳤다 해서 앞으로 다시는 재창조해야 할 필요가 없다거나 어떤 기업들이 새로운 아이디어들을 실험하고 있고 또 어떤 기업들이 다른 어떤 기업들과 어떻게 충돌하고 있는지를 관찰할 필요가 없다는 의미는 아니다. 사실 당신 기업은 앞으로 보다 빠른 속도로 디지털 변화의 3단계를 거치며 계속 재창조 작업을 되풀이하게 될 것이다.

이제는 아마 디지털 매트릭스 전체가 어느 정도 눈에 들어올 것이다. 당신은 이제 디지털 매트릭스의 빈칸 9개가 각기 무얼 의미하는지도 알 것이고, 그 칸들이 서로 어떻게 연결되고 상호작용하는지도 알 것이다. 세 종류의 게임 참가자들과 디지털 변화 3단계들이 복잡하면서도 역동적인 방식으로 서로 연결된다는 것도 알 것이고, 서로 연결되는 패턴들도 보다 잘 알 것이다. 또한 앞서 제1장에서 살펴본 것처럼 각 게임 참가자들이 어떻게 빠른 속도로 규모와 범위를 확대시켜 나가는지도 알 것이다. 그리고 여러 사례들을 살펴보면서 승자들은 강력한 전략들을 구사해 이 변화무쌍한 생태계를 잘 헤쳐 나가고 3단계를 성공적으로 통과하고 있다는 것도 알게 됐을 것이다. 당신은 또 핵심적인 행동들이 순차적으로 흘러간다

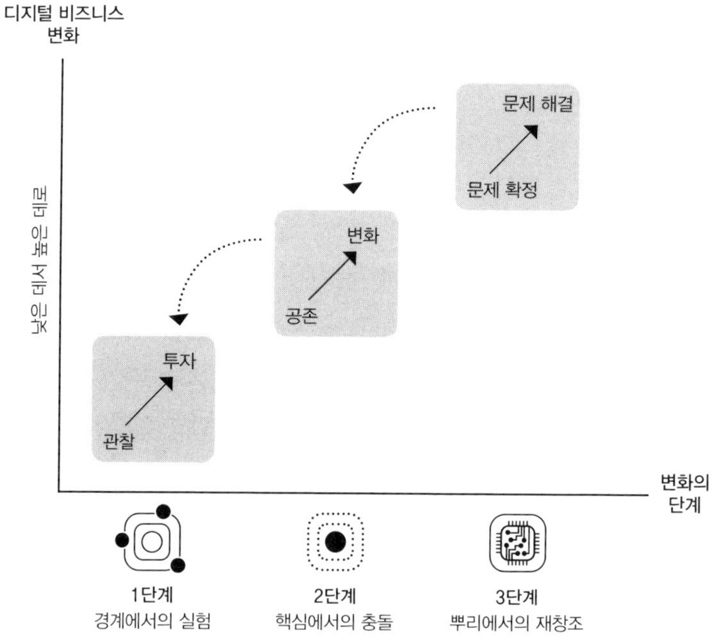

그림 3 3단계의 주요 행동

는 것도 안다. 디지털 변화 1단계에서는 관찰하고 투자하며, 2단계에서는 공존하고 변화하며, 3단계에서는 문제를 확정 짓고 해결하는 식으로 말이다. 또한 당신은 이런 행동들이 신속한 피드백(그림 3 참조)을 갖고 있다는 것도 안다. 이 단계에서는 늘 피드백에 세심한 주의를 기울여야 한다. 변화에 집중하면서 일련의 다른 실험들을 보다 면밀히 보지 않을 수 없게 되거나 아니면 문제 해결 및 솔루션 중심의 기업으로 재창조되면서 유예해 둔 사업의 일부분이 변화되기 시작할 것이기 때문이다. 디지털 변화 3단계에서 일어나는 행동들은 순차적이지 않다. 그 행동들은 서로 뒤얽혀 있으며, 거기에서 당신 기업을 디지털 세계에 맞는 기업으로 재창조하는 데 필요한 전략적 조치들이 생겨난다. 승리하는 데 필요한 그 세 가지 조치들이 바로 다음 장의 주제이다.

PART 3

승리를 가져다줄 세 가지 조치

CHAPTER

06

생태계를 지휘하고 생태계에 참여하라

1984년 1월 24일, 최초의 맥킨토시 컴퓨터를 소개하기 위해 애플의 연례 주주총회 때 무대에 오른 애플의 최고경영자 스티브 잡스는 이렇게 말문을 열었다.[1]

"지금은 1984년입니다. IBM은 모든 걸 원하는 것 같습니다. 애플은 IBM과 대등한 경쟁을 벌일 수 있는 유일한 기업으로 여겨집니다. 처음에 두 팔을 벌려 IBM을 환영했던 딜러들은 이제 IBM이 미래를 지배할까 두려워합니다. 그래서 미래에 자신들에게 자유를 보장해 줄 유일한 희망인 애플에 점점 더 기대려 합니다. IBM은 모든 걸 손에 넣고 싶어 하며, 그래서 업계 장악에 방해가 되는 마지막 걸림돌인 애플에 총구를 겨누고 있습니다. 빅 블루(제품들이 주로 청색인 데서 온 IBM의 애칭 - 옮긴이)는 과연 컴퓨터 업계 전체를 지배하게 될까요? (청중들이 "아뇨!"라고 외친다.) 정보 시대 전체를 지배하게 될까요? ("아뇨!") 조지 오웰의 예언이 맞았던 걸까요? ("아뇨!")"

그 당시 IBM은 대형 컴퓨터 분야를 석권하고 있었고, 실리콘 밸리의 한 허술한 차고 안에서 개발된 애플의 개인용 컴퓨터(PC)는 컴퓨터 업계의 현상을 타파할 최초의 혁신으로 여겨지고 있었다. 그에 대한 IBM의 대처는 자신들의 개인용 컴퓨터를 만드는 것이었지만 신제품 출시를 앞당기기 위해 운영체제(OS) 개발은 외부의 한 공급업체에 맡기기로 했다. 그 외부 업체를 마이크로소프트로 선택하면서 IBM은 마이크로소프트를 위협으로 여기지 않았다. IBM의 전략은 애플을 꺾기 위해 마이크로소프트의 브랜드 파워와 그 유통 채널들의 힘을 활용하자는 것이었다. 그런데 IBM의 의도와는 달리, 개인용 컴퓨터 시장의 경쟁은 IBM과 애플의 경쟁이 아닌 IBM PC와 윈도즈의 경쟁으로 흘러갔다. 1990년대 초에 이르러 애플 컴퓨터 시장은 교육용 컴퓨터와 탁상출판(개인용 컴퓨터를 이용한 출판 - 옮긴이)이라는 틈새시장에 국한된다. 반면에 마이크로소프트의 최고경영자 빌 게이츠는 계약에 따라 IBM에 소프트웨어를 판매하게 된 기회를 최대한 잘 활용해 시장의 지배자로 올라섰다. 마이크로소프트는 자신들의 윈도즈 운영체제를 IBM뿐 아니라 컴팩, 델, 게이트웨이, 도시바, 소니 같은 개인용 컴퓨터 제조업체들에도 판매한 것이다.

여러 생태계의 기업들과 관계를 맺으라

향후 10여 년간 디지털 변화에서 승리를 가져다줄 조치들을 취해야 하는 상황에서 마이크로소프트의 사례는 좋은 교훈이 된다. 마이크로소프트의 사례는 생태계 내에서의 두 가지 중요한 역할, 즉 '지휘'와 '참여'가 돋보이는 사례이기 때문이다. 승리를 가져다줄 첫 번째 조치는 당신 기업이 여러 생태계에 걸쳐 구축한 다른 기업들과의 관계를 적절히 관리하는 것이다. 산업 시대의 업계들에서는 수직적인 통합을 가장 잘 하는(예를 들어 제품이든 서비스든 주요 자산들을 처음부터 끝까지 다 소유하는) 기업들이 해당 업계를 이끈다.

1980년대에는 그 대표적인 예가 IBM이었는데, 그건 IBM의 대형 컴퓨터 시스템들이 특허받은 자신들의 하드웨어, 소프트웨어, 서비스들로 구성된 데다가 그 모든 게 패키지 제품으로 판매됐고, 다른 기업의 컴퓨터 시스템은 전혀 개입되지 않았기 때문이다. 그러니까 IBM에서 주는 대로 받아야 할 뿐 달리 선택의 여지가 거의 없었던 것이다. 아니면 디지털 이퀍먼트, 데이터 제너럴, 후지쯔, 왕[2] 같은 경쟁 기업들한테 완제품 형태로 구입해야 했다.

그러나 디지털 시대에는 가상 통합을 가장 잘 하는(예를 들어 가장 뛰어난 제품 및 서비스 공급업체들을 끌어 모으고 잘 관리해 시장을 지배하는) 기업들이 해당 업계를 이끈다. 윈도즈 운영체제를 도입했을 때의 마이크로소프트가 그 좋은 예이다. 그들은 IBM이나 애플처럼 자신들의 운영체제를 폐쇄적인 방식으로 운영하지 않고 다른 기업들의 제품에 넣어 쓸 수 있게 했다. 다시 말해 IBM은 완성된 제품을 제공했지만 마이크로소프트는 플랫폼을, 그러니까 하드웨어와 다른 앱들 사이에 끼워 넣는 특허 낸 소프트웨어를 제공한 것이다. 그 덕에 다른 기업들 역시 마이크로소프트의 그 플랫폼에 자신들의 제품을 추가해 수익을 창출할 수 있었다. 결국 마이크로소프트는 하드웨어 및 소프트웨어 공급업체들, 개발자들 그리고 자신들의 플랫폼에 제품과 서비스를 제공하는 소매업체들과 함께 하나의 생태계를 구축했다.

그리고 많은 사람들이 갖고 있는 오해와 달리, 생태계에는 명백한 리더와 추종자들이라는 나름대로의 위계질서가 있다. 나는 생태계의 리더들을 지휘자(orchestrator)라 하고, 추종자들을 참여자(participant)라 한다. 어떤 생태계가 번성하고 성장하고 승리하려면 둘 다 필요하다. '지휘'는 서로 다른 업계 내에서 서로 다른 사업 모델과 서로 다른 힘을 갖고 있는 기업들을 끌어 모아 전통적인 업계의 경계들을 초월해 서로 연결하는 것이다. '참여'는 당신 기업의 핵심적인 힘을 잘 알고 다른 기업들이 당신 기업에 연결될 수 있게 허용함으로써 혼자 힘으로는 만들 수 없는 보다 큰 가치를 만들어내는 것이다.

지휘하며 생태계를 이끌라

IBM은 1970년대와 1980년대에 특허를 낸 대형 컴퓨터들의 모든 요소들을 하나로 묶는 시스템 통합자로서 매출을 늘리고 수익을 올렸다. 반면에 가정과 사무실에서 개인용 컴퓨터가 널리 쓰이게 된 1990년대에 마이크로소프트는 윈도즈-인텔 개인용 컴퓨터 생태계의 지휘자로서 매출을 늘리고 수익을 올렸다. 결국 마이크로소프트는 컴퓨터를 구성하는 많은 요소들 중 일부만 장악하고 있음에도 불구하고, 가치의 중심을 IBM에서 상호보완적인 게임 참가자들의(마이크로소프트 플랫폼에 다양한 제품과 서비스와 솔루션을 제공하는) 생태계로 옮겨버렸다.

마이크로소프트는 인텔과 손잡고 윈도즈 플랫폼을 공동 제작했고 델과도 제휴를 맺었는데 델은 보다 뛰어난 공급망 덕에 주문형 PC 제작에 아주 유리했으며, 자체 매장 없이도 윈텔 플랫폼의 주요 판매점으로 부상했다. 마이크로소프트는 휴렛-팩커드, 엡손, 코닥 등과도 제휴를 맺었고 그들의 스캐너와 프린터들은 PC 사용자들에게 더 큰 가치를 제공했다. 본질적으로 컴퓨터 소프트웨어 측면에서는 자신들의 윈도즈 운영체제를 통해 그리고 컴퓨터 애플리케이션 측면에서는 오피스 슈트를 통해 마이크로소프트는 컴퓨터 칩(인텔)에서 서비스와 솔루션(액센추어, EDS)에 이르기까지 모든 것을 망라했으며 PC의 디자인 및 제조, 판매, 서비스 분야의 모든 관계를 관리했다.

컴퓨터 업계의 주요 사업 논리는 각종 서비스로 둘러싸인 하드웨어(또는 제품)로서의 컴퓨터를 판매하는 것에서 맞춤형 애플리케이션과 그 사용 플랫폼을 통한(상호보완적인 제품 및 서비스와 함께) 컴퓨팅 솔루션을 판매하는 것으로 바뀌었다. 분명 개별 제품(스캐너, 프린터, 소프트웨어 애플리케이션 등)과 서비스(환경 설정, 시스템 통합, 컨설팅 서비스 등)는 여전히 필요했지만, 마이크로소프트는 그 모든 것들을 보다 넓은 플랫폼과 솔루션의 일부로 서로 연결해 새로운 가치를 만들어냈다. 그 덕에 고객들은 이런저런 혜택을 보았고, 플랫폼에 참여한 세 종류의 게임 참가자들은 모두 혼자서는 올릴 수 없었을 매출과 수익을 올렸다.

상호보완적인 게임 참가자들을 끌어들여 이 같은 네트워크 시스템을 만들 수 있게 PC 운영체제를 디자인함으로써 마이크로소프트는 플랫폼 설계자로서 새로 창출된 가치의 상당 부분을 손에 넣었을 뿐 아니라 PC 생태계를 지휘할 지위까지 거머쥐었다.

빌 게이츠는 이 무렵 애플의 최고경영자 존 스컬리에게까지 손을 뻗쳐(그 당시 스티브 잡스는 최고경영자 자리에서 축출된 상태였음)[3] 자신이 IBM과 호환되는 하드웨어를 제작하는 업체들을 위한 윈도즈 생태계를 지휘한 방식 그대로 애플의 생태계를 관리해 보면 어떻겠냐는 제안을 했다. 그러나 스스로를 모든 요소의 통합자로 보고 있던 애플은 그 제안에 별 관심을 보이지 않았다. 세상을 여러 생태계 내의 플랫폼들로 보지 않았던 것이다. 그 당시 경영인들 사이에서 산업 시대 기업의 통합 논리는 쉽게 이해됐지만 생태계 지휘라는 새로운 역할은 비교적 생소했고, 그래서 2000년 말까지 계속된 마이크로소프트의 전성기는 PC 생태계의 지휘자로서의 역할에 의존하는 바가 컸다.

마이크로소프트가 어째서 윈도즈와 PC에서의 초창기 장점을 잘 살려 모바일 분야(애플은 2007년에야 이 분야에 진출해 지난 10년간 지배해 오고 있음), 검색 분야(구글은 1998년에 이 분야에 진출해 지금까지 지배해 오고 있음) 그리고 소셜 분야(페이스북은 2006년에 이 분야에 진출해 지금까지 지배하고 있음)로까지 자신의 생태계를 확대하지 못했는가 하는 건 또 다른 얘기지만 어쨌든 마이크로소프트의 이 사례는 생태계가 얼마나 역동적인지를 잘 보여주는 사례이다. 앞에서도 얘기한 것처럼 과거의 성공은 결코 미래의 성공을 보장하지는 못한다. 따라서 마이크로소프트가 아무리 한때 PC 생태계를 지휘했다고 해도(그리고 지금까지 그러고 있다 해도), 모바일 및 검색, 소셜 분야와 다른 새로운 분야들에서의 역할은 지휘자보다는 참여자에 더 가깝다.

오늘날의 디지털 경제에서 생태계는 사업을 하는 데 반드시 필요한 부분이다. 그래서 이제는 모든 기업이 이렇게 자문해야 한다. "우리는 지금 생태계를 지휘하려 하는가 아니면 단순히 생태계에 참여하려 하는가?" 이제 이 질문에 보다 자세히 답하려 한다.

참여하여 생태계를 지원하라

모든 생태계에는 서로 다르면서도 서로 연결되어 있고 상호의존적인 역할들을 하는 많은 참여자들이 있다. 그리고 서로 보완적인 제품이나 서비스를 제공하는 다른 많은 참여자들로 이루어진 생태계가 강력하고 활기차다. 고객들 역시 그처럼 다양한 생태계를 선호한다.

바로 앞의 제5장에서 나는 네 가지 대표적인 사업 모델들을 소개했다. 거기서 나는 우리 모두에게 익숙한 제품과 서비스에 플랫폼과 솔루션을 추가했었다. 생태계 내에서 각 모델이 나름대로의 독특한 전문지식을 제공하고 서로 다른 가치를 전달한다는 얘기도 했었다. 물론 우리는 여기서 플랫폼과 솔루션이라는 보다 새로운 두 가지 사업 모델의 독특한 특징들에 더 주목할 필요가 있다. 플랫폼이라는 사업 모델에서 우리는 다양한 제품과 서비스를 연결함으로써 플랫폼 그 자체에 연결된 게임 참가자와 제품 및 서비스의 수를 극대화하려 하며, 또 고객들에 의한 채택 규모를 확대하려 애쓴다. 그리고 솔루션이라는 사업 모델에서는 서로 관련된 게임 참가자들과 제품 및 서비스를 한데 끌어 모은 뒤, 그 모든 걸 통합해 특정 고객들의 필요를 충족시켜 주려 애쓰며 그것을 통해 매출을 늘리고 수익을 올린다.

기업 워크숍에서 이 같은 네 가지 사업 모델들에 대해 설명할 때, 나는 대개 경영인들에게 그들의 기업은 어떤 분야에 강점이 있는지 또 앞으로 나아가려면 어떤 분야에서 차별화를 꾀해야 하는지를 잘 생각해 보라고 말한다. 대개의 경우 그 경영인들은 곧바로 네 가지 사업 모델 전부를 따르고 싶어 한다. 그러면 나는 각 모델 간에는 갈등 같은 게 내재돼 있기 때문에 네 가지 사업 모델을 전부 채택하는 것은 좋은 전략이 못 되며, 따라서 자신들이 특히 더 잘 해낼 수 있거나 다른 기업들과 손잡고 할 수 있는 사업 모델 하나를 선택해야 한다고 말한다. 그들은 또 늘 플랫폼 설계자나 솔루션 통합자가 되고 싶어 하며, 그러면 나는 또 역시 플랫폼과 솔루션이라는 새로운 두 사업 모델이 언제 어떤 상황에서도 할 수 있는 사업 모델이라고 생각해선 안 된다며 주의를 준다. 결국 당신 기업이 열정을 갖고 잘 할 수 있는 사업 모델을 선택해야 한다. 그리고 더 중요한 것은 이것인데, 생태계를 활기차고 가치 있게 만드는 데 절대적인 기여를 하는 건 독특한 제품과 서비스들이라는 사실을 잊지 마라.

고객들이 무엇을 원하는지는 수시로 변하기 때문에 이 네 가지 사업 모델들이 전부 늘 똑같이 중요하다고 말할 수 없고 늘 모든 생태계에 똑같이 존재하지 않을 수도 있다. 다만 디지털 기술로 서로 연결되어 함께 가치를 제공한다. 그러니까 참여자인 당신 기업 입장에서는 오늘날 당신 기업이 제공하고 있는 가치가 그대로 미래에 제공하게 될 가치가 되는 건 아니라는 걸 이해해야 한다. 사업 모델을 잘 선택하고 상황 변화에 따라 잘 발전시켜 나가야 한다.

전구에서 배우기

네 가지 사업 모델을 활용해 생태계에 참여하는 여러 방법을 설명하기 위해 한 가지 예를 들어보기로 한다. 집에 있는 전구가 나갔다고 가정해 보자. 이 문제를 해결하기 위해선 어떤 사업 모델이 필요하겠는가?

제품 대부분의 경우, 표준적인 제품(전구)이라면 다 용도에 맞는다. 전구는 워낙 오랜 세월 표준적인 포맷과 형태로 디자인되고 제작되어 왔으며 전통적인 매장들을 통해 유통되어 왔기 때문이다. 그래서 나는 동네 편의점이나 슈퍼마켓 같은 데 가서 전구를 사 직접 갈아 낀다. 동네 편의점이나 슈퍼마켓은 분배소 역할을 하며 서비스도 단순해, 전구를 비축해 두는 것 외에 다른 부가가치는 별로 제공하지 못한다. 어쨌든 내 문제는 해결됐다. 그런데 전구 제조업체나 소매점은 자신의 고객인 나에 대해 무엇을 알게 됐을까? 별로 없을 것이다. 그래서 다시 제공되는 가치는 작아진다.

제품+서비스 간단한 맞춤형 서비스인 회원제 서비스(사용자가 일정액을 내면 공급자가 다양한 제품을 값싸게 배달해 주는 유통 서비스 - 옮긴이)를 이용하면 좀 더 편하고 싸게 전구를 교체할 수 있다. 이 경우 제조업체나 동네 소매점은 내가 어떤 전구를 쓰는지 또 얼마나 자주 교체하는지에 대해 좀 더 많은 정보를 축적하게 되며, 그래서 전구를 교체할 때가 다 되어간다는 사실을 알려주거나 아니면 전구가 필요해 전화를 걸 때 내가 정확히 어떤 전구를 필요로 하는지를 알 수도 있다. 그러나 이 역시 내가 전구를 사 직접 갈아 끼는 형태이며, 그래서 약간의 맞춤형 서비스를 제공하긴 하지만 부가가치는 별 게 없다. 그리고 여전히 나에 대해 아는 게 별로 없다.

제품+서비스+플랫폼 그러나 예를 들어 내가 집안의 전구들을 스마트폰 앱을 통해 내가 갖고 있는 알람 장치나 음악 재생기에 연결하려 한다고 가정해 보자. 나는 알람을 해제시키고 현관문을 열자마자 바로 집안 전구들이 켜지고 동시에 내가 좋아하는 음악이 흘러나오게 하고 싶다. 이제 내 전구들은 단순히 표준적인 스위치로 작동되는 표준적인 독립형 제품들이 아니다. 내 전구들은 이제 와이파이와 블루투스 네트워크에 연결되고, 사물 인터넷의 일부로 내 알람 장치와 음악 재생기에 연결된다. 그러니까 이제 나는 제품(예를 들어 필립스의 전구)과 플랫폼(삼성의 스마트 홈이나 애플의 홈키트)과 서비스(소매업)를 동시에 다루고 있는 셈이다. 동네 편의점이나 슈퍼마켓에 찾아가 전구를 살 수도 있겠지만 온라인에서 전구를 주문하거나 대시 버튼(아마존이 내놓은 원클릭 쇼핑 기기로, 버튼을 누르면 특정 제품을 자동 주문할 수 있음 - 옮긴이)만 누르면 아마존이나 다른 전자상거래 매장에서 직접 재주문할 수도 있을 것이다. 스마트폰으로 전구를 재주문해 배송되길 기다렸다가 직접 갈아 낄 수도 있다. 어쨌든 내 문제는 해결된다.

그리고 전구 제조업체나 플랫폼 제공업체 또는 소매업체는 고객인 나에 대해 무얼 알게 될까? 제조업체는 자사 제품의 사용 패턴에 대해 알게 될 것이고, 소매업체는 내 전구 구매 습관을 파악해 그걸 내가 구입하는 다른 가정용품들의 정보에 연결할 수 있을 것이다. 그리고 플랫폼 제공업체는 내가 전구를 플랫폼 내 다른 제품 및 서비스들과 어떻게 연결해 사용하는지에 대해 알게 될 것이다. 이 모든 정보들을 가지고 전구 제조업체나 플랫폼 제공업체 또는 소매업체는 자신들의 사업 모델을 미세 조정해 정확히 원하는 것을(나조차도 아직 모르는 상황에서) 내게 줄 수 있다. 결국 제품과 서비스에 플랫폼을 더한 사업 모델은 상당한 부가가치를 제공할 수 있게 된다.

자, 예를 살짝 바꿔보자. 나는 이제 기존 전구를 교체하는 게 아니라 주방 전체를 새로 디자인하면서 스마트폰 앱으로 작동되는 전구들을 선택해야 한다. 이 문제를 해결하려면 어떤 사업 모델이 필요할까?

제품+서비스+플랫폼+솔루션 나는 여전히 제품(전구)과 플랫폼(삼성의 스마트 홈 또는 애플의 홈키트)과 서비스(소매업)가 필요하다. 그리고 조사를 하고 전구를 주문하고 그걸 직접 갈아 낄 수도 있다. 아니면 내가 필요로 하는 것들을 솔루션 설계자(예를 들어 스마트 홈 기술 디자이너)에게 구체적으로 알려주어 그 솔루션 설계자가 적절한 서비스(예를 들어 디자인과 유지 보수)가 딸린 가장 우수한 개별 제품들(전구)을 찾아내 현재의(아니면 새로운) 내 홈 네트워킹 플랫폼에 연결시켜 주는 일을 하게 된다. 바로 이 대목에서 세 종류의 게임 참가자들과 상호보완적인 네 가지 사업 모델이 나타나 고객인 내게 가치를 주게 된다. 다시 말해, 네 가지 사업 모델이 나와 다른 고객들이 안고 있는 문제들을 해결해 줄 네 가지 방법이 되는 셈이다.

게다가 이 네 가지 사업 모델은 상호의존적이다. 어떤 경우에는 서로 다른 사업 모델을 갖고 있는 기업들이 힘을 합쳐 고객들에게 보다 큰 가치를 제공하기도 하고, 또 어떤 경우에는 한 가지 사업 모델이 가치의 보다 큰 지분을 제공하기도 한다. 그리고 상황에 따라서는 네 가지 사업 모델 중 한 가지 사업 모델을 추구하는 기업이 지휘자나 참여자의 역할을 하기도 한다.

나는 당신에게 이 네 가지 사업 모델 중 한 가지 모델을 골라보라고 권하고 싶다. 당신 기업의 경우 제품, 서비스, 플랫폼, 솔루션이라는 이 네 가지 사업 모델 중 어떤 사업 모델이 맞는가? 다른 세 가지 사업 모델도 당신 기업과 관련이 있는가? 어떤 기업이 보다 큰 가치 지분을 놓고 당신 기업과 경쟁 중인가? 미래에 보다 큰 가치 지분을 확보하려면 어떤 위험을 무릅써야 하는가? 당신 기업은 앞으로 어떤 사업 모델을 추구하고자 하는가? 이 질문들에 대한 답은 고객에 따라 또 상황에 따라 달라질 수 있지만 당신은 서로 다른 사업 모델들에 의한 서로 다른 역할들을 보게 될 것이다. 제품과 서비스는 흔히 볼 수 있는 전통적인 사업 모델이지만 플랫폼과 솔루션이라는 사업 모델의 잠재적 역할은 디지털화가 진행되면서 보이기 시작한다. 그래서 설사 당신 업계에 아직 플랫폼과 솔루션이라는 사업 모델이 나타나지 않았다 해도 곧 나타나게 될 것이다. 이 새로운 두 가지 사업 모델(플랫폼과 솔루션)은 산업 시대의 두 가지 사업 모델(제품과 서비스)과 상호보완적이며 생태계에서의 지휘자 역할을 결정짓는 데 도움을 준다.

스마트폰에서 배우기

피처폰이 이동통신 시장을 지배하던 시절의 일들이 기억나는가? 노키아와 모토롤라와 블랙베리가 제품 리더들이었고 AT&T와 보더폰, 버라이즌, 텔레포니카, NTT 도코모 같은 통신업체들이 서비스를 제공했다. 심비안이 대표적인 플랫폼으로, 노키아나 소니 에릭슨, 비자, AT&T, 보더폰, 차이나 모바일 같은 생태계 멤버들과 ARM과 브로드컴 같은 반도체 제조업체들 대신 소프트웨어 개발을 지휘했다. 또한 그 당시에는 전 세계 거의 모든 이동통신 시장에서 통신업체들이 생태계를 지휘했다. 그들이 전화기 제조업체들을 거느렸고 어떤 제조업체 제품을 판촉할 것인지를 결정했으며 고객 관계도 관리했다. 이동통신망 설치 및 업그레이드는 물론 서비스 품질도 통신업체들의 책임이었다.

그러다가 2007년 이동통신 시장이 피처폰에서 스마트폰으로 이동되면서 이번에는 애플이 생태계를 점령하게 된다. 애플은 특허 낸 자신들의 운영체제 iOS를 광대역 이동통신 생태계의 중심에 놓았고, 자신들의 앱 스토어를 통해 고객 관계를 장악했다. 통신업체들은 여전히 이동통신 서비스를 제공했고(대부분의 국가에서 그들만이 허가를 받았으므로), 앱 개발자들은 여전히 앱을 제작할 수 있었지만 그들은 애플의 iOS 플랫폼을 통해서만 애플 아이폰 고객들에게 접근할 수 있었다. 그러다가 2008년에 구글이 애플 iOS의 대안으로 안드로이드를 내놓았으며 그걸 통해 독자적인 생태계를 구축하는 데 성공하게 된다. 현재 애플과 안드로이드는 거의 30억에 달하는 디바이스를 거느린 생태계를 지배하고 있을 뿐 아니라(디바이스 수에서는 안드로이드가 분명 애플에 앞섬), 스마트폰 생태계를 지휘할 권리도 갖고 있다. 통신업체들에게서 그 권리를 넘겨받은 것이다.

스마트폰 시스템 내에서의 삼성의 역할을 보면 생태계의 지휘자와 참여자 간에 흐르는 다이내믹한 긴장감을 이해하는 데 도움이 된다. 최고급 안드로이드 제품들을 앞세워 애플과 치열한 경쟁을 벌이고 있고 안드로이드 생태계의 공동 지휘자로 여겨지기도 하는 삼성은 제3의 생태계를 만들기 위해 인텔과 손잡고 자신들의 독자적인 운영체제 타이젠을 만들어냈다. 그러나 현재까지 앱 개발자들은 타이젠을 위해서는(구글의 안드로이드 경우와는 달리) 유명한 앱이나 독점적인 앱들은 별로 개발하지 않고 있다. 참여자들이 지원하는 네트워크 효과(특정 상품에 대한 수요가 다른 사람들에게 영향을 주는 효과 - 옮긴이)가 없는 상태에서 삼성은 자신들의 사업 모델을 제품에서 플랫폼으로 옮기는 일에 성공하지 못하고 있는 것이다. 그 결과 삼성은 현재 자신들이 만든 타이젠 생태계의 지휘자 역할은 하지 못하고 계속 안드로이드 생태계의 참여자 위치에 머물고 있다.

스마트폰 생태계의 사례를 통해 우리는 생태계 지휘라는 게 얼마나 다이내믹한 일인지, 또 전통적인 사업 모델의 원칙들과 얼마나 다른지를 알 수 있다. 과거에 어떤 사업 모델(통신업체들의 사례에서 서비스 제공)이나 플랫폼(마이크로소프트의 사례에서 개인용 컴퓨터)의 지휘자가 될 수 있었다 해서 새로운 플랫폼(애플과 안드로이드의 사례처럼)에서도 지휘자 역할을 하게 될 거라는 보장은 없다. 또한 어떤 생태계에서 아주 큰 영향력을 지닌 참여자(삼성)가 되었다고 해서 생태계 지휘자로 나서려 할 때 다른 게임 참가자들이 지지한다는 보장도 없다.

오늘날 스마트폰 생태계를 지휘하고 있는 두 기업은 자신의 플랫폼을 소유하고 있는 기업들이다. 그들은 네 가지 사업 모델들의 교차 지점에서 사업 가치가 만들어지고 분배되는 과정까지 지배할 수 있다. 이제껏 봐왔듯, 제품과 서비스 사업 모델 그 자체는 규모와 범위, 속도 면에서 고객의 문제들을 해결해 주지 못한다.

현재는 플랫폼 사업 모델들이 지배하고 있는데 솔루션 사업 모델들은 돈이 많이 드는 데다 아직 제대로 자리 잡지 못했기 때문이다. 그러나 모바일 세계가 '앱'에서 '봇'으로 진화해 가는 과정에서 솔루션 통합자들은 각종 앱들과 서비스들 사이에서 타협점을 찾아 문제를 해결하는 새로운 생태계를 만들 수 있으며, 그런 생태계들 안에서 충분한 가치를 만들어내 생태계 지휘자로 나설 지위를 얻을 수도 있다.

우리는 여전히 지휘에 대해 배우고 있다. 마이크로소프트는 한때 다른 대안이 없는 상황에서 윈도즈 운영체제를 가지고 생태계를 지배할 수 있었지만 이제 그런 시대는 갔다. 현재 애플은 특허를 낸 자신들의 제품들에서 가치를 만들어내는 일과 자신의 생태계에 참여하는 다른 기업들에게 충분한 인센티브를 주는 일 사이에서 아슬아슬한 줄타기를 하고 있다. 애플은 다른 하드웨어 제조업체들이 아이폰이나 맥킨토시 컴퓨터 같은 자신들의 제품군에 도전하는 것을 달가워하지 않는다. 그러나 마이크로소프트나 구글 등 다른 기업들이 자신들의 컴퓨터와 스마트폰, 시계 등에서 (그리고 어쩌면 미래에는 자신들의 텔레비전과 다른 제품들에서도) 소프트웨어 앱들을 돌리는 건 허용하고 있다. 당신 자신의 기업을 돌아보면서 현재 당신 기업이 속해 있거나 앞으로 속할 가능성이 있는 생태계들에 대해 잘 살펴보도록 하라. 누가 다양한 플랫폼들을 지배하고 있는가? 당신 기업은 어떤 가치를 다른 게임 참가자들에게 주고 있는가? 무엇보다 먼저 당신 기업만의 독자적인 힘을 확립하도록 하라. 그래야 생태계 내에서 당신 기업에 첫 승리를 안겨줄 조치를 어떻게 취할 것인지를 결정하는 데 도움이 된다.

당신 기업이 할 수 있는 최고의 역할을 결정하라

지금까지 봐왔듯, 어떤 생태계에서든 당신 기업이 선택할 수 있는 옵션은 두 가지이다. 그중 하나는 다양한 블록들을 잘 짜맞추어 고객들에게 최고의 가치를 제공하는 것이다. 또 하나는 당신 스스로 생태계의 참여자가 되어 생태계를 돋보이게 해줄 중요한 제품 및 서비스를 한 가지 이상 제공하는 것이다. 모든 여건하에서 전자가 반드시 후자보다 더 나은 옵션은 아니다. 당신 기업은 자신의 기술과 능력에 가장 잘 맞는 옵션을 선택해야 한다. 그렇다면 어느 쪽이 더 나은 가치를 주리라는 걸 어떻게 알 수 있을까? 어느 쪽이 승리를 가져다줄 조치일까?

우리는 이 질문들에 대한 답을 전기 구동 장치와 클라우드 연결이 점점 더 중요해지는 자동차 생태계의 발전적인 변화에서 찾을 수 있다. 전통적인 자동차 생태계는 공급망과 유통 채널들을 장악한 개별 자동차 제조업체들을 중심으로 구축되어 있었다. 그들은 다양한 형태의 단기 계약과 장기 계약을 통해 자동차 제작 전 과정의 가치 사슬들을 통합했다. 사실상 중요한 각 자동차 제조업체가 자신의 폐쇄적인 생태계의 지휘자 역할을 할 것이다. 최근 들어 적어도 두 디지털 거인들이 미래의 자동차 분야에 영향력을 행사하는 일에 관심을 보여왔다. 알파벳은 안드로이드 오토 생태계를, 애플은 애플 카플레이 생태계를 갖고 있으며 현재 두 기업 모두 중요한 자동차 제조업체들과 파이어니어, 켄우드 같은 자동차용 전자제품 업체들을 상대로 구애 중이다.

당신 기업이 만일 기존 자동차 제조업체들 중 하나라면 다음과 같은 질문들에 답해야 할 것이다.

당신 기업은 구글과 애플이 관심을 보이고 있는 디지털 자동차 생태계에 참여해야 할까?

스마트폰 앱을 통해 지휘되는 자동차 핵심 기능을 제공하는 소프트웨어가 갈수록 중요해지는 상황에서 대개의 경우 이 질문에 대한 답은 '예스' 일 것이다. 그러나 당신 기업이 가까운 미래에 구글이나 애플의 생태계에 맞설 생태계를 발표할 계획이라면 이 질문에 대한 답은 '노' 일 것이다. 그러나 설사 당신 기업이 다른 디지털 거인과 손잡고 또는 혼자 새로운 생태계를 구축할 야심을 갖고 있다 해도 구글이나 애플의 생태계에 참여하는 것이 도움이 될 것이다. 디지털화가 얼마나 복잡한지, 또 디지털화가 자동차에 어떤 영향을 주는지에 대해 많은 걸 배울 수 있을 테니 말이다. 또한 디지털 거인들이 미처 손대지 못한 분야들을 발견할 수도 있고, 그럴 경우 애플 카플레이와 안드로이드 오토를 보완해 줄 당신 기업만의 틈새 생태계를 구축할 수도 있을 것이다.

당신 기업이 기존 자동차 제조업체들 중 하나일 경우 답해야 할 또 다른 질문은 다음과 같다.

당신 기업은 두 생태계 모두에 참여해야 할까? 여기에서 당신 기업은 중요한 전략적 선택을 하게 된다. 자동차 업계에 속한 당신 기업의 고객들은 안드로이드 운영체제나 애플의 운영체제 둘 중 하나를 쓰지 한 번에 둘 다 쓰는 경우는 거의 없다는 사실이 당신 기업의 선택에 큰 영향을 줄 것이다. 당신 기업이 어느 한 생태계를 멀리할 경우 그 생태계에 속한 고객들과 소원해지게 되므로 아마 두 생태계 모두에 신경을 써야 할 것이다. 전략적으로 봤을 때, 특별히 한 생태계에 치우쳐야 하는 경우가 아니라면 두 생태계 모두에 참여하는 게 좋다. 구글이나 애플이 비교적 적은 고객을 거느리고 있다면(윈도즈 전화기나 블랙베리 전화기의 경우처럼) 얘기는 달라지겠지만 현재 자동차 업계에서 그 두 기업이 차지하고 있는 전 세계적인 영향력이나 위치 같은 걸 감안한다면 두 생태계 모두에 참여하는 게 좋은 것이다. (물론 환경이 변한다는 것, 꼭 최선의 선택이 아닐 수도 있다는 것을 명심하라.)

자, 이제 좀 더 깊은 전략적 사고를 해보자.

당신 기업은 두 생태계 중 한 생태계와 더 긴밀한 관계를 맺어야 할까? 당신 기업이 자동차 제조업체라면 안드로이드나 애플과 손잡고 일할 경우 자동차 계기판과 더 긴밀한 통합 작업을 이뤄낼 수 있게 될지, 아니면 당신 기업이 만드는 자동차가 두 디지털 거인의 소프트웨어를 뒷받침하는 하드웨어 껍데기로 전락하면서 당신 기업 역시 파멸의 길을 걷게 되는 건 아닌지를 꼼꼼히 따져봐야 한다. 이는 애플 카플레이나 안드로이드 오토가 현재 제공하고 있는 기능의 수준이 어느 정도인가 하는 문제가 아니라 5년 정도 후에 과연 자동차를 클라우드에 연결된 바퀴 달린 컴퓨터로 변화시킬 만큼 이런 소프트웨어와 앱들이 발전될 수 있는가 하는 문제다. 이 문제를 생각하다 보면 다음 질문에 이르게 된다.

당신 기업은 애플과 안드로이드 생태계 모두에 연결된 미니 생태계를 지휘할 수 있는가? 이쯤에서 당신 기업은 관련 요소들에 대해 보다 폭넓게 살펴볼 필요가 있다. 그러니까 이동통신의 자동차 연결을 선언한 AT&T 같은 통신업체들, 보슈와 다나 인코포레이티드 그리고 구글과 함께 타이어 성능을 극대화하는 실험을 해온 독일의 콘티넨탈 타이어 같은 자동차 하부 시스템 제조업체들, 도요타 자동차들을 클라우드에 연결하는 방법들을 선보여온 세일즈포스닷컴 같은 클라우드 컴퓨팅 제공업체들, 볼보와 함께 볼보 클라우드를 구축하고 운영하면서 자동차들을 연결하고 또 스웨덴과 노르웨이의 지방 정부들과 함께 데이터를 수집 중인 소니 에릭슨 등에 대해서도 살펴보는 것이다.

앞서 나는 당신 기업에게는 생태계 안에서 지휘자가 되거나 참여자가 되는 두 가지 옵션이 있다는 말을 했었다. 그러나 사실 이 두 가지 역할은 생태계 내에서의 양 극단에 속한다. 생태계는 계속 변화하기 때문에 기업의 역할 또한 변화할 수 있다. 조금이라도 더 많은 매출과 수익을 올리고 자 하는 참여자들은 다른 참여자들과 손잡고 보다 큰 생태계 내의 미니 생태계를 구축할 수 있다. 결국 애플과 안드로이드가 자동차 생태계 지휘자로서 얼마나 큰 지배력을 발휘하느냐 하는 건 자동차 관련 제품 및 서비스 기업들이 어느 쪽 플랫폼을 더 많이 지지해 주느냐에 달려 있다. 당신 기업이 절대적인 영향력을 갖고 있진 못하지만 당신 기업의 행동 하나 하나가 생태계와 그 지휘자의 성공에 중요한 것이다. 자동차 업계의 기존 기업들 중 하나인 당신 기업 입장에서는 생태계에 참여하지 않고 수수방관할 수 있는 옵션은 없다. 디지털 사업 세계로 뛰어들어 이미 그 생태계의 지휘자가 되기로 작정한 하나 이상의 게임 참가자들과 보조를 맞춰야 하는 것이다.

아니면 당신 기업 스스로 필요한 새로운 역량들을 인수하고 필요한 제휴 관계를 맺어야 하는데 이는 단순한 전술적 결정이 아니라 당신 기업의 미래 자체를 뒤바꿔놓을 중차대한 결정이다. 디지털 변화의 초기 단계에서는 디지털 거인들이 생태계의 지휘자로 나서는 데 이점이 있다. 그들은 생태계를 이끄는 데 필요한 규모와 범위를 이미 갖추고 있기 때문이다. 그러나 훗날 기존 기업들이 그 이점을 되찾아갈 수도 있다.

기존 기업들 중 하나인 당신 기업이 직면한 가장 중요한 전략적 의문은 이것이다. 자동차 업계가 변화하는 상황에서 당신 기업이 나름대로의 역할(참여자 또는 지휘자로서의 역할)을 통해 경제적 부가가치의 적정 지분을 확보하려면 디지털 거인들 및 다른 기업들과 어떤 관계를 유지해야 할까?

월마트에게서 배우기

이제 자동차가 아닌 소액 결제라는 다른 생태계를 들여다보자. 이 생태계에서는 지금 보안 시스템이 마그네틱 카드와 칩앤핀(신용카드에 내장된 칩을 통해 비밀번호 입력으로 신분 확인을 하는 방식 - 옮긴이)에서 스마트폰에 내장된 소프트웨어 앱들로 변화되고 있다. 컴퓨터 단말기와 카드 판독 장치들을 비롯한 합법적인 인프라 때문에 이 변화는 하룻밤 새에 일어날 수는 없지만 어쨌든 분명한 건 지금 그런 변화가 일어나고 있다는 점이다. 여기서도 다시 애플과 구글이 애플 페이와 안드로이드 페이를 앞세워 잠재적인 지휘자로 부상하고 있다. 그리고 이동통신 광대역의 경우에서와 마찬가지로, 삼성은 이 생태계에서도 보다 중심적인 역할을 하려는 야심을 갖고 있으며 실제 독자적인 삼성 페이도 갖고 있다. 물론 이 생태계에도 전통적인 게임 참가자들, 이를테면 신용장 개설 은행들(체이스, 뱅크 오브 아메리카, 바클레이즈), 카드 네트워크들(아메리칸 익스프레스, 비자, 마스터카드), 지불 결제 사업자들(페이팔, 스트라이프, 클라나) 등 다양한 서비스 제공업체들이 있다. 향후 10년간 디지털 소액 결제 시스템은 어떻게 진화할 것이며 또 누가 그 생태계를 지휘하게 될까?

앞서 본 질문들과 유사한 다음 질문들을 중심으로, 그리고 월마트 같은 기존 기업의 사례를 통해 지휘 대 참여의 문제에 대한 답을 찾아보도록 하자.

1. 월마트는 구글과 애플이 관심을 보이고 있는 디지털 소액 결제 생태계에 참여해야 할까?
2. 월마트는 두 생태계 모두에 참여해야 할까?
3. 월마트는 두 생태계 중 한 생태계와 더 긴밀한 관계를 맺어야 할까?
4. 월마트가 자신의 독자적인 디지털 역량을 보다 잘 활용해 애플과 안드로이드 생태계 모두에 연결되는 미니 생태계를 지휘할 수 있는 기회가 있을까?

2012년 애플이 애플 페이를 처음 선보였을 때, 월마트는 적어도 전자상거래를 중심으로 한 디지털 소액 결제 생태계를 직접 지휘하고 싶어 했고, 그래서 아마 이 네 질문 모두에 대해 '노'를 했을 것이다. 애플과 구글이 소액 결제 시장에 뛰어들 의사를 드러내기 오래전에 월마트는 비전을 중심으로 한 생태계 안에 상인 컨소시엄을 결성해 모바일 결제 시스템 커런트C를 만들었다. 스스로 자기 자신들의 결제 생태계를 지휘하려 했고, 그걸 세븐-일레븐, 타겟, 베스트 바이, 로즈 같은 소매업체들이 강력 지지했다. 그래서 애플의 소액 결제 생태계에 대한 월마트의 첫 반응은 당연히 그 생태계를 거부하고 미국 내 대형 유통 기업들 간의 컨소시엄인 MCX[4]와 자신들의 커런트C 소액 결제 시스템을 계속 고수하는 것이었다. 스스로 지휘자 역할을 맡고 나선 월마트는 커뮤니티 구성원들을 설득해 애플 페이를 쓰지 않게 했다. 자기 생태계의 참여자들이 경쟁 기업의 생태계에 들어가는 걸 막고 싶었던 것이다.

그러나 생태계 참여자들의 반응은 둘로 나뉘었다. 어떤 참여자들(예를 들어 CVS, 타겟 등)은 자신들의 매장 내에서 애플 페이를 쓰지 못하게 하는 등 계속 MCX의 원래 의도에 충실하려 했고, 또 어떤 참여자들(예를 들어 라이트 에이드 등)은 오로지 기존의 MCX에만 계속 참여해야 할지 아니면 계약 조건 재협상을 통해 애플 페이나 이후 나타날 새로운 생태계에 합류할지를 놓고 고민에 빠졌다. 이 같은 딜레마는 새로운 게임 참가자들이 보다 새로운 옵션들을 제시하면서 핵심에서의 충돌이 일어날 때 흔히 나타나는 반응이었다. 이전보다 생태계 참여 옵션이 더 많아진 상황에서 일부 기업들은 규모와 고객 호응 면에서 앞서고 사용하기도 더 쉽고 신뢰도나 보안성도 더 높은 시스템을 선택하고 싶어 했던 것이다. 그런 기업들은 애플 페이 같은 소액 결제 시스템들이 등장한 뒤 모든 면에서 뒤처지는 커런트C에 더 이상 관심을 보이지 않았다.

월마트는 2015년 말에 이르러서도 여전히 커런트C를 지지하고 있었지만 그 결제 시스템이 다른 소매 기업들로부터 필요한 지지를 받지 못할 거라는 우려 속에 특허를 낸 자신들만의 월마트 페이[5]를 선보여 애플 페이에 대적하려 했다. 월마트의 이 독립적인 결제 시스템은 자신들의 매장들과 고객들 내에서는 흡인력을 갖고 있었을지 모르나(1990년대 말 스토어 로열티 카드의 경우에서처럼 솔깃한 제안들로 마음이 흔들릴 수 있지만) 월마트가 자신들의 소액 결제 생태계의 확실한 지휘자가 되려면 더 많은 참여자들이 필요했다.

현재 월마트는 오프라인 매장들의 수와 매주 또는 매달 쇼핑을 하는 충성도 높은 고객들의 수에서는 소매 업계의 선두를 차지하고 있지만 그렇다고 해서 디지털 소액 결제 생태계의 지휘자가 될 수 있는 건 아니다. 2016년 중반에 이르러 MCX와 커런트C 시스템은 거의 붕괴됐다. 월마트는 여전히 생태계의 지휘자가 될 야심을 갖고 있지만 현재까지로 봐선 소매 기업들의 참여도가 아주 낮은 자신들의 폐쇄적인 결제 생태계만 이끌고 있을 뿐이다.

다른 생태계들로부터 배워라

자동차 업계와 디지털 결제 시스템의 사례는 우리에게 무얼 가르쳐주고 있는가? 당신 기업이 소규모 또는 중간 규모의 기존 기업이라면 아마 디지털 거인들의 사업 규모와 범위에 맞서 생태계들을 효과적으로 지휘할 수는 없을 것이다. 디지털 거인들은 자신들의 기존 생태계를 업계 경계 너머까지 확대할 수 있으며, 또 생태계와 관련된 자신들의 우위를 최대한 잘 활용할 수 있기 때문이다. 결국 당신 기업은 아마 그 모든 생태계에 최소한 하나 이상의 생태계에 참여해야 할 것이다. 당신 기업은 독자적인 역량을 쌓아가면서 당신 기업의 네트워크를 배우고 확장하는 한 방법으로 틈새 생태계의 지휘자로 올라서야 한다. 만일 당신 기업이 보다 규모가 큰 기존 기업이라면 전통적인 당신 업계 내에서의 당신 기업의 규모만으로는 디지털 세계에서 우위를 차지하기 어렵다. 만일 당신 기업이 이미 강력한 디지털 역량을 갖추고 있고 또 활용 가능한 생태계들을 갖고 있다면 그간 쌓아온 주변 기업들과의 관계와 업계 내에서의 좋은 이미지를 앞세워 당신 기업 스스로 생태계의 지휘자가 되는 걸 생각해 보라. 그 경우 당신의 잠재적인 파트너 기업들은 다양한 판단 기준들을 동원해 당신의 생태계를 디지털 거인들의 생태계와 비교해 볼 것이다. 또한 당신 기업이 그간 다른 기업들과 아무리 좋은 관계를 쌓아왔다 해도 아마 그것이 본질적으로 더 우수한 디지털 특성, 즉 경쟁이 치열한 생태계 내에서 활용 가능한 데이터 분석법들과 사생활 보장, 보안, 클라우드 연결보다 더 높은 점수를 받을 수는 없을 것이다.

디지털 거인들은 늘 모든 업계에서 생태계의 지휘자가 되려고 애쓸 것이며, 그래서 당신 기업은 그들이 무얼 하고 있는지를 잘 관찰하고 분석해 그에 대비할 필요가 있다. 또한 디지털 거인들이라고 해서 그 어떤 상황, 그 어떤 분야에서도 타고난 강점이 있을 거라고 생각한다면 그건 잘못된 생각이다. 예를 들어 애플은 그간 새로운 텔레비전 경험이란 측면에선 생태계의 지휘자가 될 수 없었다. 주요 텔레비전 채널들과 케이블 텔레비전 운영업체들이 (아직은) 애플의 조건들에 동의하지 않았기 때문이다. 기본적으로 애플은 아이튠즈와 아이팟을 앞세워 음악 생태계의 지휘자가 됐지만 텔레비전 생태계에서는 아직 그와 같은 방식으로 생태계의 지휘자가 될 힘을 갖지 못하고 있다. 이는 자동차 생태계와 기타 특정 산업 생태계들(식품, 농업, 화학약품 및 비료, 건축, 운송 그리고 아직 뚜렷한 생태계 지휘자가 없는 다른 분야 등)에서도 마찬가지다. GE, 삼성, 보슈, ABB, 지멘스 같은 기업들은 모두 그간 이런 생태계들의 지휘자가 될 의도를 내비쳐왔다.

다시 강조하지만, 생태계의 범위는 역동적이며 다양한 플랫폼과 제품, 서비스 그리고 솔루션들을 갖고 있다. 전통적인 기술과 디지털 기술이 충돌할 경우, 전통적인 업계의 역할은 줄어들며, 매출과 수익을 올리는 전통적인 방법들은 퇴출되고, 힘과 이점으로 여겨지던 과거의 특징들은 더 이상 맥을 추지 못하며, 일부 전통적인 기업 활동들은 저절로 사라진다. 새로 생겨나는 생태계들은 디지털 거인들이 생각하는 사업 모델 중심으로 재편될까 아니면 전통적인 기업들의 공동 노력(아니면 개별적인 노력)에 의해 재편될까? 이는 당신 기업의 디지털 변화 환경을 비롯한 모든 디지털 변화 환경이 직면하고 있는 근본적인 의문이다.

당신 기업은 생태계 지휘자가 되는 데 필요한 것들을 갖추고 있는가?

생태계 지휘자의 역할은 수시로 변한다는(그리고 오랜 기간 지속되지 않는다는) 사실을 깨닫는 게 중요하다. 그러나 가장 뛰어난 지휘자는 생태계의 가치를 극대화하기 위해 선정되며, 생태계에서는 늘 그걸 입증하기 위한 투쟁이 이어지고 있다는 사실 또한 잊지 말아야 한다. 소액 결제 생태계와 그 안에서 이어지고 있는 월마트의 투쟁은 그 대표적인 사례이다. 성공적인 생태계 지휘자는 다음과 같은 여섯 가지 특징을 입증해 보여야 한다.

비전 생태계 지휘자는 고객들의(또는 사회의) 중요한 문제들을 해결해 줄 매력적인 비전을 제시한다. 도시 내에서의 운송 및 이동성 문제로 고객들에게 도움을 주겠다는 우버의 목표가 좋은 예이며, 적절한 가격대에 스마트폰 채택을 촉진시키겠다는 구글의 비전 또한 좋은 예이다. 애플의 비전은 개인 건강 생태계의 지휘자가 될 수 있을 정도로 매력적일까? 알파벳의 경우 의료 생태계를 변화시키겠다는 중복되는 비전들을 가지고 생태계들의 네트워크를 구축할 수 있을까? GE는 서로 다른 분야들의 산업 생태계들을 지휘해 새로운 차원의 생산성을 성취할 수 있을까? 누가 과연 여러 업계에서 관심을 받고 있는 블록체인에 대한 매력적인 비전을 제시할까? 시간이 말해줄 것이다. 비영리 분야에서는 빌&멜린다 게이츠 재단이 매혹적인 비전을 제시해 마크 저커버그와 워런 버핏 같은 자선가들을 우군으로 끌어들이고 있다. 비전은 다른 참여자들을 끌어들일 수 있을 정도로 매력적이어야 한다. 또한 주요 참여자들이 그 비전을 직접 지휘하려 들지 않을 만큼 뚜렷하면서도 차별화되어 있어야 한다.

독창성 생태계 지휘자는 비전을 갖고 있어야 할 뿐 아니라 참여자들이 요구하고 고객들이 높이 평가하는 독창적이면서도 꼭 필요한 역량도 갖추어야 한다. 현재 리프트, 디디, 겟 같은 맞춤형 운송 서비스 기업들과 경쟁을 벌이고 있는 우버의 경우 다른 기업들과 어떤 점에서 차별화될까? 왜 고객들은 이 기업보다 저 기업을 선호할까? 물론 네트워크 효과라는 경제 원칙도 한 가지 이유이다. 그러나 시간이 지나면서 운전자들이 우버와 그 경쟁업체들과 접촉할 기회를 갖게 되고 또 탑승자들이 한 가지 이상의 앱을 설치하게 되면 양측으로의 전환 비용은 0이 되며 그래서 이젠 양측 모두 또 다른 독창성들을 입증해 보여야 한다.

월마트가 소액 결제 생태계의 지휘자가 되지 못하고 있는 것 역시 애플, 삼성, 안드로이드, 페이팔 등과 비교해 특별한 독창성을 보여주지 못하는 게 한 원인이다. 이런 독창성은 모든 생태계 안에서 두 종류의 게임 참가자들, 그러니까 생태계에 힘을 제공하는 참여자들과 돈을 제공하는 고객들에게 입증되어야 한다.

상호보완성 생태계 지휘자는 생태계의 가치를 높여줄 상호보완적인 파트너 기업들을 끌어들인다. 생태계는 고객들(전문가들은 이들을 '직접적인 네트워크 효과'라 함)과 참여자들(전문가들은 이들을 '간접적인 네트워크 효과'라 함)이 앞서 얘기한 네 가지 사업 모델을 통해 지지하고 받아들이는 가운데 선순환 속에 성장한다. 지휘자가 끌어들이는 상호보완적인 참여자들이 다양하면 다양할수록 생태계 또한 그만큼 더 활기차고 유익해진다. 우버는 이런 사실을 염두에 두고 깊이 있는 앱 통합을 통해 오픈토크와 마스터카드, 힐튼 등을 끌어들였고, 그래서 고객과 참여 기업들에게 더 많은 편의를 제공해 주고 있다. 우리는 이와 유사한 사례를 윈도즈나 오늘날 우리가 잘 알고 있는 스마트폰 운영체제에서 돌아가는 다양한 소프트웨어 애플리케이션들의 경우에서도 보았다. 아마 우리는 이런 사례를 성공적인 소액 결제 생태계, 스마트 홈 생태계, 디지털 건강 생태계 등에서도 보게 될 것이다.

결국 생태계 지휘자는 다양한 차원의 네트워크 효과 시스템[6]을 끌어들인다. 그러니까 생태계는 예를 들어 스마트폰이나 웨어러블 기기, 센서 네트워크, 새로운 물리적 계층, 블록체인처럼 시스템 전반의 인접 부분들이 만들어지면서 더 강력해지는 시스템 전반의 네트워크 효과는 물론 힘과 중요성 속에 성장한다. 이 계층들로서의 네트워크 효과는 이전 계층들로부터 나오는 복합적인 가치를 효과적으로 드러내기 때문에 믿기지 않을 만큼 강력하다.[7]

그 결과 디지털 거인들은 그러한 시스템 전반의 네트워크 효과들을 이용할 수 있고, 그래서 기존 기업들에 비해 생태계 지휘자로 나서는 데 더 유리하다. 그러니까 기존 기업들은 이제 사물 인터넷, 블록체인, 클라우드 등과 함께 구축되는 보다 새로운 계층들의 디지털 인프라를 활용할 수 있어야 한다는 얘기다.

존경 생태계 지휘자는 다른 참여자들에게 지휘자의 권위를 가진다. 일부 생태계에서는 참여자들이 달리 믿을 만한 옵션이 없기 때문에 지휘자를 지지할 수도 있지만 그런 참여자들은 언제든 마음을 바꿔 다른 지휘자를 지지할 여지가 있다. 그런 참여자들은 지휘자에 대해 깊은 존경심 같은 건 없이 그저 의무적인(그리고 그리 실질적이지 못한) 지지를 보내는 것이어서 특히 전환 비용이 낮을 경우 언제든 마음을 바꿀 여지가 있는 것이다. 이런 참여자들의 지지를 받는 지휘자는 모래성처럼 허약해서 쉽게 무너질 수 있다.

어떤 기업이 오랜 세월 생태계 지휘자 역할을 할 수 있는 능력은 불확실성의 시기와 기술 변화 시기에 생태계 참여자들로부터 얼마나 큰 존경을 받는지에 달렸다. 그리고 대개 하드 파워(강요하는 힘)보다 소프트 파워(끌어들이는 힘)[8]를 구사하는 생태계 지휘자가 더 큰 존경을 받는다.

관리 성공한 생태계 지휘자는 참여자들 간의 갈등을 공정하고 투명하게 관리함으로써 생태계 내에서 필히 생겨나게 되어 있는 역할 간 갈등을 조정한다. 예를 들어 솔루션 통합자인 IBM은 자사 부품(IBM 자신들이 제작한 부품)과 그 가치를 고객들에게 가장 잘 전달하는 제3자 부품 사용 간에 균형을 잘 잡아야 한다.

아마존은 자신들의 온라인 매장에서 경쟁사의 제품(애플 아이패드)보다 자신들의 제품(예를 들어 킨들)을 편애하지 않는 식으로 균형을 잘 잡아야 한다. 그리고 애플과 구글이 지휘하는 앱 스토어들은 자신들의 앱들 또는 특별히 선호하는 앱들(지도, 소액 결제, 사진, 음악 앱 등)과 충돌 관계에 있는 것처럼 보이는 제3자 앱들 간에 균형을 잘 잡아야 한다.[9] 생태계 지휘자가 일부 참여자들을 다른 참여자들보다 더 중시한다거나 그들 자신의 제품이나 서비스를 다른 참여자들의 것보다 더 중시하게 되면 그 생태계 내에서는 필히 갈등이 생기게 마련이다.

만일 그럴 경우, 그 갈등이 공개적으로 거론되고 일관성 있게 처리되는가? 어떤 조건들하에서 예외가 있고 또 그런 예외는 얼마나 잘 알려지는가? 실제 시행되는 관리 원칙들과 생태계 지휘자가 미리 공언한 관리 원칙들이 일치할 때 그 생태계 지휘자에 대한 신뢰감은 더 커진다.

역동성 생태계 지휘자는 이런저런 비전들을 선제적으로 채택하며 (필요하다면) 다른 생태계들과도 상호연결하려 한다. 생태계 참여자들은 지휘자가 방향을 잘 잡고 변화에 잘 적응해 가며 자신들을 도와줄 수 있기를 기대한다. 예를 들어 모바일 앱들은 화면 사이즈, 유형 관련 요소(예를 들어 전화기 대 시계 대 태블릿), 인터페이스(터치 방식 대 음성 명령 방식) 같은 하드웨어 기능의 향상과 함께 진화되어 왔다. 그래서 생태계 참여자들은 지휘자가 기술 발전을 잘 따라가(선도하진 못할지라도) 자신들이 시대에 뒤떨어져 있다는 느낌이 들지 않게 되길 바란다. 예를 들어 비디오 게임의 경우, 닌텐도와 마이크로소프트(Xbox) 같은 게임 콘솔 제작업체들은 여러 세대에 걸쳐 게임 콘솔을 제작해 오면서 기존 게임들을 새로운 게임 콘솔로 그대로 옮길 수 있는 각종 툴과 가이드들을 제공해 게임 개발자들에게 도움을 주어왔다. 이처럼 생태계의 역동성을 따라가지 못할 경우, 지휘자들은 참여자들의 지지를 잃을 수밖에 없다.

승리를 가져다줄 첫 번째 조치를 어떻게 취할 것인가?

디지털 사업 세계에서 모든 기업은 네 가지 사업 모델, 즉 제품, 서비스, 플랫폼, 솔루션을 활용해 이해할 수 있는 다양한 생태계들에 속해 있다. 당신 기업은 1개 이상의 생태계에 속할 수 있으며, 그래서 당신 기업이 하나의(또는 더 많은) 생태계에선 지휘자가 되고 다른 생태계들에선 참여자가 될 수도 있다는 걸 깨닫는 게 중요하다.

앞서 살펴본 생태계 지휘자가 갖추어야 할 여섯 가지 특징들은 어떤 때에 당신 기업이 직접 생태계 지도자가 되고 또 어떤 때에 다른 누군가를 지지해 지휘자가 되게 해야 할지 판단하는 데 지침이 될 것이다. 최근 불어 닥친 디지털 사업 플랫폼(에어비앤비, 우버, 유튜브, 페이팔, 알리바바 등) 열풍으로 인해 거의 모든 기업이 그 플랫폼 열풍에 편승하려 한다. 그러나 유감스럽게도 모든 기업이 플랫폼을 구축하고 또 자신들의 비전과 독창성과 신뢰를 토대로 생태계의 지휘자가 될 수 있는 것은 아니다. 그래서 당신 기업은 모든 생태계의 지휘자가 될 필요도 없으며, 또 그렇게 하는 게 바람직한 일도 아니다. 생태계 내에서 살아가면서 취하게 될 성공을 가져다줄 첫 조치의 중요한 부분은 당신 기업이 지휘자가 되고 싶어 하는 분야와 참여자가 되고 싶어 하는 분야를 결정하고 상황 변화에 따라 그 선택들을 고쳐나가는 것이다. 성공을 가져다줄 첫 조치를 취하는 데 도움이 되는 세 단계는 다음과 같다.

생태계 내에서의 당신 기업의 역할을 정하라 디지털 변화의 어떤 단계에 있든, 당신 기업은 한 생태계에만 속해 있는 게 아니라 서로 연결된 일련의 생태계들에 속해 있게 된다. 예를 들어 당신 기업이 만일 기존의 자동차 제조업체라면 당신 기업은 부품 및 하부 시스템 생태계에도(다른 자동차 제조업체들과 함께) 속해 있고, 텔레매틱스 관련 서비스 생태계에도(통신업체들과 클라우드 서비스 제공업체들과 함께) 속해 있고, 이동성 및 애플리케이션 생태계에도(앱들이 어떻게 안전성을 해치지 않고 각종 장치에서 돌아가는지를 규명하려 하는 디지털 거인들과 함께) 속해 있고, 운송 서비스 생태계에도(다양한 사업 모델을 추구하는 세 종류의 게임 참가자 모두와 함께) 속해 있는 것이다. 또한 자동차 업계에서 디지털화가 더 진행되면 새로운 생태계들(예를 들어 하이브리드 동력전달 장치 생태계나 자동차 배터리 생태계)이 나타나면서 분명 기존 생태계들의 상대적 중요도가 변하게 될 것이다.

자동차 제조업체들은 2000년대 초까지만 해도 배터리 생태계에 우선순위를 두지 않았으나, 2014년에 테슬라가 파나소닉과 손잡고[10] 미국 네바다 주에 기가팩토리라는 거대한 배터리 생산 공장을 건설하겠다는 발표를 하면서 배터리 생태계의 중요성이 커지게 된다. 자동차 총생산 계획의 50퍼센트만 생산하더라도 테슬라는 2020년에 이르러 아마 배터리 생태계의 지휘자가 되어 있을 것이다.

기존 자동차 제조업체들이 자신들의 사업 범위에 대해 폭넓은 생각을 하고 있지 않아 아직까지는 우버가 도시 운송 생태계의 지휘자인지 모르지만 GM이 자동차 공유 서비스 프로그램 메이븐을 통해, 그리고 포드가 각종 운송 실험들을 통해, 다임러 역시 자동차 관련 플랫폼 무블을 통해 이 생태계의 지휘자 자리를 노리고 있으며 머지않아 그게 현실이 될 가능성도 배제할 수 없다.

당신 기업이 만일 머크나 노바티스 같은 제약 업계의 기존 기업이라면 아마 건강 정보기술 플랫폼, 전자 및 맞춤형 건강 기록, 웨어러블 기술, 건강 및 피트니스 앱, 고급 분석법 같은 분야의 디지털 건강 생태계들에서 일어나는 초기 움직임들을 보기 시작할 것이다. 오늘날 이런 생태계들은 세 종류의 게임 참가자들 모두가 서로 하나 이상의 생태계를 지휘하겠다고 주장하는 생태계들로, 그 경계들이 유동적인 것이 그 특징이다. 이런 생태계들은 당장은 형편없어 보일지 모르나, 그야말로 곧 성장해 의료 분야에서 새로운 가치를 창조하고 확보하는 과정에서 중심적인 역할을 하게 될 것이다.

그렇게 되면 생태계 지휘자들이 분명해질 것이다. 예를 들어, 원시적인 센서들을 사용하는 건강 및 피트니스용 웨어러블 기기들은 여전히 경계에서의 실험 단계에 머물러 있을지 모르나 2020년쯤 되면 그 센서들이 의료용으로 쓰일 만큼 향상되어 다양한 질병 진단에 쓰일지도 모른다. 그리고 그 센서들을 통해 얻은 데이터가 건강 및 피트니스 분야, 보험 분야와 관련된 새로운 생태계들의 모든 것을 정할 수도 있다.

고객들이 가치를 어떻게 생각하는가 하는 문제에서 시작하는 단순한 접근방식이 도움이 된다. 고객들에게 가치를 전달하는 걸 중시하는 생태계들부터 시작하라. 가치는 관계 네트워크를 통해 비축된 역량들을 통해 고객들에게 전달되기 때문이다. 각 생태계에서 지금 누가 지휘자로 가장 적절한지 파악하라. 당신 기업인가 아니면 다른 어떤 기업인가? 앞서 살펴본 생태계 지휘자가 갖추어야 할 여섯 가지 특징이란 측면에서 분석하면 당신 기업의 역할을 결정하는 데 도움이 될 것이다.

각 생태계에서의 당신 기업의 역할을 결정하라 이 장 앞부분에서 얘기했듯, 각 생태계에서 당신 기업은 지휘자가 되든가 참여자가 되든가 둘 중 하나를 선택해야 한다. 그리고 모든 생태계에서 지휘자가 되려 하는 건 더 이상 좋은 전략이 아니므로(애플과 알파벳조차도 그렇게 하진 않는다), 어떤 생태계에서 지휘자가 되고 어떤 생태계에서 참여자가 될 건지를 깊이 생각해야 한다.

GE는 산업 인터넷 분야에서 지휘자 역할을 해오고 있지만, 지금 한창 디지털 변화 과정에 있는 다른 글로벌 기업들도 많다. 예를 들어 스위스 기업 ABB는 광업, 에너지, 전력망 인프라 등의 분야에서 소프트웨어 기반 혁신을 통해 스스로를 차별화하려는 야심을 갖고 있어 세일즈포스 닷컴, 스타토일, 보슈, 에릭슨 같은 기업들과 제휴 관계도 맺었다.[11]

현재 디지털 변화에 직면해 있는 산업 기업들에게 해주고 싶은 조언은 각 기업이 결국 서로 연결된 여러 생태계에 속해 있다는 걸 깨닫게 될 것이고, 그러므로 당신 기업이 속해 있는 생태계 리스트를 표로 만들어보라는 것이다. 정사각형을 그린 뒤 가운데 십자가를 그어 작은 정사각형 4개를 만들어라. 수직축은 생태계의 전략적 중요도(높거나 낮은)를, 수평축은 당신 기업의 선택(지휘자 또는 참여자)을 나타낸다. 그런 다음 4개의 정사각형 중 적절한 정사각형에 당신 기업이 속한 생태계의 이름을 써라. 당신 기업의 현재 위치에 만족하는가? 만일 만족하지 못한다면 디지털 변화 과정에서 당신 기업이 어떤 일을 해야 하겠는가?

생태계 내 당신 기업의 위치와 경쟁 중인 다른 기존 기업들의 위치를 비교해, 당신 기업의 강점이 어디에 있는지를 알아내라. 당신 기업의 디지털 사업 전략은 당신 기업이 실험해 왔거나 공식 허가를 받은 기술들에 의해 결정되는 게 아니라 당신이 속한 전통적인 업계와 디지털 경계의 교차 지점에서 형성된 복잡하고 역동적인 생태계 내에서 당신 기업의 역할을 분명히 하는 것에 의해 결정된다. 지휘자나 참여자의 역할은 디지털 변화 단계들을 거치면서 얼마든지 변할 수 있다는 걸 잊지 마라. 이제 생태계의 그런 역동성에 대해 얘기해보도록 하겠다.

이 생태계들의 역동성을 파악하라 이는 전략적 사고의 핵심적인 부분이다. 빠른 속도로 디지털화가 진행되는 과정에서 당신 기업은 계속 새로운 생태계들에 둘러싸이게 될 것이다. 디지털 변화 1단계에 있는 기존 기업들이 사업 확대를 하거나 아니면 세 종류의 게임 참가자들의 창의적인 혁신을 통해 완전히 새로운 기업들이 생겨나기 때문이다.

3D 프린팅이나 블록체인, 협동 로봇공학 같은 새로운 디지털 기술들이 어떻게 당신 업계에 새로운 디지털 사업 생태계를 조성하는지 잘 살펴보라. 예를 들어 지멘스는 지금 블록체인 기술, 특히 디지털 공공 거래를 활용해 아파트 단지 내 무인 세탁기 등에 쓰이는 토큰을 대체한다거나 같은 거리 내의 한 동네에서 다른 동네로 팔리는 잉여 태양열 에너지를 추적하는 걸 고려 중이다.

만일 당신 기업이 지멘스라면 블록체인 생태계의 지휘자 또는 참여자로서의 역할을 바꾸겠는가? 앞서 그려본 정사각형 4개짜리 생태계 리스트와 관련해, 당신 기업은 어떤 조건하에서 생태계 지휘자 또는 참여자로서의 역할을 적극적으로 바꾸겠는가? 앞서 살펴본 생태계 지휘자가 갖추어야 할 여섯 가지 특징을 감안할 때, 당신 기업이 뛰어난 생태계 지휘자가 되려면 어떤 새로운 역량들이 필요하겠는가?

이처럼 당신 기업이 디지털 변화에 필요한 조치를 취하려면 그에 앞서 디지털 사업 생태계를 제대로 이해하고 또 생태계의 지휘자가 될 건지 참여자가 될 건지를 잘 판단해야 한다. 그래야 당신 기업의 에너지를 어디에 쏟아야 할지, 또 관련 생태계들에서 당신 기업의 자원들을 어떻게 활용해야 할지를 알 수 있다. 또한 그래야 당신 기업의 기존 생태계들 안팎에서 누가 당신 기업의 경쟁자들이며 누가 잠재적 우군인지를 정확히 알 수 있다. 이는 여러 생태계들 내에서 효과적으로 살아남는 데 도움을 주는 아주 중요한 정보로, 다음 장에서 다룰 주제이기도 하다.

CHAPTER

07

힘을 합쳐 새로운 역량을 공동창조하라

대부분의 사람들은 사업을 경쟁적인 환경으로 생각한다. 우리는 시장 점유율을 놓고 경쟁하고 서로 나은 인재들을 영입하려 경쟁하고 라이벌 기업들보다 더 많은 매출을 올리기 위해 경쟁한다. 그러나 잘 알겠지만 서로 협력해야 할 때도 있다. 우리는 공급업체 및 유통업체들과 협력하고 우리의 고객들과 협력하고 입법부나 규제 기관들과도 협력한다. 그리고 우리는 모든 걸 이 그룹 또는 저 그룹에 넣어 분류하는 걸 좋아한다. 그런데 네트워크를 강조하고 생태계 내에서 움직이는 디지털 사업은 그런 분류 내지 구분을 흐려버린다.

미국 컴퓨터 소프트웨어 기업인 노벨의 최고경영자였던 레이 누다는 경쟁 협력(coopetition, 협력[cooperation]과 경쟁[competition]의 합성어 - 옮긴이)이란 용어를 만들어냈다. 그는 이런 말을 했다. "우리는 경쟁을 하면서 동시에 협력도 해야 한다."[1]

생태계 내에서 활동하는 문제에 관한 한 경쟁 협력이야말로 승리를 가져다주는 조치이다. 우방하고만 함께하지 말고, 경쟁자들하고도 함께해 그들로부터 배우고 서로 협력해 새로운 제품이나 서비스를 만들어내고 새로운 역량들을 개발하라.

언제 그리고 왜 협력이 열쇠인가?

2016년에는 아마 대부분의 관측자들이 구글과 애플은 특히 휴대폰에 관한 한 서로 경쟁 상대라고 보았을 것이다. 그러나 사실 늘 그랬던 건 아니다. 2007년 아이폰을 처음 선보이면서 애플의 최고경영자 스티브 잡스는 구글의 최고경영자 에릭 슈미트를 무대 위로 초대해 아이폰이란 혁신적인 제품을 만들기 위해 애플이 구글과 손잡고 일했다는 걸 보여주었다. 더욱이 슈미트는 애플의 이사회 이사들 중 하나였다. 애플 아이폰에는 아예 구글 맵스가 내장되어 있었고 기본 검색 엔진 또한 구글의 것이었다. 꼭 20여 년 전에 개인용 컴퓨터 시장에서 마이크로소프트가 인텔과 손잡고 그렇게 했듯, 스티브 잡스의 비전에 따라 애플 또한 구글과 손잡고 이동통신 업계를 뒤흔들고 지배하려 했던 것이다.

애플은 구글과의 관계를 한동안 깨지지 않고 지속될 수 있는 특별한 관계라고 생각했는데 그건 애플과 구글이 서로 상호보완적인(중복되지 않으면서) 능력들을 갖고 있었기 때문이다. 반면에 처음부터 미국 내 아이폰 유통 권한을 독점했던 통신업체 AT&T와의 관계는 2년 만에 끝이 났다. 애플은 사업 범위를 전 세계로 확대하면서 이후 아이폰 버전들에 대한 유통 독점권을 AT&T 외의 다른 통신업체들에 넘겨주었으나 아이폰에 내장되는 구글 맵스가 다른 지도 앱으로 바뀌는 일은 일어나지 않았다. 또한 애플은 그때까지 구글의 운영체제 iOS에 맞설 자체 지도 앱을 개발하지도 않았고 그럴 의도도 없었다. 두 기업은 서로 손잡고 스마트폰 분야에서 공동으로 가치를 만들어냈으며, 두 기업 사이에 경쟁적인 갈등이나 전투적인 긴장 같은 건 전혀 없었다.

첫 번째 아이폰 버전이 나온 지 2년 후인 2009년, 구글은 애플의 운영체제 iOS에 맞서는 안드로이드 운영체제를 처음 선보였다. 아주 통합적인 방식으로 휴대폰 하드웨어와 소프트웨어 운영체제 양쪽을 다 만드는 애플과는 달리, 구글은 안드로이드 호환 기기들을 디자인하고 제조하는 하드웨어 제조업체들을 위한 안드로이드 운영체제만 만들기로 결정했다. 이렇게 애플과 구글의 관계는 아이폰을 공동 제작한 파트너 관계에서 경쟁자 관계로 변했다. 구글은 안드로이드 운영체제를 통해 직접 수익을 올리진 않았지만 안드로이드 생태계는 애플 생태계의 경쟁 상대로 떠오르게 된다.

이에 스티브 잡스는 안드로이드를 없애기 위해 핵전쟁도 불사하겠다는 폭탄선언을 한다.[2] 당시 그는 파트너에서 경쟁자로 돌아선 구글을 향해 대놓고 이렇게 불만을 터뜨렸다. "우리는 검색 엔진 시장에는 뛰어들지 않았습니다. 그런데 저들은 휴대폰 시장에 뛰어들었습니다. 확실합니다. 지금 구글은 아이폰을 죽이려는 겁니다. 절대 가만있지 않을 겁니다."[3] 구글은 2005년 초에 이미 안드로이드를 처음 내놨었는데 스티브 잡스는 애플과 구글 간에 직접적인 경쟁은 없을 거라고 믿었던 것이다.

그렇다면 구글은 왜 안드로이드를 개발해 믿을 만한 파트너에 맞서게 된 걸까? 내가 보기에는 자신의 핵심 사업을 지키기 위해서였던 거 같다. 디지털 세계는 데스크톱 컴퓨터에서 휴대폰으로 진화하고 있었고 바로 그것이 구글의 핵심 사업인 광고 분야를 위협한 것이다. 만일 구글이 자신의 광고 사업을 휴대폰으로 확장할 수 없다면(또는 확장하지 않는다면) 기술 진화 과정에서 다음 기회는 없을 것이기 때문이다. 그래서 결국 구글은 본능적으로 광고 분야에서의 자신들의 역량을 휴대폰 세계에 접목시키려 했고, 그 바람에 애플과의 협력적인 관계가 적대적이고 경쟁적인 관계로 바뀌게 되었다. 애플은 그간 자신들의 지도 앱을 개발했지만 자신들의 휴대폰에 여전히 구글 검색 엔진을 쓰고 있으며(애플 자신의 검색 엔진이 없으므로) 구글은 그런 특혜에 대한 대가로 애플에 약 10억 달러를 지불한 것으로 알려져 있다.[4]

오늘날에는 시간과 업계에 따라 필요에 의해 협력했다가 경쟁하고 다시 협력하는 일이 반복된다. 노벨의 최고경영자였던 레이 누다는 1990년대 초에 이런 말을 했다. "우리는 지금 생존경쟁의 환경 속으로 들어가고 있는데, 경쟁 방향은 가장 힘이 세진 기업들에 의해 정해질 것이다."[5] 그 힘은 함께 가치를 만들어 고객들에게 제공하는 데서 나온다. 하드웨어, 소프트웨어 앱과 서비스들 간 상호운용성(interoperability, 2개 혹은 그 이상의 앱과 서비스들 사이에 정보를 교환 · 처리할 수 있는 능력 - 옮긴이)에 대한 고객들의 요구에 맞추기 위해 현재 구글의 중요한 앱들은 애플의 앱 스토어에 올라가 있고 애플의 앱들은 구글의 플레이 스토어에 올라가 있다.

두 기업은 보안 문제에 관한 한 생각이 비슷하지만 영리를 목적으로 한 고객 정보의 합법적 사용과 프라이버시 문제에 관한 한 생각이 다르다. 두 기업은 지금 실리콘 밸리에서 같은 인재 풀을 놓고 경쟁 중이고 미디어와 엔터테인먼트 분야에서 경쟁 중이며(구글은 유튜브와 크롬캐스트, 구글 비디오로, 애플은 아이튠즈와 애플 TV로) 브라우저(크롬 대 사파리)와 디지털 개인 비서(시리 대 어시스턴트), 사진, 저장, 이메일(지메일 대 애플메일) 분야 등에서도 경쟁 중이다. 구글은 휴대폰 광고 분야에 강해 애플은 거기서는 철수했다.

앞서 제6장에서 살펴봤듯, 서로 경쟁 중인 이 두 디지털 거인은 현재 모바일 웹 분야에서 지휘자 역할을 하고 있으며 자동차 업계와 의료 업계 같은 다른 분야들에 전력투구 중이다.

지난 10여 년간 지속되어온 구글과 애플 간의 이 같은 관계는 기업 관계의 기본 원칙들과 디지털 생태계에서 기업들끼리 힘을 합쳐 가치를 만드는 일의 새로운 경계와 관련해 시사하는 바가 많다. 진화하는 생태계 내에서 기업들 간의 관계는 늘 활기차게 변화한다. 고객들은 변화를 원하고 기업들은 새로운 가치를 만들어내기 위해 자신의 역량들을 바꾸려 하기 때문이다. 그 결과 그 어떤 두 기업도 늘 100퍼센트 경쟁적이거나 늘 100퍼센트 협력적일 수는 없다. 두 기업의 역량들이 그 경계가 뚜렷하지 않은 데다 복잡하고도 상호의존적이기 때문이다. 그리고 모든 기업들은 여러 형태의 관계를 맺게 된다. 어떤 기업들은 현재의 효율성 및 가치 확보에 초점을 맞추며, 또 어떤 기업들은 가치 창출에 보다 많은 시간이 필요할 혁신에 초점을 맞춘다. 그래서 당신 기업의 역량들을 계속 미세 조정하려면 그런 관계들을 잘 관리하는 게 열쇠다.

먼저 가치 파이를 키운 뒤에 나눠라

기업들끼리 협력을 한다는 아이디어는 디지털 시대의 가치 창출 및 확보 전략들이 산업 시대에 정해진 전통적인 원칙들과 어떻게 다른지를 잘 보여준다. 순수한 경쟁은 현재의 가치 파이를 서로 나눠 갖는 것, 그러니까 기업들이 자신의 역량을 발휘해 전체 가치 파이에서 서로 조금이라도 더 많이 가져가려 하는 것이다. 협력이란 여러 기업들의 역량을 단기간 또는 장기간 공유함으로써 가치 파이를 확대하는 것이다. 반면에 경쟁 협력은 가치 파이를 키우면서 동시에 그 파이를 공정하게 나눠 갖는 것이다.

그렇다면 특정한 때에 어떻게 누구와 협력을 할지 또는 누구와 경쟁을 할지 또는 누구와 경쟁하면서 동시에 협력도 할지를 결정해야 할까? 1996년 애덤 브란덴부르크와 배리 네일버프는 바로 그런 의문에 답하기 위해 『경쟁 협력 : 경쟁과 협력을 하나로 묶는 혁명적 마음자세』라는 제목의 영향력 있는 책을 썼다.[6] 그 책에서 두 사람은 기업, 공급업체, 구매업체, 경쟁업체라는 낯익은 사업 시스템에 보완자(complementor)라는 개념을 추가하기 위해 게임 이론을 사용해 설명했다. 두 사람은 보완자를 이렇게 정의했다.

1. 만일 고객들이 당신 기업의 제품만 갖고 있을 때보다 다른 게임 참가자의 제품을 갖고 있을 때 당신 기업의 제품을 더 높이 평가한다면 그 게임 참가자는 당신의 보완자이다.
2. 만일 고객들이 당신 기업의 제품만 갖고 있을 때보다 다른 게임 참가자의 제품을 갖고 있을 때 당신 기업의 제품을 더 낮게 평가한다면 그 게임 참가자는 당신의 경쟁자이다.

그래서 디지털 사업 분야의 많은 플랫폼들이 그 플랫폼들을 통해 움직이는 제품과 서비스들의 보완자이다. 예를 들어 운영체제 윈도즈 10의 존재로 인해 그 운영체제 안에서 돌아갈 수 있게 또 그 기능을 활용할 수 있게 제작된 다양한 소프트웨어 앱들의 가치가 올라간다. 일련의 하드웨어 장치들 역시 윈도즈 10을 보완적인 플랫폼으로 본다. 그런데 플랫폼들은 다른 플랫폼들보다 자신을 더 매력적으로 보이게 만들어주는 제품과 서비스들을 끌어들이기 위해 다른 플랫폼들과 경쟁을 벌여야 하므로 서로 경쟁적이다. 그래서 윈도즈 10은 하드웨어 장치 및 소프트웨어 앱들의 측면에서 애플(MacOS와 iOS) 및 구글(크롬과 안드로이드)과 경쟁적이다.

같은 게임 참가자가 경쟁자일 수도 있고 협력자일 수도 있기 때문에(구글과 애플의 사례에 보았듯) 이런 관계들은 보완자가 경쟁자가 아닌 경우와는 다르게 관리되어야 한다. 게다가 특히 디지털 사업 구조가 디지털 변화 3단계를 거치면서 진화하기 때문에 경쟁과 협력 관계의 역동성 또한 시간이 지나면서 계속 변화한다.

당신 기업이 만일 업계 기존 기업들의 리더라면 장기적인 공급 계약, 다

넌간의 제조 계약, 독점적인 마케팅 및 유통 계약 등에 아주 친숙할 것이다. 유서 깊은 사업 과정들과 최고의 관행들도 갖추고 있을 것이다. 그리고 현재 당신 기업이 이끌고 있는 생태계들은 주로 당신 기업의 공급망과 유통 채널들을 중심으로 돌아가고 있을 것이고, 그 생태계들이 가치 창출 및 확보가 가장 중요한 영역들과는 거의 중복되지 않을 것이다. 가치 사슬을 오르내리는 주요 공급업체와 유통업체들은 대개 당신 기업의 편이거나 경쟁자들의 편일 것이다.

또한 당신 기업은 내재된 상호운용성과 애플리케이션 프로그래밍 인터페이스(API, 운영체제와 응용 프로그램 사이의 통신에 사용되는 언어나 메시지 형식 - 옮긴이)를 통한 데이터 공유 그리고 연결성 때문에 하드웨어와 소프트웨어 사업 영역에서의 협력이 얼마나 중요한지를 직감적으로 잘 알 것이다. 당신 기업은 또 당신 기업의 정보기술 사업이 돌아가는 방식과 직원들에게 서비스를 제공하는 방식에서 그 같은 협력의 결과들을 봐왔을 것이다. 당신 기업이 만일 정보기술 관리 분야의 일을 하고 있다면 마이크로소프트나 세일즈포스, 박스, 브이엠웨어, IBM, 시스코, 아마존 같은 기술 제공업체들 내에서의 협력이 당신 기업의 정보기술 분야를 클라우드에 연결하는 데 얼마나 큰 도움이 됐는지도 봐왔을 것이다.

기본적으로 보완자들과 함께하는 생태계에서는 모든 사람에게 돌아갈 가치 파이가 커진다. 플랫폼상의 모든 기업들이 사업 규모와 범위 그리고 속도를 최대한 늘려 보다 폭넓은 업계들에 걸쳐 보다 빨리 그리고 보다 목표가 뚜렷한 제품과 서비스들을 통해 보다 많은 고객들에게 다가설 수 있기 때문이다. 또한 디지털 기술 특유의 각종 센서 및 소프트웨어 그리고 서비스 전달 능력 덕에 여러 분야에서 데이터들을 끌어 모을 수 있으며 기존 기업들이 기술 기업 및 디지털 거인들과 경쟁자 또는 협력자로 자연스레 연결되게 된다. 디지털화가 진전될수록 기업들 간에는 점점 더 많은 협력 관계가 형성될 것이며, 따라서 당신 기업은 그런 변화들을 파악해 적절히 대처함으로써 전체 가치 파이에서 적절한 지분을 확보하고 또 미래의 성공에 필요한 역량들을 개발할 수 있을 것이다.

디지털화가 어떻게 협력을 강화시켜 주는지를 알아보기

전통적인 업계들에서 디지털화가 진행될 때 협력은 필수다. 이 전통적인 업계의 여러 기업들에 의해 가치가 공동 창출되는 데다가, 디지털 업계들이 고객들에게 새로운 서비스를 제공하고 가치를 확보하기 위해 서로 힘을 합치기 때문이다. 모든 기업은 자사 제품 및 서비스의 설계 및 인도 과정에서 고객들이 원하는 가치를 제공하기 위해 플랫폼 및 솔루션 기업들과 손잡아야 한다. 이것이 이른바 공동창조 능력의 핵심이다.

디지털화 이전 단계에서 당신 기업과 당신 업계의 기존 기업들은 아마 디지털 거인들을 경쟁 기업이라기보다는 공급업체로 볼 것이다. 그러나 업계 내에서 경계에서의 실험이 진행되는 디지털 변화 1단계로 들어오면 디지털 거인과 기술 기업들을 협력자로 보기 시작할 것이다. 디지털 지식으로 당신 기업의 지식을 강화하는 데 도움을 주는 협력자 말이다. 디지털 변화 2단계에 이르면 그 디지털 거인과 기술 기업 중 상당수가 당신 기업이나 다른 기존 기업들의 경쟁자가 되어 있을 것이다. 당신 업계에 침입한 그들의 사업 방식이 당신 업계의 전통적인 사업 방식과 충돌하면서 뿌리째 뒤흔들기 시작하는 것이다. 그들은 또 당신 업계가 하지 못하는 방식으로 고객의 문제를 해결해 줄 것이다. 그러나 디지털 변화 3단계가 되어 당신 기업이 뿌리에서의 재창조를 하게 되면 생태계 내에서의 당신 기업과 기술 기업 및 디지털 거인들의 관계는 경쟁적인 관계가 됐다 협력적인 관계가 됐다 다시 경쟁적인 관계가 되는 걸 되풀이할 것이다. 그러면서 역동적이고 복잡한 생태계 내에서 다른 기업들과 경쟁하며 동시에 협력하는 상황을 당연한 것으로 받아들이게 될 것이다. 결국 당신 기업은 늘 디지털 사업 시스템의 일부 분야에서 경쟁할 여지가 있는 기업들과 손잡고 이런저런 역량을 쌓게 된다는 의미이다.

디지털 거인들에게서 배우기

디지털 거인들, 그러니까 아마존, 애플, 페이스북, 구글, IBM, 마이크로소프트, 넷플릭스, 삼성 같은 기업들 간의 관계를 가지고 간단한 연습을 해 보자. 다음과 같이 두 기업을 짝짓고 그 두 기업 간의 관계를 경쟁적(-) 또는 협력적(+)으로 서술해 보라는 요청에 대해 이런 식으로 답하는 것이다.

- 애플과 구글 : - (운영체제, 브라우저, 이메일 등)
- 구글과 페이스북 : - (모바일 광고)
- 애플과 마이크로소프트 : - (데스크톱 컴퓨터, 노트북, 모바일 기기)
- 아마존과 넷플릭스 : - (비디오 스트리밍)
- IBM과 마이크로소프트, 페이스북, 구글 : - (인공지능, 인지 컴퓨팅)
- IBM과 애플 : +(애플 운영체제에서 돌아가는 기업 애플리케이션들)

이 답을 보면 굳이 이런저런 모든 걸 고려하지 않더라도 이 기업들이 대체로 경쟁적이라는 걸 알 수 있을 것이다.

그러나 만일 세 번째 유형의 관계인 경쟁 협력(+/-) 관계를 추가해 보라고 한다면 문제는 한층 까다롭고 미묘해질 것이다.

- IBM과 애플 : 앞에서는 이 두 기업이 +관계라고 말했지만 IBM의 인공지능 슈퍼컴퓨터 왓슨과 애플의 시리의 관계는(둘 다 인지 컴퓨팅을 통해 차세대 경험을 가능하게 해주고 있음) 어떻겠는가?
- 애플과 삼성 : 두 기업은 모바일 기기 분야에서는 -관계지만 휴대폰에 들어가는 전자 부품 분야에서는 +관계이다(실제로 애플은 삼성 반도체 부

문의 가장 큰 고객임).

- 넷플릭스와 아마존 : 내용도 다르고 사업 모델도 다르지만 비디오 분야에서는 - 관계이고 비디오 스트리밍 분야에서는 +관계이다(넷플릭스는 아마존 웹 서비스에 의존하고 있음).

만일 디지털 거인들끼리의 관계를 좀 더 깊이 들어가 본다면 정도의 차이는 있겠지만 모든 관계가 다 경쟁 협력(+/-) 관계이다. 이 경쟁 협력 관계는 다층적인 특성이 있어 어떤 층에서는 경쟁이 일어나고 또 다른 층에서는 협력이 일어난다. 그리고 이것들은 몇 가지 예에 지나지 않는다. API, 즉 애플리케이션 프로그래밍 인터페이스 분야를 들여다보면 이 모든 디지털 거인들이 서로 아주 긴밀한 관계를 맺고 있다는 걸 알 수 있다. 마찬가지로 사물 인터넷 분야 역시 보안, 프라이버시, 정체성 등과 관련해 기업들 간의 협력이 필요하다. 그리고 시간이 지나면 디지털 관계 네트워크들은 생태계들이 규모와 범위 그리고 속도를 높이기 위해 점점 더 많은 협력을 필요로 한다.

우리는 이런 관계들이 디지털 변화 3단계 과정에서 어떻게 당신 업계까지 확대되어 가는지 제대로 살펴보지 않았지만 이제 기술 기업과 업계 기존 기업들에 대해서도 살펴봐야 한다. 이 연습은 해보라고 권하고 싶은 연습이긴 하지만 이제 나는 당신에게 네 가지 다른 분야를 활용하는 상호작용에 대해 생각해 보게 하려 한다.

생태계 내의 공동창조 역량

이제 디지털 생태계 내에서는 세 종류의 게임 참가자들 사이에 다양한 형태의 관계가 필요하다는 게 분명해졌다. 이제 디지털 시대를 맞아 당신 기업과 기존 기업들이 디지털 거인이나 기술 기업들과 손잡고 가치 창출 및 확보에 필요한 새로운 토대들을 만들고 있는 과정에서 당신 기업은 다음 두 가지 질문에 답해야 한다.

첫째, 나는 내 파트너들에게 어느 정도 중요한가? 그리고 둘째, 내 파트너들은 내게 어느 정도 중요한가? (여기서 말하는 파트너는 세 종류의 게임 참가자들을 가리킨다. 다른 기업보다 어느 특정 기업을 선정할 때 보다 깊은 통찰력을 갖기 위해 당신은 아마 나중에 이들을 따로따로 분리하고 싶을지도 모른다.) 당신 기업은 경쟁적이었다가 협력적이었다가 다시 경쟁적이 되는 걸 반복할지 모르나 생태계 내 상호작용을 위한 기초를 세워주는 상대적 중요도를 이해하는 게 중요하다. 가능한 반응들을 도식화해 본다면 다음과 같은 네 가지 영역을 갖게 될 것이다(그림 4 참조).

거래 영역 만일 당신 기업과 파트너들이 경쟁을 하든 협력을 하든 상호작용을 하는 것에 별로 가치를 느끼지 못한다면 당신 기업의 협력 및 공동창조 수준 또한 아주 낮을 것이다. 이 거래 영역은 디지털 변화 1단계에서 흔히 볼 수 있는 영역으로, 여기서 당신 기업은 당신 기업 나름대로 실험을 하고 다른 게임 참가자들은 또 자기 나름대로의 변화 모델들에 따라 움직일 수 있다.

만일 당신 기업과 다른 기업들 간에 어떤 거래들이 있다면 그 거래들은 구매자와 판매자 간의 표준 계약을 토대로 이루어질 가능성이 높다. 이를테면 당신 기업은 디지털화 트렌드와 옵션들에 집중하고 있으면서도 차라리 다른 기업들과의 연결을 통해 획득할 수 있는 자원들을 가지고 직접 무얼 할 수 있을까 하는 생각을 할 것이다.

이 영역에서는 전문화된 관계들도 없고 다른 기업들과의 협력에 대해 많은 생각을 하지도 않는다. 이 영역은 당신 기업이 우선순위를 정하고 나면 다시 중요해지는데 그건 당신 기업이 여기에서 적극적인 관계 중 일부

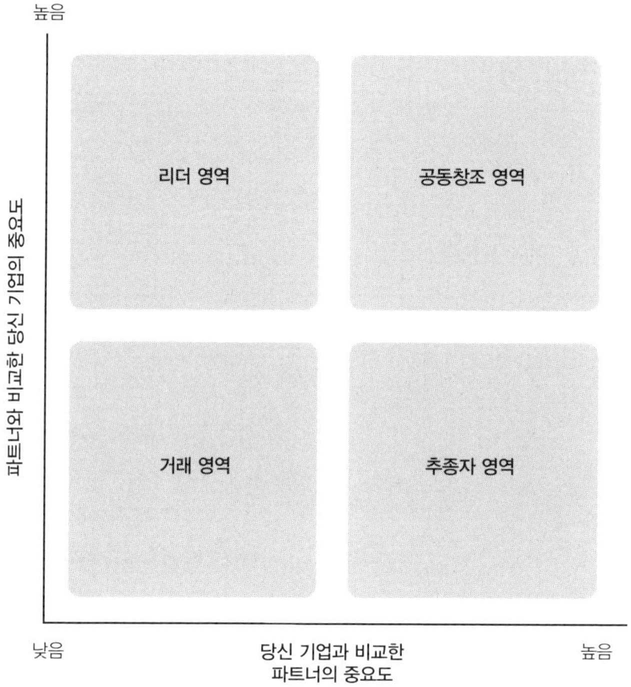

그림 4 네 가지 상호작용 영역

를 변화시키면서 동시에 다른 관계들에 더 많은 관심을 보일 수도 있기 때문이다.

리더 영역 업계의 기존 기업인 당신 기업은 사업 모델을 바꿔야 한다는 걸 잘 알고 있으며 관계에 대한 투자를 중시하지 않는 다른 기업들과 손잡고 일하고 있다. 당신 기업은 유리한 입장에서 움직이는 한 이 '리더 영역'에 있을 것이다. 그러니까 핵심적인 장점들은 지키면서 디지털 방식의 사업을 도입하는 것이다. 당신 기업은 다른 게임 참가자들이 시장에 선보이는 중요한 자산과 역량들을 파악해, 필요에 따라 그 참가자들을 끌어들여 당신 기업의 디지털 변화에 깊이 개입하지 않으면서 당신 기업이 하는 일들을 보완하게 해야 한다. 그러기 위해 그 게임 참가자들과 표준적인 계약에 비해 서로에게 더 많은 특혜를 주는 계약을 맺어야 할 수도 있는데 그 과정에서 당신 기업의 강점들을 잘 지키도록 해야 한다. 그 좋은 예가 포드이다. 포드는 처음엔 마이크로소프트와 손잡고 차량용 통신 시스템 '포드 싱크'를 만들었으나, 훗날 자신들의 디지털 서비스 도로 지도는 블랙베리의 QNX 운영체제에서 돌아가게 만드는 게 더 좋다는 결론을 내렸다. 다임러, GM, 도요타 등도 이제껏 이런 경쟁 협력 관계를 추구해 왔으나 디지털 변화의 진전에 따라 다른 영역으로 옮겨가야 할 수도 있다.

당신 기업은 유리한 입장에서 조심스레 파트너들을 골라왔기 때문에 디지털 변화의 3단계 중 어떤 단계에서든 이 리더 영역에 있을 수 있다. 만일 디지털 기업이 당신 기업의 선정 기준이나 계약 조건에 맞지 않는다면 이 영역에서 함께 일할 상대로 기술 기업을 선정할 수도 있다. 아니면 업계의 기존 기업들을 끌어들여 공동으로 새로운 방향을 모색해 볼 수도 있을 것이다. 근본적으로 당신 기업이 직접 자신의 디지털 변화를 이끌고 있는 것이며 다른 게임 참가자들은 조연들이다. 당신 기업은 디지털화가 얼마나 빨리 진행되는지를 잘 알기 때문에 설사 추종자 영역에서 출발한다 해도 이 영역에서 언제 어디에서 핵심 주도권을 찾아낼 수 있을지를 알고 싶을 것이다.

추종자 영역 이 영역은 리더 영역과 정반대되는 영역이다. 다른 게임 참가자들은 디지털 변화 목표를 지시하는 입장에 있고 당신 기업은 거의 늘 그들이 정한 행동 방침에 따른다. 자동차 업계에서 쓸 모바일 소프트웨어를 만들고 있는 디지털 거인들에 대해 얘기하면서 피아트 크라이슬러의 최고경영자 세르지오 마르치오네는 그들을 '파괴적인 침입자들'[7]이라 불렀다. 자동차 분야를 벗어나 당신 업계로 눈을 돌려보면 디지털화가 진행 중인데 당신 기업은 정작 필요한 역량들을 갖고 있지 못하고, 그래서 적어도 당장은 그 파괴적인 침입자들과 손잡는 것 외에 다른 선택의 여지가 없다는 걸 깨닫고 있을 것이다. 앞서 우리는 허니웰이 리릭이라는 디지털 온도조절 장치를 개발할 때 이와 비슷한 문제에 직면했던 걸 본 적이 있다. 아마 앞으로 스마트 홈 시대를 맞게 되면 거의 모든 주요 제조업체들이 이런 문제에 직면하게 될 것이다. 많은 업계에서 지금 디지털 기업들이 목표를 선점하고 있고 그래서 당신 기업 역시 경쟁 협력의 압박감을 느끼고 있으며, 그러면서도 단기간 내에는 특별히 다른 좋은 대안도 없는 상황에 빠져 있다. 뒤따를 만한 옵션들을 제공하는 특수한 관계를 맺을 수도 있겠지만 대개의 경우 다른 기업들과 손잡는 길을 택하게 될 것이고, 그러면서 빠른 속도로 당신 업계와 사업에 필요한 디지털화의 규모와 범위와 속도를 배우고 또 이해하게 될 것이다.

이 경우 초창기의 경쟁 협력뿐 아니라 따라야 할 결정들에 대해서도 심사숙고해 이 같은 디지털 변화로 인해 당신 기업의 경쟁력이 떨어지지 않게 하는 게 당신 기업의 과제가 된다. 스위스 고급 시계 제조업체 태그호이어가 현재 그런 상황에 직면해 있다. 애플이 애플 워치를 내놓자 태그호이어는 자신들의 스마트워치를 개발해야 할지, 또 만일 개발한다면 직접 개발해야 할지 아니면 디지털 파트너와 함께 개발해야 할지를 결정해야 했다. 최고경영자 장-클로드 비버는 구글 및 인텔[8]과 함께 커넥티드 워치를 개발하기로 했고, 이 제품은 성공리에 그들의 브랜드 명단에 올랐다. 그는 두 파트너 없이 제대로 된 커넥티드 워치를 개발할 방법은 없었다는 걸 인정한다.

태그호이어는 지금 앞으로 이 두 디지털 파트너들과의 관계를 어떻게 관리하느냐 하는 것을 고민하고 있다. 다른 시계 제조업체가 구글과 인텔에 다가간다면 어찌 될 것인가? 이 두 디지털 거인이 과연 태그호이어와 맺은 독점 계약에 만족해할까, 아니면 필연적으로 사업 범위를 확대하려 할까? 지난 몇십 년간 다른 컴퓨팅 기기들의 경우에서 봐왔듯, 이 두 디지털 기업이 보다 많은 브랜드 시계들에 자신들의 구글-인텔 플랫폼을 적용하길 바라리라는 건 명약관화하다. 그러나 태그호이어는 설사 구글-인텔 플랫폼에서 돌아가는 스마트워치가 많아진다 하더라도 자신들의 스마트워치는 자신들의 브랜드 파워와 독특한 디자인 덕에 차별화가 될 거라는 생각에 디지털화를 계속할 계획이다. 어쨌든 태그호이어는 스마트워치를 개발하면서 자체적으로 또는 다른 기업과의 협력을 통해, 그리고 리더 영역으로의 이동을 통해 필요한 디지털 역량을 개발할 필요가 있다는 걸 깨닫게 됐다.

공동창조 역량을 갖기 위해 어떤 접근법을 택하느냐에 따라 당신 기업은 거래 영역과 리더 영역, 추종자 영역 중 한 영역에 있게 될 가능성이 높다. 공동창조 역량 자체를 그리 중요시하지 않는다면 당신 기업은 거래 영역에 있게 될 것이다. GE의 경우처럼 핵심에서의 충돌 단계에서 사업 모델을 바꾸기 위해 적극적으로 디지털 변화를 꾀하려 한다면 당신 기업은 리더 영역에 있게 될 것이다. 그리고 태그호이어의 경우처럼 공존을 모색한다면 추종자 영역에 있게 될 것이다. 그런데 당신 기업이 특히 디지털 변화의 3단계인 뿌리에서의 재창조 단계에서 미래로 나아가는 일에 집중할 경우에는 네 번째 영역이 중요해진다. 이제 그 네 번째 영역에 대해 살펴보도록 하자.

공동창조 영역 당신 기업과 파트너들이 서로 손잡고 혼자서는 할 수 없는 가치 창출에 나설 경우, 당신 기업과 파트너 모두 서로에게 아주 중요해진다. 경쟁 협력을 통한 공동창조는 디지털 변화 3단계에서 당신 기업을 재창조하는 데 중요하고도 가장 중심이 되는 일이다. 이를 보여주는 흥미로운 사례가 바로 중국의 전자기기 기업 레노버와 마이크로소프트의 관계이다. 마이크로소프트의 최고경영자 사티아 나델라는 윈도즈 10 생태계를 통해 마이크로소프트를 되살렸다. 그러나 이전 최고경영자 빌 게이츠가 윈도즈 95 생태계의 지휘자 역할을 했던 것과는 달리, 사티아 나델라는 윈도즈 10 운영체제의 미래를 믿는 파트너들과 함께 새로운 생태계의 지휘자로 나서면서 마이크로소프트의 영향력을 되찾았다.

2005년 이래 레노버는 윈도즈 플랫폼 기반의 하드웨어 기기들을 만들어오고 있다. 레노버가 2015년 10월에 개인용 컴퓨터 요가를 출시한 직후, 마이크로소프트의 윈도즈 10 개발 책임자 조 벨피오레는 블로그에 이런 글을 올렸다. "우리는 레노버의 신제품들이 윈도즈 10에 생기를 불어넣을 수 있게 하기 위해 무대 뒤에서 은밀히 레노버와 긴밀한 협력을 했습니다."[9] 실제로 마이크로소프트는 레노버가 최상의 제품들을 만드는데 도움이 됨으로써 10억 대의 컴퓨팅 기기들(개인용 컴퓨터, 휴대용 컴퓨터, 웨어러블 기기 등)이 마이크로소프트의 최신 운영체제에서 돌아가게 한다는 목표를 달성하고 싶어 했다. 그리고 레노버는 탐나는 윈도즈 10 플랫폼에서 매끄럽게 돌아가는 PC를 만들고 싶어 했다.

여기까지는 좋다. 마이크로소프트와 레노버는 서로를 위해 가치를 공동창조하고 있으니까. (아마 마이크로소프트의 중요한 하드웨어 파트너들은 이 공동창조 영역에서 다 그럴 것이다.) 그런데 마이크로소프트는 지금 레노버 컴퓨터와 경쟁 상대가 되는 서피스라는 브랜드명의 컴퓨터들을 갖고 있다. 마이크로소프트는 레노버 측에 레노버 브랜드 제품들을 판매하면서 자신들의 서피스도 판매해 줄 것을 요청했는데 레노버의 최고운영책임자(COO)인 지안프랑코 란치는 그 당시의 일을 이렇게 설명했다. "나는 그들의 제품을 재판매하는 걸 거절했습니다. 1년 조금 더 전에 내게 그런 요청을 해왔는데 '노'를 한 겁니다. 경쟁 제품을 판매해야 할 이유가 없었으니까요."[10] 그러면서 그는 자기 회사는 마이크로소프트를 어떤 점에서는 파트너로 보고 또 어떤 점에서는 경쟁자로 본다는 말을 덧붙였다. 바로 이런 게 경쟁 협력이다. 이 사례야말로 이 공동창조 영역에서 다른 기업들과의 관계를 관리해야 하는 모든 기업이 필히 직면하게 되는 긴장을 잘 보여주는 사례이다.

모든 협력 관계는 다층적인 특성을 갖고 있어 서로 다 다르다. 그러나 한 가지 공통점이 있다면 그건 양쪽 기업이 협력 관계에 뭔가를 보태고 있으며 또 그럴 만한 동기가 있다는 것에 대해 이해를 같이한다는 것이다. 앞서 살펴봤듯, 애플과 삼성은 모바일 기기 분야에서는 경쟁 상대지만 부품 분야에서는 협력 관계이다. 삼성은 애플에 플래시 저장 장치, 애플리케이션 메모리, 디스플레이 스크린 등을 제공하고 있어 애플은 삼성의 최대 고객이다. 삼성은 A9 칩(애플 측의 설계대로)도 제조하고 있는데, 다른 어떤 기업의 것보다 정확하고 안전하기 때문이다. 애플은 자신들의 지적 재산을 보호해 주는 우수한 제품을 손에 넣고 그 덕에 제품 품질과 신뢰도에 대한 삼성의 명성은 더 높아진다.

이와 마찬가지로 넷플릭스와 아마존 웹 서비스는 주문형 비디오 분야에서 경쟁 관계이면서 동시에 비디오 스트리밍 분야에서는 협력 관계이다. 아마존 웹 서비스와 손잡음으로써 넷플릭스는 순식간에 수천 개의 서버와 테라바이트 용량의 저장 공간을 확보할 수 있으며 그 덕에 유료 회원들에게 최상의 서비스를 제공할 수 있다. 물론 아마존은 이를 통해 비디오 스트리밍 업계의 리더로서의 명성을 더 굳건히 할 수 있다. 대신 아마존은 넷플릭스에 가능한 한 최상의 서비스를 제공해야 하며, 그러지 못할 경우 하루아침에 신뢰를 잃게 될 것이다.

삼성의 경우도 신뢰를 잃지 않으려면 기기 및 부품 분야에서 애플의 지적 재산권을 보호해 줄 수 있어야 한다. 그리고 마이크로소프트의 경우는 하드웨어 분야 파트너들과 손잡고 그들의 제품이 윈도즈 10 운영체제로 최대한 잘 돌아가게 해주어야 한다. 설사 그들의 제품이 디자인과 각종 기능 및 성능 면에서 자신들의 서피스를 능가하더라도 말이다.

모든 경쟁 협력 관계 역시 시간대에 따라 달라진다. 물론 지난 10여 년간의 애플과 구글 관계에서 보았듯이, 당신 기업이 속해 있는 서로 다른 여러 관계들이 각기 어떻게 진화하는지 정확히 파악할 수 있어야 한다. 아마존과 넷플릭스 관계는 비교적 꾸준히 유지될 걸로 보인다(넷플릭스가 독자적인 비디오 스트리밍 시스템을 개발하는 것과 업계 내의 넘버 2 기업과 손잡는 것 간의 절충점을 잘 알고 있기 때문에). 반면에 애플은 아직 믿을 만한 대안을 찾지 못했지만 계속 찾고 있는 중이어서, 미래의 애플과 삼성 관계는 그리 공고해 보이지 않는다. 또한 마이크로소프트와 레노버(사실 모든 하드웨어 파트너들) 관계는 '경쟁 협력' 관계 속에 가치를 극대화하기 위해 당사자(자신의 브랜드) 대 제3자(파트너의 브랜드를 지지하는)를 관리하는 과정에서 나타나는 긴장 상태를 잘 보여준다. 이 공동창조 영역에서는 양쪽 기업 모두가 상황에 보다 잘 적응해야 하며, 또 상호 존경과 신뢰 속에 공동 계획은 줄이고 유연한 즉흥 조치들은 늘리는 능력을 마스터해야 한다.[11]

WPP 그룹 CEO 마틴 소렐에게서 배우기

마틴 소렐 경은 마케팅 커뮤니케이션 분야의 리더인 영국 커뮤니케이션 그룹 WPP의 최고경영자이다. 2009년 구글이 디지털 광고를 앞세워 자신들의 전통적인 분야를 넘보기 시작했을 때, 소렐 경은 '친구 적(frienemy, friend와 enemy의 합성어)'[12]이란 말을 만들어냈다. 광고업계에 새로운 수익 모델 방향을 제시하면서 동시에 자신들의 시장점유율 상당 부분을 뺏어가려고 하는 디지털 거인을 묘사한 말이었다. 1년 후 WPP는 웹 분야를 자사 전략의 주요 목표로 정해 자기 고객들의 돈 10억 달러를 구글에 투자했다. 기술 거인 구글이 위협적인 존재에서 고객이자 파트너로 변한 것인데, 소렐 경은 이를 '더 친근한 친구 적'이라 했다. 2012년 이르러 WPP는 구글의 제품과 서비스에 약 20억 달러를 썼다. 당시 소렐 경은 이런 말을 했다. "그래서 우리는 옴니콤, IPG, 퍼블리시스, 덴쓰, 하바스, 닐슨, 입소스, GFK 같은 광고 그룹 및 시장 조사 그룹들은 물론, 구글, 페이스북, 트위터, 애플, 아마존 같은 새로운 기술 기업들과도 정면으로 맞섰고, 그런 다음 인포시스, 위프로, 액센추어, 딜로이트 같은 기술 컨설팅 기업들과도 맞섰습니다."[13] 다시 말해, WPP는 디지털 기술을 받아들였고 협력의 중요성도 잘 이해했던 것이다.

소렐 경은 2015년에 이런 말도 했다. "우리의 '친구 적' 구글을 예로 들어보죠. 구글은 2015년에 거래 총액 730억 달러 가운데 40억 달러를 차지한 우리의 미디어 분야 최대의 파트너이자 동시에 우리의 가장 큰 라이벌 중 하나입니다. 지금 우리의 액시스와 앱 넥서스(WPP 그룹의 계열사들)는 구글의 더블클릭과 정면 대결 중입니다. 그야말로 다른 모든 사람들의 점심을 먹어치우면서 엄청난 기세로 커가고 있는 무시무시한 경쟁자죠."[14] 이것이 바로 당신과 당신 기업이 이미 하고 있거나 아니면 곧 하게 될 여러 업계에 걸친 다층적인 공동창조이다.

승리를 가져다줄 두 번째 조치는 어떻게 취할 것인가?

앞서 살펴본 네 가지 영역이 주는 중요한 메시지는 3단계 디지털 변화 중에 이루어지는 역량 공동창조에 내재된 역동성이다. 산업 시대에는 기업들의 역할이 명확했고 기업들 간의 관계 또한 한쪽 기업이 다른 쪽 기업에게 무얼 주는가에 대한 알기 쉬운 논리를 중심으로 구축됐다. 그런데 당신 기업이 디지털 시대에 4개 영역을 거쳐 진화해 가는 과정을 살펴보면서, 이제 당신은 더 이상 현실이 그렇지 않다는 걸 잘 알 것이다. 이제 경쟁 협력이 핵심에 위치한 상태에서 기존 기업과 디지털 거인들 간의 관계, 기존 기업과 기술 기업들 간의 관계, 그리고 디지털 거인과 기술 기업들 간의 관계에서 이런저런 패턴들이 나타난다. 기업들이 자신의 역량을 개발하는 새로운 방식에 영향을 주는 것도 바로 이 같은 상호작용들이다. 다른 기업들과의 관계를 구축하고 관리하는 일은 늘 중요했다. 당신 기업도 그건 잘 안다. 당신 기업은 그간 주로 미리 정해진 업계의 관행 내에서 승리를 가져다줄 조치들을 개발해 왔으며, 대개 장기 계약하에 공급업체와 경쟁자 그리고 파트너의 역할을 분명히 정했다. 그런데 이제 디지털화가 진행되면서 그 모든 관계의 맥락이 변하고 있다. 새로운 디지털 기술들이 출현하고 발전되면서 관계의 구조가 변하고 있고, 당신 기업이 새로운 선택을 하고 새로운 투자를 하고 새로운 사업 우선순위를 정하면서 경쟁 협력 영역들에서의 관계의 위치가 변하고 있고, 당신 기업과 다른 기업들이 앞다퉈 이런저런 조치들을 취하면서 관계의 상대적 중요도가 변하고 있는 것이다. 이제, 승리를 가져다줄 두 번째 조치를 가장 잘 취하려면 어떻게 해야 하는지 좀 더 깊이 알아보자.

당신 기업이 디지털 미래에서 승리하는 데 필요한 역량들을 작성해 보라 이제 당신은 점차 디지털화되어 가는 세상에서 당신 기업이 승리하는 데 필요한 역량들은 당신 기업이 마스터해 온 역량들과는 다르다는 걸 잘 안다. 성공의 덫을 극복하려면 승리하기 위해 마스터해야 할 독자적인 역량들을 잘 선정해야 한다. 디지털 변화 3단계를 하나하나 잘 생각해 보라. 당신 기업은 당신 업계나 다른 업계들에서 이루어지는 경계에서의 실험을 보다 잘 살펴보아야 하겠는가? 아니면 파트너들과 공동 투자하고 각종 사업 계약을 맺기 위해 보다 체계적인 사업 논리를 개발해야 하겠는가? 아니면 다양한 파트너들이 포함된 네트워크 안에서 일어나는 위험을 감소시키는 법을 배워야 하겠는가?

당신 기업이 생태계 전반에서 지휘자 역할을 하려면 어떻게 해야 하는지를 다시 잘 생각해 보라. 소프트웨어 플랫폼을 개발하고 통제할 것인가? 네트워크 안에서 오가는 데이터를 잘 보호할 것인가? 디지털 기술을 활용해 제품을 만들 것인가? 과거보다 낮은 비용으로 가치를 제공하는 방식으로 고객들의 문제를 해결할 것인가? 당신 기업이 현재 처한 상황에서 가치 있고 중요하다고 생각되는 역량들을 폭넓게 생각해 보고 그것들을 적어보라. 내가 봐온 바로는 대부분의 관리자 입장에서는 이 리스트를 작성해 보는 일 자체가 해방되는 일이나 다름없다. 특히 여러 분야에서 역할을 맡고 있는 전문가들의 경우 더 그렇다. 당신 업계가 디지털화되어 가고 당신 기업이 생태계 내에서 다시 자리매김하는 과정에서 이 리스트는 핵심 매출 및 수익원 리스트나 다름없기 때문이다.

당신 조직의 핵심 역량과 다른 기업과 공동창조할 역량을 정하라 승리를 가져다줄 두 번째 조치를 취한다는 것이 모든 역량을 외부 파트너들과 함께 쌓아야 한다는 뜻은 아니다. 당신 기업이 차별화된 강점을 갖기 위해 자체적으로 쌓아야 할 역량이 무언지 다른 기업들과 공동으로 쌓아야 할 역량이 무언지를 결정하는 건 당신 기업의 몫인 것이다. 당신 기업의 내부 역량들이 강해질수록 더 강한 파트너들을 끌어들이는 게 가능해지고 당신 조직 내의 디지털 역량들을 흡수하기도 더 쉬워진다. 앞서 1단계에서 작성한 역량들의 리스트를 훑어보면서 리더 영역(당신 기업이 통제권을 가지고 있는) 내에서 손잡을 수 있는 최선의 디지털 파트너를 찾아보고, 또 추종자 영역(당신 기업이 디지털 파트너의 뜻에 좌지우지되는) 내에서 손잡을 수 있는 최선의 디지털 파트너도 찾아보라. 아마 그 두 영역 내에서 손잡을 디지털 파트너는 서로 다를 것이다. 리더 영역에서는 당신 기업이 통제권을 쥐고 있으며, 당신 기업보다는 상대 기업 쪽에서 더 협력을 필요로 하는 그런 협력 관계를 맺게 된다. 리더 영역과 추종자 영역이라는 이 두 상반된 영역 중 한 곳에서 역량을 쌓으려 할 경우의 장단점을 분석해 보라. 당신 업계의 기존 기업들은 어떻게 접근하고 있는지를 살펴보고 가능하다면 당신 기업 나름대로의 차별화된 접근법을 찾아보라. 가능한 한 기존 기업들과는 차별화될 수 있는 접근법을 택해 어떤 디지털 기업과 장기적인 제휴 관계를 맺을 건지를 결정하는 게 중요하다.

선정된 핵심 역량들을 공동창조 영역으로 옮겨라 이제 각종 역량과 관계가 어떻게 진화하는지, 또 당신 기업이 그림 4의 상단 오른쪽 사분면으로, 그러니까 당신 기업 혼자서는 쌓을 수 없는 역량들을 공동창조하는 영역으로 옮겨가기 위해선 어떻게 해야 하는지를 살펴볼 것이다. 만일 태그호이어가 당신 기업이라면 커넥티드 워치를 제작하기 위한 합작 투자를 함으로써 당신 기업이 갖고 있는 시계 디자인 분야에서의 독자적인 역량과 디지털 기술 분야에서의 구글의 역량을 결합할 수 있을까(아니면 결합해야 할까)? 만일 피아트 크라이슬러가 당신 기업이라면 자율주행 미니밴을 만들기 위해 구글을 설득해 자체 자원을 끌어 모아 합작 투자를 할 수 있을까? 혹은 미국 의류 기업 리바이스가 당신 기업이라면 디지털 기술이 내장된 의류를 만들기 위해 구글의 프로젝트 자카드를 활용할 수 있을까? 혹은 데이터를 수집하고 테니스 선수의 실력 향상도를 추적할 수 있는 최초의 디지털 테니스 라켓을 만든 프랑스 기업 바볼랏[15]이 당신 기업이라면 운동선수의 건강을 모니터링하는 웨어러블 기술을 만들어온 언더 아머나 랄프 로렌과 손잡고 보다 새로운 역량들을 공동창조할 수 있을까? 모든 기존 기업들과 마찬가지로 당신 기업 역시 가장 우수한 자체 자원을 끌어모으고 보다 우수한 디지털 자원을 가진 파트너와 손잡는 것이 어떻게 다른 두 영역에서와는 달리 이 공동창조 영역에서 가치를 만들어낼 수 있는지를 유심히 살펴봐야 한다.

내가 워크숍이나 교육회의 같은 데 참석한 관리자들에게 그들의 역량 리스트 앞부분에 있는 공동창조를 위한 제휴 관계에 대해 얘기해보라고 하면 대부분이 목소리 높여 구글, 애플, 페이스북, 아마존, IBM 같은 디지털 거인들 한두 곳과의 합작 투자를 얘기한다. 그러나 내가 "그런데 그 디지털 거인들이 왜 당신 기업과 손잡으려 하겠습니까?" 또는 "그럼 당신 기업은 그 제휴 관계에 어떤 독자적인 역량을 내놓을 겁니까?" 같은 질문을 던지면 곧바로 목소리가 잦아든다. 다시 말해 공동창조를 위한 제휴 관계를 위해서는 상호의존성의 논리와 상호보완적인 전문지식에 대한 존중이 그만큼 중요한 것이다.

핵심 역량들의 역동성을 관리하라 이 분석의 핵심적인 부분은 역동성에 대해 생각하는 것이다. 디지털 변화의 중요성과 영향은 역동적으로 변한다. 당신 기업의 사업 우선순위와 선호도는 물론 경쟁사의 동향도 계속 변하기 때문이다. 예를 들어 10년 전에는 모바일 웹이 성장 단계에 있었고, 5년 전에는 소셜 웹이 성장 단계에 있었다. 그러나 오늘날에는 홈 기술과 사물인터넷 기술이 성장 중이며, 모바일과 소셜 웹은 성숙 조짐들을 보이고 있다. 디지털 기능들의 우선순위를 재조정하는 일이 디지털 사업 변화 특유의 특징이듯, 당신 기업은 이제 단기적 필요 사항들과 장기적 필요 사항들 간에 다시 균형을 잡으면서 경쟁 협력의 우선순위를 재조정해야 하는 것이다. 파트너들이 대체 왜 당신 기업과의 공동창조 관계에 변화를 주려 하는지를 알아야 한다. 당신 기업은 계속 기존 관계를 유지하고 싶어 할지 몰라도 파트너들은 디지털 변화를 추구하는 과정에서 당신 기업과의 관계를 다른 영역으로 옮기고 싶을 수도 있는 것이다.

잊지 말아야 할 것은 디지털 사업 변화의 성패는 규모, 범위, 속도의 결합에 달려 있다는 것이다. 그러니까 당신 기업이 성공하려면 역동적인 진화가 꼭 필요한 것이다. 당신 기업은 전통적인 당신 업계 내에서의 변화 속도가 익숙하고 편하겠지만 디지털 변화의 속도는 그보다 더 빠르고 더 격하다. 심약하게 대처해선 감당할 수가 없다. 미래에는 디지털 사업 생태계의 모습과 구조가 훨씬 더 빠른 속도로 변할 것이다. 앞서 제6장에서 살펴봤듯이, 그로 인해 당신 기업이 어떤 생태계들에 참여하고 또 언제 그 생태계들의 지휘자로 나서게 될까 하는 게 결정될 뿐 아니라 그 생태계 내에서의 기업 관계 성격에도 드라마틱한 변화가 일어나게 될 것이다. 언제 거래를 하고 언제 생태계의 지휘자가 되거나 추종자가 되며 언제 공동창조를 할 것인지를 아는 것이 성공을 가져다줄 두 번째 조치의 핵심이다.

현재 인간과 기계가 서로 어떻게 상호작용하고 있는지 또 미래에는 그 관계가 어떻게 진화할 것인지 하는 분야는 최근 들어 특히 역동적인 변화를 보이고 있는 분야이다. 어쩌면 이 새로운 경계가 당신 기업에게 생태계에서 지휘자로 나설 새로운 방법들과 생태계 내에서 다른 기업들과 공동창조할 새로운 방법들을 제공하게 될 것이다. 이는 논란의 여지도 많고 힘겨운 영역이긴 하지만 이 특별한 관계를 잘 이해하는 것이 바로 승리를 가져다줄 세 번째 조치이다. 다음 장에서는 이에 대해 집중적으로 살펴보도록 하자.

CHAPTER

08

강력한 기계들로 인간 재능을 확대하라

서기 6세기경 인도에서 생겨난 걸로 추정되는 고대 전략 게임인 체스와 1964년 할리우드 텔레비전 제작자들에 의해 고안된 퀴즈 게임 〈제퍼디!〉는 디지털 사업 전략상 승리를 가져다줄 조치들과 관련해 우리에게 무얼 가르쳐줄 수 있을까? 언뜻 보기엔 이 두 게임 사이엔 공통점이 없는 것 같다. 체스는 전쟁이나 게임 능력과 비슷하고 〈제퍼디!〉는 상식 테스트와 비슷하다. 체스의 경우 상대에 맞서 이런저런 연속적인 조치들을 생각해 내야 한다는 점에서는 사업과 비슷한 점도 있지만 그걸 빼놓고는 둘 다 사업과는 무관해 보인다. 그러나 둘 다 디지털 변화와 관련이 있다. 둘 다 IBM 및 강력한 컴퓨터들과 관련이 있다. 둘 다 똑똑한 인간과 강력한 기계들이 어떻게 상호작용하고 또 어떻게 서로의 역량을 증폭시켜 새로운 역량들을 만들어내는가 하는 문제와 관련이 있다. 둘 다 우리에게 미래의 디지털 사업에서 성공하는 데 필요한 세 번째 조치에 대해 가르쳐줄 수 있다.

컴퓨터가 추론 능력을 가진 똑똑한 기계이며 갈수록 더 똑똑해져가고 있다는 걸 인정하라

극히 최근까지만 해도 아주 평범한 컴퓨터도 체스 게임에서 대부분의 인간을 이길 수 있지만 체스 고수들이나 체스 챔피언은 절대 이길 수 없다는 게 일반적인 생각이었다. 그러다 1996년 IBM의 슈퍼컴퓨터 딥 블루가 체스 세계 챔피언 개리 카스파로프를 상대로 한 게임을 이겼다. 그러나 토너먼트 전체에선 개리 카스파로프의 승이었다. 그러나 그 이듬해인 1997년 5월 11일 IBM의 딥 블루는 6게임 토너먼트에서 개리 카스파로프를 연파했다.[1] 그게 시작이었다. 1997년에 컴퓨터가 인류를 향해 경고를 한 것이다.

IBM은 인공지능 및 인지 컴퓨팅 분야에서의 실험을 거기서 끝내고 싶어 하지 않았다. 대부분의 사람들은 설사 컴퓨터가 아무리 번개처럼 빨리 답을 찾아낸다 하더라도(구글 같은 강력한 검색 엔진을 생각해 보라) 답을 찾는 것을 넘어 답에 대한 질문을 만드는 차원까지는 갈 수 없을 것이라 믿었다. 그 믿음 밑에는 인간의 뇌는 워낙 복잡한 회로들로 연결돼 있어서 제아무리 컴퓨터라 해도 인지 추론 분야에서는 인간에 필적할 수 없다는 전제가 깔려 있었다. 그러니 설사 컴퓨터가 대부분의 인간들보다 더 빠른 추론을 해낸다 해도 〈제퍼디!〉 챔피언은 이길 수 없다는 식이었다. 그러나 그 믿음은 2011년 2월에 산산조각 났다. IBM의 인공지능 슈퍼컴퓨터 왓슨이 〈제퍼디!〉 사상 가장 뛰어난 챔피언인 켄 제닝스와 브래드 러터를 상대로 승리를 낚아챈 것이다.[2]

대략 1996년부터 2016년까지 IBM 딥 블루가 체스 세계 챔피언 카스파로프를 꺾고 IBM 왓슨이 두 〈제퍼디!〉 챔피언을 꺾은 데 이어 컴퓨터 기술이 얼마나 큰 발전을 이룩했는지에 대해 제대로 알고 있는 건 머신 러닝과 인공지능 분야의 전문가들뿐이었다. 컴퓨터 기술 분야에 대한 정보가 비밀에 부쳐졌던 건 아니나 그 발전을 제대로 이해하려면 상당 수준의 컴퓨터 관련 지식이 필요했기 때문이다. 또한 컴퓨터 기술의 발전이 사업 분야에 어떤 영향을 미칠 것인지를 이해하려면 사업에 대한 전문지식이 필요했다. 대부분의 업계에 몸담고 있는 관리자들 입장에서 이 모든 건 컴퓨터 업계에서 일어나는 경계에서의 실험에 지나지 않았고, 그래서 대부분의 경영인들은 이 모든 걸 다가올 미래의 '조짐'이라기보다는 그저 시끄러운 '잡음' 정도로 여겼다.

2016년에 이르러 인공지능과 인지 컴퓨팅 분야(넓은 관점에서 보면 같은 분야라고 할 수도 있음)는 주류 분야로 자리매김하게 되는데, 이는 IBM이 전담 부서까지 설립해 인공지능과 데이터, 분석법, 클라우드 컴퓨팅 기술에 기반한 IBM 왓슨 기술의 상업화에 나선 영향도 컸다.[3] IBM이 컴퓨터 관련 제품과 서비스를 제공하는 산업 시대의 기업에서 탈피해 각종 중요한 문제들을 해결하는 디지털 거인으로 발돋움하기 위해 뿌리에서의 재창조 작업에 나선 것이다. 그러면서 IBM은 3개 주요 분야, 즉 의료 및 금융 처리, 고객 서비스 분야의 기업들을 지원할 의도를 드러냈다. 이제 컴퓨터는 단순한 자동화 및 단조로운 작업들을 위한 효율적인 도구에서 스스로 추론을 하는 복잡한 기계로 변화됐다. 그래서 모두들 바짝 긴장해야 하는 것이다. 컴퓨팅 기술과 인공지능을 이용할 경우 당신 기업이 어떻게 복잡한 문제들을 해결하고 고객들을 위해 새로운 가치를 창출해 낼 수 있을 것인지를 생각해 보라. 이런 강력한 기계들을 이용할 경우 당신 기업이 어떻게 업계 지식을 늘리고, 어떻게 특정 생태계의 지휘자가 되고, 또 어떻게 생태계 내에서 다른 기업들과 손잡고 공동창조 작업에 나설 수 있을 것인지를 생각해 보라. 당신 기업의 조직과 일 처리 방식을 변화시키는 과정에서 강력한 기계들을 이용해 어떻게 당신 기업을 뿌리에서부터 재창조할 수 있을 것인가? 이는 바꿔 말하면 이런 질문들이 된다.

- 인공지능을 이용할 경우 당신 기업이 전략적 결정을 내리는 데 어떤 도움이 될 수 있겠는가?
- 컴퓨터를 추론 능력을 가진 보다 똑똑한 정보 처리 및 지식 처리 장치로 생각할 경우 당신 기업의 일 처리 방식에는 어떤 변화가 생길 수 있겠는가?
- 컴퓨터를 가치 창출의 중심에 놓을 경우 인재 채용에 어떤 변화가 생길 것이며 또 어떻게 차세대 컴퓨터의 디자인 한계를 넘어설 수 있겠는가?

일에 대한 생각 바꾸기

IBM 왓슨 컴퓨터의 '뇌' 속에는, 그러니까 인지 컴퓨팅의 뿌리에는 자연언어를 처리하고 글을 분석하고 눈 깜짝할 새에 방대한 양의 복잡한 정보를 파악하는 추론 능력과 지식을 과시하고, 증거와 자신감을 토대로 답(가설 내지 추정)들에 순위를 매기고, 실수로부터 배우는 등의 수백 가지 능력이 있다. IBM 측의 설명에 따르자면 "왓슨은 이해하고 추론하고 배울 수 있다."[4] 이 가능성들에 대해 생각하는 데는 세 부분으로 된 다음과 가타은 질문들이 도움이 될 것이다.

1. IBM의 왓슨[5]이 내 일을 대체할 수 있을까? 당신은 이렇게 생각할 것이다.

- 내 일은 컴퓨터로는 할 수 없다.
- 내 일에는 복잡한 통합조정 과정이 있으므로 컴퓨터가 대신할 수 없다.
- 내 일은 이 업계에서의 수년간의 경험과 오랜 기업 역사를 토대로 하고

있으므로 컴퓨터가 대신할 수 없다.

다른 많은 경영인들과 마찬가지로, 당신 역시 자동화는 일상적인 일에나 맞지 고도의 전략적 사고와 기획력과 통합조정 능력을 요구하는 일에는 맞지 않는다고 생각할 것이다. 어쨌든 우리는 그간 고객 지원이나 급여 회계, 인적자원 처리 같은 일들은 컴퓨터 소프트웨어나 전문적인 애플리케이션들로 자동화해 왔다. 그러나 자동화할 수 있는 일과 자동화할 수 없는 일 사이에 명확한 구분 같은 건 없다. 암 치료는 일상적인 일이 아니며 대출 처리나 보험 설계 같은 것도 일상적인 일이 아니지만 IBM 왓슨은 그 모든 일을 다루려 하고 있다. 아마 오늘날 진행되고 있는 경계에서의 실험들이 곧 주류 업무가 될 것이며 거기에 당신은 물론 모든 직원들이 하는 일을 이해할 수 있는 컴퓨터들이 활용될 것이다.

2. 당신의 일 중 어떤 부분들을 IBM 왓슨이 당신보다 더 잘 할 수 있을까? 이 질문은 IBM 왓슨이 당신이 하는 일 전부를 떠맡는다는 걸 전제로 한 질문은 아니다. 강력한 컴퓨터들이 당신의 똑똑한 비서가 되어 당신을 얼마나 잘 지원해 줄 수 있느냐에 대한 질문인 것이다.

- 당신이 하는 일 중 어떤 단조로운 일을 IBM 왓슨이 대신할 수 있을까?
- 스마트 머신을 이용하면 당신 기업의 핵심 업무들과 작업 흐름의 효율성이 높아져 경쟁 기업들과의 경쟁에 도움이 될 수 있을까?
- 똑똑한 컴퓨터를 이용할 경우 다양한 장기 전략과 투자 결정의 예상 결과들을 알아낼 수 있을까?

당신은 컴퓨터 기술이 당신 기업이 그간 쌓아온 다양한 지식을 비롯한 그 많은 변수들을 처리할 수 있을 만큼 발전했는지가 궁금할 수도 있다.

그런데 그건 이제 가정의 문제가 아니라 시기의 문제일 뿐이다. 당신 기업이 인지 컴퓨팅을 이용해 어떻게 핵심 업무와 활동들을 재설계할 수 있을 것인지에 대해 생각도 해보지 않는 사이에 이미 경쟁 기업들은 그 기술을 받아들여 이런저런 도움을 받고 있을 수도 있다. 우리는 지금 기계와의 경쟁에 대한 얘기를 하고 있는 게 아니라 인지 컴퓨팅을 이용해 업계 내의 다른 기업들보다 앞서가는 것에 대한 얘기를 하고 있는 것이다. 당신 기업이 만일 컴퓨터로 더 잘 할 수 있거나 다른 경쟁 기업들은 이미 컴퓨터를 이용해 하고 있는 일들을 계속 사람 힘으로 하려 한다면 당신 기업은 이미 뒤처진 것이다. 디지털 거인들은 뼛속까지 컴퓨터화되어 있다. 당신 기업이라고 컴퓨터라는 강력한 기계를 활용해 솔루션 기업으로 재창조되지 말란 법이 어디 있는가?

3. 당신 기업은 IBM 왓슨을 활용하기 위해 어떻게 재창조되어야 할까? 이는 단순히 IBM 왓슨을 당신 기업의 기존 업무 과정들에 추가한다는 얘기가 아니다. 말하자면 인지 컴퓨팅을 활용하기 위해 한 발 물러나 업무 기능 전반, 어쩌면 당신 기업 조직 전반과 여러 기업들에 걸쳐 모든 업무를 재설계하려는 것이다. 예를 들어, 컴퓨터가 일반적인 의사들보다 더 질병 진단을 잘 내릴 수 있게 된다면 진단하는 일은 기계와 전담 간호사에게 맡기고 의사들은 보다 큰 가치가 있는 일들, 그러니까 표준적인 환자 의료 차트에 기록되거나 수량화되지 않는 정신 건강 같은 부분들을 이해하는 데 더 많은 시간을 쓸 수 있게 될 것이다. 기업의 리더인 당신 입장에서 인지 컴퓨팅의 세세한 부분이나 왓슨의 '두뇌' 속 작동 원리 같은 것들까지 알 필요는 없겠지만 인지 컴퓨팅을 잘 활용해 효율적이고 혁신적이며 기민한 업무 환경을 창출해 기계와 인간이 서로 협력하고 힘을 합쳐 새로운 가치를 만들고 확보할 수 있어야 할 것이다.

그리고 또 당신 기업은 기계들이 당신과 직원들이 당신 기업의 각종 행동들을 배우고 처리하고 결정하는 데 도움이 되게 하고 싶을 것이다. 그러니까 똑똑한 인간들과 강력한 기계들이 힘을 합쳐 어느 한쪽의 힘만으론 만들 수 없는 가치를 만들어내길 바란다는 것이다. 이와 관련해 마이크로소프트의 최고경영자 사티아 나델라는 이런 말을 했다. "물론 컴퓨터는 각종 게임에서 인간을 이길 수도 있습니다. 그러나 인간과 기계가 손잡고 질병이나 무지 또는 가난의 퇴치같이 가장 큰 사회적 문제들을 해결하려 할 때 어떤 일이 가능할까를 상상해 보십시오. 인공지능 분야에서 앞으로 우리가 해야 할 가장 중요한 일은 인공지능과 관련된 윤리적 문제에 공감대를 형성하는 일입니다."[6]

우리는 지금 업계는 물론 사회의 토대까지도 강력한 기계들에 의해 형성되는 변화의 정점에 서 있다. 머신 러닝, 빅데이터, 신경망, 인공지능, 로봇공학 등 예전에는 느슨하게 연결되어 있던 개념들이 이제 아주 굳건하게 연결돼 새로운 역량들을 만들어내고 있다. 알파벳, 아마존, 마이크로소프트, IBM 같은 디지털 거인들은 서로 분리돼 있던 이 컴퓨터 기술들을 연결했을 때 나오는 힘을 너무 잘 알고 있으며 우버, 팰런티어 테크놀로지, 테슬라, 에어비앤비 같은 기술 기업들은 각종 알고리즘과 분석법을 아주 중요시하고 있다. 디지털 미래에 당신 기업이 성공하느냐 마느냐는 이처럼 강력한 기계 시스템의 핵심 역할을 얼마나 잘 이해하는지 또 그 시스템을 핵심적인 사업 전략 및 조직 구조의 원동력으로 삼을 수 있느냐 여부에 달려 있다.

강력한 기계들을 이용해 새로운 가치와 역량을 만들어내라

IBM 왓슨이 2011년에 〈제퍼디!〉 챔피언을 꺾었을 때, 이 인공지능 슈퍼컴퓨터는 한 가지 능력, 즉 집중된 기술들을 통해 Q&A를 이해하고 그에 대처하는 능력을 갖고 있었다. 오늘날 IBM은 클라우드를 통해 제공되는 애플리케이션 프로그래밍 인터페이스(APIS)를 통해 왓슨에 Q&A 외에 30가지 역량을 더 추가했으며, 자연 언어도 영어 외에 일본어, 스페인어, 아랍어를 더 추가했다. 그리고 IBM 왓슨의 생태계는 현재 급속도로 성장 중이다. 500개 이상의 기술 기업들이 각종 애플리케이션 및 솔루션을 만들고 있으며 IBM은 자신들의 핵심 사업 재창조의 일환으로 다양한 기업들을 인수해 이런 성장을 뒷받침하고 있다.

물론 앞서 던졌던, 세 부분으로 이루어진 질문은 IBM 왓슨과 당신 기업의 일에만 해당되는 건 아니다. 그 질문은 아주 잘 보이는 뛰어난 렌즈와 같아서 그걸 통해 이 강력한 기술 시스템이 조직들에 미치는 다음과 같은 세 가지 영향을 볼 수 있다.

1. 어떤 일들이 인간이 최소한으로 개입하면서 자동화될 수 있겠는가?
2. 어떤 과정들이 기계의 도움을 받아 보강될 수 있겠는가?
3. 어떤 일들이 인간과 기계 간의 활발한 상호작용을 통해 확대될 수 있겠는가?

블루칼라 일은 자동화될 수 있고 화이트칼라 일은 자동화될 수 없다고 단순화시킬 수는 없다. 그래서도 안 된다. 그런 분류는 생산 대 관리라는 개념을 토대로 일과 노동자를 분류하던 산업 시대 때 생겨난 것이며, 우리는 이미 많은 이른바 화이트칼라 관리 일들(생산 계획, 품질 관리, 청구서 발부, 주문 처리, 고객 서비스, 회계, 법률 준수, 대출 등)이 컴퓨터 기술 덕에 이미 자동화되었다는 걸 안다.

따라서 일들을 산업 시대 때의 분류법대로 분류해서는 안 되며, 이 강력한 기술 시스템을 그 분류법에 단순히 적용해서도 안 된다. 승리를 가져다줄 이 조치는 일을 (어떤 집단, 기능, 설정에 국한되지 않고 일 전체를 관통하여) 디

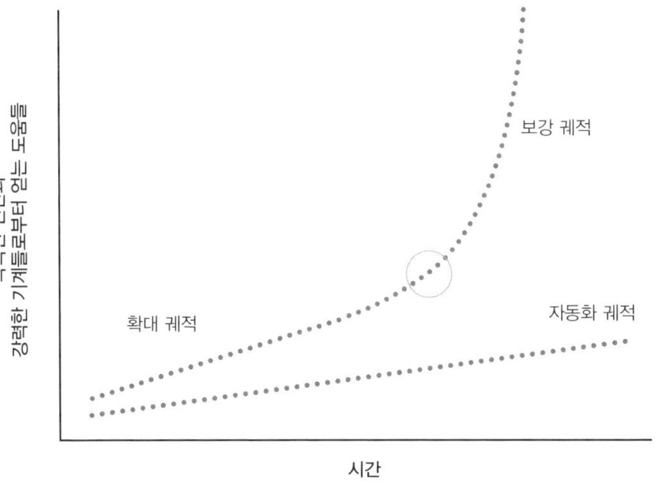

그림 5　자동화, 보강, 확대

자인하는 전통적인 방법에 대해 다시 생각해 볼 것을 요구한다.

업무의 자동화

제1장에서 우리는 지금 당신 기업은 규모, 범위, 속도가 결합되는 시대에 속해 있고, 그래서 디지털 시대의 업무들은 산업 시대의 업무들에 비해 훨씬 더 복잡하다는 애기를 했었다. 이제 그 몇 가지 예를 살펴보도록 하자.

- 매 순간 영화를 보는 전 세계의 비디오 스트리밍 유료 회원들을 위해 추천 비디오 선정하기
- 언제 어디서건 매일 각종 컴퓨터 장치를 통해 올라오는 수십억 개의 검색어에 광고 달기
- 비행 중인 모든 비행기의 엔진을 모니터링해 안전을 유지하고 효율성도 극대화하면서 필요한 유지 보수를 하기

• 도로 위를 달리는 모든 자동차를 실시간 추적하면서 그 성능을 모니터링하기

이런 업무들은 이제 컴퓨터 없이는 수행 불가능하다(아니면 아주 비효율적이다). 이 네 가지 업무는 넷플릭스와 구글, GE, 테슬라가 하고 있는 일들로, 이 기업들은 이 같은 기술들을 이용해 거의 완전한 자동화를 실현하고 있다. 차세대 클라우드 로보틱스(구글의 로봇 프로젝트 책임자였던 제임스 쿠프너가 2010년에 만든 말)는 데이터를 처리하는 데 더 이상 메모리 크기나 자체 성능의 제한을 받지 않는다. 네트워크를 통해 각종 데이터나 코드의 도움을 받아가며 작동되기 때문이다.[7] 그래서 지금 당장은 아니더라도 가까운 미래에, 당신 기업이 어떤 업계에 속해 있든 수행하는 업무의 상당 부분이 완전히 자동화될 수 있을 전망이다.

연구 결과에 따르면, 컴퓨터들이 자동화 업무들을 계속 가져가면서 현재 전통적인 일자리의 무려 47퍼센트가 사라질 위기에 처해 있다고 한다.[8] 그러나 강력한 컴퓨터를 사용하는 건 당신 기업의 직원 수를 줄이기 위해서가 아니라 경쟁에서의 효율성을 높이기 위해서다. 당신 기업이 경쟁 기업들보다 더 빨리 자동화를 도입하고 더 많은 업무들을 자동화한다면 당신 기업은 경쟁우위를 갖게 될 것이다. 시장에서 변화가 순차적으로 서서히 일어날 때도 뒤처지는 것은 안 좋지만 특히 변화가 기하급수적으로 빠른 속도로 일어날 때 뒤처지는 것은 훨씬 더 치명적이다. 자동화가 되면 직원들이 해당 업무에서 자유로워져 고객들에게 더 큰 가치를 제공할 수 있는 다른 일들로 관심을 돌릴 수 있다.

업무 과정들의 보강

자동화가 아주 유용한 틀이긴 한데 만일 자동화 대신 강력한 기술들로 당

신 기업의 일부 업무 과정들에 가치를 더할 수 있거나 업무 과정을 보강할 수 있을 때는 어떻게 해야 할까? 다음 예들을 잘 생각해 보자.

- 당신 기업이 벌이는 각종 사업의 성패를 분석하고 다음 분기에서 분발할 방법들을 찾아냄으로써 분기별 경영 보고서 작성하기
- 이전 애플리케이션들을 검토하고 원하는 특허를 어떻게 획득할지 또 그 특허가 기존 특허들과 어떻게 다른지를 보여줌으로써 새로운 애플리케이션 특허들을 확충하고 또 그 특허들이 채택될 가능성을 극대화하기
- 암에 대한 1차 진단 내리기
- 사용자들의 과거 시청 습관에 기초한 예측들을 살펴봄으로써 새로운 텔레비전 광고를 위한 가격 조건 검토하기

얼핏 보기에 이 예들은 완전한 자동화가 불가능한 업무들 같아 보이지만 이 업무들은 오늘날의 기술로도 얼마든지 보강될 수 있다. 시험 프로젝트들을 통해 IBM의 왓슨과 위프로의 홈즈(명탐정 셜록 홈즈에서 따온 이름 - 옮긴이), 내러티브 사이언스의 퀼은 이미 데이터를 샅샅이 뒤져 핵심 숫자들을 빼내고 핵심 비율들을 계산하고 있으며 그것들을 분기 보고서 초안으로 쓸 수 있게 처리해 주고 있다.

당신이 만일 최근 〈포브스〉에 실린 금융 뉴스 스토리를 읽으면서 끝까지 스크롤하지 않았다면 다음과 같은 문구를 놓쳤을 수도 있다. "내러티브 사이언스는 특허를 낸 자신들의 인공지능 플랫폼을 통해 각종 데이터를 통찰력 넘치는 스토리로 바꾸고 있다."[9] 간단히 말하자면, 로봇이 글을 쓴다는 것이다. 당신 기업이 이렇게 강력한 기술을 도입해 사용한다면 직원들에게 어떤 영향을 미치겠는가? 얼마나 많은 사람들이 그런 기계들을 가지고 일하기 위해 재훈련을 받아야 하겠는가? 미래의 직원들에게 어떤

기술 믹스(관리적 기능, 인간적 기능, 기술적 기능을 혼합하는 것 - 옮긴이)가 필요하겠는가?

미국 휴스턴의 MD 앤더슨 암 센터 의사들은 한 시험 프로젝트를 통해 IBM 왓슨을 이용해 종양학 전문 어드바이저(OEA)[10]라는 소프트웨어 툴을 돌려오고 있다. 이 툴을 이용하면 체계적인 데이터와 비체계적인 데이터(예를 들어 유방암이나 폐암 치료에 대한 공개된 참조 문헌들 같은)가 디지털 암호화된 다양한 포맷으로 제공된다. 그리고 데이터의 적절성과 정확성을 확인한 뒤, 입증되지 않았거나 부정확하거나 잘못된 데이터는 전부 솎아낸다.

이 툴은 관련 정보와 과학적인 연구 결과들이 계속 업데이트되는 살아 있는 참고서이며, 또 개업 임상의들을 위한 가상의 전문 조언가이기도 하다. 의사나 다른 임상의들은 다양한 추천 옵션들 가운데 특정 환자에게 가장 적절해 보이는 옵션을 선택하면 된다. 이 시험 프로젝트가 성공으로 판명될 경우, MD 앤더슨 암 센터의 경영진은 의사들로 하여금 계속 왓슨의 도움을 받아 환자들을 진단하게 할 것인지, 병원 운영 방침을 바꿔 디지털 전문지식을 가장 중요시하는 의료 체계로 갈 것인지를 결정해야 할 것이다. 그럴 경우 여러 면에서 뿌리에서부터 재창조되는 변화가 뒤따르게 될 것이다.[11]

넷플릭스의 최고경영자 리드 헤이스팅스가 바로 그런 변화를 도입했다. 크게 성공한 두 편의 TV 드라마 〈하우스 오브 카드〉와 〈오렌지 이즈 더 뉴 블랙〉의 제작 계약을 맺기에 앞서 먼저 컴퓨터를 이용해 각종 데이터를 분석함으로써 위험 요소들을 평가하고 고객의 관심 패턴들을 파악한 것이다.

이것이 바로 알고리즘을 통한 결정들과 분석을 통한 조치들의 보강으로, 넷플릭스가 전통적인 TV나 미디어 기업들에 비해 경쟁우위를 갖고 있고 또 자신의 생태계에서 지휘자 역할을 하고 있는 이유이기도 하다.

일자리의 확대

이처럼 컴퓨터가 새로운 가치를 추가해 주는 건 이 강력한 기계들이 똑똑한 인간들과 힘을 합쳐 아이디어들의 규모와 범위를 확대시켜 주기 때문이며, 그래서 당신 기업 또한 바로 이 부분에 관심을 집중해야 한다. 당신의 사고 사이클들이 정말 도움이 되는 부분이기도 하다. 이 확대는 두 가지 원칙, 즉 상호보완성과 특이점에 좌우된다. 우선 상호보완성을 통해 기계가 인간보다 우월한 분야들을 결정하게 되며, 그런 다음 기계와 인간의 뛰어난 좋은 결합 결과와 생산성 향상을 가져올 관리 원칙과 작업 조건들을 만들게 된다.

또한 특이점(인공지능이 비약적으로 발전해 인간의 지능을 뛰어넘는 시점 - 옮긴이)을 통해 인공지능 컴퓨터들(컴퓨터 네트워크 또는 로봇들)은 반복적인 자기 향상(점진적인 자기 재창조)을 이루거나 독자적으로 점점 더 똑똑해지고 강력한 기계로 변신해 가게 된다. 다시 말해, 상호보완성이 오늘의 원칙이라면 특이점은 내일의 원칙이며 이 두 원칙은 동시에 작동된다.

이런 원칙들은 왜 중요하며, 또 당신과 당신 기업에게 어떤 의미가 있는가? 기본 전제는 일의 디자인은 수시로 변한다는 것이다. 이런 기술들이 더 많은 기능을 확보하면서 더 강력해지면 일의 성격은 물론 일과 우리의 관계까지 변화시키게 된다. 그리고 그 결과 당신 기업은 작업 흐름을 더 유연하게 만들고 기민한 직원들을 끌어와야 한다. 보다 중요한 것은 직원들이 점차 디지털화되어 가면서 조직의 핵심적인 인재 구조 또한 바뀔 수밖에 없다는 것이다.

예를 들어 언더 아머는 신발 및 의류 기업이지만 그 직원들 중에 소프트웨어 프로그래머가 무려 300명이 넘는다. 또한 당신은 GE를 전력 기업 내지 에너지 기업 또는 항공기 엔진 기업으로 생각할지 모르지만 이 기업이 소프트웨어 및 각종 분석법에 많은 관심을 기울이면서 현재 전체 직원 중에 프로그래머가 1,400명이 넘는다. 몬산토의 경우 역시 단순히 농업 기업으로 보겠지만 이 기업은 지금 전략적으로 빅데이터와 각종 분석법을 통한 농산물 수확량 극대화에(유전자 변형 종자 판매 외에) 전력투구하고 있으며 직원들 가운데 엔지니어가 500명 가까이 된다. 그리고 모든 중요한 글로벌 자동차 제조업체들은 지금 자동차 하드웨어와 소프트웨어, 분석법 분야의 가장 우수한 인재들을 끌어오기 위해 실리콘밸리에 새로운 전초 기지들을 두고 있다.

엔지니어와 과학자, 데이터 과학자, 컴퓨터 프로그래머 등에 관련된 수요는 워낙 많으며, 그래서 2015년 말에는 그런 인재들을 필요로 하는 일자리가 500만 개가 넘는다는(주로 기술 격차 때문에) 미국 노동부의 발표도 있었다.[12]

따라서 당신 기업이 기계와 인간이 손잡고 가치 창출 및 확보를 앞당기는 '확대'를 통해 업계의 지휘자가 되려 한다면 가장 우수한 미래의 인재들을 끌어올 환경을 조성해야 한다. 그런 환경은 대체 어떤 환경이겠는가? 그건 직원들이 인간과 기계가 함께 일하며 그 경계에서 배우는 환경이며 각종 소프트웨어와 알고리즘을 활용해 효율적인 결정을 내리는 환경이다. 또한 오늘날 직원들의 업무를 기계를 이용해 할 수 없는 환경이며, 또 직원들이 에너지, 의료, 우주 탐사, 교통 및 교통 혼잡, 기후 변화 등의 분야에서 세상이 직면하고 있는 근본적인 문제들을 해결하기 위해 기계와 손잡고 자신들의 기술을 적용하는 환경이다.

당신 기업이 이러한가? 가장 우수한 인재들을 끌어들이기 위한 당신 기업의 환경은 어떠한가? 당신 기업은 지금 직원들이 최선을 다해 업무 성과를 낼 수 있는 환경을 마련해 주고 있는가? 최소한 당신 기업 내에서는 지금 자동화, 직원 수, 관리 등에 대한 논의가 활발히 이루어지고 있는가? 아니면 세상이 직면하고 있는 근본적인 문제들을 해결할 가장 우수한 인재들을 끌어들이는 일에 대한 논의 또는 확대에 대한 논의가 이루어지고 있는가?

강력한 기계들을 이용해 인간 재능을 확대하라

인공일반지능(AGI)은 인간과 비교될 만큼(그리고 궁극적으로는 인간을 뛰어넘을 만큼) 지능도 높고 융통성과 적응력도 있는 기계를 개발하기 위한 최신 분야이다. 인공일반지능은 의식, 지각력, 지혜, 자의식 같은 특성들과 관련이 있는데 이는 모두 살아 있는 생명체에서나 관찰되는 특성들이다. 현재 디지털 거인들은 모두 인지 컴퓨팅 기계 개발 초기 단계까지 가 있다. 물론 이 분야의 컴퓨터로는 IBM의 왓슨도 있고 인도 위프로의 홈즈도 있다. 왓슨(IBM의 창업자 이름에서 따옴)과 홈즈는 왓슨 박사와 셜록 홈즈의 이미지를 연상케 하지만 사실 그 두 컴퓨터 사이에 협력 관계는 전혀 없다. 그리고 이 두 컴퓨터는 지금 다른 많은 컴퓨터들, 그러니까 마이크로소프트의 코타나, 아마존의 알렉사, 페이스북의 M, 애플의 시리, 구글의 어시스턴트 같은 것들과 경쟁 중이다.

그러니 우리는 대체 이런 류의 강력한 기계들에 대해 어떻게 생각해야 하는 걸까? 나는 개인적으로 이런 류의 기계들을 '인조지능'과 '가짜 노동자들'로 나눈 스탠퍼드대학교 법정보학 교수 제리 카플란의 분류가 마음에 든다. 그는 이런 말을 했다. "전통적인 의미에서 봤을 때 인조지능은 프로그램화하는 것이 아니다. 점점 많아지는 툴 및 모듈들과 끼워 맞추고 목표를 정해주고 많은 예들을 제공하고 해방시켜 주는 것이다."[13] 왓슨과 그 경쟁자들이 바로 이 인조지능 범주 안에 들어간다. IBM 왓슨 건강 생태계 안에는 건강 및 생명과학 분야의 다양한 기업들, 즉 메드트로닉, 메모리얼 슬로언 케터링 암 센터, CVS 헬스, MD 앤더슨 암 센터 같은 기업들이 포함돼 있으며, 그래서 그 정보 및 지식 범위가 개별 기업들에 한정되지 않고 서로 공유되면서 활기찬 공동창조 관계들이 형성되고 있다. 오늘날 인조지능은 금융 시장 거래의 토대일 뿐 아니라 항공 교통을 통제하고 스마트 그리드와 모바일 네트워크를 운용하며 원전 기반시설의 안전을 관리하는 등의 일을 맡고 있다. 다만 이 인조지능은 눈에 띄지 않게 인프라 안에 들어 있어 사람들이 인조지능을 당연시하고 있을 뿐이다.

제리 카플란은 이렇게 말을 잇는다. "반면에 '가짜 노동자들'은 각종 센서와 장치들의 결합을 통해 생겨난다. 이들은 보고 듣고 느끼며 주변 환경과 상호작용한다. 각종 센서와 장치들이 한데 합쳐질 경우 우리는 그걸 '로봇'으로 본다. 그러나 반드시 하나로 합쳐야 하는 건 아니다."[14] 여러 해 동안 로봇은 흥미로운 실험용 장난감 정도로 여겨졌다. 그러다가 아이로봇 같은 기업들이 진공청소기 룸바, 물걸레 로봇 브라바, 풀장 청소 로봇 미라, 배수로 청소 로봇 루즈를 만들었다. 오늘날의 로봇들은 더 이상 얼굴도 없고 이름도 없는 노동자들이 아니다. 보스턴 소재 로봇 전문 기업 리싱크 로보틱스[15]가 만든 새로운 로봇들, 즉 가짜 노동자들은 백스터나 소여 같은 이름은 물론 얼굴도 있다. 나는 이 로봇들이 어떤 일들을 할 수 있는지 또 얼마나 쉽게 프로그램화될 수 있는지를 보고 깊은 감명을 받았다. 이 로봇들은 다목적용 로봇인 데다가 인간과 협력을 한다는 점에서 이전 세대의 로봇들과는 다르다. 다시 말해, 이 로봇들은 인간과 함께 일하며 인간에 의해 프로그램화된다(배운다). 그래서 우리의 일을 자동화하고 보강하고 확대하는 데 강력한 우군 역할을 해준다.

최초의 컴퓨터들은 전문화된 기계들로, 미 항공우주국(NASA)의 우주선 운행, 주요 자동차 제조업체들의 자동차 제어, 일반 가정 사용자들의 워드프로세싱 프로그램 사용같이 특정한 일들을 위해 맞춤 제작되었다. 마찬가지로 로봇들 역시 자동차 생산 라인, 노천 채굴장, 농장, 창고, 선착장 작업 같은 특정 작업들을 위해 맞춤 제작되었다. 그리고 이 모든 것들이 다목적 개인용 컴퓨터, 태블릿 PC, 휴대폰, 선택 가능한 다양한 앱들로 돌아가는 손목시계 등으로 진화되면서 점점 더 유용해졌다. 마찬가지로 우리는 지금 거의 모든 사람에 의해 쉽게 프로그래밍화되어 여러 가지 다른 일들을 할 수 있는 다목적 로봇들을 만들고 있는 중이다. 그리고 그런 로봇들이 네트워크화되는 것 또한 시간문제일 뿐이다. 로봇들은 이제 그런 적응력 덕에 다양한 애플리케이션들에 유용하다.

우리는 지금 협동 로봇(인간과 함께 일할 수 있는 로봇 - 옮긴이)들이 생산 작업에서 혹은 창고에서 인간들과 함께 일하는 장면을 보고 있다. 그 로봇들은 새로운 자동화 물결을 만들어내면서 제조업체들의 작업 최적화 및 효율성 개선 방식에 변화를 주고 있다. 점점 인간과 함께 일하는 일이 많아지면서 이 정교한 로봇들은 일의 성격 자체를 변화시키고 있다. 로봇과 인간의 이 같은 협업은 경계에서의 실험으로 시작되지만 그런 협업 덕에 생산성이 높아지고 작업장의 안전이 개선되고 데이터와 분석을 토대로 보다 지능적인 작업 환경이 조성되면서 곧 대세가 되고 있다. 또한 이를 통해 특정 유형의 작업(예를 들어 비행기 가격 책정, 디지털 이미지에서의 얼굴 확인, 다양한 포도밭 토양 조건에 적합한 비료 결정 등)에서 인간 대 로봇 관련 사업 사례들에 의문이 제기되고 있고, 또 인간과 기계가 서로 공존하고 협력하고 경쟁하는 작업장의 타당성이 입증되고 있다.

확대 이점을 만들어내라

디지털 기업들은 강력한 기계와 똑똑한 인간의 경계에 있는 일들을 하기 때문에 성공한다. 그들은 자동화되어야 할 일들을 자동화하는 데 능하다. 그렇게 하지 않을 경우 능률이 떨어지기 때문이다. 그들은 또 암 치료 센터에서 활용되는 IBM 왓슨처럼 기계를 똑똑한 비서로 활용함으로써 도움받을 수 있는 일들을 더 확대하려 애쓴다. 역시 그렇게 하지 않을 경우 능률이 떨어지기 때문이다. 디지털 기업들이 성공하려면 단순한 자동화 및 확대 차원을 넘어 조직 설계 방식의 경계를 확장시켜 주는 과정들을 설계할 수 있어야 한다. 이게 가장 중요하다. 또한 디지털 기업들은 최고의 인재들을 끌어들이며 그들에게 이익을 증식시켜 주는 강력한 기계들을 제공해 준다. 보강이 첨가되는 거라면 확대는 증식되는 것이다.

머신 러닝, 드론, 로봇, 신경망, 빅데이터, 분석법, 인지 시스템, 알고리즘 같은 강력한 기술들을 생각해 보라. 최초의 개인용 컴퓨터에 들어간 인텔 컴퓨터 칩처럼 이런 기술들은 그야말로 아직 걸음마 단계이다. 그래서 1세대 모토롤라 휴대폰 정도의 힘을 갖고 있고 버그도 많고 호환성도 떨어지고 기능도 제한되어 있다. 이런 기술들은 이제 시작에 불과한 것이다. 그러나 한 기술에서 발전이 이루어지면 다른 기술들까지 발전된다. 기술들이 개별적인 게 아니라 상호의존적이기 때문이다. 기술은 기하급수적인 속도로 발전하는데, 디지털 거인들은 그런 일에 능하다. 만일 당신 기업이 업계의 기존 기업이라면 이런 발전을 지켜보고 그 변화에 뒤처지지 않기 위해 과거보다 더 빨리 변화하는 것이 당신 기업의 할 일이다.

나는 체스와 〈제퍼디!〉가 디지털 사업 전략과 관련해 우리에게 무얼 가르쳐줄 수 있는가 하는 질문으로 이 장을 시작했었다. 1994년 이전까지만 해도 체스 세계 챔피언들이 아무렇지도 않게 체스 전용 컴퓨터들을 꺾었었다. 그러나 2004년에 이르러 그 결과는 완전히 뒤집어졌다. 어떤 차이가 있었던 걸까? 다른 사람이나 컴퓨터의 도움을 받아가며 경쟁할 수 있는 자유형 체스 토너먼트는 통찰력이 돋보이는 토너먼트이다. 토너먼트 초기에는 인간과 기계 연합 팀이 가장 강력한 체스 전용 슈퍼컴퓨터인 히드라보다 더 강했다. 체스 세계 챔피언 개리 카스파로프는 2010년에 이런 말을 했다. "컴퓨터의 전술적인 움직임과 인간의 전략적 사고의 결합은 그 위력이 대단했습니다." 그러나 놀랍게도 토너먼트의 최종 우승자는 동시에 3대의 컴퓨터를 활용한 호주의 2인 1조 아마추어 체스 선수들이었다. 카스파로프는 이렇게 말했다. "컴퓨터를 조작해 가며 각 말의 움직임을 이끄는 그들의 능력이 세계 챔피언들의 보다 뛰어난 체스 이해력이나 다른 참가자들의 보다 뛰어난 컴퓨터 조작 능력과 맞붙은 겁니다. 그 결과 '약한 인간+기계+우월한 과정' 조합이 강한 컴퓨터 1대나 '강한 인간+기계+

열등한 과정' 조합보다 강했습니다."[16]

이처럼 체스와 컴퓨터 덕에 우리는 인간과 기계의 상호보완적인 조합에 조직적인 과정들이 합쳐질 때의 위력을 알 수 있게 되었다. 그러나 인간의 역량 및 조직적이지 못한 목표들과는 차원이 다른 조직적인 컴퓨터 시스템을 개발하기까지는 아직 가야 할 길이 멀다. 그러기 위해서는 디자이너, 코치, 전략가 같은 인간이 중요하다는 견해도 있다. 또한 컴퓨터 자신이 전략가처럼 스스로 배워가며 기능할 수 있어야 한다는 견해도 있는데, 얼마 전 구글의 자회사 딥마인드가 자신들의 인공지능 바둑 전용 프로그램 알파고를 세계 바둑 챔피언 이세돌과 맞붙게 한 게 그런 견해에서 나온 실험이라 할 수 있다. 인공지능 컴퓨터 프로그램 알파고를 공동 개발한 데미스 하사비스는 이런 말을 했다. "딥마인드는 딥 러닝(컴퓨터가 데이터를 이용해 사람처럼 스스로 학습하는, 인공 신경망을 기반으로 한 머신 러닝의 한 분야 - 옮긴이)과 신경망을 통해 컴퓨터의 학습 능력을 강화했습니다. 그래서 컴퓨터가 시행착오를 통해 배우면서 기하급수적인 발전을 하게 되며 결정 능력 또한 발전되는 것입니다."[17] 알파고 프로그램은 스스로를 둘로 나눠 그 둘이 수백만 번의 바둑을 두면서 승리와 패배를 통해 바둑을 배우게 되어 있다. 이 시스템은 하루 24시간 동안 무려 100만 번 이상의 바둑을 둘 수 있는데 이는 한 인간이 평생 두어도 둘 수 없는 바둑 횟수이다. 확대의 경계를 무너뜨리는 엄청난 컴퓨팅 능력인 것이다. 딥마인드는 IBM 왓슨의 경우와 마찬가지로 인간의 지능을 이해하는 아주 힘겨운 문제를 푸는 걸 목표로 삼고 있는데, 바둑 실험을 통해 얻는 이런 지식들은 현재 많은 업계에 유용한 통찰력을 제공하고 있다. 아마 머지않은 장래에 바로 앞서 말한 조직적인 컴퓨터 시스템에 대한 두 가지 견해가 공존하는 때가 올 것이다.

20년 넘게 개리 카스파로프와 켄 제닝스, 브래드 러터, 이세돌 등 자기 분야에서의 리더들은 강력한 기계들과 맞붙었다가 다 패배를 했다. 그들의 자존심을 무너뜨린 그 패배들을 통해 우리는 체스, 〈제퍼디!〉, 바둑 외의 많은 분야들에서도 기술의 미래 잠재력을 보게 되었다. 흥미로운 사실은 IBM(딥 블루와 왓슨)이나 알파벳(딥마인드)은 단순히 해당 게임에서 이기는 것 이상의 큰 비전과 포부를 갖고 이 강력한 기계들을 만들었다는 것이다. 2016년 1월 26일 페이스북의 마크 저커버그는 자신의 인공지능 전문가 팀이 고대 게임인 바둑에서 인간을 꺾을 때가 머지않았다는 포스트를 올렸었는데[18] 먼저 그 일에 성공한 건 알파벳 팀이었다. 어쨌든 분명한 건 지금 디지털 거인들이 기계를 통해 인간 능력 확대의 경계들을 재설정하는 경쟁을 벌이고 있다는 것이다. 그 일은 왜 중요한 걸까?

첫째, 잘 알고 있듯 디지털 거인들은 특정 생태계 내에서의 또는 여러 생태계들에 걸친 당신 기업의 디지털 사업 전략들을 지지하면서 동시에 위협도 한다. 둘째, 영향력 범위를 확대하기 위해 디지털 거인들은 소프트웨어 개발 키트와 애플리케이션 프로그래밍 인터페이스(APIS)를 통해 당신 기업과 다른 기존 기업들이 쓸 수 있는 자신들의 프로그램을 만들어왔다. 우리는 이제 막 확대에 나선 것이며 일과 가치 창조의 미래는 단순히 낡은 방식의 일에 기술을 보태는 게 아니라 컴퓨터 과학을 토대로 일을 근본적으로 재창조하는 데 달려 있다.

승리를 가져다줄 세 번째 조치는 어떻게 취할 것인가?

대부분의 업계 기존 기업들과 마찬가지로 당신 기업 역시 아마 조직심리학과 사회심리학을 통해 사업 구조 및 과정, 역할, 기술, 관계 등의 측면에서 조직 재창조를 하는 문제에 대해 과도할 정도로 많은 시간을 써왔을 것이다. 당신 기업이 디지털 시대에 성공하려면 컴퓨터 과학을 조직 재창조의 원동력으로 삼는 디지털 거인이나 혁신 기업들처럼 생각할 필요가 있다. 당신 기업이 인공지능을 기술적인 목표로 삼고 있을 수도 있겠지만 기계를 활용해 인간 능력을 확대시키는 확대 작업 또한 사업 목표로 삼아야 한다. 이제 인간과 기계의 교차 지점에 위치한 조직 시스템을 개발하고 꼭 마스터해야 할 필수 역량들을 살펴봐야 할 때인 것이다. 그렇게 하려면 어찌 해야 할까?

당신 조직을 세 영역(자동화, 보강, 확대)으로 분류하라 당신 조직 내에서 또는 주요 경쟁 기업들 내에서 행해지는 어떤 업무들이 현재 널리 사용되고 있고 또 어느 정도 입증된 기술들로 자동화될 수 있겠는가? 예를 들어 로봇은 지금 점점 널리 쓰이고 있고 가격도 아주 싸지고 있다. 리싱크 로보틱스의 2만 5,000달러짜리 협동 로봇 백스터는 당신 기업 업무들에 대한 자동화의 경제성을 어떻게 변화시킬 수 있을까? 그런 로봇들이 생태계 내 파트너 기업들에게 제공될 경우 당신 기업과의 관계에는 어떤 변화가 생기고 자동화를 통한 당신 기업의 경쟁우위는 또 어찌 될까? 내러티브 사이언스, IBM, 위프로 같은 기업들과 손잡을 경우 당신 기업은 일상적인 업무에서 해방되어 전문적인 역량을 보다 부가가치가 높은 영역이나 혁신 또는 재창조에 집중할 수 있을까?

그런 다음 확대의 경계에 있는 영역들을 확인하라. 우리는 지금 실험 초기 단계에 있어 그 영역들은 아직 명확하지 않을 수도 있다. 자동화, 보강, 확대라는 이 세 영역은 이미 확립된 기능 중심의 조직 내 역할들에 딱 맞아떨어지지 않을 수도 있으므로 이 모든 일은 서로 다른 역할을 맡고 있는 기업 내 리더들과 함께하는 게 좋다.

이미 애플리케이션 프로그래밍 인터페이스를 통해 왓슨, 시리, 알렉사 같은 서비스를 이용하고 있다고 알려진 기능들에 대해 생각해 보라. 다른 영역들을 살펴봄으로써 당신 기업에서 확대가 중심 목표가 될 수 있는 영역들을 확인할 수도 있다. 당신 기업이 만일 호텔 업계에 속해 있다면 블록체인 기술을 통한 자동화에는 별 생각이 없을 수도 있지만 2016년 4월 에어비앤비가 체인지코인이라는 기술 신생 기업의 블록체인 전문가들을 영입한 것은 분명 주목할 만한 일이었을 것이다.[19] 당신 기업이 현재 업계 경계 너머에서 창의적인 우군들을 찾고 있는 중이라면 굳이 직접 그런 새로운 인재들을 영입할 필요까지는 없다.

업계 기존 기업들과 디지털 기업들을 벤치마킹하라 이용 가능한 데이터를 토대로 당신 업계 기업들을 벤치마킹해 보라. 예를 들어 서로 다른 분야(창고, 소매점, 고객 지원, 콜 센터, 분석법 등)에 고용된 직원들의 수를 대충 비교해 봐도 뭔가 얻을 게 있다. 그다음 직원 채용 패턴이나 기술 프로필, 제휴 또는 기업 인수 발표 같은 다른 전략적 움직임들도 살펴보라. 예를 들어 GE는 지금 구글, 아마존, 페이스북 같은 디지털 거인들을 벤치마킹해 자신들의 디지털 사업을 설계하고 있으며 자신들이 데려오지 않으면 디지털 거인들 중 한 곳으로 갈 인재들을 채용하고 있고 디지털 거인들을 포함해 톱 10 소프트웨어 기업들 중 하나가 되겠다는 포부를 공공연히 밝히고 있다.

자동화 영역의 경우 비교가 보다 직접적이기 때문에 당신 기업은 업계 최고를 벤치마킹해야 한다. 보강 영역의 경우 당신 기업은 특정 일자리와 업무들을 위한 최상의 관행들과 어떻게 경쟁할지를 알아내기 위해 동종 최고를 벤치마킹해야 한다. 그리고 확대 영역의 경우 당신 기업은 보다 광범위한 벤치마킹을 하면서 늘 경계를 허무는 노력을 해야 한다. 당신 기업은 인간과 기계의 힘과 잠재력을 결합하면서 업계의 기존 기업이나 디지털 거인들을 따라갈 것인가 아니면 뒤처질 것인가?

세 영역을 수정하고 개선하라 업무와 일자리에 대한 첫 분류는 출발점에 불과하다. 기계와 인간의 교차 지점에 있는 자동화, 보강, 확대의 경계 속으로 좀 더 깊이 파고들어가다 보면 우리가 아직 초기 단계에 있다는 걸 발견하게 될 것이다. IBM 왓슨이나 다른 비슷한 기술들을 일찍 받아들인 기업들은 그런 기술들을 자신들의 조직에 제대로 받아들이려면 무엇이 필요한지 잘 안다. 우리는 또 시간이 지나면 기존 조직들이 그런 기술들을 받아들일 능력을 키우게 될 거라는 사실도 잘 안다. 새로운 기술들이 계속 등장하며 이 세 영역이 재정립되면 당신 기업은 자신의 분류법과 필요한 인재 풀을 재평가해야 한다. MIT 슬로언 경영대학원의 에릭 브린욜프슨 교수와 앤드루 맥아피 교수가 말하는 이른바 '제2의 기계 시대'의 경계에서 승리하는 데 필요한 인재의 프로필과 구성을 이해하는 것보다 더 힘든 일은 없다.[20] 그래서 나는 승리를 가져오는 데 필요한 이 세 번째 조치를 취할 때 디지털 전략 목표는 곧바로 고위 경영진과 이사회 수준에서 결정해야 한다고 본다.

인재 프로필을 재구성하라 오래전부터 경계는 인간 플러스 기계였으며 그건 지금도 그렇다. 차이가 있다면 지금은 기계의 진화에 가속도가 붙어 이미 인간의 재능을 앞질렀다는 것이다. 그래서 첫째, 당신 기업의 인사 담당 부서는 기계를 통해 인간의 재능을 보강하고 확대하는 조직을 만드는 데 전념해야 한다. 그리고 둘째, 당신 기업은 지금 디지털 거인이나 기술 기업들과 인재 쟁탈전을 벌이고 있다는 걸 직시해야 한다. 지금 프록터앤갬블, 로레알, 유니레버 같은 기업의 직원들이 서서히 아마존, 페이스북, 구글 같은 디지털 거인들 쪽으로 이직하는 경향이 있다.[21] 그리고 그것은 돈 때문이라기보다는 기업이 직원들로 하여금 큰 문제들을 해결할 수 있는 분위기를 조성해 주느냐 아니냐의 문제 때문이다.

디지털 거인들은 자신들의 인적 자원이 이른바 멱함수 분포(power-law distribution)를 따른다고 본다. 그러니까 조직에서 소수(보통 전체의 10퍼센트 미만)는 슈퍼스타 그러니까 엄청 뛰어난 사람들로 일반 직원의 8~10배의 결과나 가치를 창출하고 절대 다수(전체의 60~75퍼센트)는 다양한 결과와 가치를 창출하는 허용될 만한 사람들 또는 성취도가 높은 사람들이며, 그 나머지(전체의 약 15퍼센트)는 허용될 수 없는 사람들 또는 성취도가 낮은 사람들이라는 것이다.

구글의 인사 책임자 라즐로 복은 이런 말을 했다. "거의 모든 수준에서 보상 범위는 300퍼센트에서 500퍼센트로 쉽게 달라지며 그때까지도 이상점(outlier, 비정상적으로 변수의 분포를 벗어난 값 - 옮긴이)의 여지는 많다."[22]

나는 알파벳은 애초부터 인재를 끌어들이는 자석 역할을 하게 만들어졌으며 그 구조 또한 조직 포트폴리오 내에 아주 뛰어난 인재들을 끌어들이고 육성하고 유지하게 설계되어 있다고 생각한다.[23] 반면에 전통적인 기업들은 직원 성취도는 일반적인 분포상 중간치에서 60~80퍼센트 정도로 다르다고 본다.

그렇다면 이런 멱함수 분포는 왜 중요할까? 벤처 투자가들이 기꺼이 슈퍼스타들을 지원하려 하듯 디지털 거인들 역시 인재와 관련해 더 기꺼이 위험을 감수하려 한다는 얘기이다.

결국 오늘날 강력한 기계들을 활용해 인간의 재능을 확대하려는 것은 자동화, 보강, 확대라는 세 영역에서 필요로 하는 사람들의 수와 유형으로 그 성패가 갈린다. 또한 앞으로 10년 후면 이 세 영역의 상대적인 결합 형태 역시 변하리라는 걸 알아야 한다.

앞으로 보강 및 확대 영역에서 디지털 거인들과 당신 기업의 상호작용은 더 활발해질 전망이며 당신 기업이 디지털 미래에서 승리할 가능성은 당신 기업의 전통적인 기술 능력들보다는 전통적인 인적 자원 관행들에 의해 결정될 가능성이 더 높다.

승리를 가져다 줄 세 가지 조치들을 한 번에 취하라

나는 승리를 가져다줄 세 가지 조치들을 아주 신중히 선정했다. 여기서 나는 바람직한 경영에 필요한 조치들을 길게 나열하는 대신, 디지털 사업 변화 기간 중에 꼭 필요하면서도 새로운 경영서들에서 관심을 훨씬 덜 받고 있다고 생각되는 조치 세 가지를 선정했다. 그 세 가지 조치는 당신 기업이 디지털 변화의 3단계에서 그 조치들을 어떻게 활용할 것인가 하는 문제에 일관성을 주는 것과 관련이 있다.

승리를 가져다줄 첫 번째 조치를 통해 당신 기업은 전통적인 수직적 업계 경계들을 뛰어넘어 가치 창출 및 확보를 할 공간을 재설계할 수 있게 되며, 또 조직을 재창조할 기회를 더 깊이, 더 폭넓게 살펴볼 수 있게 된다. 경계들의 교차 지점에 있는 문제들을 해결하고 여러 업계에 걸쳐 있는 비효율적인 영역들을 손보기 위해 당신 기업은 많은 생태계들에 몸담아야 한다. 뿐만 아니라 그 생태계들에서 성공하기 위해 당신 기업은 어느 생태계에서 지휘자로 나서고 어느 생태계에서 참여자가 될지, 또 후에 언제 그 역할을 바꿔야 할지를 조심스레 결정해야 한다. 그 결과 당신 기업은 더 많은 사업 모델들에(전통적인 제품과 서비스들뿐 아니라 보다 새로운 플랫폼과 솔루션들에까지) 접근할 수 있게 되고 다른 기업들과 손잡으면서 당신 고객들에 대해 보다 깊은 통찰력을 얻게 되며 맞춤형 제품과 서비스를 보다 좋은 가격에 제공할 수 있게 된다.

승리를 가져다줄 두 번째 조치를 통해 당신 기업은 어디에서(어떤 생태계들에서) 활동할 것이냐 하는 관점에서 벗어나 어떻게(지휘자 역할을 할 것인가 참여자 역할을 할 것인가) 그리고 누구와 함께(어떤 파트너 기업들과 함께) 새로운 역량과 가치를 공동창조할 것이냐(특히 자산이 풍부한 업계, 그러니까 디지털 거인들이 생산 및 유통이라는 물리적 자산과 채널들에 접근하고 특정 분야의 지식을 얻기 위해 기존 기업들과 손잡을 필요가 있는 업계에서) 하는 관점으로 옮아가게 된다.

승리를 가져다줄 두 번째 조치와 세 번째 조치는 로봇공학과 인공지능을 이용해 인간의 재능을 보강하고 확대해 나름대로의 역량들을 창출하고 유지해 디지털 세계에서 당신 기업의 존재 가치를 높이고 강력한 파트너들을 끌어들여 공동창조에 나서는 것과 관련이 있다. 따라서 당신 기업이 혁신의 경계에서 똑똑한 인간과 강력한 기계들을 어떻게 활용하느냐 하는 것이 바로 디지털 시대에 필요한 조직 논리이다. 승리를 가져다줄 세 번째 조치는 특히 디지털 변화 3단계, 그러니까 전통적인 업계의 경계가 별 의미가 없어지는 단계에서 당신 기업의 뼈대를 형성하고 지지해 줄 조직 구조를 설계하는 것이다. 이 모든 게 여러 생태계들에서 당신 기업이 어디에 위치해 있는지 또 여러 생태계들 내에서 당신 기업이 어떻게 가치를 공동창조하는지를 보여준다.

그런 다음 승리를 가져다줄 이 세 가지 조치는 서로 연결되어 당신 기업이 외부 생태계들에서 움직이는 방식과 당신 기업이 당신 조직 내에서 일을 조직하는 방식에 영향을 준다. 내가 보기에 승리를 가져다줄 이 세 가지 조치는 지금은 과소평가되고 있는 듯한데 아마 머잖아 제 가치를 인정받게 될 것이다. 제9장에서 디지털 변화에 대한 적응 논리에 대해 생각할 때, 그리고 제10장에서 당신 기업의 행동 원칙들을 개발할 때 늘 이 세 가지 조치를 염두에 두도록 하라.

PART 4

기업의 디지털 변화

CHAPTER

09

디지털 적응 이론

20세기의 저명한 경영학자 피터 드러커는 1994년에 쓴 글에서 이렇게 말했다. "전 세계의 그 많은 큰 조직들과 성공한 조직들이 현재 안고 있는 문제의 핵심은 그들의 사업 이론이 더 이상 먹히지 않는다는 것이다."[1] 어쩌면 드러커는 그로부터 거의 20년 후에 전 세계의 업계들과 시장들과 기업들 사이에서 일어나게 될 디지털 변화에 대한 얘기를 한 건지도 모른다.

당신 기업은 왜 적응 이론이 필요한가?

드러커는 조직의 리더들은 사업과 관련해 '무엇을 할 것인가?'가 아니라

'어떻게 할 것인가?'에 더 집중해야 한다고 믿었다. 그리고 흥미로운 디지털화 및 적응 이론이 없을 경우, 리더들은 현상 유지 차원에 머물려 한다. 대개 기업들은 자신이 알고 있는 원칙들을 따르려 하며, 또 알지 못하는 새로운 분야보다는 잘 아는 분명한 분야에서 디지털 툴들을 받아들이고 사용하려 한다.

디지털화가 어떻게 기업과 업계들을 변화시키는지에 대한 강력한 이론이 없을 경우, 리더들은 잠재적인 변화 규모를 보지 못하게 되며 경영진은 그저 투자에 점점 더 큰 변화를 꾀하려 한다. 그 결과 많은 기업들이 디지털 미래에 제대로 대비하지 못하고 있다.

드러커가 전문 경영인들의 문제를 파고든 데 반해 20세기 조직 연구의 선구자 중 한 사람인 짐 마치 스탠퍼드대학교 교수는 조직 연구가들에게 낡은 확실성을 활용하는 일과 새로운 가능성을 탐구하는 일 사이에서의 적응 과정을 보다 잘 이해할 것을 촉구했다.[2] 이 적응 과정은 성공한 기업들의 경우에 특히 복잡하다. 과거에 꽤 잘 통했던 낯익은 성공 과정들을 계속 유지하려는 욕구 내지 압박이 심하기 때문이다. 게다가 리더들은 설사 미래가 과거와는 아주 다르리라는 걸 잘 알고 있다 해도 언제 어디서 어떻게 방향을 틀어야 하는지도 모른 채 계속 예측 가능하며 익숙한 길로만 가려 한다.

간단히 말해, 성공한 기업들은 스스로 덫에 걸려 미래가 더 이상 과거의 연장이 되지 못할지도 모르는 상태에서 계속 과거의 핵심 역량들에 매달리려 하는 것이다.[3] 그게 바로 이 책의 개요 부분에서 얘기했던 성공의 덫의 역설이다.

디지털 매트릭스는 디지털화로 인해 과거와는 다른 미래, 그러니까 낡은 원칙과 조치들은 사용이 제한되고 그 결과 새로운 사업 이론이 필요해지는 그런 미래가 만들어진다는 걸 보여준다. 또한 제1장에서 설명한 네 종류의 덫을 피하는 데 필요한 도움을 준다.

디지털 변화의 3단계에서는 기업의 역동성이 강조되며 세 종류의 게임 참가자들은 제3부에서 언급된 승리를 가져다줄 세 가지 조치들을 활용해 차별화를 꾀하게 된다. 이 모든 건 다음과 같은 한 가지 의문을 제기한다. "당신 기업이 현재 사업에서 수익을 극대화하면서 동시에 불확실하고 낯선 세계 속에서 미래 사업을 창출하는 데 도움을 줄 디지털 적응의 원칙은 무엇일까?"

약한 조짐들 : 임박한 혼란을 알아채는 법을 배워라

"큰 변화가 필요하다는 조짐은 다른 많은 조짐들 사이에 숨겨져 있다. 그 조짐은 죽음의 목소리처럼 크지도 않고 분명하지도 않다. 어쨌든 환영할 만한 정보는 아닌 것이다." 전략 경영의 아버지로 불리는 이고르 앤소프 박사가 1976년에 쓴 글이다.[4] 그 글에서 그는 약한 조짐들, 그러니까 당신과 당신 조직이 각종 정보를 이해하기 위해 사용하는 흔한 메커니즘들의 '소음' 속에 숨겨진 미래에 대한 논란의 여지가 있는 애매한 정보들에 대해 얘기하며 이 초기의 조짐들이 간과되는 경우가 너무 많다고 한탄했다. 그러나 그 어떤 적응 이론이든 적응 이론은 다른 조직들보다 먼저 약한 조짐들의 잠재적 의미를 감지하고 그 결과를 이해하는 조직의 능력에 따라 달라진다.

일부 약한 조짐들은 현재의 사업을 미세 조정하는 것과 관련된 조짐들로, 현재의 과정들 안에서 나타나는 트렌드에 대한 보다 깊은 이해, 소셜 미디어 리스닝 센터 중심의 마케팅 메시지 전달 대상의 보다 신중한 선정 또는 트위터 피드를 통한 데이터 및 분석법의 보다 나은 활용 등이 그런 조짐의 예이다. 이제 점점 더 많은 기업들이 약한 조짐들을 잘 감지해 잘 대처하고 있다.

그러나 나는 단순히 현재의 사업 모델을 미세 조정하기 위해서가 아니라 제2부에서 살펴본 3단계의 디지털 변화와 제3부에서 살펴본 승리를 가져다줄 세 가지 조치를 거치면서 현재의 사업 모델이 디지털 기술에 의해 어떻게 변화되거나 향상될 수 있는지를 더 잘 이해하기 위해 약한 조짐들을 예의주시하라고 권하고 싶다.

몇 가지 예를 들어보자. 만일 당신 기업이 1990년대 말의 마이크로소프트나 오라클, SAP 같은 패키지 소프트웨어 업계의 기업이었다면 세일즈포스의 최고경영자 마크 베니오프가 클라우드에서 소프트웨어를 서비스로 제공하는 것이 약한 조짐이었을 것이다. 당신 기업은 소프트웨어가 클라우드로 이동되는 규모와 속도에 대해서는 제대로 이해하지 못했다 하더라도 최소한 그 같은 변화가 무얼 의미하는지 정도는 이해하도록 해야 했을 것이다.

당신 기업이 2000년대 초의 베스트바이 같은 대형 할인 소매점이었다면 아마존을 통한 가전제품의 온라인 쇼핑이 약한 조짐이었을 것이다. 당신 기업이 1990년대의 전통적인 서점 체인이었다면 전자상거래가 약한 조짐이었을 것이다. 당신 기업이 아시아에 공장들을 짓고 부품 공급망을 구축했다면 3D 프린팅이 약한 조짐이었을 것이다. 당신 기업이 지금 금융 서비스 분야의 일을 하고 있다면 블록체인이 약한 조짐일 것이다. 그리고 만일 당신 기업이 업계에서 가장 우수한 인재들을 확보하고 있다고 믿는다면 오늘날의 로봇공학과 소프트웨어 로봇들이 약한 조짐일 것이다.

앤소프의 관찰은 지금도 유효하다. 많은 리더들이 이런 약한 조짐들의 중요성을 이해하기도 전에 서둘러 전략적인 대응책을 마련하느라 귀중한 시간을 허비하고 있으며 자신의 조직을 추슬러 새로운 방향으로 끌고 가려고 훨씬 더 많은 시간을 허비하고 있다. 당신 기업이 만일 시기적절하게 약한 조짐들을 알아내 대응하지 못한다면 당신 기업은 적응 능력이 뚝 떨어질 것이다. 약한 조짐들을 알아내는 것은 당신 기업의 디지털 미래와 관련된 전략적 사고의 핵심이며 디지털 변화의 잠재적인 규모, 범위, 속도를 이해하는 데도 꼭 필요하다.

자동화 툴들과 알고리즘의 개선이 해결책은 아니다. 당신 기업은 한 발 물러나 디지털 변화 3단계를 거치는 동안 당신 기업의 사업 모델을 어떻게 그대로 유지할 것인지에 대해 다시 생각해 봐야 한다. 잘 알겠지만 제록스의 경우는 전형적인 실패 사례이다.[5] 실리콘 밸리에 떨어져 있는 제록스의 위성 기업 제록스 팰로앨토 연구소가 개인용 컴퓨터의 전신이나 다름없는 그래픽 유저 인터페이스(제록스 스타)와 광마우스를 발명했는데 모기업인 제록스가 그 진가를 제대로 알아보지 못하는 바람에 아까운 기회를 날려버린 것이다. 그 바람에 애플과 IBM, 마이크로소프트 등이 먼저 이 약한 조짐을 알아보고 직접 최초의 개인용 컴퓨터를 만들어냈다. 여기서 당신은 이런 의문을 가질지도 모른다. 그렇다면 다른 대형 복사기 제조업체들과 경쟁하고 있던 복사기 전문 기업 제록스가 대체 어떻게 했어야만 이런 파격적인 혁신을 통해 직접 컴퓨터 업계에 뛰어들 생각을 할 수 있었을까? 마찬가지로, 코닥은 대체 어떻게 했어야 필름 이미지 방식에서 디지털 이미지 방식으로의 대전환을 생각해 낼 수 있었을까? 이미 확고히 자리 잡은 기존 기업들 입장에서 어떤 변화들은 핵심 사업 모델과 너무 동떨어져 있어 적응하기가 쉽지 않다. 그리고 한 기업이 한때 변화에 잘 적응했다 해서 그 이후에도 계속 변화에 잘 적응할 수 있는 건 아니다. 그러나 당신 기업이 변화에 적응하는 여정에 나서려는 지금 이 같은 기업들의 교훈은 통찰력을 줄 수도 있다. 그러니 현재 변화에 적응하려 애쓰고 있는 몇몇 기업들의 사례를 살펴보도록 하자.

큰 변화 : 미래를 끌어안는 법을 배워라

모든 기업은 디지털 변화 3단계를 거치면서 나름대로의 적응 과정을 밟는다. 그리고 그 과정은 특정 목적지에 도착하려는 시도라기보다는 긴 여정에 더 가깝다. 성공한 기업들은 이미 검증된 과거의 사업 논리에서 벗어나 보다 새로운 성장의 길로 들어서는 중대한 결정들을 내린 경험들이 있다. 결국 당신 기업은 디지털화의 중요성을 얼마나 잘 이해하고 있는지, 또 과거의 전통을 뛰어넘어 미래를 받아들이는 일의 시급함을 얼마나 잘 알고 있는지에 따라 다른 기업들과 차별화될 것이다.

다음에는 디지털 변화 적응에 성공한 기업들의 예가 나오는데, 그 기업들 중 일부는 이미 이 책에서 거론된 바 있는 기업이다. 어떤 규모, 어떤 업계의 기업이든 다 어느 시점에 이르면 큰 변화를 겪는다는 걸 보여주기 위해 그 기업들도 다시 포함시켰다. 이 다양한 사례들을 통해 당신 기업은 디지털 변화에 적응하는 데 필요한 자신만의 이론을 만들어내는 데 도움을 받을 수 있을 것이다.

아마존 이 기업이 일개 전자상거래 도서 소매점에서 지구 최대의 고객 중심 기업으로 변화한 것은 최고경영자 제프 베조스의 원대한 비전의 일부로, 그 덕에 이 기업은 세계적인 규모와 범위를 가진 소매 거인이 되었다. 베조스에 따르면 이는 시작에 불과하며 미래에 아마존은 디지털 사업 인프라로서 훨씬 더 멀리 가 있을 것이다. 아마존의 초창기 전자상거래 경쟁 기업들은 거의 다 사라진 상황에서 아마존은 단 20년 만에 매출 1,000억 달러가 넘는 기업이 되었고 시가 총액 기준으로 전통적인 소매업 경쟁 기업인 월마트를 앞서는 기업이 되었으며 클라우드 컴퓨팅 분야의 리더가 되었다. 그러면서 아마존은 소매업과 관련 분야의 규모와 범위, 속도 모두의 정의를 바꿔놓았다.

애플 스티브 잡스가 애플을 설립하고 쫓겨났다가 다시 돌아와 파산 위기에서 되살려놓은 것은 전설이다. 그 같은 변화 속에 애플은 여러 버전의 많은 컴퓨터 관련 제품을 제작하던 데서 탈피해 사람들의 생활방식 자체를 변화시킬 혁신적인 디지털 제품들을 내놓았다. 처음에는 아이팟으로, 그다음엔 아이폰으로, 또 그다음엔 아이패드로 이어갔다.

이런 변화 속에 애플은 거의 모든 측면에서 성공을 거둬 2016년 중반 현재 세계에서 가장 많은 수익을 내는 기업, 시가 총액이 가장 높은 기업이 되었다. 그러나 스마트폰이 성숙 단계에 접어들면서 현재 애플은 또 다른 변곡점에 와 있다.

컴캐스트 이 매스미디어 기업은 다른 여러 전통적인 경쟁 기업들처럼 그저 일개 케이블 TV 및 인터넷 서비스 제공업체에 머물 수도 있었다. 그러나 GE로부터 NBC 유니버설을 인수함으로써 콘텐츠 범위를 늘렸고, 그 결과 이제 가정과 기업들로 향하는 온라인 서비스 및 엔터테인먼트의 관문 역할을 하고 있다. AT&T(DirectTV 인수)와 버라이즌(AOL, 야후, 휴즈 텔레매틱스 인수) 역시 이와 비슷한 적응 여정을 밟고 있다. 세상이 향후 10년간 훨씬 더 빠른 속도로 디지털화되어 갈 것으로 보이는 상황에서, 가만히 있다가 제품화된 인프라 제공업체로 전락하는 걸 피하기 위한 자구책인 셈이다.

에릭슨 지난 140여 년간 이 통신 기술 기업은 유선통신 분야에서 이동통신 분야로 진화했고 지금은 사업 범위를 키워 전 세계 이동통신 사업자 및 기업들을 상대로 네트워크 장비 및 서비스를 제공하고 있다. 그리고 오랜 세월 피처폰으로 세상을 지배하다 스마트폰에 적응하지 못해 쓴 실패를 맛본 경쟁 기업 노키아는 지멘스와 알카텔-루슨트, 위딩스를 인수해 사업 범위를 키움으로써 연결 네트워크 분야의 선두 주자로 나서고 있다.

페이스북 이 소셜 미디어 기업이 디지털 변화 적응에 성공한 기업들 명단에 포함된 것은 다소 의외로 받아들여질지도 모른다. 그러나 어쨌든 페이스북은 개인용 컴퓨터 소셜 네트워크 분야에서 사업 범위를 넓혀 모바일 웹 분야의 리더로 변신하는 데 성공했다. 사실 페이스북은 2012년 주식 시장에 상장할 때까지만 해도 모바일 웹 분야에서 아무 존재감이 없었다. 그러나 현재의 각종 통계 수치를 보라. 매일 스마트폰을 비롯한 각종 모바일 장치에 접속하는 적극적인 모바일 이용자는 10억 명이 넘는데 그중 8억 5,000만 명은 휴대폰만을 사용하고 있으며 매달 평균 14시간을 페이스북 앱을 사용하고 있다. 그리고 오늘날 페이스북의 전체 비디오 뷰(유튜브와 경쟁 중)의 65퍼센트와 그 광고 매출의 80퍼센트는 모바일 장치들로부터 온다.

GE 지속적으로 근본적인 변화를 꾀하고 있는 이 기업은 지금 서로 관련도 없는 여러 업계에 많은 기업을 거느린 자산이 풍부한 복합 기업에서 탈피해 각종 소프트웨어와 분석법을 통해 운송 및 에너지, 건설, 의약 등의 새로운 분야로 뛰어드는 디지털 산업 기업으로 진화 중이다. 선발 기업의 이점을 앞세워 이른바 산업 인터넷을 구축하면서 GE는 자신들이 데려오지 않으면 테슬라 같은 기술 기업이나 알파벳, 아마존 같은 디지털 거인들에게 빼기게 될 뛰어난 인재들을 데려오려 애쓰고 있다. 이 회사의 적응 목표는 2020년까지 최고의 디지털 산업 기업이 되고 동시에 톱 10 소프트웨어 기업 안에 들어가는 것이다.

구글 이 디지털 거인은 웹상에선 애드워즈 및 애드센스 프로그램을 통해 그리고 모바일상에선 안드로이드 플랫폼을 통해 매출을 올리는 검색 엔진 관련 광고 사업에서 탈피해 사업 범위를 확장했다. 그렇게 구글이 확장되어 2015년에 새로 만들어진 복합 기업이 바로 알파벳인데 구글은 이 확장을 통해 검색 엔진 관련 광고 분야에서 벗어나 서로 다른 여러 사업 모델들을 만들어낼 수 있게 됐다. 또한 그 덕에 이제 새로운 컴퓨터 과학 원칙들을 활용해 여러 업계들이 안고 있는 복잡하고 어려운 문제들을 해결하는 데 관심이 많은 최고의 인재들을 끌어들이고 있다.

IBM 1994년 외부에서 영입되어 IBM의 회장 겸 최고경영자가 된 루이스 거스너는 파산 직전 상태까지 간 이 거대 기업을 되살려냈다. 그는 고도로 독립적이었던 사업 부문들을 고도로 통합적이며 고객 중심적인 컴퓨팅 솔루션 제공업체들로 바꾸는 등 IBM의 사업 범위를 바꾸고 사업 논리를 조직화하는 일을 진두지휘했다. 그러니까 고객들이 사업 효율성을 높이고 성장하기 위해 IBM의 제품과 서비스에 의존하게 만든 것이다. 이렇게 거스너는 코끼리처럼 덩치가 큰 기업도 작은 경쟁자들만큼 우아하게 춤출 수 있다는 걸 입증해 보였다.[6] 현재의 IBM 최고경영자 지니 로메티는 고객들의 사업 효율성과 성장을 촉진하기 위해 소프트웨어와 서비스 분야보다 인지 컴퓨팅 분야를 더 중시하는 쪽으로 사업 범위를 변화시켜 왔다. 거대 기업들의 경우 기업 크기와 규모가 변화를 가로막는 장애물로 작용하는 경우가 많지만 IBM은 일련의 변화에 성공함으로써 그런 것이 얼마든지 극복 가능한 장애물이라는 걸 입증해 보였다. 그러니까 당신 기업이 규모가 크다거나 오랜 역사를 갖고 있다는 것이 더 이상 변화를 피할 구실이 될 수 없다는 말이다.

존 디어 이 농기계 제조업체는 정밀 농업 분야와 관련된 기업들을 선별 인수해 사업 범위를 넓힘으로써 오랜 세월 농기구 제조 및 공급 분야에서 쌓아온 명성을 보강했다. 일부 전통적인 농기계 제조업체들은 일개 제품 업체로 전락하고 일부 제조업체들은 연결성과 정보, 통찰력 등을 토대로 새로운 가치를 쌓아가는 상황에서 존 디어는 농업계의 거인인 몬산토로부터 프리시즌 플랜팅을 인수하고 또 몬산토와의 관계를 돈독히 함으로써 핵심 역량을 확대했고, 그 결과 향후 10년간 눈에 띄는 디지털화가 이루어질 것이 확실한 농업 분야에서 리더 역할을 할 수 있게 된 것이다.

마이크로소프트 자타가 공인하는 개인용 컴퓨팅 시장의 왕 마이크로소프트는 지금 모바일 및 클라우드 분야에서 사업 규모를 확대하기 위해 한참 대대적인 적응 작업 중이다. 전설적인 소프트웨어 제품 윈도즈와 오피스로 벌어들이는 특허권 사용료를 기반으로 한 수익 모델에 일대 변화를 주려 하고 있는 것이다.

현재의 최고경영자 사티아 나델라는 윈도즈 10 업그레이드를 무료로 진행하고 오피스를 클라우드 기반의 유료 회원 서비스로 옮기고 구글 안드로이드와 애플 iOS에 무료 앱들을 제공하는 등 거의 500억 개의 디바이스가 네트워크에 연결될 정도로 성장한 디지털 세계에서 마이크로소프트가 계속 중심적인 역할을 하게 하려고 전력투구 중이다. 이렇게 마이크로소프트는 모바일 혁명 초기에 실기한 뼈아픈 실수를 뒤로 하고 디지털 미래를 향해 적응 여정을 계속하고 있는 것이다.

넷플릭스 이 기업은 효율적인 DVD 물류 및 유통 분야에서의 핵심 역량을 토대로 한 통신판매형 유료 회원 사업 모델에서 탈피해 폭넓은 디바이스 및 글로벌 네트워크를 통한 온라인 비디오 스트리밍 사업 모델로 사업 범위를 변화시켰다. 넷플릭스는 선형 방송 미디어(텔레비전 프로그램들이 정해진 시간대에 특정 채널들에서 방영) 방식이 주문형 맞춤 미디어 웹(고객들이 라이센스 조건 내에서 바뀐 시간, 바뀐 장치, 독립적인 채널, 바뀐 장소에서 콘텐츠 시청) 방식으로 바뀌는 데 영향을 주기 위해 핵심 사업 모델을 바꿔야 했다.

또한 클라우드로부터 새로운 비디오 스트리밍 역량들을 개발해야 했고 자신들의 데이터 및 분석법도 재정리해야 했고 자신의 경쟁자인 아마존을 비롯한 여러 기업들과 새로운 관계도 구축해야 했다. 그렇게 함으로써 넷플릭스의 현재 역량 및 관계는 DVD 유통 기업 시절의 역량 및 관계와는 확연히 다르며 미디어 및 엔터테인먼트의 미래에 영향을 미칠 것이 확실시된다.

지금 많은 업계들이 변화를 겪고 있고 기존 기업들은 그 변화에 적응하지 않을 수 없다. 당신 기업도 분명 그중 하나로 지금 큰 변화의 소용돌이 속에 있을 것이다. 이런 상황에서 당신 기업은 지금 적절한 적응 논리가 세워져 있는가?

당신 기업이 2025년에 업계의 리더가 되려면 나름대로의 독특한 디지털 변화 스토리를 갖고 있어야 한다. 디지털 매트릭스가 전하려 하는 핵심 메시지는 디지털 변화 3단계에 적절히 적응하는 일이야말로 신속한 피드백이 따르는 지속적인 여정이라는 것이다.

당신 기업이 디지털 변화 3단계에서 뿌리에서의 재창조를 하다 보면, 새로운 실험들에 매진하게 되고 또 공존하고 변화하는 새로운 사업 모델들과 충돌하게 될 것이다. 또한 디지털화가 진행되면서 점점 더 다양한 게임 참가자들이 투자도 하고 상호작용도 함으로써 기존 사업 모델들을 발전시키게 된다. 그래서 적응은 결승선을 통과한 뒤 트랙을 한 바퀴 도는 한 단계의 변화 과정이 아니라 산발적으로 그러나 연속적으로 이어지며 현재의 수익성을 유지하게 해주고 미래 성장 및 수익성의 토대를 마련하게 해주는 일련의 다단계 변화 과정이다. 이 같은 적응이 고통스런 정리해고나 위험한 인수 그리고 값비싼 유상증자 없이 이루어지게 하는 것이 바로 기업의 리더인 당신이 할 일이다.

효과적인 적응을 위한 주요 원칙

모든 기업한테 통하는 한 가지 전략적 적응 모델이란 없다. 디지털 기술에 적응하기 위해 애쓰는 기업들에 대한 연구와 경험을 통해 나는 다음과 같은 다섯 가지 지침을 제시하고자 한다. 당신 기업이 디지털 변화에 적응하는 원칙을 세우는 데 도움이 될 것이다.

원칙 1 : 미래에 대해 큰 호기심을 갖고 현상유지를 거북하게 여겨라

폴라로이드 설립자인 에드윈 랜드는 종종 이런 말을 했다. "누군가 당신 제품을 한물간 제품으로 만들 것이다. 그 누군가가 당신이 되도록 하라." 그 비결은 호기심을 갖는 것인데, 이는 앨버트 아인슈타인의 다음과 같은 말에서 기인하는 걸로 알려져 있다. "중요한 건 질문을 멈추지 않는 것이다." 아인슈타인은 자신을 성공으로 이끄는 것은 특별한 재능이 아니라 지치지 않는 호기심이라고 믿었다. 그의 이 말은 호기심에 들어 있는 두 가지 동인, 즉 현상유지에 대한 극심한 거북함과 미래의 가능성들에 대한 깊은 관심을 보여준다. 두 동인 모두 적응 여정을 시작하게 만드는 타당한 이유가 될 수 있다.

그러나 미래에 대한 호기심이 많은 사람들조차도 종종 스스로 편협한 관점의 덫에 빠지거나 아니면 스스로 설정해 놓은 안전지대 안에서 벗어나질 못한다. 예를 들어, 당신 기업이 만일 농기계 제조업체라면 기계 공학에 호기심을 보이면서 동시에 각종 센서나 소프트웨어에도 호기심을 보이게 될까? 아마 그럴 것이다.

그러나 하버드대학교 교수 클레이튼 크리스텐슨[7]에 따르면, 대부분의 기존 기업들은 자신이 활동 중인 시장 주변에서 큰 변화가 일어나도 그에 따른 위협을 감지하지 못하는 경우가 많다고 한다. 어째서 그럴까? 그 모든 게 낯익은 사업 방식들과는 다르기 때문에 경영인들이 그런 위협이 어떻게 자신들의 핵심 사업에 도움을 주거나 위협이 될지에 대해 호기심이 없기 때문이다.

우리는 증강현실로부터 무얼 배울 수 있을까? 당신이 호기심이 많다면 증강현실은 오래된 뉴스이다. 증강현실은 그 뿌리를 수십 년 전의 군사 시스템 및 내비게이션 시스템에 두고 있으며 1998년 이후 스포트비전의 미식축구 방송에 사용돼 오고 있다. 보다 최근에는 구글의 증강현실 안경 같은 웨어러블 기술, 학생들로 하여금 책상에 앉아 3D 상태로 책을 볼 수 있게 해주는 모바일 앱, 그리고 2016년 7월에 출시된 포켓몬 고(출시 2주 만에 2,000만 명의 적극적인 사용자들을 만들어냄[8])를 통해 디지털 세계와 물리적 실체의 혼합인 이 증강현실이 훨씬 더 많은 스포트라이트를 받게 된다. 설사 아직까지 별 호기심이 없었다 해도 이제는 증강현실의 가능성에 대해 호기심을 가져야 한다. 시그니아 벤처 파트너스의 서니 딜런은 이런 말을 했다. "진정한 증강현실을 구현하려면 이미지나 비디오를 판독하고 모든 걸 실시간으로 제대로 이해할 수 있는 실세계 환경의 컴퓨터 비전과 역동적인 맵핑이 필요하다."[9] 우리는 아직 그 수준에 이르진 못했지만 이런 의문은 가질 만하다. "디지털 세계를 실세계에, 그리고 또 실세계를 디지털 세계에 통합시키는 이런 기술이 우리에게 의미하는 건 무엇일까? 컴퓨터가 인간의 개입 없이 스스로 배우고 이해하는 머신 러닝 기술이 발전될 경우 증강현실에 어떤 영향을 주게 될까?" 운전자 없이 움직이는 자율주행 자동차들은 보행자를 확실히 분간하고 도로 위의 장애물들을 인지해 피할 수 있으며 우회로들을 찾아 갈 수 있게 되면서 한결 더 안전해질 것이다. 컴퓨터가 이미지를 극도로 정확하게 인지하고 분류할 수 있게 되면서 사진 및 동영상 보관 작업 또한 보다 쉽고 빠르게 이루어지게 될 것이다. 의사들이 영상 등을 통해 다른 전문가들로부터 실시간 도움을 받을 수 있게 되면서 수술은 보다 정확해질 것이다. 컴퓨터가 당신의 이미지 위에 적절한 사이즈와 색의 최신 유행하는 옷들을 입혀 보이면서 옷을 입어보는 피팅룸은 구시대의 유물이 되어버릴 것이다. 이런 기술들이 당신 업계에 어떤 영향을 주게 될까? 당신 기업은 어떤 약한 조짐들을 예의주시해야 할까? 호기심이 있을 경우, 서로 다른 업계, 서로 다른 분야, 서로 다른 지역들을 폭넓게 관찰하게 된다.

미래를 지향하고 낙천적인 꿈을 꿀 수 있는 직원들, 그래서 장애물 대신 가능성을 보는 직원들로 팀을 구성하도록 하라. 그리고 그들로 하여금 일반적인 보고서에 쓸 수 있는 일반적인 트렌드들에 대한 보고를 하지 말고, 예상되는 변곡점들에 대한 자신의 견해, 변화에 대한 자신의 이론, 어떻게 적응해야 하고 얼마나 빨리 움직여야 하며 어떤 곳에 새로운 투자를 해야 하는지에 대한 자신의 생각에 대해 쓰게 하라.

현상유지에 대해 의문을 제기하는 이 같은 일들이 당신 기업의 변화 관리 프로그램의 중심이 되게 하라. 또한 과거와 현재의 성공(핵심 역량들)을 뒷받침해준 각종 가정과 동인들을 제대로 이해하되, 그것들이 미래에도 당신 기업을 성공으로 이끌 수 있을지에 대해 의문을 제기하도록 하라. 그리고 당신 기업의 경영진에는 반드시 페이스북에서 말하는 이른바 해커 사고방식(hacker mentality)을 가진 사람들이 포함되게 해야 한다. 미래에 대해 아주 큰 호기심을 갖고 있으면서 동시에 현상유지를 아주 거북해하는 사람들 말이다. 핵심 역량들이 언제 어떻게 역량의 덫으로 변할지 모른다는 걸 잘 이해하도록 하라.

원칙 2 : 실험을 통해 배워라

다작으로 유명했던 19세기 미국 수필가이자 시인 랠프 월도 에머슨은 이런 유명한 말을 했다. "삶은 경험의 연속이다. 그리고 실험을 많이 할수록 더 나아진다." 그리고 앨버트 아인슈타인은 이런 말을 했다. "아무리 많은 실험으로도 내가 옳다는 걸 입증할 수 없지만 단 한 번의 실험으로 내가 잘못됐다는 걸 입증할 수 있다." 과학계에서는 또 프랑스 과학자 클로드 베르나르가 한 이런 말이 널리 인정받고 있다. "관찰은 소극적인 과학이며 실험은 적극적인 과학이다."[10]

그러나 아마존의 제프 베조스가 2014년 주주들에게 보낸 다음 메시지만큼 실험의 중요성을 잘 보여준 말은 없다. "발명에서 가장 중요한 부분은 실패입니다. 다른 선택의 여지는 없습니다. 우리는 그걸 잘 알고 있으며, 그래서 일찌감치 실패를 하고 성공할 때까지 계속 시도를 합니다. 이 경우 우리의 실패는 비교적 그 규모가 작으며(대부분의 실험은 소규모로 시작되므로), 고객들에게 제대로 먹힐 뭔가를 생각해 낼 때 우리는 훨씬 더 큰 성공을 바라며 더 죽어라 그 일에 매달립니다. 그러나 이게 늘 이렇게 명료한 건 아닙니다. 발명은 아주 골치 아픈 일로, 그야말로 모든 걸 걸었다가 실패하는 경우도 많습니다."[11] 우리는 언제 어디서건 실험에서, 특히 디지털 기술과 연결된 불확실하고 복잡한 실험에서 배울 수 있다. 그리고 적응 실험이 성공하느냐 실패하느냐 하는 건 중요치 않다. 중요한 건 그 실험 덕에 후속 실험들이 이어지게 되며, 그 결과 더 깊고 폭넓게 배울 수 있게 된다는 것이다.

우리는 3D 프린팅에서 무얼 배울 수 있을까? 당신이 호기심이 많은 사람이라면 3D 프린팅은 벌써부터 당신의 레이더에 잡혔을 것이다. 3D 프린팅이 이미 여러 업계에서 쓰이고 있기 때문이다. 3D 프린팅은 취미 삼아(초콜릿이나 장난감을 만들면서) 이용될 수도 있고, 제조업체들에 의해 대규모로(어떤 콘셉트를 입증하거나 시제품을 제작하면서) 이용될 수도 있다.

예를 들어 애리조나 주에 있는 로컬 모터스는 그간 3D 프린팅을 이용해 실물 크기의 자동차를 만드는 게 가능하다는 걸 여러 차례 보여주었다.[12] 보잉은 안전을 해치는 일 없이 유지비를 줄이고 다운타임(기계나 시스템의 고장으로 인해 운용될 수 없는 시간 - 옮긴이)을 최소화하기 위해 비행기 부품 상당 부분을 3D 프린팅으로 제작하는 실험을 해오고 있는 중이다. 미 공군은 항공기 디자인과 유지 보수의 전 부문에 3D 프린팅을 활용하겠다는 입장을 밝히기도 했다.

비용 대비 효율성이 떨어지는 특허 중심의 접근방식 대신 유지 보수 센터들을 설립하는 접근방식을 택하기 위해, 후속 실험들에서는 이런 활동들이 개별적으로 행해지는 게 최선인지 아니면 다른 항공사들과 손잡고 행해지는 게 최선인지를 결론지어야 할지도 모른다. 의료 분야 연구원들은 지금 3D 프린팅 기술로 인간 유전자를 찍어내는 바이오프린팅(3D 프린팅 기술에 바이오 기술을 융합한 기술 – 옮긴이)을 실험 중이며, 프린스턴대학교 연구진은 3D 프린팅을 이용해 생물학 기술과 전자 기술의 결합체인 생체공학 귀를 만드는 일을 실험 중이다.[13] 이런 기술 발전들은 아직은 현재의 관행들에서 벗어나지 못하고 있지만 극적인 혁신을 예고하고 있다. 이런 실험들로부터 배울 수 있는 기회는 무한하기 때문에 이런 실험들은 의료 기업들뿐 아니라 모든 기업들이 예의주시해야 할 약한 조짐이다.

마찬가지로, 스트라타시스는 지금 오로라 플라이트 사이언시스와 손잡고 3D 프린팅을 이용해 가장 크고 가장 빠르고 가장 복잡한 드론을 제작하고 있는데 이 드론은 시속 150마일(시속 241킬로미터) 이상의 속도로 날 수 있다.[14]

어떤 업계에 속해 있든 당신 기업이 다음에 제기하게 될 의문들은 이런 것들일 것이다. 스트라타시스는 3D 프린팅 분야에서 어떤 새로운 경계들을 탐구할 것인가? 오로라 플라이트 사이언시스는 앞으로 어떤 유형의 드론을 설계하고 제작할 것인가? 디지털 경계들은 흥미진진하면서도 불확실한데, 그 불확실성은 체계적인 배움을 통해 줄어들 것이다.

원칙 3 : 적응 사이클을 마스터하라

경영학 전문가들은 『종의 기원』에 나오는 찰스 다윈의 진화론을 본떠 조직 적응과 관련해 다음과 같은 말을 만들어냈다. "살아남는 건 가장 강한 종도 아니고 가장 지능이 뛰어난 종도 아니다. 변화에 가장 잘 적응하는 종이 살아남는 것이다." 그러니까 각종 실험들에서 배운 것들을 다음과 같이 행동에 옮기는 것이다.

감지하라 ⟶ 배워라 ⟶ 행동하라 ⟶ [더 빨리 반복]

적응에 성공하려면 빠른 속도로 필요한 규모와 범위를 손에 넣게 해줄 자원들이 필요하다. 일련의 실험 끝에 사업 위험을 완화시킬 방법이 밝혀지게 될 경우, 그 기회를 놓치지 말고 바로 변화에 착수해야 한다. 최소한의 전략 자원을 몇 차례의 실험에 할당해 조직 전체가 새로운 길로 나아갈 수 있는 절호의 기회이다.

우리는 디지털 거인들로부터 무얼 배울 수 있을까? IBM의 경우 왓슨을 최대한 잘 활용하기 위해 별개 부서를 만든 것이 절호의 기회를 잡은 결정적 순간이었다. 2014년 최고경영자 지니 로메티는 연구 개발은 물론 클라우드 기반의 인지 관련 애플리케이션 및 서비스 시판을 위해 무려 10억 달러 이상을 투자했다. 〈제퍼디!〉를 통한 실험들 덕에 사업상의 문제들을 해결해 줄 인지 컴퓨팅 애플리케이션 개발에 필요한 식견을 쌓을 수 있었던 것이다. 애플의 경우에는 스티브 잡스가 아이튠즈의 활용을 음악 분야 너머까지 확대하고 모든 자원을 총동원해 운영체제(iOS)를 각종 장치와 애플리케이션들의 중심으로 만들기로 한 것이 결정적 순간이었다. 아마존의 경우 제프 베조스가 과감한 투자를 통해 아마존 웹 서비스를 클라우드 컴퓨팅의 리더로 만든 것이 결정적 순간이었다. 구글의 경우 최고경영자 래리 페이지가 알파벳이란 거대 복합 기업을 만들어 자신들의 핵심 사업 모델인 검색에서 벗어나 여러 다양한 사업들로 신속하게 확대해 나가는 데 필요한 자원을 총동원할 수 있게 한 것이 결정적 순간이었다. 그 당시 래리 페이지는 이런 말을 했었다. "오랜 세월 우리는 기업은 그저 점진적인 변화를 꾀하면서 늘 하던 일을 하는 걸 편하게 여기는 경향이 있다고 알고 있습니다. 그러나 이후의 큰 성장 분야들이 혁명적인 아이디어들에 의해 좌우되는 이 기술 업계에서 우리는 현상유지에 만족해선 안 됩니다."[15] 그리고 알파벳은 지금 자회사인 생명과학 기업 베릴리를 통해 그런 생각을 행동으로 옮기고 있다. 베릴리는 혈당 측정 기능을 가진 콘택트 렌즈를 생산하고 있을 뿐 아니라(제약회사 노바티스 합작 투자), 에티콘과 협약을 맺고 새로운 자회사를 설립해 병원 수술실에서 쓸 수술용 로봇 및 의학 기술을 집중 개발 중이다.

관찰하고 배우는 실험들 끝에 얻는 결론은 일치된 행동이다. 설사 가던 길을 계속 가자는 결론이라 하더라도 말이다.

원칙 4 : 가장 뛰어난 기업들의 적응 사이클과 비교해 보라

마키아벨리는 『군주론』에서 이런 말을 했다. "새로운 질서를 도입하는 데 앞장서는 일보다 더 시작하기 힘들고 더 행하기 위험하며 성공이 더 불확실한 일도 없다."[16] 당신 기업의 적응 사이클이(감지하고 ⟶ 배우고 ⟶ 행동하는) 경쟁 기업들의 적응 사이클보다 더 나아야 하는 이유가 이것이다. 현재 당신 기업만 혼자 적응 과정을 밟고 있는 게 아니다. 특히 디지털 변화 2단계에서 3단계로 넘어갈 때 취하는 적응 조치들을 통해 당신 기업에 유리한 새로운 디지털 사업 원칙들이 세워질 것이며 그 결과 당신 기업이 성공할 가능성이 그만큼 높아지게 될 것이다.

당신 기업은 디지털 변화 3단계를 거치면서 다른 기업들에 비해 얼마나 잘 적응하고 있는지를 정직하게 평가해 봐야 한다. 첫째, 당신 기업이 감지하는 순간부터 행동에 나서는 순간까지 얼마나 잘 하고 있는지를 살펴보면서 당신 기업의 적응 사이클을 업계 다른 기존 기업들의 적응 사이클과 비교해 보라. 당신 기업이 다른 기존 기업들과 비교해 차별화되는 분야는 무엇이며 또 취약한 분야는 무엇인가? 내가 아는 기업들 중에는 아주 경쟁력 있고 뛰어난 분석팀을 갖고 있으면서도 효과적인 대응을 하지 못하는 기업들이 있다. 둘째, 당신 기업이 과연 기술 기업과 디지털 거인들에 견줄 만한 면을 갖고 있는지 잘 살펴보라. 당신 기업이 그들과 손잡고 적응 사이클을 개선할 수 있을까? 셋째, 특히 승리를 가져다줄 세 가지 조치에 전력투구하라. 생태계 내 세 종류의 게임 참가자들과 비교했을 때 당신 기업은 지휘와 협력 그리고 확대에 능한가? 결국 당신 기업의 성패 여부는 생태계 내 최고 기업들을 쫓아가기 위해 이 세 가지 조치들을 얼마나 잘 조정하느냐에 달려 있다.

우리는 미 육군으로부터 무얼 배울 수 있을까? 미 육군 참모총장으로 퇴역한 고든 설리번 장군은 걸프전 당시 빠른 속도로 배우는 걸 지지했다. 그는 소그룹의 군인들을 끌어 모아 최근 임무들에 대한 사후 검토를 실시했고, 그걸 통해 개선할 부분들을 찾아냈다. 당시 참가자들은 다음과 같은 네 가지 질문들에 답했다. 첫째, 우리는 어떤 일부터 착수했는가? 둘째, 실제 어떤 일이 일어났는가? 셋째, 왜 그런 일이 일어났는가? 넷째, 다음에는 어떻게 해야 하겠는가?[17] 참가자들은 주어진 시간의 25퍼센트를 처음 두 질문에 답하는 데 썼고, 25퍼센트는 세 번째 질문에 답하는 데 썼으며, 그 나머지 50퍼센트는 '행동하는 걸 배우는 것'과 관련된 마지막 질문에 답하는 데 썼다.[18] 그리고 이처럼 자신의 이전 행동을 재평가해 본 군인들은 이후의 전술들에 더 잘 적응하고 더 나은 혁신을 꾀할 수 있었다.

원칙 5 : 당신 기업의 각종 실험들을 재정의하라

미국 대통령 존 F. 케네디는 이런 말을 했다. "변화는 삶의 법칙이며, 그래서 과거나 현재만 들여다보는 사람들은 틀림없이 미래를 놓치게 된다."[19] 디지털 매트릭스에 대해 한 말이라고 봐도 그리 틀린 게 없는 말이다. 변화는 끊임없이 일어나게 되어 있고 당신 기업이 적응 사이클을 반복해서 재정립하고 있다고 볼 때, 당신 기업은 또 반복해서 각종 실험들을 균형 있게 행해야 할 것이다. 또한 뮤추얼 펀드 매니저의 경우와 마찬가지로, 당신 기업 또한 불충분한 자원들을 지혜롭게 할당하기 위해 각종 실험들에 공식적인 절차들을 더하거나 빼야 할 것이다.

우리는 비트코인으로부터 무얼 배울 수 있을까? 당신 기업이 만일 2017년 금융 서비스 업계에 속해 있었다면 벌써 비트코인(지폐나 동전과 달리 물리적인 형태가 없는 온라인 가상화폐 - 옮긴이)을 가지고 실험을 해본 것이나 다름없다. 그런데 당신 기업은 언제 처음 이 혁신적인 지불 네트워크와 그 블록체인 기술에 호기심을 보였는가? 당신 기업은 언제 처음 비트코인의 중요성을 감지했으며, 그 이후 어떻게 했는가? 혹 당신 기업은 2015년 말에 모든 금전 거래 네트워크를 보여주는 분산 원장 기술로 비트코인의 대안을 만들고 테스트하기 위해 공동으로 샌드박스(보호된 영역 안에서 프로그램을 작동시키는 보안 소프트웨어 - 옮긴이) 실험실을 만들자는 데 합의한 21개 주요 글로벌 은행들 중 하나였는가?[20]

이 실험은 시작은 좋았다. 그런데 당신 기업이 만일 그 은행들 중 하나라면 디지털 금융의 진화 과정에서 갈 수 있는 여러 길들에 대해 더 빨리 배우기 위해 단독으로 혹은 다른 파트너와 함께 어떤 추가 실험들을 행할 것인가? 그리고 만일 당신 기업이 금융 분야를 벗어나 다른 분야들로 사업 범위를 넓힐 생각이라면 비트코인 구조를 어떻게 확대시켜 의료 서비스나 귀금속 같은 걸 믿고 거래할 수 있는 혁신을 일으키겠는가? 지금 이 분야는 폭발적으로 성장할 분위기가 무르익었으며, 그래서 당신 기업의 자산 포트폴리오(투자 위험을 줄이기 위해 투자한 금융 자산 등 각종 자산들의 구성

-옮긴이) 역시 역동적으로 유지해야 한다.

기존 기업들의 리더인 당신 기업이 해야 할 일은 어디서 실험을 할 것이며 누구와 함께(자체적으로 또는 다른 기업과 손잡고) 그리고 언제(기술의 성숙도에 따라) 할 것인지를 결정하는 일이다. 또한 당신 기업은 이런저런 실험들을 통해 디지털 변화에 보다 잘 대비할 수 있도록 해야 한다(이는 전통적인 경쟁 기업들이 디지털 변화에 임하는 이유와는 다를 수도 있다). 당신 기업이 디지털 변화에 성공할 수 있는지 없는지는 당신 기업이 이미 행했거나 앞으로 행할 계획인 실험들에 의해 결정된다.

경영인들은 한 기업이 디지털 변화에 얼마나 잘 대비하고 있는지를 리트머스 테스트처럼 한눈에 알 수 있게 해줄 뭔가가 없냐고 종종 내게 묻는다. 한마디로 답하자면 그런 건 없다. 만병통치약 같은 기술도 없고 최선의 방법도 없다. 디지털화와 그에 따른 장밋빛 미래 및 위험들에 대한 확신을 갖고 앞서 설명한 다섯 가지 원칙을 따른다면 당신 기업은 경쟁 기업들보다 변화에 적응을 더 잘 하게 될 것이고, 그 결과 경쟁우위를 갖게 될 것이다.

CHAPTER

10

원칙 매트릭스

"오늘은 인터넷에서의 첫날입니다." 1997년 아마존의 최고경영자 제프 베조스가 주주들에게 보내는 메시지에서 한 말이다.[1] 나는 오늘이 아직도 디지털화의 첫날이며, 디지털 변화의 출발점에 있는 우리 모두에게 여전히 첫날이라고 믿는다. 이제 당신은 디지털 변화의 마스터라고 할 수 있는 기업은 하나도 없다는 걸 안다. 디지털화에 부여하는 중요성과 관련해 서로 다른 기업들이 서로 다른 단계에 있는 것이다. 그리고 또 어떤 경영인들은 디지털화를 자기 기업의 사업 모델을 바꾸지 않고도 효율성을 높일 수 있는 한 수단으로 보고 있고, 또 어떤 경영인들은 디지털화가 고도의 성장과 최종적인 수익성에 미치는 잠재적인 영향을 잘 알면서도 여전히 전사적인 힘을 모아 체계적으로 디지털화에 대처하지 못하고 있다. 당신 기업은 결국 다른 누군가가 잘 닦아놓은 길을 가는 게 아니라 스스로 로드맵을 만들어가며 2025년까지 가게 될 것이다. 그러자면 어떻게 시작해야 할까?

더 깊이 들어가라 : 디지털에 발만 담그지 말고 디지털 전략으로 들어가라

이 책 서두에서 말했듯, 당신 기업은 어쩌면 이미 디지털화되어 있고 당신 기업이 벌이는 사업의 여러 측면에서 그런 사실이 드러나고 있지만 당신 기업의 사업 원칙은 여전히 과거의 사업 원칙에서 거의 벗어나지 못하고 있을 수도 있다. 다시 말해 당신 기업 곳곳에 아직 산업 시대의 생각들이 깊게 배어 있어 그간 몇 가지 점에서 디지털화되었음에도 불구하고 기업 내의 각 기능을 조직하는 방식이나 인재에 대한 생각, 성공 기준 및 금융 자원 할당에 대한 사고방식 등은 여전히 거의 변한 게 없는 것이다. 당신 기업의 경우 어쩌면 조직 내 여러 부분에서 조금씩은 디지털화가 되었을 수도 있다. 어쩌면 온라인에서 제품을 팔고 있거나 전자상거래를 받아들였을 수도 있다. 하지만 그렇다고 해서 과연 제대로 디지털화된 것일까? 당신 기업은 일련의 모바일 앱들을 갖고 있을 수도 있지만 그렇다고 해서 당신 기업의 제품들이 모바일 플랫폼 안에서 제대로 움직이고 있는가? 또한 당신 기업은 십중팔구 다양한 소셜 미디어를 통해 고객들과 연결되어 있고 또 고객들과의 많은 상호작용을 추적하고 있을 수도 있지만 당신 기업은 과연 그 모든 데이터를 제대로 활용해 보다 솔루션 중심의 기업이 되고 있는가? 그리고 어쩌면 당신 기업은 지금 당신 업계의 익숙한 경쟁 기업들을 벤치마킹하고 있을 수도 있다. 그런데 당신 기업이나 그 경쟁 기업들이 새로운 사업 모델들을 찾아내고 있고 또 당신 업계와 다른 업계들의 교차 지점에서 새로운 가치를 창출하고 있는가? 아니면 당신 기업이나 경쟁 기업들이 과거 각 기업의 상표와 역할이 불분명해진 기업들의 네트워크 안에서 새로운 파트너들과 경쟁적이거나 협력적인 관계를 유지하고 있는가?

당신 기업은 아마 디지털 거인들이 보여준 기술 발전들을 살펴보고 있을 수도 있다. 페이스북은 2016년 6월 태양 에너지로 움직이는 아퀼라 인터넷 드론의 시험 비행을 통해 어떻게 하면 지구에 살고 있는 70억 인구를 디지털 경계에 가장 잘 연결할 수 있는지를 알아내려 했다. 당신 기업이 만일 전기 통신 업계에 속해 있다면 이 시험 비행이 당신 기업에 미치는 즉각적인 영향에 대해 주목하지 않을 수 없을 것이다. 설사 그렇지 않더라도 이런 기술로 인해 아직 디지털화가 이루어지지 않고 있는 세계 여러 외진 지역에 대한 고속 인터넷 연결이 가속화될 수 있으리라는 것쯤은 생각할 수 있을 것이다. 당신 기업은 또 간단하면서도 값싼 구글의 판지 박스에서부터 보다 값비싼 마이크로소프트와 페이스북의 헤드셋에 이르기까지 다양한 형태의 가상현실 장치들에 주목하고 있을 수도 있다. 당신 기업이 만일 교육 훈련과 관련된 일을 하고 있다면 이미 이 기술을 실험하고 있을 수도 있겠다. 그러나 설사 그렇지 않더라도 가상현실은 다양한 경험을 만들어내는 디지털과 물리적 세계의 상호작용에 어떤 의미가 있는 것일까?

마찬가지로, 당신 기업은 다른 기업들이 초기 단계 또는 후기 단계의 투자를 받기 위해 홍보하는 다양한 혁신적 기술들을 눈여겨봐왔을 수도 있다. 아니면 사업 효율성과 안전성을 높이기 위해 머신 러닝이나 로봇공학 또는 사설 클라우드와 공공 클라우드의 통합을 모색해 왔을 수도 있다. 다시 말해, 당신 기업이 이 같은 기술 발전들에 대해 잘 알고 있을 수도 있다는 얘기인데 그게 당신 기업에 대체 무슨 의미가 있을까? 당신 기업은 디지털 변화에 어떻게 접근해야 하는 것일까? 그게 지금 가장 중요한 문제이며 이 장의 핵심이기도 하다.

당신 기업이 이제 막 디지털 변화의 여정에 나섰다면 최근 나온 디지털 변화 관련 글들을 잘 읽도록 하라. 콜롬비아 경영대학원 경영 프로그램 책임자인 데이비드 로저스는 가치 창출을 위해 통합시켜야 할 다섯 가지 분야로 고객(customer), 경쟁(competition), 데이터(data), 혁신(innovation), 가치(value)(머리글자를 따 CCDIV라고 함)[2]를 꼽고 있다. 또 다른 유용한 지침은 MIT 연구원 조지 웨스터먼과 그 동료들에 의해 만들어진 디지털 변화 나침반이다. 4단계, 즉 디지털 도전, 투자 집중, 조직 동원, 디지털 변화 지속에 따라 행동 지침이 달라진다는 것이다.[3]

이제 디지털 매트릭스에서 생겨나는 원칙들을 적용해 보라. 원칙들을 적용해 보자고 했지만 뭔가 정해진 엄격한 단계들이 있다는 뜻은 아니다. 디지털 거인과 기술 기업들의 경우에서 보듯, 전략적 사고의 목적은 정해진 경계들을 뛰어넘는 사고로 경쟁 기업들을 앞지르는 것이다. 그러나 각 원칙에 대해선 설명할 필요가 있다. 각 원칙이 당신 기업이 따라야 할 중요한 원칙들과 분석법들을 강조하고 있기 때문이다. 각 원칙은 건물 벽돌과 같으며 당신 기업은 당신 기업의 전략적 사고에 맞는 벽돌들을 쌓아올리게 된다. 그런 다음 상황이 변하거나 보다 새로운 기회 또는 보다 심각한 도전에 직면하게 될 때, 새로운 원칙들을 끌어 모아 새로운 전략을 짜게 되는 것이다.

지금 당신 기업에 맞는 원칙들을 세워라

앞서 제2장에서 나는 디지털 변화는 디지털 변화 3단계를 거치는 과정에서 세 종류의 게임 참가자들이 하는 행동들을 통해 볼 수 있다는 전제하에 디지털 매트릭스를 소개했었다. 그림 1은 이 첫 번째 매트릭스인 디지털 매트릭스의 핵심을 잘 보여준다. 이제 나는 두 번째 매트릭스인 원칙

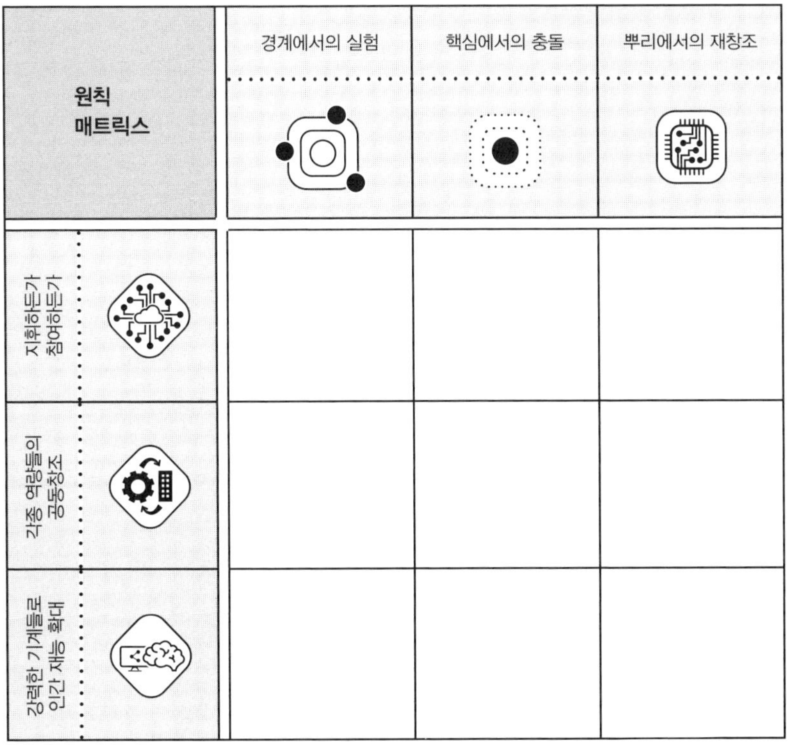

그림 6 원칙 매트릭스

매트릭스를 소개하려 한다. 이 원칙 매트릭스에서는 세 종류의 게임 참가자들 대신 업계 기존 기업들에게 승리를 가져다줄 세 가지 조치가 들어가 디지털 변화 3단계와 대비되면서 총 9개의 원칙(그림 6)이 빈칸으로 표시된다. 이 매트릭스는 기술 기업이나 디지털 거인들의 경영자에게도 도움이 되지만 이 매트릭스에서 나는 특히 기존 기업의 경영자에게 초점을 맞추었다.

많은 경영서들은 일련의 원칙과 처방 그리고 지침들로 끝난다. 대개의 경우 그것들은 아주 일반적인 또는 아주 특수한 '해야 할 일과 해서는 안 될 일들'의 목록으로, 이 책의 주제와는 동떨어져 보이는 경우가 많다. 원칙 매트릭스는 9개 원칙들이 이전 장들에서 논의된 내용들을 그대로 따른다는 점에서 다르다. 물론 이 원칙들은 무조건 지켜야 하는 처방 같은 건 아니다. 또한 이 원칙들은 손쉬운 답을 주기보다는 여러 의문을 제기하고 조치 사항을 알려준다. 이는 이 9개 원칙들을 통해 얻는 통찰력이 수시로 변하는 당신 기업의 내적 · 외적 여건들의 결과이기 때문이다. 즉, 당신 기업이 오늘 갖고 있는 통찰력은 나중에 갖게 될 통찰력과는 다르다. 또한 같은 경영진에 속한 경영자들도 서로 다른 원칙들에 끌리는데, 이는 각자 조직 내에서 차지하는 위치도 다르고 관점도 다르기 때문이다. 이는 나쁜 일도 아니며, 이 때문에 당신 기업이 행동에 나서는 일이 불가능해지지도 않는다. 시간을 내 서로 다른 관점들을 면밀히 분석해 보는 것이 당신 기업에 맞는 원칙들을 세우는 데 도움이 될 것이다.

당신 기업은 최근 들어 미국 적십자사, 시스코, 델, 펩시, 세일즈포스 등이 세운 소셜 미디어 지휘 센터에 익숙할 수도 있다. 아니면 당신 기업의 브랜드가 다양한 소셜 미디어 포럼(페이스북, 트위터, 핀터레스트, 인스타그램 등)에서 언급될 때 그 데이터를 실시간으로 스트리밍할 수 있는 자체 스크린 뱅크를 갖고 있을 수도 있다. 디지털 매트릭스 지휘 센터는 이 소셜 미디어 지휘 센터와 비슷한 조직이지만 디지털 3단계 과정 중에 당신 기업의 주요 조치들에 대한 반응을 추적 · 분석하고 그 정보를 다른 자원들로부터 얻는 피드백과 통합하며, 당신 기업의 후속 조치와 반응들을 조정하는 조직이라고 생각한다. 이 지휘 센터를 디지털 거인과 기술 기업과 전통적인 경쟁 기업들이 자신들의 사업 전략들을 바꿔 당신 기업을 앞지르기 위해 취하는 주요 조치들을 실시간 추적하는 장소라고 상상해 보라. 이 지휘 센터는 당신 기업에게 원칙들을 새로 세우는 데 필요한 정보를 제공하고 일의 우선순위를 정하며 9개 원칙들을 따라가게 해주고 각종 조치를 취하는 데 가이드 역할을 해주게 된다. 나는 이제 이 9개 원칙들을 하나하나 설명하고 그런 다음 그 원칙들을 어떻게 실행에 옮길지를 보여주려 한다. 각 원칙마다 사례를 들어 설명할 것이며, 어떤 경우에는 이전 장들과 연결 지어 내용을 보충할 것이다. 그러나 그에 앞서 먼저 원칙 매트릭스를 활용하기 위해 어떻게 접근해야 할 것인지에 대해 간단히 설명하려 한다.

출발점을 선택하라

다른 많은 경영 툴의 경우와는 달리, 이 원칙 매트릭스는 어디서 출발하든 그건 중요하지 않다. 중요한 건 각 원칙을 잘 알아 필요할 때 필요한 원칙을 적용할 수 있어야 한다는 것이다. 그러나 우선 9개 원칙을 하나하나 다 살펴보면서 그 원칙들이 당신 기업의 상황과 어떻게 연결되는지를 생각해 보도록 하라. 어떤 결정도 내리지 말고 그저 어떤 한두 가지 원칙이 가슴에 와 닿는지를 보라. 그게 바로 당신 기업의 출발점이다.

한 가지 원칙

9개 원칙 중 특히 한두 가지 원칙이 가슴에 와 닿는다면 그건 아마 당신이 정확히 그 원칙 밑에 깔려 있는 문제와 도전에 대해 많은 생각을 해왔기 때문일 것이다. 어쩌면 당신 기업은 그간 디지털 거인과의 미팅에 초대받아 협력 가능성에 대한 얘기를 나누었는데, 그 연대에서 당신 기업이 어떤 역할을 하는 게 최선인지에 대해 고민 중일 수도 있을 것이다(이 경우 원칙 4에 집중하라). 아니면 당신 기업이 지금 페이스북, 알파벳, 아마존 같은 디지털 거인과의 협력 관계를 모색 중인데 그 협력 관계에서 대체 어떤 특정 전문지식을 내놓을 것인지에 대해 확신이 없을 수도 있다(원칙 5를 참조하라). 아니면 당신 기업의 오랜 사업 모델에 정면 도전할 가능성이 있는 혁신 기술들로 특허를 낸 신흥 디지털 기업을 인수하라는 권유를 받아왔을 수도 있다(원칙 2를 살펴보라). 나는 그간 각종 모임이나 워크숍에서 이런 상황들에 대해 토로하는 경영자들을 만나왔는데 그들에겐 이 모든 게 낯선 상황이었다. 아마 당신 기업 입장에서도 낯선 상황일 것이다.

당신 기업은 가장 뛰어난 경영 사고를 할 수도 있고 이런 상황들에 분석적인 접근을 할 수도 있으며 최선의 결정을 내리려 노력할 수도 있다. 그러나 이 모든 건 일회성 상황이 아니며 결국 그 결정도 일회성일 수 없다. 앞으로 디지털 거인과 기술 기업들이 당신 기업과 점점 더 깊이, 점점 더 복잡하게 얽히게 되면서 이런 상황들 역시 계속 반복될 것이기 때문에 당신 기업은 이런 상황들에 대처할 나름대로의 원칙들을 개발해야 한다. 다시 말해, 당신 기업이 직면한 중요하고도 시급한 과제를 해결해 줄 한 가지 원칙에 집중하는 것이 좋은 출발점이 되는 것이다. 지금 당신 기업이 직면한 일들과 관련해 필요한 한 가지 원칙을 완전히 마스터하는 데 전력 투구하도록 하라.

서로 연결된 원칙들

9개 원칙들은 서로 연결되어 있다는 것을 잊지 말아야 한다. 특정 열(수직)에 있는 원칙들은 모두 그 원칙이 적용되는 변화의 단계와 연결되어 있다. 그리고 특정 행(수평)에 있는 원칙들은 모두 승리를 가져다줄 조치들과 연결되어 있다. 그래서 당신 기업은 한 가지 원칙을 가지고 시작하는 게 아니라 이를테면 디지털 변화 1단계인 경계에서의 실험(원칙 1, 4, 7)과 관련된 일련의 원칙들과 함께 시작하게 된다. 아니면 예를 들어 디지털 변화 2단계인 핵심에서의 충돌(원칙 4, 5, 6)과 관련된 일련의 원칙들과 함께 시작하게 된다.

만일 경쟁 기업들이 디지털 변화 3단계인 뿌리에서의 재창조 단계에서 앞서 나간다면 당신 기업은 일련의 원칙들을 살펴보고 싶을 수 있다. 예를 들어 GE는 스스로 디지털 중심의 4차 산업혁명(인더스트리 4.0)의 지휘자 역을 적극적으로 떠맡아오고 있다. 만일 당신 기업이 보슈나 지멘스, ABB, 미쓰비시라면 당신 기업은 아마 원칙 1, 4, 7을 가장 우선시해 생태계 내에서 적절한 곳에 위치하게 하면서 당신 기업이나 다른 기업들을 이 같은 플랫폼 및 솔루션 세계로 이끌려 할 것이다. 당신 기업이 현재 뒤처지고 있는 걸 해결해 줄 서로 연관된 일련의 원칙들에 집중하는 게 좋은 출발점이 된다. 해당되는 디지털 변화 단계 또는 승리를 가져다줄 해당 조치 내의 원칙들을 완전히 마스터해 변화 속도를 높이고 계속 경쟁력을 갖추도록 하라.

모든 원칙들, 순서대로

만일 9개 원칙 중 어떤 원칙도 특별히 부각되지 않는다면 당신 기업은 더 깊이 파고들기에 앞서 전체론적 관점에서 큰 그림을 보고 싶어 하는 것일 수도 있다. 이런 경우라면 당신 기업이 디지털 3단계 중 어느 단계에 있는지를 확인해 보라. 그 단계에서 당신 기업에 가장 와 닿는 원칙을 찾아내 거기서부터 시작하라. 예를 들어, 당신 기업이 만일 디지털의 힘을 완전히 파악하지 못하고 있는 업계에 속해 있고, 특정 기업들이 앞선 사고방식으로 앞서나가고 있다면 먼저 원칙 1부터 시작해 뒤이어 나머지 원칙들을 추구하는 것이다. 당신 기업이 만일 농업계의 존 디어나 몬산토라면 이런 접근방식을 택하는 게 좋을 것이다.

마찬가지로 당신 기업이 이미 디지털화를 시작했더라도 그간 당신 기업이 무얼 해왔는지 또 앞으로 어떻게 하면 보다 전략적인 기업이 될 것인지를 체계적으로 분석하고 싶을 수도 있을 것이다. 만일 당신 기업이 디지털 변화의 2단계에 있는 자동차 업계의 GM이나 포드, 혼다 같은 기존 기업이라면 원칙 4 정도에서 출발해 어떻게 하면 제휴 관계를 튼튼히 할 것인지를 생각해 보는 게 좋을 것이다. 그런 다음 계속 다른 원칙들을 따르면 된다. 이때 한 사이클이 끝나면 다시 처음 세 원칙으로 돌아가야 한다. 처음 세 원칙으로 돌아가는 이유는 간단하다. 행동과 상호작용이 워낙 역동적이기 때문이다. 당신 기업이 오늘 핵심에서의 충돌 단계에 있다고 해서 당신 업계가 경계에서의 실험 단계를 완전히 끝냈다는 의미는 아닌 것이다. 이런 상황에서는 당신 기업 스스로 모든 원칙에 익숙해져 각 원칙을 체계적으로 검토하고 적절한 전략을 채택하는 게 완벽한 출발점이 될 수 있을 것이다.

당신 기업이 한 가지 원칙으로 시작하든 아니면 모든 원칙으로 시작하든 시간이 지나면서 그 원칙들의 중요도 또한 달라진다는 걸 명심하라. 당신 기업도, 당신 업계도, 파트너 기업도, 경쟁 기업도 늘 제자리에 머물러 있는 건 아니며, 그래서 당신 기업이 따라야 하는 원칙들의 순서 또한 늘 정해져 있는 건 아니다. 시간이 지나면서 분명 변하게 될 것이다. 9개 원칙은 모든 기업에 똑같이 적용되는 원칙이지만 어떤 원칙에서부터 시작하느냐 또 어떤 순서로 그 원칙들을 따르느냐에 따라 원칙 매트릭스 적용 방법 또한 달라진다. 따라서 당신 기업만의 원칙 매트릭스 적용 방법을 정해 상황 변화에 따라 그때그때 적절히 적용 방법을 조정하면 될 것이다. 당신 기업이 9개 원칙을 조금이라도 더 잘 이해하고 잘 적용할 수 있을 때, 디지털 미래에서 승리할 가능성도 더 높아진다.

9개 원칙들을 이해하라

이 원칙들을 살펴볼 때는 각 원칙의 전반적인 의도부터 생각하도록 하라. 원칙 매트릭스와 승리를 가져다줄 조치들이 다양한 단계를 거쳐 진화한다는 사실이 아직 낯설다면 특히 더 이 점이 중요하다. 그러나 이 9개 원칙에 경험이 있다면 혹은 실제 이 원칙들을 실행에 옮기게 된다면 당신 기업 생각만 하지 말고 다른 경쟁 기업들이 이 9개 원칙을 어떻게 활용할 수 있을지에 대해서도 생각해 봐야 한다. 그들이 디지털 거인이나 기술 기업들과 손잡아 경쟁우위를 갖게 될 가능성은 없을까? 만일 그렇다면 그 경쟁우위를 어떻게 무력화시켜야 할까? 그런 시점에서 당신 기업은 각 원칙 수준에서 직접 대응하는 게 아니라 9개 원칙을 모두 살펴봐 당신 기업 상황에 맞는 원칙들을 강화하는 쪽으로 전술을 짜야 할 것이다.

원칙 1. 실험 생태계 내에서의 당신 기업의 역할을 평가해 보라

디지털 변화 여정에서 일어나는 가장 중요한 변화들 중 하나는 자기중심적인 기업에서 탈피해 생태계 내에서 보완자들을 초대해 포함시키는 기업으로 진화한다는 것이다. 이 원칙을 적용하기 위해 먼저 이런 전략 짜는 법을 배우는 데 도움이 될 생태계를 하나 또는 그 이상 선택하도록 하라. 이때 이 실험 단계에서 당신 기업이 선택하는 생태계(또는 생태계들)는 당신 기업이 직접 지휘하거나 참여할 생태계가 아니라 그냥 참고만 할 생태계여야 한다. 이 초기 단계에서 당신 기업은 관찰만 하면 되며 당신 기업에게 아주 가치 있는 분야가 아닐 경우 굳이 생태계 지휘자로 나서야 한다는 부담을 가질 필요는 없다.

예를 들어, GE는 애초부터 페이스북에 초점을 맞췄다. 산업용 기계 및 시스템 분야에서 플랫폼 및 애플리케이션 기업, 또는 산업계의 페이스북이 되겠다는 목표 아래 GE는 먼저 소비자 인터넷 플랫폼, 소셜 네트워크 플랫폼, 앱 스토어 등을 관찰해 그 생태계들의 진화 과정을 면밀히 분석했다. 마찬가지로 IBM은 블록체인에 집중하고 있다. 사물 인터넷에 대한 IBM의 비전 속에서 블록체인은 상호작용하는 장치들 간의 거래 처리와 조정을 촉진하는 기본 틀이다.[4] 블록체인은 서로 공유하고 신뢰할 수 있는 공공 거래 원장으로, 모든 사람이 들여다볼 수 있지만 어떤 사용자도 혼자 지배할 수는 없고 엄격한 원칙들과 전반적인 합의에 따라서만 수정 가능하다.[5] 그 결과 블록체인은 보안성을 높이고 사생활을 보호하며 신분을 명확히 하고 기업과 업계들의 스마트 장치들 사이에서 이루어지는 스마트한 거래에 꼭 필요한 요소로 쓰일 수 있다. 누가 각 생태계의 지휘자로 나서는지를 보고, 뛰어난 지휘자들은 대체 어떤 특유의 강점들을 가지고 그 자리에 앉게 되었는지를 잘 알아보라.

당신 기업이 새로 출현한 디지털 생태계들에 참여하지 않겠다고 하는 것은 다른 기업들이 세우는 내키지 않는 사업 원칙들을 따르겠다는 얘기나 다름없다. 따라서 그런 결정은 절대 즉흥적으로 내려선 안 되며 심사숙고 끝에 신중히 내려야 한다.

원칙 1을 따르기 위한 행동

- 새로 떠오르는 중요한 디지털 트렌드가 없나 잘 관찰하고 아직 그 영향력이 입증된 바는 없지만 유망해 보이는 트렌드에 일찌감치 투자하라(어떤 혁신이 유망해 보이는가? 그렇다면 투자해야 할 것이다).
- 다목적 생태계의 폭넓은 분야에서 이루어지는 실험들에 참여하고 당신 기업의 입장에서 잠재적 가치가 높은 몇몇 선별된 분야들에서는 지휘자 역할을 맡도록 노력해 보라(당신 기업의 입장에서 이 분야가 가치가 높은 분야인가? 그렇다면 지휘자 역할을 맡도록 해보라. 그렇지 않다면 그냥 참여자 역할에 만족하라).
- 당신 기업의 사업 모델들을 위협하거나 보완해 주는 실험들에 중점을 두어라(당신 기업을 직접 위협하거나 보완해 주는 분야인가? 그렇다면 그 분야를 우선적으로 다루어라).
- 기업 인수 등을 통해 당신 기업 내에서 행해지는 일들을 보완하라(각종 역량들을 공동창조하는 분야인가? 만일 그렇다면 그 분야를 우선적으로 다루어라).

원칙 2. 역량 공동창조 옵션들을 잘 살펴보라

당신 기업의 디지털 변화 여정에서 일어나는 가장 중요한 또 다른 변화는 경쟁 기업들과 손잡을 수는 없다는 전통적인 사고방식에서 벗어나는 것이다. 디지털 세계는 기업들이 복잡하면서도 역동적인 방식으로 서로 연결되어 있다. 이 원칙 2를 적용할 때는 당신 업계를 벗어난 다른 생태계

한두 곳을 선정해 전통적인 경쟁 기업들 간의 상호작용을 관찰하도록 하라. 이 실험 단계에서 당신 기업이 선택하는 생태계는 당신 기업의 입장에서 그리 가치가 높진 않지만 참고는 될 것이다. 이 초기 단계에서 당신 기업은 관찰만 하면 되며 당신 기업에게 아주 가치 있는 분야가 아닐 경우 굳이 다른 기업과 손잡고 공동창조해야 한다는 부담을 가질 필요는 없다. 그런 다음 어떤 제휴 관계를 맺을 때 당신 기업이 변화되는 데 가장 큰 도움이 될지, 그러니까 당신 기업의 기존 역량들이 강화되고 고객 문제 해결에 도움이 될 새로운 역량들이 구축되며 당신 기업이 디지털 세계에 맞게 재창조될 것인지를 살펴보라. 가능하다면 리더 영역 및 공동창조 영역 내에서의 역량을 강화하도록 하되 경쟁 협력 관계를 피하려 하지 마라. 경쟁 협력 관계를 잘 관리하는 법을 배우면 경쟁우위를 갖게 될 것이다.

원칙 2를 따르기 위한 행동

- 세 종류의 게임 참가자들이 함께 존재하는 생태계 내에서 당신 업계를 벗어나 더 폭넓은 관찰을 함으로써 새로 출현하는 역량 공동창조 패턴을 파악하도록 하라(디지털 거인이나 기술 기업들과 손잡고 디지털 역량을 강화하는 태그호이어 방식의 제휴가 당신 기업에도 적용 가능하겠는가? 만일 그렇다면 그 방향으로 여러 옵션들을 생각해 보라).
- 예상 가능한 미래들을 꼼꼼히 살펴보고, 현재의 당신 업계에 가장 잘 맞을 것 같은 미래들과 당신 기업이 차별화될 수 있고 가치도 더할 수 있을 것 같은 미래들을 골라보라(당신 기업이 업계의 기존 기업들 가운데 처음으로 디지털 제품이나 서비스를 내놓으면 경쟁우위를 갖게 될까? 다른 게임 참가자 한두 곳과 제휴를 맺게 되면 당신 기업의 디지털 지식과 역량이 늘어나게 될까? 만일 그렇다면 공동창조의 길을 모색해 보라).
- 당신 기업을 소극적인 관찰자에서 적극적인 참여자로 변화시켜 줄 실험들에 참여하라(전통적인 경쟁 기업이어도 좋으니, 혹시 당신 기업의 지식에서

그 기업이 도움을 받고 또 그 기업의 지식에서 당신 기업이 도움을 받을 그런 게임 참가자가 있는가? 만일 그렇다면 두 기업 모두의 입장에서 가치를 추가해 줄 제품이나 서비스를 공동창조하는 데 투자하도록 하라. 창의성을 가지고 혁신적인 사고로 제휴 관계를 맺어라. 당신 업계 이외의 업계를 관찰하고 현재의 관계에 변화를 주기 위한 것이다).

원칙 3. 인간의 재능과 기계의 힘이 교차하는 지점을 잘 살펴보라

벤처 투자가 피터 틸은 이렇게 말한다. "컴퓨터를 활용하는 새로운 방법들이 나오면, 우리는 단순히 사람들이 이미 하고 있는 일들을 더 잘하게 되는 게 아니라 과거에는 상상도 할 수 없었던 일들을 할 수 있게 됩니다."[6] 이 원칙을 적용하려면 효율성과 혁신을 재정의할 획기적인 기술들을 살펴보는 걸로 시작하도록 하라. 그리고 다른 업계들과 디지털 거인들을 관찰하고, 협동 로봇 실험 사례들을 살펴보며, 당신 조직이 모든 업무를 어떻게 조직할 수 있을 건지를 검토하고, 강력한 기계들을 활용해 당신 기업의 인간 재능이 최대한 발휘될 수 있게 하라. 또한 배우고 적응하기 위해, 당신 기업 입장에서 가치를 높여줄 실험들을 선정해 투자하도록 하라.

예를 들어, 세계적인 투자 금융 기업인 골드만삭스는 지금 마퀴라는 내부 소프트웨어 플랫폼을 가지고 위험 관리 및 분석 툴을 만들어내는 실험을 해오고 있다. 고객들이 사이먼이라는 앱을 사용할 경우, 구조화된 투자에 대해 배워 직접 투자를 할 수 있게 된다. 점점 더 많은 사용자들이 유료회원으로 가입하면서 마퀴는 추가 데이터를 동원해 그 정확도를 높이고 고객들의 요구에도 더 잘 대응하고 있다.[7] 그 결과 앞으로도 골드만삭스는 여전히 은행의 가장 중요한 제품인 빌려줄 돈과 투자할 돈을 갖고 있겠지만 고객들이 그 돈에 접근하는 방식은 점점 더 골드만삭스의 서비스 제공원이던 은행가들이 아닌 소프트웨어에 의존하게 될 것이다.[8] 이 원칙은 로봇이 사람을 대체하는 걸 결정하는 것에 대한 원칙일 뿐 아니라 그런 변화가 생산성과 혁신 그리고 조직화에 어떤 의미가 있는지를 이해하는 것에 대한 원칙이기도 하다. 이 경우 마퀴는 골드만삭스의 서비스 전달 방식을 바꾸고 있으며, 또 골드만삭스를 금융 솔루션 기업으로 탈바꿈시키고 있다.

원칙 3을 따르기 위한 행동

- 어떻게 자동화와 강력한 기계들을 선제적으로 활용할 수 있을지를 생각해 보라. 이는 단순히 반복적이고 따분한 일들을 로봇이나 생각하는 기계들에 떠넘기려 해서가 아니라 우리가 가능하다고 생각하는 일들의 경계를 허물어뜨릴 최고의 인재들을 끌어들이기 위해서다. 골드만삭스의 직원 3만 5,000명 가운데 9,000명이 최신 기술에 밝은 직원들이다(자체적으로든 파트너 기업과 함께든 당신 기업의 독자적인 디지털 플랫폼을 만들면 당신 고객들이나 당신 기업에 부가가치를 안겨주겠는가? 디지털에 밝은 직원들을 더 많이 확보하면 당신 기업이 규모와 범위와 속도를 높이는 데 도움이 되겠는가? 만일 그렇다면 이제 투자를 할 때이다).
- 기계가 인간의 재능을 보강해 주어 당신 기업이 차별화되고 새로운 가치를 추가할 수 있게 될 업무 분야들을 찾아보라(당신 기업의 고객들은 언제 어디서든 당신 기업의 제품이나 서비스에 대한 정보에 접근해 도움을 받을 수 있고 그 제품이나 서비스를 자신들의 요구에 맞추며 각종 질문에 대해 실시간으로 답을 받아볼 수 있는가? 당신 기업은 고객들이 당신 기업의 제품이나 서비스를 어떻게 사용하는지에 대한 더 많은 정보로부터 또 더 많은 즉각적인 피드백으로부터 도움을 받을 수 있는가? 만일 그렇다면 지금 투자를 하라).
- 인사부를 통해 당신이 앞으로 어떤 유형의 인재들을 끌어들여야 하는지 또 그 인재들이 어떻게 강력한 기계들과 힘을 합쳐 가치를 창출하게 할 것인지를 결정하게 하라(각 팀과 데이터가 내부적으로 폭넓게 연결되는 공

유 경제[9]의 일부가 됨으로써 당신 기업의 조직 구조와 작업 흐름은 도움을 받을 수 있는가? 만일 그렇다면 거기에서 출발하라).

이제껏 살펴본 세 가지 원칙은 모두 전통적인 당신 업계와 다른 업계들의 경계에서의 실험들을 자세히 관찰하고 해석하는 데, 또 당신 기업이 미래에 대비하기 위해 필요한 테스트들을 수행하는 데 그 초점이 맞춰져 있다. 당신 기업은 여러 실험 생태계 내에서의 역할을 정하게 되고 세 종류의 게임 참가자들 가운데 파트너 기업들과 공동창조할 수 있는 가능성이 있거나 개연성이 있는 분야들을 정하게 되며 인간의 재능과 기계의 힘이 교차하는 지점에서 당신 기업 업무의 미래를 정하게 된다. 실수(당신 기업과 다른 기업들의)와 후속 행동들로부터 빠른 속도로 배우기 위해 적절히 할당된 투자로 지원되는 폭넓은 실험 목표하에서 당신 기업은 단순한 관찰자에서 투자자로 바뀔 수 있으며, 그 결과 디지털 변화의 다음 단계에 대비할 수 있게 된다. 다음 세 원칙은 디지털 변화의 두 번째 단계인 핵심에서의 충돌과 관련된 원칙들이다.

원칙 4. 생태계를 변화를 촉발하는 방아쇠로 삼아라

대부분의 기업들은 언제 변화를 해야 하는지를 깨닫지 못한다. 당신 기업이 산업 시대 기업에서 디지털 기업으로 제대로 변화되려면 일단 그 변화는 당신 기업 안에서부터 시작되어야 하지만(당신 기업의 내부 역량들을 활용해) 그 변화를 더욱 강력하게 밀어붙이려면 생태계에(외부 파트너들과 손잡고 새로운 역량을 키워) 참여해야(또는 그 생태계를 지휘해야) 한다. 이는 제품, 과정, 서비스, 조직 구조 등 여러 측면에서 전통적인 기술들이 디지털 기술들과 충돌할 때 특히 더 그렇다. 어떤 기업도 혼자 힘으로는 필요한 역량들을 다 끌어 모을 수는 없다. 당신 기업은 생태계를 통해 필요한 변화의 성격을 이해할 수 있고 당신 기업이 개발해야 할 핵심 역량들을 결정할 수 있으며 다른 분야들에서 당신 기업을 지원할 파트너들에 의존할 수 있다.

예를 들어, 넷플릭스는 지금 자신들이 준비한 일련의 장치들, 그러니까 원격 업그레이드가 가능한 '넷플릭스 추천 TV'라는 텔레비전, 애플 TV, 로쿠, 크롬캐스트 같은 제3자의 장치들, 세계적인 케이블 TV와 위성 TV 운영업체들의 케이블 TV 셋톱박스, 소니 PS4, X박스 원 같은 게임 콘솔, 블루-레이 플레이어, 개인용 컴퓨터, 스마트폰, 태블릿 같은 장치들을 제작하는 파트너 기업들이 포함된 다층적인 비디오 스트리밍 생태계에서 지휘자 역할을 하고 있다. 현실적으로 이 모든 하드웨어를 혼자 제작할 수는 없고, 그래서 넷플릭스는 활기찬 하드웨어 제조업체들 커뮤니티를 활용하기로 했다.

게다가 넷플릭스는 자신이 만든 생태계 안에서 세계적으로 유명한 엔터테인먼트 스튜디오와 인터넷 서비스 공급업체들과 콘텐츠 계약을 맺어 다양한 광대역에 걸쳐 최대한 풍부한 볼거리를 제공할 수 있다. 앞서 제7장에서 살펴봤듯 보다 중요한 것은 클라우드 역량을 키우기 위해 아마존과 손을 잡았으며 지금도 계속 제휴 관계를 맺고 있다는 것이다. 다시 말해, 넷플릭스는 생태계의 도움을 받아 빠른 속도로 사업 규모와 범위를 넓혀나간 것이다.

원칙 4를 따르기 위한 행동

- 생태계의 네트워크 구조[10]를 이해하는 법을 배우도록 하라. 누가 이 생태계 허브의 리더로 떠오르고 있는지, 또 생태계 구조가 어떻게 진화하고 있는지를 이해하라는 것이다(기존 기업들과 디지털 거인들의 새로운 네트워크에 동참하는 것이 새로운 사업 모델들을 이해하고 테스트하는 데 도움이 되는가? 만일 그렇다면 동참하라. 당신 기업이 변화하는 과정에서 새로운 생태계를 만들어 공존과 변화의 원칙들을 세우는 데 도움을 받을 수 있는 가능성이 보이는가? 만

일 그렇다면 그 부분에 생각을 집중하라).

- 당신 조직 안에 혁신을 꾀하고 새로운 아이디어들을 창출해 낼 별도의 부서를 만들어라(직원들에게 시간과 돈과 권위를 주고 좋은 디지털 아이디어들을 생각해 내게 하는 것이 당신 기업이 디지털 변화를 추구하고 생태계에 보다 집중적으로 참여하는 데 도움이 되겠는가? 만일 그렇다면 이 공존 접근법은 써볼 만한 가치가 충분하다).
- 지휘자든 참여자든 생태계 내에서의 당신 기업의 역할을 정확히 파악해 디지털 변화를 앞당기도록 하라(새로운 디지털 기술들을 비롯한 각종 프로젝트를 놓고 다른 기업들과 손잡는 것이 당신 기업의 기술 역량과 지식을 가속화하는 데 도움이 되겠는가? 당신 기업의 실험들과 관련해 생태계를 지휘하는 것이 사업 규모와 범위와 속도를 높이는 데 도움이 되겠는가? 만일 그렇다면 앞으로 이 방면에 집중하도록 하라).

원칙 5. 제휴 관계를 잘 골라 맺으라

대부분의 다른 기업들과 마찬가지로, 아마 당신 기업 역시 공급망 파트너 기업, 위탁 제조업체, 마케팅 기업 등과의 관계에 가이드 역할을 해줄 일련의 원칙들을 갖고 있을 것이다. 그러나 예를 들어 벤처 투자가나 공동 특허 출원 지원자들처럼 미래 지향적인 사람들은 아마 좀 더 즉흥적일 것이다. 당신 기업에 필요한 역량들을 줄 수 있는 관계들을 선택하면서 지휘자 또는 참여자로서의 당신 기업의 역할을 찾아보라. 그리고 상황 변화에 따라 관계 변화도 모색해 보라.

코닝의 경우를 예로 들어보자. 이 유리 및 자기 제조업체는 지금 자신들의 유리 표면에 각종 센서를 내장해 정교한 전자 장치로 바꾸는 걸 목표로 삼고 있다. 그리고 그 목표를 달성하기 위해 코닝은 지금 자신들의 전화기와 태블릿에 코닝의 유리를 사용 중인 삼성과 제휴 관계를 맺고 있다. 그 외에 코닝은 방 안으로 들어가는 열과 빛을 유리 외부 표면에서 조정하는 혁신적인 기술을 선보이고 있는 실리콘 밸리의 기술 기업 뷰에 주식 매입 형태로 투자하고 있다. 삼성과 뷰는 모두 서로 특혜를 주는 관계이다. 삼성의 경우 오늘날의 사업 모델 측면에서 공존하기 위해, 뷰의 경우 미래 유리 시대의 핵심을 바꾸기 위해 손잡고 있는 것이다. 코닝이 조직을 변화시키고 보다 큰 가치를 지닌 생태계 참여자들과 얼마나 좋은 관계를 유지하느냐 하는 것은 이 두 기업과 앞으로 손잡게 될 다른 기업들과의 관계에 따라 달라질 것이다.

원칙 5를 따르기 위한 행동

- 당신 기업이 전통적인 세계에서 디지털 세계로 옮겨가는 데 도움이 될 서로 특혜를 주는 관계들을 맺어라(특별히 선정한 한두 기업과 밀접한 제휴 관계를 맺을 경우, 당신 기업의 현재 사업 모델을 극대화하거나 디지털 변화를 앞당길 수 있게 되겠는가? 아니면 그 제휴 관계를 통해 특정 지식을 얻음으로써 당신 기업이 다른 기업들과 차별화되거나 새로운 가치를 창출할 수 있겠는가? 만일 그렇다면 지금 그 기업들에게 다가가 그들의 역할을 극대화할 제휴 관계를 맺도록 하라).
- 다른 기업들과의 관계를 정기적으로 변화시키도록 하라(어떤 기업들과의 관계는 그 가치보다 오래 지속되고 있는가? 제휴 관계를 시작한 지 얼마 안 된 기업들이 더 많은 시간을 필요로 하는가? 만일 그렇다면 빠른 속도로 사업 규모와 범위를 넓히고 당신 기업을 변화시키기 위해 서로 특혜를 주는 관계들을 선제적으로 조정하도록 하라).
- 생태계 내에서 당신 기업이 현재 맺고 있는 공동창조적인 관계는 계속 유지하고, 당신 기업의 디지털 목표들을 달성하는 데 도움이 될 새로운 관계들을 구축하도록 하라(여러 업계에서 새로운 제휴 관계를 맺는 것이 보다 폭넓은 가치를 공동창조하고 디지털 변화에 필요한 조치들을 차근차근 취해 나가거나 아니면 보다 기민한 제휴 관계들을 맺는 데 도움이 되는가? 만일 그렇다면 현재의 파트너 기업들과 공존하면서 새로운 파트너 기업들을 통해 변화를 추구하라).

원칙 6. 똑똑한 인간을 강력한 기계로 보완하라

지금 또는 가까운 미래에 대부분의 기업에서 진지하게 논의해 봐야 할 디지털 사업 변화의 한 영역이 있는데, 그게 바로 이 원칙이다. 그간 당신 조직의 다른 부분들에서 기술과 관련된 논의가 있었겠지만 성공하려면 한 발 물러서서 스마트 머신의 경계를 이루는 툴 전체를 살펴보고 그 툴들을 도입해 당신 기업의 업무에 적용하기 위한 로드맵을 개발하도록 하라. 또한 앞으로 채용할 인재의 유형들에 대해서도 생각해 보라.

예를 들어, 페이팔은 사기를 방지하고 이익을 내기 위해 인간의 전문지식을 결합시킨 '형사 같은 방식'의 딥 러닝을 사용하고 있다.[11] 지금 이 원칙은 미국 중앙정보부(CIA), 연방 수사국(FBI), 석유 및 가스 기업, 건강 및 생명과학 기업, 금융 서비스 기업 등의 고객들을 위해 빅데이터 분석을 전문으로 해주는 그 유명한 소프트웨어 및 서비스 업체 팰런티어 테크놀로지스 같은 신생 기술 기업들에도 그대로 적용되고 있다. 디지털 거인들은 머신 러닝과 인공지능의 지속적인 적용을 통해 생산성 향상 경쟁에 앞서가고 있으며 대화형 로봇과 인지 컴퓨팅은 점점 대세가 되어가고 있다. 이 원칙을 제대로 지키기 위해서는 단순히 전통적인 조직에 각종 기술을 덧붙여서는 안 되며 작업 흐름과 작업 팀들을 근본적으로 재정비해 모든 걸 통합하고 더 많은 걸 공유하고 컴퓨터와 인간을 적재적소에 잘 활용할 수 있어야 한다.

원칙 6을 따르기 위한 행동

- 단순히 가장 우수한 기술을 사들이는 게 아니라 강력한 기술과 인간의 역량을 잘 활용해 다양한 분야의 전문지식을 쌓도록 하라(모든 직원과 디지털 시스템들을 가장 크고 어려운 문제를 해결하는 데 집중함으로써 당신 기업은 변화를 앞당기면서 디지털 세계의 지휘자로 나설 수 있겠는가? 그 결과 당신 고객들을 위해 새로운 가치를 창출하고 당신 직원들에게 새로운 기회들을 제공해 주겠는

가? 만일 그렇다면 그런 분야들에 투자를 해 당신 기업을 변화시켜라).

- 인간+기계의 효과로 당신 기업과 작업 과정들에 차별화된 가치를 추가할 수 있는 분야들을 끝없이 개발하고 개선하라(고도로 통합된 조직적·기술적 작업 흐름 덕에 당신 기업이 생태계를 지휘하게 되고 각종 혁신을 공동창조하게 되며 고객들에게 새로운 가치를 줄 수 있겠는가? 그리고 그 결과 미래에 명확한 사업 모델들을 가질 수 있겠는가? 만일 그렇다면 이 부분에 노력을 집중하라).
- 당신 기업이 눈에 띌 만큼 분명하고 의미 있는 영향력을 미칠 수 있을 것 같은 영역들에 새로운 비전을 펼쳐라(똑똑한 인간들에 머신 러닝의 힘을 추가함으로써 각종 데이터를 보다 효과적으로 분석하고 그 데이터를 활용해 보다 섬세하고 깊이 있는 혁신을 이루고 당신 기업의 제품과 서비스와 솔루션을 보다 빨리 그리고 보다 고객들의 요구에 맞춰 재정립할 수 있겠는가? 만일 그렇다면 지금 바로 행동에 나서라).

원칙 4부터 6까지는 디지털 변화 2단계에서, 그러니까 사업 모델들이 서로 충돌하고 기존 기업들이 디지털 변화 3단계에 대비해 사업 인프라와 플랫폼과 생태계를 바꾸려고 준비하는 가운데 전통적인 문제들과 디지털 문제들이 공존하게 되는 핵심에서의 충돌 단계에서 다른 기업들과의 관계를 관리하는 데에 초점이 맞춰져 있다. 다음에 나오는 세 원칙은 디지털 변화 3단계인 뿌리에서의 재창조 단계에서 따르게 될 원칙들이다.

원칙 7. 당신 기업의 새로운 디지털 생태계들을 설계하라

디지털 생태계에서는 제품과 서비스들이 서로 다른 제조업체들이 제공하는 각종 플랫폼과 솔루션들에 연결되며 서로 다른 고객들에 의해 소비된다. 이 디지털 변화 3단계는 당신 기업이 뿌리에서부터 재창조되면서 모든 것이 아주 불확실해지는 시기로, 디지털 변화에 성공하기 위해 가장 필요하다고 생각되는 사업 원칙들을 세우면서 앞으로의 진로를 결정해야 한다. 또한 어떤 분야에서 생태계를 지휘하고(그러려면 어떤 역량들이 필요한지를 포함해) 어떤 분야에서 생태계에 참여할 것인지를 명확히 한 뒤, 그걸 실천에 옮겨야 한다. 그러면서도 동시에 계속해서 새로운 기회나 위협을 관찰해야 하며, 또한 계속해서 새로운 기술과 새로운 고객 수요, 미래를 위한 혁신적인 아이디어들에 적응해야 한다.

예를 들어, GE는 디지털 산업 기업으로 변신해 가는 과정에서 기계나 시스템 고장으로 허비되는 시간을 최소화하고 효율성을 극대화하기 위해 각종 산업 기계들로부터 얻은 5,000만 이상의 데이터 요소들을 모니터링해 주는 자신들의 프리딕스 소프트웨어 플랫폼을 중심으로 새로운 생태계를 구축해 왔다. 또한 그런 목적을 위해 GE는 산업 인터넷 컨소시엄의 창립 멤버가 되어 액센추어와 보더폰, 피보탈, AT&T, 시스코 등 다양한 파트너 기업들을 끌어들였다. 이 생태계를 지휘하면서 GE는 규모 측면에서 산업 데이터 분야의 리더가 되었으며 현재 조명과 물, 항공, 광업, 석유 및 가스, 의료, 운송 등의 업계에 있는 전통적인 기존 기업들을 이 생태계에 끌어들이고 있고 파트너 기업들을 계속 확대해 나가면서 2025년에도 영향력 있는 기업으로 살아남기 위해 필요한 역량들을 쌓고 있는 중이다.

원칙 7을 따르기 위한 행동

- 폭넓게 관찰하면서 다양한 생태계 게임 참가자들과 손잡으며 경제 및 사회의 여러 분야에서 디지털 기술로 해결할 수 있는 문제들을 찾아내도록 하라(당신 업계와 다른 업계들에서 활동 중인 세 종류의 게임 참가자들과 손잡고 디지털 생태계를 지휘하는 것이 당신 기업의 전통적인 고객들과 다른 고객들의 크고 힘겨운 문제들을 해결하는 데 도움이 되겠는가? 그렇게 하는 것이 새로운 가치들을 창출하고 보다 높은 수익을 올리고 사업 규모와 범위와 속도를 높이고 당신 기업 전체를 변화시키는 데 도움이 되겠는가? 만일 그렇다면 그렇게 하라. 그게 당신 기업의 목표이다).

- 당신 기업의 제품 및 서비스를 솔루션 생태계의 일부로 당신 기업의 여러 수준에 있는 여러 플랫폼들의 다른 제품 및 서비스들과 연결하라(당신 기업의 보다 많은 수준에서 다른 게임 참가자들과 보다 긴밀한 관계를 유지하는 것이 당신 기업이 변화되고 가치 파이 전체에서 더 큰 몫을 가져오는 데 도움이 되겠는가? 만일 그렇다면 기다릴 이유가 뭔가?).
- 당신 기업의 제품이나 서비스 등을 끊임없이 미세 조정해 파트너 기업들과 고객들의 필요에 응하도록 하라(당신 기업이 존경받는 지휘자 자리를 공고히 하는 것이 혁신을 계속하고 고객들과 사회에 더 많은 가치를 제공하는 데 도움이 되겠는가? 당신 기업이 그런 방향으로 움직이는 것이 계속 민첩성을 유지하고 최고의 인재들을 확보하고 디지털 미래에 영향력을 행사하는 데 도움이 되겠는가? 만일 그렇다면 지금 당장 그렇게 하라).

원칙 8. 파트너 기업들과 함께 새로운 사업 역량을 공동창조하라

그간 내가 분석해 본 모든 디지털 사업 모델들에 따르면 기업 리더들은 하나같이 다른 기업들과 함께(때론 경쟁자로 여겨지는 기업들과 함께) 새로운 역량들을 만들어내고 있다. 모든 게 빠른 속도로 변화하는 세상에서 이런저런 역량들을 개발하는 데 필요한 자원을 다 가진 기업은 없으며 다른 기업들과 손잡고 공동창조할 때 위험도 더 줄어든다는 걸 잘 알고 있는 것이다. 더 나은 파트너 기업은 수시로 변한다는 걸 잊지 마라. 그러니 늘 새로운 기회들을 살펴야 하며 더 이상 함께 가치를 창조하지 못하는 파트너 기업들은 정리해야 한다.

2016년 6월 BMW는 인텔 및 모빌아이(처음에 테슬라와 제휴했다가 다시 BMW 및 인텔과 제휴한 이스라엘 기술 기업)와 손잡고 완전한 자율주행 자동차 플랫폼인 BMW 아이넥스트를 공동 개발하기로 했다는 발표를 내놓았다.[12] 이 3자 간 제휴는 디지털 매트릭스의 핵심 플레이어인 세 종류의 게임 참가자가 서로 손잡고 자신의 진가를 발휘하게 된 더없이 좋은 예이다.

그러니까 자동차 분야에 대한 BMW의 지식, 컴퓨터 시스템 및 전자제품 디자인에 대한 인텔의 전문지식, 자동차용 카메라 센서 제작에 대한 모빌아이의 경험이 합쳐져 서로 상승효과를 내게 된 것이다. 이 프로젝트의 목표는 새로운 플랫폼을 구축하고, 그것을 다른 자동차 제조업체들과 공유하며 라이선스 계약 및 기타 거래를 통해 수익도 올리고 새로운 역량들도 키우자는 데 있다.

원칙 8을 따르기 위한 행동

- 다른 업계들은 강력한 생태계를 통해 어떻게 디지털 시대에 맞는 업계로 재창조되려 하는지 폭넓게 살펴보라(생태계를 지휘하는 기업들 중에 당신 기업의 문제 해결에 도움이 될 교훈을 주는 기업이 있는가? 만일 그렇다면 당신 업계 내에서 그와 유사한 생태계를 만들어 지휘자 역할을 할 기회를 찾아보도록 하라).
- 당신 기업의 재창조 작업에 밑거름이 되어줄 기업 관계들을 파악하라(관계를 맺고 있는 기업들 중에 당신 기업이 문제 해결자 및 솔루션 제공자 역할을 하는 데 도움이 될 보완적인 역량들을 제공할 만한 기업들이 있는가? 만일 그렇다면 더 지체할 이유가 없다).
- 특히 더 선호하는 기업들과의 제휴 관계는 시장 역동성의 변화와 그런 시장을 헤쳐 나가는 데 필요한 역량들의 변화를 반영하는 쪽으로 진화된다는 걸 알아야 한다(당신 기업이 생태계에 내놓는 걸 보완해 줄 새로운 역량을 가진 다른 파트너 기업이 있는가? 공동창조할 다른 새로운 기회들이 있는가? 만일 그렇다면 현재의 기업 관계들을 재정립하고 당신 기업의 문제 해결에 도움을 줄 기업들이 포함된 '특히 더 선호하는 기업들'의 명단을 작성하라).

원칙 9. 컴퓨터 자본과 인적 자본이 함께 일하는 것으로 차별화하라

디지털화란 광고와 애플리케이션, 자동화 그 이상의 것이다. 그리고 컴퓨터 과학을 당신 기업의 재창조 작업 중심에 놓는 일이다. 따라서 마지막 원칙은 기계들과 함께 일할 최고의 인재들을 찾아내는 일과 관련이 있으며, 또 업계와 경제, 사회의 핵심 문제들을 해결해 줄 혁신을 꾀하는 일과도 관련이 있다.

당신 조직과 다른 모든 조직들은 앞으로 단순히 실행하기 위해서가 아니라 탐구하고 혁신하기 위해 인재를 끌어들일 것이다. 이 단계는 기계와 인간이 손잡고 일하면서 계속 공존하고 공동창조하는 단계로, 이제는 당신 기업이 투자하는 대상이 달라지고 끌어들이는 인재가 달라지며 특허를 내는 것들이 달라지고 경쟁 기업들을 능가하는 역량을 개발하는 방식 또한 달라질 것이다.

당신 기업이 왜 늘 디지털 거인들을 레이더로 관찰해야 하는지를 상기해 보자. 디지털 거인들은 하나같이 '똑똑한 인간+강력한 기계'의 힘을 빌어 디지털화의 경계를 허물고 있다. 예를 들어 아마존은 클라우드, 드론, 대화형 로봇(알렉사), 창고용 로봇들로, 마이크로소프트는 정서 컴퓨팅과 대화형 로봇들로, 애플은 대화형 로봇(시리)와 자율주행 자동차 및 운송으로, 알파벳은 딥마인드와 인공지능 기반의 검색 및 광고, 의료, 운송으로, IBM은 왓슨과 인공지능을 통한 의료 및 기타 분야에서의 새로운 솔루션 발견으로, 그리고 페이스북은 사회적 상호작용 및 대화형 상거래에서의 인공지능으로 디지털 경계를 허물고 있다. 그러니까 디지털 거인들은 강력한 기계들을 제대로 활용함으로써 다른 정보기술 기업들과 차별화되고 있는 것이다. 인간 자본 대 컴퓨터 자본의 상대적 기여도가 재정립되는 상황에서 디지털 거인들은 아마 고용의 개념 자체를 재정의할 것이다.[13]

이와 관련해 벤처 투자가 피터 틸은 이런 말을 했다. "똑똑한 사람들이 몇십 년 앞당겨 훨씬 나은 세상을 만들 수도 있다."[14] 당신 기업이 뿌리에서의 재창조 단계에서 이 원칙 9를 얼마나 잘 따르느냐에 따라 당신 기업의 핵심이 달라질 수도 있다.

원칙 9를 따르기 위한 행동

- 지금 컴퓨터 자본과 인간 자본이 문제들을 파악하고 해결하기 위해 서로 다른 상황에서 어떻게 상호작용하고 있는지를 적극적으로 알아보도록 하라(그 관행들이 당신 기업의 재창조 작업에 필요한 도움이나 소중한 도움을 주고 있는가? 만일 그렇다면 지금 확대의 이점을 잘 활용해 나중에 생태계 내에서 경쟁 기업들을 따라잡느라 애쓸 필요가 없게 하라).
- 확대의 결과 어떻게 당신 기업이 예전에는 참여자에 지나지 않았던 생태계들에서 지휘자 역할을 할 수 있게 되는지 잘 살펴보라(당신 기업은 지금 머신 러닝과 각종 알고리즘 및 분석법들을 이용해 생태계를 재구성함으로써 지휘자로 나설 수 있는가? 만일 그렇다면 인조지능을 개발해 경쟁우위를 갖고 그걸 활용해 크고 힘든 문제들의 해결에 나서도록 하라).

원칙 7부터 9까지는 사회의 문제들을 파악하고 해결함으로써 당신 기업의 주변 관계들을 재정비하고 그 관계들과 기술을 활용해 당신 기업과 조직 구조를 재창조하는 데 초점을 맞추고 있다. 당신 기업의 목표는 스스로 다른 기업들과 차별화되고 새로운 가치를 창출해 내며 완전히 디지털화된 세상에서 경쟁우위를 확보하는 것이다.

당신 기업 자체의 멋진 메시지를 만들어내라

경쟁 여건들은 업계와 지역에 따라 다르며, 그래서 지금껏 다른 9개 원칙이 모든 기업에 똑같이 적용되는 건 아니지만 그 9개 원칙을 잘 살펴보고 각 원칙의 역할을 제대로 이해할 필요가 있다. 당신 기업의 출발점이 어디든 조만간 당신 기업은 그 원칙들을 따르게 될 것이다. 그렇지 않으면 그 원칙들을 따르는 다른 기업을 상대로 경쟁을 벌이게 될 것이다. 모든 기업의 최종 목표는 단 하나, 디지털 세상에 맞는 기업으로 재창조하는 데 필요한 원칙들을 적용하기 위해 잘 분석된 적절한 변화 로드맵을 개발하는 것이기 때문이다.

이 9개 원칙들은 특정 조치들을 취하는 데 도움이 된다. 디지털 변화 1단계인 경계에서의 실험 단계에서는 생태계를 잘 관찰해 당신 기업에 유망한 분야들에 정확히 어느 정도의 투자를 할 건지를 결정하기 위해 이런저런 실험들을 하게 된다. 디지털 변화 2단계인 핵심에서의 충돌 단계에서는 전통적인 사업과 디지털 사업이 공존할 수 있는 최선의 방법을 모색하게 된다. 그리고 더욱 중요한 것은 당신 기업의 핵심을 어떤 규모와 범위와 속도로 변화시켜 절대적으로 필요한 디지털 변화에서 뒤처지는 일이 없게 하는 것 역시 이 단계에서 할 일이라는 것이다. 디지털 변화 3단계인 뿌리에서의 재창조 단계에서는 업계들의 교차 지점에서 나타나는 생태계 속에서 당신 기업은 어떤 위치에 있는지, 또 힘겨운 문제들을 파악하고 해결하는 다른 새로운 방법들 때문에 당신 기업이 어떤 도전에 직면해 있는지를 살펴보게 된다. 예를 들어, 자율주행 모드가 대세가 되는 세상에서 보험의 역할은 무엇인가? 웰빙이 중시되는 세상에서 생물 약제학의 역할은 무엇인가? 드론으로 연결되는 세상에서 통신의 역할은 무엇인가? 문제 영역들은 계속 바뀌며 그것들을 해결하기 위해 적용되는 디지털 기술들에 따라 해결책 또한 바뀌고 전통적인 역량들은 점점 설 자리를 잃게 된다.

9개 원칙들은 당신 기업을 위한 멋진 메시지를, 그러니까 디지털 기술로 해결할 수 있는 힘겨운 문제들과 당신 기업이 나아갈 방향을 담은 메시지를 만들어내는 데도 도움이 된다. 이는 또 당신 기업 앞에 놓인, 당신 기업의 제품이나 서비스들을 차별화하고 고객들에게 줄 새로운 가치를 창출할 기회와 도전들에 대한 설득력 있는 메시지이며, 또한 당신이 당신 조직에 주고 싶어 하는 메시지이기도 하다. 그리고 또 당신 기업은 디지털 거인과 기술 기업, 그리고 당신 업계의 기존 기업들과의 차별화를 유지하는 데 필요한 투자를 어떻게 할 것인지도 결정해야 한다. 그러니 다른 기업들과 차별화되는 당신 기업만의 가치를 언제, 어떻게 추가할 건지를 강조함으로써 메시지를 잘 다듬도록 하라.

당장 행동에 옮겨라!

모든 기업은 나름대로의 독특한 디지털 변곡점에 직면해 있다. 과거의 사업 모델들은 이제 더 이상 효율적이지 못하다는 신호들을 보낸다. 디지털 기술을 이용해 방향과 선택 옵션들을 바꾸는 일은 너무 벅차게 느껴진다. 민첩한 디지털 신생 기업들은 아주 위협적이다. 그러나 적시에 이루어지는 선택들이 아주 중요하다. 그 선택들에 따라 이후에 갈 길과 후속 옵션들이 달라지기 때문이다. 코닥이나 노키아, 블랙베리, 소니 같은 기업들이 이런 변곡점에 도달해 제대로 현실을 깨닫지 못하거나 적응을 못했던 것처럼 아마 앞으로도 더 많은 기업들이 디지털 변화의 기회를 잡지 못해 낭패를 보게 될 것이다.

디지털 매트릭스에서는 디지털화는 계속 진행 중인 진화 과정이다. 경제와 업계와 사회의 중요한 문제들이 어떻게 파악되고 해결되는지, 또 기업들이 어떻게 창조되고 재창조되는지, 그리고 고객들에게 보다 나은 가치를 제공하기 위해 조직들이 어떻게 설계되고 재설계되는지에 영향을 주는 진화 말이다.

산업혁명이 어느 한 시점에만 영향을 준 혁명이 아니고 어느 한 업계 또는 지역에만 영향을 준 단일 기술도 아니듯, 디지털화 역시 21세기를 넘어 더 멀리 전 세계적으로 영향을 주게 될 것이다.

중요한 것은 디지털화에 너무 늦게 착수해서는 안 된다는 것이다. 변화의 속도는 워낙 빨라 이런저런 실험을 하면서 디지털화에 착수하지 않고 무대책 상태로 가만히 있을 경우 곧 아주 비싼 대가를 치르게 될 것이다. 그러니 당장 행동에 나서라!

장기 목표들을 명확히 하라 당신 조직이 벌이고 있는 각종 프로젝트들을 둘러보라. 얼마나 포괄적인가? 재정리할 수 없겠는가? 디지털 매트릭스와 원칙 매트릭스를 잘 활용할 경우, 당신 기업은 현재의 역량들을 토대로 장기적인 목표를 세워 앞으로 어떤 조치들을 취해야 할지 알 수 있다. 예를 들어, 앞서 살펴보았듯 프랑스의 아코르 호텔 그룹은 각종 시스템과 데이터를 통해 고객과 직원 그리고 파트너 기업들을 서로 연결하는 디지털 접객 프로그램들을 만들었다. 이 호텔 그룹은 이후 어떤 후속 조치들을 취해야 할 것 같은가? 강력한 기계들로 인간의 재능을 확대할 경우, 새로운 역량을 공동창조하고 고객에게 새로운 가치를 제공하는 데 도움이 될까? 아니면 한두 개의 접객 생태계에서 지휘자 역할을 할 경우, 기업 내부 효율성과 고객 서비스가 강화되고 접객 프로그램의 범위가 확대되게 될까? 둘 다 괜찮은 방향이지만 아마 어느 한쪽이 디지털 변화 3단계, 세 종류의 게임 참가자, 승리를 가져다줄 세 가지 조치들 간의 교차 지점에서 당신 기업의 입지를 확대하는 데 더 도움이 될 것이다.

마찬가지로, 지멘스의 경우 넥스트47이라는 사업 부서를 통해 새로운 디지털 기술들의 습득을 가속화시켜 줄 획기적인 아이디어 창출에 집중할 거라는 발표를 내놓았다. 어떤 구체적인 조치들이 지멘스의 이 장기적인 전략적 혁신 프로젝트에 가장 큰 도움이 되겠는가? 다른 기존 기업들과 차별화하기 위해 특정 기술 기업이나 디지털 거인들과 함께 리더 영역에서 공동창조하는 걸 모색해야 할까? 자체의 디지털 시스템을 개발해 전혀 새로운 방향으로 가는 게 더 좋을까? 역시 둘 다 가능한 방향이지만 어느 한 방향이 아마 현재 상황에서 지멘스에 조금이라도 더 적합한 방향일 것이다. 중요한 건 이것이다. 당신 기업이 어떤 기업이고 어떤 업계에 속해 있고 세상 어디에 있든 결국 앞서 살펴본 9개의 원칙들을 활용해 도움을 받을 방법들을 찾게 될 것이다. 당신 기업의 성공 여부는 다른 경쟁 기업이나 협력업체들보다 얼마나 더 기민하게 이런 일들을 해내느냐에 달려 있다.

승리를 가져다줄 새로운 조치들을 떠올려보라 우리는 승리를 가져다줄 다른 조치, 특히 보안, 사생활 또는 신원 같은 분야와 관련된 새로운 조치가 생겨날 가능성에 눈 감아선 안 된다. 이 세 분야는 점점 중요해지고 있어 집중적인 논의를 해볼 필요가 있는 분야이다. 승리를 가져다줄 조치는 필히 당신 기업의 디지털 변화 방향에 변화를 주게 되며, 승리하는 데 필요한 규모와 범위와 속도로 당신 기업의 사업 모델을 만들어낼 새로운 통찰력을 준다. 디지털 변화 3단계는 지속적이며 계속 진화한다. 또한 승리를 가져다줄 현재의 세 가지 조치는 특정 기술 분야들에 관심을 기울이게 해줄 아주 중요한 사업 원칙들이다. 그리고 현재의 지휘 센터에는 제어판에 9개의 빈칸이 있지만 미래의 지휘 센터의 경우 12개 이상의 빈칸이 있을 수도 있다.

어떤 경우에나 두루 통하는 보편적인 한 가지 디지털 사업 이론은 없고 디지털 변화에 가장 좋은 한 가지 방법도 없다. 그러나 당신 기업의 디지털화는 당신 기업의 전략적 목표들 가운데 가장 중요한 목표다. 당신 기업은 조직의 서로 다른 부분에서 디지털 변화 여정을 시작했을 수 있지만 이제 그 단편적인 변화 작업들을 통합 조정해야 할 때다.

디지털 변화에 모든 사람을 동참시켜라

기업 역사를 돌이켜보면 중대한 시점에 제때에 대처하지 못해 쓴맛을 본 기업들이 한둘이 아니다. 과거에 계속 성공했고 시기적절한 변화에 착수했다 해서 반드시 당신 기업이 적절한 대처를 하고 있으며 미래에 성공할 거라는 보장은 없다. 또한 효과적인 리더십의 원칙들을 알고 있다고 해서 반드시 그 원칙들을 실행에 옮기게 될 거라는 보장도 없다. 그리고 각종 실험에 투자하고 그 결과를 분석하려면, 그리고 언제 방향을 바꿀 건지를 결정하고 다른 사람들을 끌어들여 필요한 변화를 꾀하려면 적절한 사람들로 구성된 팀이 있어야 한다. '똑똑한 사람+원칙 매트릭스'가 디지털 성공의 열쇠이다. 그러나 결국 당신 기업의 디지털 변화는 집단적인 행동, 그러니까 공동의 목표를 가진 뜻이 같은 전문가들에 의해 이루어지는 행동이다. 처음에야 몇몇 사람의 열정으로 시작되겠지만 그다음에는 이 디지털 변화 여정에 다른 사람들도 동참하게 해야 한다.

디지털 리더 군단을 소집하라

성공의 공식은 간단하다. 강력한 리더들에 능력 있고 호기심도 강한 다양한 사람들을 끌어 모아 변화를 일으키도록 하라.

디지털 변화를 이끌 수 있는 과학적 사고를 가진 리더

당신 기업의 리더들이 제9장에서 살펴본 디지털 변화 적응을 위한 다섯 가지 원칙을 얼마나 잘 받아들이고 실천하느냐에 따라, 당신 기업이 새로운 원칙들을 얼마나 잘 실행할 수 있을지가 달라진다. 첫째, 당신 기업에는 호기심 많고 변화를 원하는 리더들이 필요하다(그래서 인텔의 최고경영자였던 앤디 그로브는 위기의 순간을 활용하라는 자신의 저서 제목을 『편집증적인 사람들만 살아남는다』[15]로 정했을 정도다). 둘째, 당신 기업에는 실험이야말로 보다 깊은 통찰력을 얻을 수 있는 체계적인 방법이라는 사실을 흔쾌히 받아들이는 리더들이 필요하다. 설사 실패라는 대가를 치르더라도 말이다. 셋째, 당신 기업에는 시험과 행동을 연결 짓고 제대로 된 자원들을 실험에 투입할 수 있는 리더들이 필요하다. 넷째, 당신 기업에는 자신들의 적응 능력이 어떤지를 알아보기 위해 업계 내 다른 기업들을 벤치마킹하고, 그런 다음 더 폭을 넓혀 디지털 거인과 기술 기업들까지 벤치마킹하는 리더들이 필요하다. 마지막으로 당신 기업에는 이런저런 실험들을 지속적으로 실행하고 조정하면서 그 결과를 보고 전략적 방향을 결정지을 수 있는 리더들이 필요하다. 당신 기업이 적응 능력이 있나 없나 하는 것은 이런 것들을 보면 알 수 있다. 당신이 그런 리더의 모범을 보일 의사는 없는가?

효율적인 리더가 되려면 가치 창출 및 확보 이론의 필요성을 이해해야 하며, 그 이론이 역동적이어서 디지털화 과정에서 빠른 속도로 진화한다는 사실도 잘 알아야 한다. 또한 과학적인 사고방식을 갖고 있어야 하며 호기심이 많고 열정적인 데다가 새로운 차원의 가능성들을 탐구할 마음자세가 되어 있어야 한다. 그렇다고 해서 경영학 석사나 박사 학위를 가진 경영학자가 되어야 한다는 얘기는 아니다. 그보다는 새로운 디지털 사업 트렌드들을 이해하고 그걸 토대로 큰 그림을 그릴 줄 알아야 하며, 또 서로 여러 가지 사실들에서 일관성 있는 방향을 만들어낼 줄 알아야 한다. 또한 가치 창출 및 확보 이론을 가지고 디지털 사업 변화에 필요한 자원 재할당도 할 수 있어야 한다. 그리고 또 조직 내 다른 사람들과 힘을 합쳐 계속 일의 우선순위를 정하고 원칙들을 바꾸고 바뀐 원칙들을 실행에 옮길 수 있어야 한다. 사실 모든 업계, 모든 기업이 이런 유형의 리더를 시급히 필요로 한다. 당신이 그런 리더 아닌가? 당신이 그런 리더이면 안 되나?

서로 보완되는 관점들을 가진 다양한 사람들

앞서 살펴보았듯, 디지털 사업과 관련된 당신 기업의 역량만 늘려서는 충분치 않다. 실제 행동에 나서야 하는 것이다. 그리고 행동에 나선다는 것은 디지털 미래에 관심이 많으면서 동시에 디지털 변화에 필요한 실질적이고 조직적인 방법들이 없는 것에 좌절감을 느끼는 리더들을 끌어 모은다는 뜻이다. 그들이 든든한 당신의 우군이 되어줄 것이다. 당신 기업의 디지털 드림 팀은 몽상가, 디자이너, 회의론자, 행동가들로 구성된다.

디지털 리더 군단 = 몽상가 + 디자이너 + 회의론자 + 행동가

한데 합쳐놓으면 이들은 서로 다른 관점을 갖고 있지만 같은 비전을 공유하는 팀이다. 이들이 굳이 분리된 개체들일 필요는 없지만 이 드림 팀에는 서로 보완적인 이 네 가지 특성의 사람들이 다 포함되어야 한다. 몽상가의 말도 안 되는 듯한 아이디어들은 다양한 실험들에 적용되기 위해 디자이너의 절제력을 거쳐야 한다. 또한 그 아이디어들이 투자할 가치가 있고 상업적으로 구현 가능하다는 게 입증되려면 회의론자가 필요하다. 행동가는 아이디어들을 대규모로 실행하는 데 필요한 조직과 생태계를 구축한다. 드림 팀을 구성할 때는 다음과 같은 인물들을 찾도록 하라.

1. 특정 분야의 전문지식 때문에 존경을 받으면서도 다른 관점들도 존중하며 다른 분야에 대해서도 호기심이 많은 사람들. 이들은 팀에 지적 다양성을 보탠다.
2. 굳은 확신과 강한 관점을 갖고 있으면서도 각종 데이터나 분석을 잘 받아들이는 사람들. 이들은 팀에 신뢰감을 보탠다.
3. 각종 전략적 프로젝트들에 참여해 우수한 실적을 보인 사람들. 이들은 팀의 위상을 높여준다.
4. 자부심이 강하고 과거를 존중하지만 언제든 전통과 현상에 이의를 제기할 수 있는 사람들. 이들은 팀에 신선한 통찰력을 보탠다.

이런 인물들로 구성된 드림 팀은 미래는 단순한 과거의 연장이 아니라는 믿음을 갖고 있다. 이 리더들은 디지털화의 힘을 잘 알고 있으며 디지털화에 따른 필연적인 모호성을 다루는 데 자신감을 갖고 있다. 또한 어떤 틀에 얽매이지 않지만 논리 정연한 통찰력에는 금방 마음을 연다. 이 리더들은 또 특정 답을 뒷받침하는 전제를 깊이 파고드는 걸 좋아하며 동시에 각종 의문들을 파악하는 방법에 대해 토론하는 것도 좋아한다. 무엇보다 중요한 것은 이들은 상상에서 실현에 이르는 전체 사이클을 책임진다는 것이다. 이들이 바로 당신 기업의 디지털 리더 군단이다. 그리고 이 리더들은 원칙 매트릭스를 활용해 디지털 변화 여정을 시작한다.

원칙 매트릭스를 3단계에서 활용하라

당신 기업에서 이런 원칙들을 활용하는 간단한 3단계가 있다. 일단 디지털 리더 군단을 끌어 모으면 그들로 하여금 원칙 매트릭스를 체계적으로 마스터하게 하라. 각자 개별적으로 이 원칙 매트릭스를 연습하게 한 뒤 그룹 차원에서 의견 교환을 하는 게 도움이 된다. 각 원칙에 대해 다음에 나오는 그림 7을 기준으로 중요도와 숙련도와 격차라는 세 가지 가치를 점수로 매겨보라. 당신의 답들을 추적하면 우선순위를 정하는 데 도움이 될 것이다.

1단계 : 당신 기업 원칙들의 중요도 점수

모든 원칙에 대해 0점(중요하지 않음)에서 10점(가장 중요함)까지 점수를 매겨보라. 예를 들어 이 초기 단계에서 만일 당신 기업이 생태계를 관찰하면서 자동화 실험을 하고 있지만 아직 실행에 옮기지는 못하고 있다면 원칙

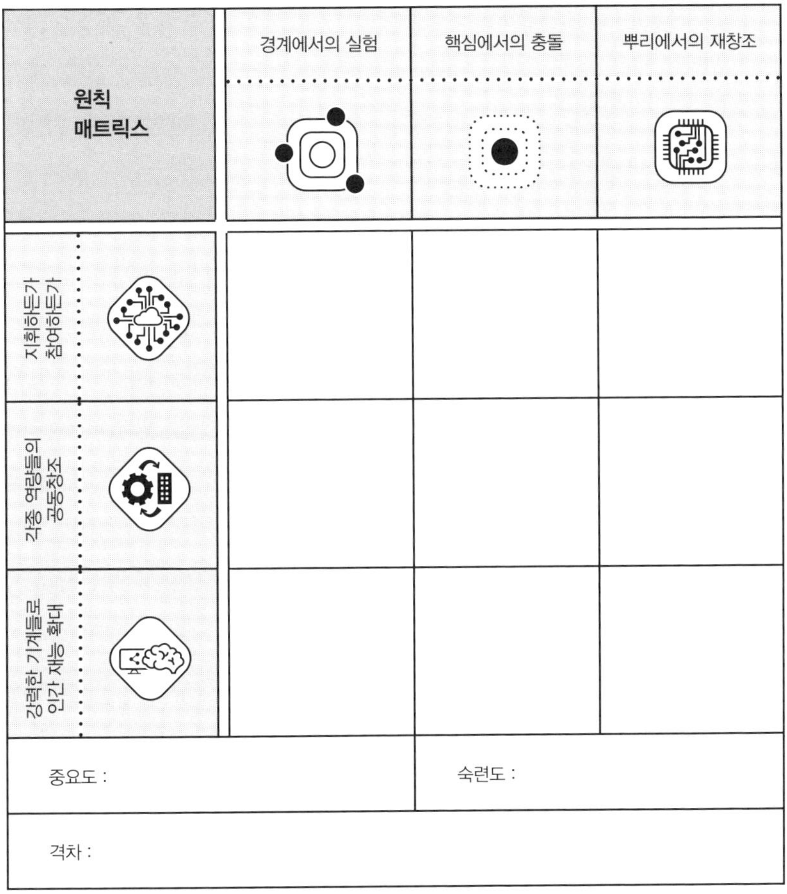

그림 7　디지털 사업 원칙

3에 4점을 줄 수 있을 것이다. 만일 지금 또는 앞으로 '확대'가 디지털 변화 2단계에서 당신 기업의 사업 모델을 변화시키는 데 중요한 전략이 될 것이라면 원칙 6에 7점을 매길 수 있을 것이다. 또 만일 당신 기업이 지금 디지털 변화 3단계에서 디지털 기업의 굳건한 토대를 만들기 위해 애쓰는 상황이어서 확대가 아주 중요하다고 생각된다면 원칙 9에 10점을 매길 수 있을 것이다. 이 점수들은 당신 나름대로의 우선순위에 따른 당신 자신의 평가이다. 그림 7의 각 칸에 필요하다고 생각되는 조치를 써넣으면서 9개 원칙에 대해 순서대로 점수를 매겨보라. 이처럼 각 원칙에 값을 매긴 뒤 점수들을 보면서 그 점수들을 9개 원칙의 중요도에 따라 당신 기업의 현재 위치에 적합하다고 생각되는 점수들로 고쳐라.

2단계 : 오늘날의 원칙들에 대한 당신 기업의 숙련도를 평가해 보라

현재 그리고 앞으로, 당신 기업이 각 원칙을 마스터하고 실행하는 데 얼마나 숙달되어 있는지를 평가해 보라. 각 원칙에 대해 0점(전혀 숙달되지 못함)부터 10점(아주 숙달되어 있음)까지의 점수를 매겨보는 것이다. 이는 당신 기업과 경쟁 중인 다른 기업들과 비교했을 때 당신 기업의 상대적인 숙련도를 재는 것으로, 완벽한 측정은 아니다. 다음 지침을 활용하도록 하라.

점수 0~4 : 업계의 기존 기업들보다 숙련도가 낮음
점수 5~8 : 다른 기업들(세 종류의 게임 참가자 포함)과 숙련도가 같음
점수 9~10 : 리더 수준(세 종류의 게임 참가자들 가운데)의 숙련도임

각 칸에 필요하다고 생각되는 조치를 써넣으면서 9개 원칙에 점수를 매겨보고 당신 기업의 현재 위치에 적합하다고 생각되는 점수들로 고쳐라.

3단계 : 당신 기업의 중요도-숙련도 격차를 계산해 보라

이제 가장 중요한 대목에 이르렀다. 각 원칙의 중요도 점수에서 숙련도 점수를 빼서 격차 점수를 구하라.

중요도 - 숙련도 = 격차 점수

마이너스(-) 값이 나올 수도 있는데, 그런 값들도 허용된다. 일단 이 격차 점수들이 계산되면 가장 높은 격차 점수를 맨 위에 두고 가장 낮은 격차 점수를 밑에 두는 순서로 원칙들을 정렬하라. 이것이 바로 당신 기업의 디지털 사업 변화의 우선순위이다. 맨 위의 원칙들이 당장 관심을 기울여야 할 원칙들인 것이다.

이제 원칙 매트릭스의 9개 칸을 보고 당신 기업은 어디에 언제 보다 많은 관심을 기울여야 할지를 생각해 보라. 당신이야말로 이 원칙들의 숙련도를 정직하고 공정하게 점수 매길 수 있는 위치에 있다. 예를 들어, 당신 기업은 디지털 변화 2단계에서 지휘하는 생태계에서 벗어나거나 아니면 디지털 변화 3단계로 나아가는 과정에 기계와 인간의 경계에서 당신 기업을 재창조할 수 있겠는가?

계산해서 나온 점수 격차가 조직 성공에 책임을 지게 될 기업 리더로서의 당신의 평가이다. 그러나 당신은 혼자가 아니다. 당신 조직 안에는 당신 같은 사람들이 또 있다. 이제 그들을 동참시켜 보자.

당신의 결과를 테스트해 보라

이제 일의 우선순위가 나왔으니 디지털 리더 군단의 동료들과 그 우선순위에 대해 논의해 보라. 당신은 변화의 중요한 동인이긴 하지만 조직 내의 한 사람일 뿐이며 당신의 관점 역시 한 관점일 뿐이다. 당신 동료들은 아마 디지털화에 대한 생각부터가 다르고 디지털화의 장밋빛 미래와 함정들에 대한 관점도 다를 것이다. 당신이 생각하는 일의 우선순위가 동료들이 생각하는 우선순위와 어떻게 다른지 테스트해 보라.

- 당신이 꼽은 3~5위의 원칙들은 다른 동료들과 비교해 전체적으로 어떤가? 가장 큰 차이는 무엇인가? 그런 차이를 만들어내는 생각과 관점

들의 기초는 무엇인지를 이해해 보라.

- 숙련도가 눈에 띄게 높은 3~5위의 영역은 무엇인가? 폭넓은 의견 일치가 이루어지고 있는가? 평가가 제각기 다 차이 난다면 그런 차이를 만들어내는 생각과 관점들의 토대는 무엇인지를 이해해 보라.
- 3위 안에 든 격차들은 무엇무엇인가? 격차가 두드러지는 원칙들에 관심을 쏟고, 또 이 원칙들이 적용되는 첫 번째 단계에 가깝게 되도록 할 조치들을 취하라.

설사 당신이 당신 기업 내에서 변화를 주도할 만한 위치에 있다 해도 다른 사람들의 생각과 관점을 포함시키는 것이 두 가지 점에서 유익하다. 첫째, 9개 원칙들의 중요도와 점수 격차에 대한 다른 사람들의 생각이 어떤지를 아는 게 당신에게 도움이 될 뿐 아니라 통찰력도 준다. 둘째, 당신 혼자서는 당신 기업을 변화시킬 수 없으며, 따라서 함께 변화를 주도할 사람들이 필요하다. 당신이 변화에 영향을 줄 위치에 있지 않을 경우, 이를 통해 다른 사람들로부터 지지를 이끌어낼 수 있다. 변화를 본격적으로 꾀하자면 사람들로부터의 지지가 반드시 필요하다. 이제 당신 팀은 미래를 향해 나아갈 준비가 다 됐다. 당신이 할 일은 당신 조직을 전통적인 사고방식에서 끌어내 디지털 미래로 나아가게 하는 것이다. 당신 기업의 성공은 당신에게 달렸다.

디지털 리더 군단은 당신 기업을 변화시킬 핵심적인 힘이다. 이 군단은 잠시 있다 사라질 임시 위원회가 아니며 미래의 성공을 책임질 당신 기업의 미래 리더 팀이다. 이 리더들과 당신 기업의 새로운 원칙들이, 그리고 당신 기업의 집단적 사고와 경험과 열망과 분석에 기반을 둔 전략적 비전이 당신 기업을 디지털 미래로 이끌 것이다. 디지털 미래는 가능성을 내다보는 사람들에게는 흥미진진할 것이며 그렇지 못한 사람들에게는 암울할 것이다. 당신은 미래의 가능성과 장밋빛 약속들을 볼 수 있길 바란다. 더 지체할 시간이 없다. 더 기다릴 이유도 없다.

이제 당신이 이끌어야 한다

"당신은 당신이 세상에서 보고 싶어 하는 변화 그 자체가 되어야 한다." 간디가 한 말이다. "미래를 내다보라. 당신이 지금 몸담고 있는 기업이 보이는가?" 이 질문에 대한 답이 "노"라면 서둘러 당신의 재능과 포부를 펼칠 다른 기업을 알아보라. 만일 그 답이 "예스"라면 당장 행동에 들어가라. 조직들이 직면하게 되는 가장 큰 위기의 순간은 가장 열정적이고 활기찬 사람들이 계속 침묵을 지키고 있는 순간이다.

당신에겐 두 가지 옵션이 있다. 하나는 당신의 상사들이 디지털화의 중요성을 역설하며 일련의 디지털 변화 방침들을 발표할 때까지 기다렸다가 당신이 어떤 역할로 그 디지털 변화에 기여할지를 알아내는 것이다. 또 다른 옵션은 당신 스스로 적극적으로 나서 변화를 이끄는 것이다. 당신 스스로 디지털 변화의 동력이 되고 디지털 변화의 대변자가 되는 것이다.

그렇다고 당신이 2011년 노키아의 최고경영자 스티븐 엘롭이 썼던 '불타는 플랫폼' 메모(폭발 사고가 난 북해의 석유 굴착용 플랫폼에서 집어삼킬 듯 다가오는 불길을 피해 칠흑같이 어둡고 살을 에듯 추운 30미터 아래 바다로 몸을 던져야 하는 한 인부의 상황에 빗대 특단의 결정을 내려야 하는 노키아의 위기 상황을 토로한 글 - 옮긴이)[16] 같은 걸 쓸 필요는 없다(게다가 이런 극단적인 위기 상황에서의 특단의 조치는 시기적으로 너무 늦거나 비난을 사는 경우도 많다). 당신은 그저 당신 조직 내 뜻이 같은 사람들을 설득해 당신이 하는 일에 동참하게 하면 된다. 회의적인 시각을 가진 사람들은 데이터나 분석 등을 동원해 설득하면 될 것이다. 또한 각종 기능들과 부서들과 장소들 간에 다리를 놓아 서로 연결시키는 것도 당신이 할 일이다.

당신은 이런 고민을 할 수도 있다. '어디서부터 시작해야 하지?' 나는 먼저 디지털 매트릭스에서부터 시작해 제어판의 빈칸 9개에 대해 생각한 뒤 그 9개 원칙에 대해 당신 자신의 평가를 해보길 권한다. 당신은 각 원칙의 중요도와 당신 기업의 숙련도에 대해 점수도 매겨봤다. 당신은 이제 당신 기업이 가장 우선순위가 높은 두세 원칙을 당장 이행하지 않을 경우 위험에 직면하게 된다는 걸 안다. 당신은 또 동료들을 불러 모아 그들 나름대로의 평가도 해보게 했다. 이제 당신은 우선순위가 높은 상위 원칙들에 대해 당신과 의견을 같이하는 동료들이 있다. 평가에서 서로 약간의 차이가 있다 해도, 당신 기업의 디지털 변화 로드맵은 이제 전반적으로 상당한 일관성을 갖게 된 것이다. 이제 당신은 다음 단계들을 밟게 된다.

1. 최상부 경영진 중에서 당신과 비전과 관점이 비슷해 당신의 후원자가 되어줄 수 있는 사람을 찾아라.
2. 최대한 폭넓은 범위의 직원들을 상대로 9개 원칙들과 관련된 기업 내 설문조사를 실시해 전반적인 분위기를 살펴보라. 어떤 패턴들이 눈에 띄는가?
3. 그 결과를 이용해 행동 지침을 짜보라. 현상을 그대로 유지하는 무행동의 대가를 한눈에 보이게 강조하라. 건성으로 천천히 대처하는 느린 행동의 대가도 강조하라. 예상되는 위험들을 명시하고 약한 조짐들과 연결 지으며 건설적인 지침들을 만들어라.
4. 당신이 변화시킬 수 있는 분야들을 확인하고 당신과 힘을 합쳐 디지털 변화를 시작할 수 있는 동료들을 찾아라.
5. 작은 것부터 시작해 실험하고 반복하며 행동으로 보여주면서 앞으로 나아가라.

변화를 주도하는 사람들은 지시를 기다리지 않는다. 그들은 변화의 중요성을 잘 알고 또 변화가 시급하다는 걸 잘 알기 때문에 기회가 오면 절대 놓치지 않고 꼭 잡는다. 그들은 또 변화 프로그램들이 단순히 역할이나 책임들을 슬쩍 재조정하기 위한 게 아니라 기업의 성장과 수익을 최대한 끌어올리기 위한 것이라는 것도 잘 안다. 당신은 지금 단순히 변화를 위한 변화에 착수하는 게 아니다. 당신이 지금 변화에 착수하는 건 당신 기업이 계속 성공적인 변화의 궤도를 달릴 수 있게 앞장서 이끌기 위해서이다. 당신은 지금 미래의 엘리트 리더가 되려 하는 것이다.

나는 두 가지 목적을 가지고 이 책을 썼다. 그 하나는 현 세대의 기업 리더들을 교육하고 인도하기 위해서, 그러니까 단순히 기술을 커다란 디지털 변화의 주요 동인으로 찬미하는 차원을 넘어서서 기업의 리더들에게 디지털 미래에 대해 체계적으로 생각하는 방법을 알려주기 위해서이다. 이는 학자이자 교육자로서의 내 소명이다. 또 다른 목적은 이 책을 읽는 독자들이 기업의 디지털 사업 변화 과정에서 건설적인 역할을 할 수 있게 하기 위해서이다. 오늘날 기업들이 직면하고 있는 도전 과제들 가운데 이 디지털 변화만큼 중요한 도전 과제는 없다. 디지털 변화의 위력을 알아보지 못하는 사람들은 우리가 이제껏 본 적이 없을 정도로 큰 혼란에 빠지게 될 것이다. 그래서 나는 여러분이 그 변화를 앞장서 이끄는 리더가 되기를 바란다. 이는 컨설턴트로서의 내 소명이다.

디지털 뉴스 매체 〈쿼츠〉의 편집장인 케빈 딜레이니는 이런 말을 했다. "나는 그 누구도 자신의 직함에 '전략'이란 말을 넣어선 안 된다고 생각합니다."[17] 나는 그의 이 말에 어느 정도 동의한다. 전략과 실행은 확실히 다르며 일부 직원들의 직함에 '전략'이란 말을 넣는 건 다른 직원들의 권한을 침해하는 면이 있다. 나는 '디지털'이란 말의 경우도 이와 비슷하다고 생각한다. 그 누구도 자신의 직함에 디지털이란 말을 넣어선 안 될 것이다. 그럴 경우 디지털 기술의 엄청난 힘을 활용하게 된다는 측면에서 누군가의 권한이 지나치게 부풀려져 다른 직원들에게 박탈감을 안겨주게 될 것이기 때문이다. 나는 2025년쯤 되면 각종 기능과 과정, 사업 모델, 업계들에 관한 한 디지털과 비(非)디지털 사이에는 아무 차이가 없게 될 거라고 확신한다.

기업 내에서의 기능이나 사업 분야, 직책과 관계없이 독자인 당신은 당신 기업의 변화에서 중요한 역할을 맡을 기회가 있을 것이다. 그리고 만일 당신이 새로운 기술들의 힘을 활용하는 데 관심이 많다면, 또 이 변화의 시대에 당신 기업을 올바른 길로 이끄는 걸 당신 자신의 보다 큰 목표로 삼는다면 당신은 그 중요한 역할을 맡을 수 있을 것이다. 나는 당신이 그런 역할을 하기 바란다. 그리고 또 이 책이 당신의 성공에 미력하나마 도움이 되길 바란다.

NOTE

머리말

1 Nicholas Negroponte, Being Digital (New York: Alfred A. Knopf Inc., 1995).

2 See, for example, Michael A. Cusumano and Richard W. Selby, *Microsoft Secrets: How the World's Most Powerful Software Company Creates Technology, Shapes Markets, and Manages People* (New York: Touchstone Press, 1998); Eric Schmidt and Jonathan Rosenberg, *How Google Works* (New York and Boston: Grand Central Publishing, 2014); David Kirkpatrick, *The Facebook Effect: The Inside Story of the Company That Is Connecting the World* (New York: Simon & Schuster, 2010); Brad Stone, *The Everything Store: Jeff Bezos and the Age of Amazon* (Boston: Little Brown & Co., 2014); Eric M. Jackson, *The PayPal Wars: Battles with eBay, the Media, the Mafia, and the Rest of Planet Earth* (Washington, DC: WND Books, 2012).

서론

1 "1955년 대 2015년의 포천 500대 기업들 : 경제 성장을 촉진시킨 창조적인 파괴 덕에 단 12퍼센트의 기업만 살아남았다." Mark J. Perry *American Enterprise Institute* (bolg), accessed July 19, 2016, www.aei.org/publication/fortune-500-firms-in-1955-vs-2015-only-12-remain-thanks-to-the-creative-destruction-that-fuels-economic-growth/. 1995년과 2015년의 포천 500대 기업 양쪽 명단 모두에 들어 있는 기업은 IBM, 제너럴 모터스, 제너럴 일렉트릭, 프록터 & 갬블, 보잉이다. 아메리칸 모터스, 제니스 일렉트로닉스, 내셔널 슈거 리파이닝은 1995년 명단에만 들어 있고, 페이스북, 애플, 아마존, 넷플릭스, 구글, 마이크로소프트는 2015년 명단에만 들어 있고 1955년에는 아예 존재하지도 않았다.

2 Richard Foster, *Creative Destruction Whips through Corporate America*, executive briefing for Innosight, Winter 2012, accessed July 18, 2016, www.innosight.com/innovation-resources/strategy-innovation/upload/creative-destructionwhips-through-corporate-america_final2015.pdf.

3 Interbrand, *Best Global Brands* 2015, accessed July 18, 2016, interbrand.com/best-brands/best-global-brands/2015/ranking/. 비교해 보면, 2000년도 인터브랜드에서는 애플이 36위, 아마존이 48위에 올랐고, 구글과 페이스북은 톱 75위 안에도 들지 못했다. 2008년에 이르러, 애플은 24위로 올랐고 아마존은 58위로 떨어졌으며 구글은 10위를 기록했다. (구글은 겨우 3년 전에 38위로 톱 100 명단에 들어갔음.)

4 이 말을 여기서 Marc Andressen의 말을 업데이트해 다시 인용해 보자면 이런 식이 될 것이다. "왜 소프트웨어가 세상을 먹어치우고 있는가?" *Wall Street Journal*, August 20, 2011, www.wsj. com/articles/SB10001424053111903480904576512250915629460.

5 내가 정보기술이 기업의 사업들에 미치는 영향에 처음 관심을 갖게 된 건 1990년대에 MIT 슬로언 경영대학원의 한 공동 연구에 참여하면서부터이다. 그 MIT 연구 결과들은 마이클 S. 스콧 교수의 『1990년대의 기업 : 정보기술과 조직 변화』(뉴욕 : 옥스퍼드대학교 출판부, 1991)로 출판되었다. 내 연구 결과는 이후 「정보기술로 가능해진 사업 변화 : 자동화에서부터 사업 범위 재정립까지」란 제목으로 실렸다. MIT Sloan Management Review, Winter 1994, accessed July 18, 2016, sloanreview. mit.edu/article/iternabled-business-transformation-from-automation-to-business-scope-redefinition.

6 Gordon Moore가 만든 무어의 법칙을 간단히 요약하자면 이렇다. "컴퓨터의 처리 속도와 전반적인 처리 능력은 2년마다 두 배로 늘어난다." 지난 50년간 이 무어의 법칙이 어떻게 적용되었는지를 개괄하고 싶다면 「우리가 사랑하고 의존하는 혁신을 촉진시킨 무어의 법칙 50년」을 보라. Intel, accessed July 18, 2016, www.intel.com/content/www/us/en/silicon-innovations/moors-law-technology.html. 기술 업계에서는 컴퓨터의 이런 발전이 가까운 미래에 끝날 거라는 예상이 널리 받아들여지고 있지만, 대부분의 사람들은 보다 빠르고 보다 값싸고 보다 작은 컴퓨터들이 계속 새로운 기능들을 선보일 거라 믿고 있다.

7 메트칼프의 법칙은 밥 메트칼프가 만든 것으로, 다음과 같이 요약할 수 있다. "통신 네트워크의 가치는 그 시스템에 연결된 사용자 수의 제곱(n^2)에 비례한다." 밥 메트칼프의 「메트칼프의 법칙 : 네트워크는 점점 더 많은 사용자들에게 다가가면서 그 가치가 점점 더 커지고 있다」, *Infoworld* 17, no. 40 (1995): 53-54. 이와 동일한 일반적인 아이디어는 소셜 네트워크, 사물 인터넷에 연결된 장치들 등의 다른 네트워크들에도 그대로 적용될 수 있다.

8 길더의 법칙은 조지 길더가 만든 것으로, 요약하자면 다음과 같다. "대역폭은 컴퓨터 처리 능력보다 적어도 세 배 빨리 발전된다." 길더의 「파이버는 자신의 약속을 지키고 있다. 준비하라. 대역폭은 다음 25년간 매년 세 배씩 늘어날 것이다」, Forbes, April 1997, www.forbes.com/asap/97/0407/090.htm. 대역폭은 정해진 시간에 전송 가능한 데이터 양을 뜻하며, 그래서 이 법칙에 따르면 통신 파워는 6개월마다 두 배로 늘어난다는 얘기이다. 멀리 떨어진 인터넷 서버 네트워크에 의존해 데이터를 저장하고 관리하고 처리하는 클라우드 컴퓨팅이 가능한 것은 관련 비용들이 계속 떨어지는 상황에서 고정 광대역 및 모바일 광대역 네트워크들이 날로 발전되기 때문이다.

9 Ed Zander, quoted in Ted C. Fishman, "What Happened to Motorola: How a Culture Shift Nearly Doomed an Iconic Local Company That Once Dominated the Telecom Industry," *Politics & City Life, Chicago Magazine*, accessed July 18, 2016, www.chicagomag.com/Chicago-Magazine/September-2014/What-Happened-to-Motorola.

10 "Cracking the Digital Code: McKinsey Global Survey Results," McKinsey & Company, September 2015, accessed July 18, 2016, www.mckinsey.com/business-functions/business-technology/our-insights/cracking-the-digital-code.

11 William Edwards Deming, *The New Economics: For Industry, Government, Education* (Cambridge, MA: MIT Press, 2000), 35.

12 William Bruce Cameron, *Informal Sociology: A Casual Introduction to Sociological Thinking* (New York: Random House, 1963), 13. 어떤 사람들은 이 말을 앨버트 아인슈타인이 했다고 하지만, 그런 주장은 아직 입증된 바 없다.

제1장

1 "Model S Has You Covered," *Tesla Motors* (blog), March 19, 2015,

2 Danny Sulliban, "구글 : 매월 1,000억 회 검색, 검색은 Gmail로 통합, ios를 위한 향상된 검색 앱 가동 시작". *Search Engine Land*(bolg), August 8, 2012, Searchengineland.com/google-search-press-129925. 이 숫자는 2014년에 2조 이상으로 업데이트된다. Statistic Brain Research Institute, "Google Annual Search Stastics," accessed July 18, 2016, www. statisticbrain.com/google-searches.

3 구글은 2015년 9월 12일에 한 언론 행사에서 이 수치를 14억으로 발표했다. www.androidcentral.com/google-says-there-are-now-1.4-billion-active-android-devices-worldwide.

4 "Statistics," YouTube, accessed July 10, 2016, www.youtube.com/yt/press/statistics.html.

5 Reported in Fortune, December 30, 2015, fortune.com/2015/12/30/uber-completes-1-billion-rides.

6 Fitz Tepper, "Uber Has Completed 2 Billion Rides," *Tech Crunch*, July 18, 2016, techcrunch.com/2016/07/18/uber-has-completed-2-billion-rides.

7 한 추산에 따르면, 뉴욕 시의 택시 메달리온은 그 가치가 2013년에 130만 달러였으나 2015년에는 65만 달러로, 그 가치가 무려 50퍼센트나 떨어졌다. Simon Van Zuylen-Wood, "The Struggles of New York City's Taxi King," *Bloomberg Business Week*, August 27, 2016, www.bloomberg.com/features/2015-taxi-medallion-king.

8 Marriott Corporation, 2015 Annual Report.

9 "About Us," Airbnb, accessed August 26, 2016, www.airbnb.com/about/about-us.

10 "About Us," Walmart, accessed June 29, 2016, corporate.walmart.com/our-story.

11 Reported by Brian Olsavsky, CFO of Amazon. "Amazon.com (AMZN) Management on Q4 2015 Results-Earnings Call Transcript," Seeking Alpha, January 28, 2016, accessed July 27, 2016, seekingalpha.com/article/3846086-amazon-com-amzn-management-q4-2015-resultsearnings-call-transcript.

12 Alfred D. Chandler, *Scale and Scope: The Dynamics of Industrial Capitalism* (Cambridge, MA: Belknap Press, 1990).

13 See Over How Many Billions Served?, accessed July 27, 2016, overhowmanybillionserved. blogspot.com.

14 "마크 저커버그, 빠르게 움직이면서 모든 틀을 깨부숴라." *Business Insider*, October 14, 2010, www.businessinsider.com/mark-zuckerberg-2010-10. 2010년 10월 14일 페이스북의 연례 개발자 회의인 f8 회의에서 저커버그는 자신의 이 모토를 이렇게 수정했다. "안정된 인프라를 가지고 빨리 움직여라." 속도도 중요하지만 안정성도 중요하다는 점을 강조하고 있는 것이다.

15 "Mark Zuckerberg's Letter to Investors: 'The Hacker Way,'" *Wired*, February 1, 2012, accessed July 26, 2016, www.wired.com/2012/02/zuck-letter.

16 "Model S Has You Covered," *Tesla Motors* (blog), March 19, 2015, www.teslamotors.com/blog/model-s-has-you-covered.

17 Thomas Hout and George Stalk, "Time-Based Results," *bcg.perspectives* (blog), Boston Consulting Group, accessed July 18, 2016, www.bcgperspectives.com/content/Classics/strategy_time_based_results/.

18 "Predix," GE Digital, accessed June 29, 2016, www.predix.com.

19 사업 방향 변경은 스티브 블랭크에 의해 널리 알려진 린 스타트업의 핵심 개념이다. 스티브 블랭크, "왜 린 스타트업은 모든 걸 바꿔놓는가", *Harvard Business Review*, May 2103, hbr.org/ 2013/05/why-the-lean-start-up-change-everything. 디지털 시대의 기업가 정신에 대해 좀 더 자세한 걸 보고 싶으면 Steveblank.com을 참조하라.

20 For an overview, see "It's All A/Bout Testing: The Netflix Experimentation Platform," *Netflix Tech Blog*, April 29, 2016, techblog.netflix.com/2016/04/its-all-about-testing-netflix.html.

21 에릭 리스는 린 스타트업의 다섯 가지 원칙들을 열거하고 있으며, 현재 혁신을 앞당기기 위해 그 원칙

들을 적용하는 기업들이 점점 많아지고 있다. 예를 들어 GE는 FastWorks라는 자신들 나름의 원칙들을 개발했다. 린 스타트업 웹사이트인 theleanstartup.com을 참조하라.

22 Ray Kurzweil, "The Law of Accelerating Returns," Essays, Kurzweil Accelerating Intelligence, March 7, 2001, www.kurzweilai.net/the-law-ofaccelerating-returns. All of the essays are worth reading.

23 여러 가지 예측이 있다. 2011년에 나온 한 보고서에서 시스코는 컴퓨터 관련 장치들의 수가 500억 대는 될 거라고 봤다. Dale Evans, *The Internet of Things: How the Next Evolution of the Internet Is Changing Everything*, White Paper produced for Cisco Internet Business Solutions Group, April 2011 (San Jose, CA: Cisco, 2011) www.cisco.com/c/dam/en_us/about/ac79/docs/innov/IoT_IBSG_0411FINAL.pdf. 2015년에 발표된 2015 *Ericsson Mobility Report: On the Pulse of the Networked Society (Stockholm: Ericsson, 2015)*에 따르면 에릭슨의 목표는 약 260억 대이다. www.ercisson.com/res/docs/2015/ericsson-mobility-report-june-2015.pdf.

제2장

1 정보기술 연구 및 자문 기업인 가트너는 기술 및 애플리케이션들의 성숙도 및 채택은 물론, 그것들이 실제 기업 문제들의 해결 및 새로운 기회들의 활용과 어떤 관계가 있는지를 그래픽으로 나타내는 법을 개발했다. 보다 자세한 걸 알고 싶으면 가트너 웹사이트의 "Gartner Hype Cycle" 연구 방법론을 보라. June 30, 2016, www.gartner.com/technology/research/methodologies/hype-cycle.jsp.

2 디지털 거인들이 네트워크 경제에 어떤 영향을 주고 있는지를 개괄하고 싶다면, medium.com/inside-gafanomics를 참조하라. 웹사이트 Gafanomics에는 구글, 애플, 페이스북, 아마존이라는 네 디지털 거인들에 대한 유용한 참고 자료들도 들어 있다.

3 참고로 2016년 7월 13일 테슬라는 자본금이 327억 7,000만 달러였고, GM은 471억 6,000만 달러, 포드 모터스는 535억 5,000만 달러였다. 이는 야후에서 제공한 시장 분석 결과 나온 것이다.

4 "The Automatic App + Adapter," Automatic Labs, accessed July 19, 2016, www.automatic.com/home.

5 "Safety & Efficiency: Truck Platooning," Peloton, accessed July 19, 2016, peloton-tech.com.

6 Mike Isaac and Michael J. de la Merced, "Uber Turns to Saudi Arabia for $3.5 Billion Cash Infusion," *New York Times*, June 1, 2016, www.nytimes.com/2016/06/02/technology/uber-investment-saudi-arabia.html. At the time, they reported Uber's valuation at $62.5 billion.

7 "이동성의 미래를 바꾸고 있는 GM과 리프트," General Motors, January 4,206, accessed July 19, 2016, www.gm.com/mol/m-2016-Jan-0104-lyft.html. GM은 리프트에 5억 달러를 투자했다.

8 Jack Nicas and Jeff Bennett, "Alphabet, Fiat Chrysler in Self-Driving Cars Deal," *The Wall Street Journal*, May 3, 2016, www.wsj.com/articles/alphabet-fiat-chrysler-in-self-driving-cars-deal-1462306625.

9 "도요타와 우버, 자동차 공유 분야 협력 모색 중," Toyota USA Newsroom, May 24, 2016, accessed July 19, 2016, corporatenews.pressroom.toyota.com/releases/toyota-uber-ridesharing-collaboration-may-24.htm.

10 Ingrid Lunden, "폭스바겐, 우버의 라이벌 겟과 새로운 자동차 공유 제휴를 맺고 3억 달러 투자," *Tech Crunch*, May 24, 2016, accessed July 19, 2016, techcrunch.com/2016/05/24

11 각종 플랫폼과 플랫폼 기반의 사업 모델들은 지난 10여 년간 많은 관심을 받아왔다. 이 분야에 대한 최근 논의를 개괄하고 싶다면 다음을 참조하라. Geoffrey G. Parker, Marshall W. Van Alstyne, and Sangeet Paul Choudary, *Platform Revolution: How Networked Markets are Transforming the Economy and How to Make them Work for You* (New York & London: W.W. Norton & Co., 2016).

12 애플과 모토롤라 & 싱귤러, 아이튠즈와 함께 세계 최초의 모바일 폰 출시," Apple, September 7, 2005, www.apple.com/pr/library/2005/09/07Apple-Motorola-Cingular-Launch-Worlds-First-Mobile-

Phone-with-iTunes.html

13 새로운 뱅킹 모델 Vaultos 도입, "ThoughtMachine, accessed July 14, 2016, www.beingtechno-logies.com/#vault.

14 2016년 6월 28일 현재 월마트는 자본금이 2,220억 달러, 아마존은 3,340억 달러로, 아마존이 50퍼센트 약간 넘게 더 많았다. 이 분석은 Yahoo Finance의 시장 분석 결과를 토대로 한 것이다.

15 2016년 6월 28일 알리바바는 자본금이 1,900억 달러였다. Yahoo Finance 시장 분석 결과.

16 Frederick W. Taylor, *The Principles of Scientific Management* (New York: Harper & Brothers, 1911). This monograph is considered the foundation text for modern approaches to management and organizations. 이 논문은 경영 및 조직에 대한 현대적인 접근법의 토대가 된 걸로 평가받고 있다.

17 See Michael E. Porter and James E. Heppelmann, "How Smart, Connected Products are Transforming Competition," *Harvard Business Review*, November 2014, accessed July 19, 2016, hbr.org/2014/11/how-smart-connected-products-are-transforming-competition. See also Bala Iyer and N. Venkat Venkatraman, "What Comes After Smart Products" Harvard Business Review, July 1, 2015, hbr.org/2015/07/what-comes-after-smart-products.

18 "GE's Jeff Immelt on Digitizing in the Industrial Space," *McKinsey & Company*, October 2015, accessed July 19, 2016, www.mckinsey.com/business-functions/organization/our-insights/ges-jeff-immelt-on-digitizing-in-the-industrial-space.

19 미디어와 엔터테인먼트같이 정보가 풍부한 업계들이 직면한 도전 과제들의 뛰어난 해결 방법들을 보고 싶다면 다음을 참조하라. Robert Tercek, *Vaporized; Solid Strategies for Success in a Dematerialized World* (Vancouver: LifeTree Mdeia, 2015)

제3장

1 Kyle Reissener, "산업계의 페이스북 : 이동성+데이터+분석은 이제 대세이다." GE (blog), June 11, 2013, www.geautomation.com/blog/facebook-for-industry-mobility-data-analytics-is-a-now-thing.

2 Robin Wauters, "차량 렌트업계의 거인 애비스 버짓 그룹, 자동차 공유 기업 집카를 5억 달러에 인수하다," Insider (blog), Next Web, accessed July 19, 2016, thenextweb.com/insider/2013/01/02/vehicle-rental-giant-avis-acquires-carsharing-company-zipcar-for-500-million/#gref. Avis announced its intent to acquire Zipcar in January 2013 and closed the deal in March 2013.

3 Robert Tercek는 우버가 뛰어들 가능성이 있는 사업 영역을 끝도 없이 길게 나열했다. Tercek, *Vaporized*, 183-84.

4 넷플리스의 추천 비디오 선정 방식에 대해 제대로 개괄하고 싶다면 다음을 참조하라. Xavier Amartiain and Justin Baillico, "Netflix Recommendations: Beyond the 5 Stars (Part I)," *Netflix Tech Blog*, April 6, 2012, techblog.netflix.com/2012/04/netflix-recommendations-beyond-5-stars.html.

5 넷플릭스가 아마존 클라우드를 선택한 이유에 대해 좀 더 자세히 알고 싶다면, "우리가 아마존 클라우드를 우리의 컴퓨팅 플랫폼으로 선택한 네 가지 이유"를 참조하기 바란다. *Netflix Tech Blog*, December 14, 2010, techblog.netflix.com/2010/12/four-reasons-we-choose-amazons-cloud-as.html. 넷플릭스가 클라우드로 옮겨가는 데는 7년이나 걸렸다고 한다. 그 이유에 대해 알고 싶으면 다음을 참조하라. Yury Izrailevsky, "넷플릭스 클라우드 이주 완료", *Netflix Media Center* (blog), February 11. 2016, media.netflix.com/en/company-blog/completing-the-netflix-cloud-migration.

6 넷플릭스는 테스트 에피소드들을 만들어 미리 시청자들의 반응을 보자는 요구 없이 〈하우스 오브 카드〉의 제작비로 1억 달러 이상을 제안했다. Roberto Baldwin, "넷플릭스, 스트리밍 분야의 HBO 채널이 되기 위해 빅데이터에 모든 걸 걸다." *Wired*, November 11, 2012, www.wired.com/2012/11/netflix-

data-gamble/. This approach shows the possibility of mitigating risks more effectively through data analytics.

7 전문가들은 처음에(그리고 심지어 지금도) 우버의 가치에 대해 다른 시각들을 갖고 있었다. Professor Aswath Damodaran's blogpost on October 12, 2015: aswathdamodaran.blogspot. com/2015/10/on-uber-rollercoaster-narrative-tweaks.html.

8 See Mark McClusky, "The Nike Experiment: How the Shoe Giant Unleashed the Power of Personal Metrics," Wired, June 22, 2009, www.wired.com/2009/06/lbnp-nike/.

9 Ibid.

10 Transcript from 2015 Nike, Inc. Investor Meeting, accessed July 27, 2016, s1.q4cdn.com/806093406/files/events/Documents/Mark-Parker_Final-Transcript-with-images.pdf.

11 나이키의 최고운영책임자(COO) 에릭 스펑크는 신발 자체를 맞춤 생산하기 위해 끊임없이 제휴 관계를 모색 중인 나이키가 디지털 지적 재산권을 소유하게 돼 미래가 밝다고 말했다.

12 매출이 약 40억 달러이던 언더 아머가 약 7억 1,000만 달러나 투자해 피트니스 운동 앱 기업 3개를 인수했다는 건 대단한 일이다. Adam Lashinsky의 글 "언더 아머는 웨어러블 피트니스 기술로 덕을 볼 수 있을까?" *Fortune*, January 6, 2016, www.fortune.com/2016/01/14/under-armour-fitness-wearables/.

13 Parmy Olson, "Silicon Valley's Latest Threat: Under Armour," *Forbes*, September 30, 2015, www.forbes.com/sites/parmyolson/2015/09/30/kevin-plank-under-armour-apps-technology/#5fda25004b25

14 Ibid.

15 "언더 아머와 IBM, IBM 왓슨의 힘을 빌어 개인 건강과 피트니스 변화에 나서다", news release on IBM Website, January 6, 2016, www-03.ibm.com/press/us/en/pressrelease/48764.wss.

16 2015년에 발표된 실험들의 목록을 알고 싶다면 2015년 Ford Smart Mobility 소식지 참조. media.ford.com/content/dam/fordmedia/North%20America/US/2015/01/07/FordSmartMobilityMap.pdf.

17 "Mobility: The First Step" in *Sustainability Report* 2014/15, Ford Motor Company, accessed July 19, 2016, corporate.ford.com/microsites/sustainability-report-2014-15/mobility.html.

18 Ibid.

19 자동차 업계 외로 사업 범위를 확대하기 위해 독립적인 자회사를 설립한다는 포드의 발표를 보고 싶다면 다음 기사를 참조하라. "이동성 서비스 개발 및 투자를 위해 포드 스마트 모빌리티 사 설립. 이 자회사 회장으로는 Jim Hackett 지명." news release on For Motor Company Media Center website, March 11, 2016, media.ford.com/content/fordmedia/fna/us/en/news/2016/03/11/ford-smart-mobility-llc-established--jim-hackettnamed-chairman.html.

20 Bill Ford quoted in Joseph White, "Ford Chairman: 'We Are in an Experimental Stage,'" *Forbes*, January 11, 2016, fortune.com/2016/01/11/bill-ford-experiment-future-business-strategy.

21 "CEO Letter," GE 2014 *Annual Report*, GE, accessed July 19, 2016, www.ge.com/ar2014/ceo-letter.

22 Ibid.

23 "GE's Jeff Immelt on "Digitizing in the Industrial Space," *McKinsey & Company*, October 2015.

24 구글 헬스는 래리 페이지가 최고경영자로 새로 부임한 2011년에 문을 닫았다. Brian Dolan의 기사 "구글 헬스가 실패한 열 가지 이유" 참조. *MobiHealthNews*, June 27, 2011, mobihealthnews.com/11480/10-reasons-why-google-health-failed.

25 See Verily website, accessed June 30, 2016, verily.com.

26 "존슨앤존슨, 구글의 베릴리와 손잡고 버브 서지컬 사 설립 발표," corporate announcement on Johnson & Johnson website, December 10, 2015, www.jnj.com/news/all/Johnson-johnson-Announces-Formation-of-Verb-Surgical-Inc-in-Collaboration-With-Verily.

27 노화 문제에 대한 알파벳의 깊은 관심은 캘리코 연구소의 설립을 통해서도 여실히 드러난다. www.

calicolabs.com

28 애플은 그간 의료 문제에 관한 한 장기적인 관점을 유지해 왔다. Arielle Duhaime-Ross의 기사 "애플, 최초의 케어킷 앱들을 출시하면서 의료 분야에 바로 뛰어들다" April 28, 2016, www.theverge.com/2016/4/28/11510590/carekit-apple-apps-glow-start-one-drop-diabetes-depression-pregrancy.

29 See HealthVault website, www.healthvault.com.

30 IBM이 왓슨 컴퓨터의 최대 활용처로 생각하는 분야들 중 하나가 의료 분야이다. the IBM Watson Health website, www.ibm.com/smarterplanet/us/en/ibmwatson/health.

31 우버의 크리스 메시나가 이 말을 만들어낸 걸로 알려져 있다. 2016년 1월 29일자 그의 블로그 포스트를 참고하라. medium.com/chris-messina/2016-will-bethe-year-of-conversational-commerce-1586e85e3991#.w496byozd.

32 Yongdog Wang, "당신의 가장 친한 다음 새 친구는 아마 로봇이 될 것이다." *Nautilus* (blog), February 4, nautil.us/issue/33/attraction/your-next-new-best-friend-might-be-a-robot.

33 Ibid.

34 Steve Dent, "당신의 아마존 에코에 새로운 특징들을 추가해 달라고 부탁해 보라." *engadget* (blog), June 28, 2016, www.engadget.com/2016/06/28/ask-alexa-to-add-new-features-to-your-amazon-echo.

35 Ibid.

36 "Swisscom Start-Up Challenge—A Unique Opportunity for Swiss Start-Ups," Swisscom, accessed July 19, 2016, www.swisscom.ch/en/business/start-up/swisscom-startup-challenge.html.

37 Ingrid Lunden, "BBVA Shuts In-House Venture Arm, Pours $250M into New Fintech VC Propel Venture Partners," *Tech Crunch*, February 11, 2016, accessed July 19, 2016, techcrunch.com/2016/02/11/bbva-shuts-in-houseventure-arm-pours-250m-into-new-fintech-vc-propel-venture-partners.

38 Dsamaniego, "Step Inside the Eureka Innovation Lab," *Unzipped* (blog), Levi Strauss & Co., September 22, 2014, accessed July 19, 2016, www.levistrauss. com/unzipped-blog/2014/09/step-inside-the-eureka-innovation-lab.

39 See Project Jacquard website, accessed July 19, 2016, atap.google.com/jacquard.

40 Warren Berger, "How Brainstorming Questions, Not Ideas, Sparks Creativity," Fast Company & Inc., June 6, 2016, www.fastcodesign.com/3060573/how-brainstorming-questions-not-ideas-sparks-creativity.

41 "Next47: Siemens Founds Separate Unit for Startups," Siemens Global, June28, 2016, www.siemens.com/press/en/feature/2016/corporate/2016-06-next47.php?content[]=Corp.

42 정보기술 투자를 전략적 옵션들로 봄으로써, 나와 내 동료는 전략적 옵션 내비게이터를 개발해 냈다. 비록 그것이 미친 듯한 닷컴 붐 속에 개발되었고 그 시기는 워낙 불확실한 시기였음에도 불구하고, 그 다양한 옵션들의 전반적인 아이디어는 지금까지도 적용되고 있다. N. Kulatilaka and N. Venkatraman, "Strategic Options in the Digital Era," *Business Strategy Review* vol. 12, no. 4 (2001): 7-15. For a broader discussion on real options, see Martha Amram and Nalin Kulatilaka, *Real Options: Managing Strategic Investments in an Uncertain World* (Boston: HBS Press, 1998).

43 "Inside P&G's digital revolution," *McKinsey Quarterly*, November 2011, www.mckinsey.com/industries/consumer-packaged-goods/our-insights/inside-p-and-ampgs-digital-revolution.

제4장

1 Adam Bryant, "Satya Nadella, Chief of Microsoft, on His New Role," *New York Times*, February 20, 2014, www.nytimes.com/2014/02/21/business/satya-nadella-chief-of-microsoft-on-his-new-role.html.

2 "Nest Labs Introduces World's First Learning Thermostat," Nest, October 25, 2011, retrieved June 30, 2016, nest.com/press/nest-labs-introduces-worlds-first-learning-thermostat.

3 Ibid.

4 "Nest Protect: The Smoke + Carbon Monoxide Alarm Reinvented," Nest, October 8, 2013, retrieved June 30, 2016, nest.com/ie/press/nest-protect-the-smoke-carbon-monoxide-alarm-reinvented.

5 Google acquired Nest Labs in January 2014. See "Welcome Home," Nest, January 13, 2014, retrieved June 30, 2016, nest.com/blog/2014/01/13/welcome-home.

6 See "Works with Nest," Nest, accessed June 30, 2016, nest.com/works-with-nest.

7 See "A Home that Adapts to You," Honeywell, accessed June 30, 2016, yourhome.honeywell.com/lyric.

8 "Leaving the Nest," Nest, June 3, 2016, accessed June 30, 2016, nest.com/blog/2016/06/03/leaving-the-nest.

9 "Accor Launches Its Digital Transformation 'Leading Digital Hospitality,'" *Individual Shareholders'* Webzine, Accor hotels, December 2014, accessed July 19, 2016, webzine-actionnaires.accorhotels-group.com/en/article/35/ACCOR_LAUNCHES_ITS_DIGITAL_TRANSFORMATION_LEADING_DIGITAL_HOSPITALITY.html.

10 2012년 1월 11일 라스베이거스에서 열린 2012년도 국제전자제품전시회(CES)에서 행해진 다음과 같은 연설문에서 발췌된 것임. "라스베이거스에서 열린 2012년도 국제전자제품전시회에 참석한 메르스-벤츠 : 메르스데스-벤츠는 지금 독립선언서의 새 장을 써내려가고 있습니다." accessed June 30, 2016, Media.daimler.com/marsMediaSite/en/instance/ko/Mercedes-Benz-at-the-2012-International-CES-in-Las-Vegas-Mer.xhtml?oid=9917742.

11 Quoted in "BMWs That Can Buy Morning Coffee Tempt Apple, Google to Road," *Advertising Age*, July 6, 2015, accessed July 19, 2016, adage.com/article/digital/bmws-buy-morning-coffee-tempt-apple-google-road/299344.

12 구글의 자율주행 자동차 프로젝트 웹사이트를 참고하라. accessed July 27, 2016, www.google.com/selfdrivingcar. 그 웹사이트에 특히 이런 글이 있다. "우리는 그간 150만 마일 이상을 자율주행 테스트를 해와, 축적된 주행 거리가 무려 75년간의 도로 주행 거리(연간 약 1만 3,000마일씩 주행하는 평균적인 미국 성인의 기준에서)와 맞먹는다."

13 구글은 미국 특허번호 8,078,349를 받았다. 2011년 12월 31일 "혼합 모드 차량에서 자동 모드 차량으로의 변화."

14 Marco della Cava and Brent Snavely, "구글과 피아트, 100대의 자율주행 미니밴 제작 계약 체결," Detroit Free Press, May 3, 2016, accessed July 26, 2016, www.freep.com/story/money/cars/2016/05/03/google-fiat-chrysler-fca-self-driving-cars-chrysler-pacifica/83891878.

15 Lulu Yilun Chen, "Apple's Cook Struck $1 Billion Deal With China's Didi in 22 Days," *Bloomberg*, May 13, 2016, accessed July 26, 2016, www.bloomberg.com/news/articles/2016-05-13/apple-s-cook-struck-1-billion-deal-with-china-s-didi-in-22-days.

16 Quoted in William Boston and Eric Sylvers, "Auto Makers Gear up to Take on the Challenge from Google and Apple," *Wall Street Journal*, March 5, 2015, www.wsj.com/articles/auto-makers-gear-up-to-take-on-the-challenge-from-google-and-apple-1425417019.

17 See Sam Oliver, "Automakers in Geneva Cautious, 'Concerned' about 'Disruptive Interloper' Apple," Appleinsider, March 3, 2015, accessed August 27, 2016, appleinsider.com/articles/15/03/03/

automakers-in-geneva-cautious-concerned-about-disruptive-interloper-apple.

18 "BMWs That Can Buy Morning Coffee," *Advertising Age*.

19 "연결된 차량들 : 기술 플랫폼으로서의 자동차들. 포드의 돈 버틀러와 함께." interviewed by Michael Krigsman and Vala Afshar, CXO Talk, podcast audio #109, May 8, 2015, www.cxotalk.com/connected-vehicles-automobiles-technology-platform-don-butler-ford. Also discussions with Ford Silicon Valley executives in 2013. 2013년에 포드 실리콘 밸리 경영진과도 논의했음.

20 지난 20년 넘게 그렇게 많은 사업 전략 전문가들이 디지털 혁신과 변화의 사이클에 대해 논의해 온 상황이어서, 아직 디지털 변화의 잠재 위협에 대해 제대로 이해 못 하는 관리자가 있다면 입이 열 개라도 할 말이 없을 것이다.

21 See W. Chan Kim and Renée Mauborgne, "What Is Blue Ocean Strategy?," Blue Ocean Strategy, accessed July 20, 2016, www.blueoceanstrategy.com/what-is-blue-ocean-strategy.

22 제프리 무어는 5개 영역, 즉 범주의 힘, 기업의 힘, 시장의 힘, 제안의 힘, 실행의 힘이 포함된 '힘의 계층들'이란 개념을 도입했는데, 이 힘의 계층들은 서로서로 보완을 해 많은 옵션들 사이에 자신만의 독특한 자리를 차지한다. Geoffrey A. Moore, *Escape Velocity: Free Your Company's Future from the Pull of the Past* (New York: Harper Business, 2011).

23 노키아는 지도 관련 기업 히어(HERE)를 28억 유로의 기업 가치를 인정받고 자동차 업계 콘소시엄에 팔기로 협약을 맺으면서 다음 단계의 변화를 마무리지었다." Nokia, August 3, 2015, accessed June 30, 2016, company.nokia.com/en/news/press-releases/2015/08/03/nokia-completes-next-stageof-transformation-with-agreement-to-sell-here-to-automotive-industryconsortium-at-an-enterprise-value-of-eur-28-billion.

24 Stephen Pulvirent, "TAG Heuer, Google Release First Swiss Luxury Smartwatch: All the Details," *Bloomberg Pursuits*, November 9, 2015, www.bloom-berg.com/news/articles/2015-11-09/tag-heuer-connected-watch-fromgoogle-and-intel-specs. See also "TAG Heuer Connected Watch with Intel Inside," Intel, accessed July 20, 2016, www.intel.com/content/www/us/en/wearables/tag-heuer-connected-watch.html.

25 For a list of acquisitions supporting Walmart's @WalmartLabs initiative, see "Acquisitions," @WalmartLabs, accessed June 30, 2016, www.walmartlabs. com/about/acquisitions.

26 "GM to Acquire Cruise Automation to Accelerate Autonomous Vehicle Development," announcement on GM website, March 11, 2016, accessed June 30, 2016, media.gm.com/media/us/en/gm/home.detail.html/content/Pages/news/us/en/2016/mar/0311-cruise.html.

27 As reported by Mike Ramsey, "Toyota Hires Entire Staff of Autonomous-Vehicle Firm," *Wall Street Journal*, March 9, 2016, www.wsj.com/articles/toyota-grabs-tech-talent-by-hiring-entire-jaybridge-staff-1457553870.

28 Bruce Upbin, "Monsanto Buys Climate Corp For $930 Million," *Forbes*, October 2, 2013, accessed July 27, 2016, www.forbes.com/sites/bruceupbin/2013/10/02/monsanto-buys-climate-corp-for-930-million/#6f28307a5ae1.

29 *NYT Innovation Report 2014*, accessed June 30, 2016, www.scribd.com/doc/224332847/NYT-Innovation-Report-2014.

제5장

1 Theodore Levitt, "Marketing Myopia," *Harvard Business Review* 38 (July-August 1960), 24-47.

2 "About Facebook," Facebook, accessed June 30, 2016, www.facebook.com/facebook/info.

3 "About Tesla," Tesla Motors, accessed June 30, 2016, www.teslamotors.com/about.

4 Ibid.

5 Ibid.

6 Marta Falconi, "At Novartis, the Pill Is Just Part of the Pitch," *Wall Street Journal*, January 1, 2013, retrieved June 30, 2016, www.wsj.com/articles/SB10001424127887323635504578213801060673708.

7 인더스트리 4.0은 일련의 기술들이 어떻게 제조업에 영향을 주고 또 여러 기업들에 걸쳐 공급망을 확대하는지와 관련된 것이다. 정보기술로 가능해지는 사업 변화에 대한 1990년대의 연구에서 나는 이를 사업 네트워크 리디자인이라 불렀다. 이제 사물 인터넷, 데이터, 각종 분석법, 클라우드 컴퓨팅 같은 다양한 기술들 덕에 지난 20세기 때보다 더 광범위한 생산 네트워크가 가능하다. Germanyu Trade and Invest, *Industrie 4.0: Smart Manufacturing for the Future* (Berlin: Germany Trade and Invest, 2014), www.gtai.de/GTAI/Content/EN/Invest/_SharedDocs/Downloads/GTAI/Brochures/Industries/industrie4.0-smart-manufacturing-for-the-future-en.pdf.

8 이 회사는 인더스트리 4.0의 잠재력에 대한 평가들 중에서 대표적인 사례이다. Cornelius Baur and Dominik Wee, "Manufacturing's Next Act," McKinsey & Company, June 2015, accessed July 20, 2016, www.mckinsey.

9 시스템 통합을 마스터하려면 그 안에 컴퓨터 과학에 대한 지식이 포함되어야 하지만, 솔루션 통합을 마스터하려면 컴퓨터 과학과 사업 모두에 대한 통합적인 지식이 필요하다는 걸 강조하고 싶다. 폭넓은 전문지식과 깊이 있는 기술 관련 지식이 두루 필요한 것이다.

10 IBM이 웨더 컴퍼니의 역량과 자산들을 통합한 것은 그렇게 그 분야의 전문지식을 획득해 솔루션 통합자가 되기 위해서였다. 웨더 컴퍼니의 웹사이트 business.weather.com을 참조하라.

11 IBM은 기업 재창조에 필요한 새로운 역량들을 획득하기 위해 이후에도 여러 차례 중요한 기업 인수를 해오고 있다. IBM 왓슨 헬스를 통해 트루븐 헬스 애널리틱스를 인수한 것이 그 좋은 예이다. IBM, April 8, 2016, www-03.ibm.com/press/us/en/pressrelease/49474.wss.

12 IBM과 애플은 양사의 오랜 차이점들에도 불구하고 사업용으로 만들어진 애플 아이패드에서 돌아갈 차세대 기업용 앱들을 개발하기 위해 서로 제휴 관계를 맺었다. "IBM MobileFirst for ios iOS," IBM, accessed July 20, 2016, www.ibm.com/mobilefirst/us/en/mobilefirst-for-ios/

13 David Kesmodel, "Monsanto to Buy Climate Corporation for 930 Million; Loss Widens," *Wall Street Journal*, October 2, 2013, accessed July 27, 2016, www.wsj.com/articles/SB10001424052702304176904579111042198455468.

14 David S. Evans and Richard Schmalensee, *Matchmakers: The New Economics of Multisided Platforms* (Cambridge, MA: Harvard Business Review Press, 2016), 210.

15 GM의 메이븐은 매끄러운 이동성을 가능하게 해주는 자동차 공유 서비스 프로그램으로, 현재 GM 자동차들은 물론 OnStar 같은 관련 기술들과 애플 CarPlay와도 연결되어 있다. "About", Maven, accessed June 30, 2016, www.mavendrive.com/#!.

16 무블은 다임러의 자회사로, 다임러가 인수한 기업들이 몇 포함되어 있으며, 도시 내에서의 이동성 재창조를 목표로 삼고 있다. See, Moovel, accessed June 30, 2016, www.moovel.com/en/US.

17 Gautham Nagesh, "Mary Barra's Road Map for GM Centers on Customer Data, Connectivity," *Wall Street Journal*, October 25, 2015, www.wsj.com/articles/mary-barras-road-map-for-gm-centers-on-customer-data-connectivity-1445824801.

18 Ibid.

19 2015년 1월 6일, 포드는 자신들의 미디어 센터 뉴스 전송과 관련된 이동성 실험에 대한 시리즈 광고를 내보냈다. 그 좋은 예가 "이동성 실험: 편한 주차". Ford Motor Company, January 6, 2015, media.ford.com/content/fordmedia/fna/us/en/news/2015/01/06/mobility-experiment-painless-parking-london.html.

20 Horst W.J. Rittel and Melvin M. Webber, "Dilemmas in a General Theory of Planning," *Policy Sciences 4* (1973), 155-69.

21 John C. Camillus, *Wicked Strategies* (Toronto: University of Toronto Press, 2016).

22 스탠퍼드대학교 디자인 스쿨은 디자인적 사고 분야에서 혁신의 선봉에 서 있는 교육 기관이다. ds-chool.stanford.edu.

23 아이데오는 '디자인적 사고' 하면 반드시 거론되는 기업이다. www.ideo.com.

24 See "Our Story," Embrace, accessed July 21, 2016, embraceglobal.org/about-us.

25 Ranjay Gulati, *Reorganize for Resilience: Putting Customers at the Center of Your Business* (Cambridge, MA: Harvard Business Review Press, 2010).

26 가장 유명한 예들 중 하나가 바다 위에서 경도를 찾는 문제를 해결하는 것이었다. 전통적인 사고방식에 따르면 거지만, 아이작 뉴턴 같은 사람들은 그 해결책을 천문학에서 찾아야 한다고 생각했다. 그러나 정작 최종 해결책이 나온 것은 시간 측정학과 천문학의 교차 지점에서였다. 목수이자 시계 제조업자인 존 해리슨이 오늘날까지도 쓰이고 있는 그 해결책을 찾아낸 걸로 알려져 있다. "The History," Longitude Prize, accessed July 21, 2016, longitudeprize.org/history. *Dava Sobel, Longitude: The True Story of a Lone Genius Who Solved the Greatest Scientific Problem of His Time* (New York: Walker Books, 2007).

27 프록터앤갬블은 2000년 이후 자신들의 '연결+발전' 프로그램'에 많은 걸 쏟아왔다. www.pgconnectdevelop.com.

28 See "Innovate with InnoCentive," InnoCentive, accessed July 21, 2016, www.innocentive.com.

29 Quoted in Steve Lohr, *Data-Ism: Inside the Big Data Revolution* (New York: Harper Business, 2015), 61.

제6장

1 Quoted in Carmine Gallo, "Steve Jobs: The World's Greatest Storyteller," Forbes, October 8, 2015, www.forbes.com/sites/carminegallo/2015/10/08/steve-jobs-the-worlds-greatest-business-storyteller/#325cd8d6bfe3.

2 산업 구조의 변화에 대한 학문적 접근을 보고 싶다면, Timothy F. Bresnahan과 Shane Greenstein의 "컴퓨터 업계의 기술 경쟁과 구조"를 참조하라. *Journal of Industrial Economics*, vol. 47 no. 1 (1999), 1-40. Andy Grove's discussion of the shift from vertical to horizontal integration of the computer industry in his book *Only the Paranoid Survive: How to Exploit the Crisis Points that Challenge Every Company* (New York: Doubleday, 1999), 39-51.

3 1985년 6월 25일에 쓴 한 서신에서 빌 게이츠는 애플 측을 향해 맥킨토시 생태계를 구축하라고 권고하면서 이렇게 적고 있다. "'표준적인' 컴퓨터 시스템 구조에 대한 독립적인 투자가 증가하고 있고, 그에 따라 그 컴퓨터 시스템 구조의 추진력 또한 커지고 있습니다. 이제 우리 업계는 애플이 다른 개인용 컴퓨터 제조업체들의 지지와 그로 인한 신뢰 없이 자체적인 혁신 기술로만으로는 표준을 만든다는 게 불가능한 상황에 와 있습니다. 따라서 애플은 추진력을 살리고 표준을 설정하는 데 필요한 지지를 얻기 위해 맥킨토시 시스템 구조를 공개해야 하며……. 마이크로소프트는 이 전략을 수행하기 위해 기꺼이 애플을 도울 용의가 있습니다. 우리는 주요 컴퓨터 제조업체들과 그들의 전략 및 장점을 잘 알고 있습니다. 우리는 또 OE Ming 시스템 소프트웨어에 대한 경험도 많습니다." scripting.com/specials/gatesLetter/text.html.

4 See Merchant Customer Exchange (MCX), accessed on June 30, 2016, www.mcx.com.

5 "Walmart Introduces Walmart Pay," *Business Wire*, December 10, 2015, www.businesswire.com/news/home/20151209006572/en/Walmart-Introduces-Walmart-Pay.

6 Steve Cheney, "System Wide Network Effects in Mobile," blog post on his website, July 6, 2015, stevecheney.com/system-wide-network-effects-in-mobile.

7 Ibid.

8 1980년대에 정치학자 Jeseph S. Nye Jr.는 소프트 파워(외교 관계에 적용되는 시장의 힘의 경제 분야 버전)이라는 말을 만들어냈다. 나는 이 개념이 생태계의 지휘를 잘 설명해 주는 개념이라고 생각한다. Joseph S. Nye Jr., *Soft Power: The Means to Success in World Politics* (New York: Public Affairs, 2004).

9 그 대표적인 예가 애플과 음원 스티리밍 서비스 기업 스포티파이 간의 갈등이다. Joh Paczkowski, "Apple Slams Spotify, Says App Already Violates App Store Rules," July 1, 2016, accessed July 12, 2016, www.buzzfeed.com/johnpaczkowski/apple-fires-back-at-spotify-for-asking-for-preferentialtrea? utm_term=.ecpnmOl8J#.rl9z4O1xq.

10 See Chapter 5, note 4.

11 See "Capital Markets Day—2015 London, September 9th," presentations and discussions on ABB website, accessed July 25, 2016, new.abb.com/investorrelations/financial-results-and-presentations/capital-markets-day-2015.

제7장

1 Lawrence M. Fisher, "Preaching Love Thy Competitor," *New York Times*, March 29, 1992, accessed July 22, 2016, www.nytimes.com/1992/03/29/business/preaching-love-thy-competitor.html. See also Charles Bruno, "Big Red Keeps Rolling," Network World, October 4, 1995, 50.

2 Quoted in Walter Isaacson, *Steve Jobs* (New York: Simon & Schuster, 2011).

3 Steve Jobs comments during Apple's all-hands meeting in January 2010 as reported in the New York Times on March 14, 2010. Brad Stone and Miguel Helft, "Apple's Spat with Google Is Getting Personal," *New York Times*, March 14, 2010, B1, www.nytimes.com/2010/03/14/technology/14brawl. html?pagewanted=all&_r=0.

4 As quoted by Joel Rosenblatt and Adam Satariano, "Google Paid Apple $1 Billion to Keep Search Bar on iPhone," *Bloomberg Technology* (blog), January 21, 2016, accessed July 1, 2016, www.bloomberg.com/news/articles/2016-01-22/google-paid-apple-1-billion-to-keep-search-bar-on-iphone. Based on court documents filed during a lawsuit between Oracle and Google over Java software.

5 Quoted in Charles Bruno, "Big Red Keeps Rolling," Network World, October 4, 1995, 50.

6 Adam Brandenburger and Barry Nalebuff, *Co-opetition: A Revolutionary Mindset that Combines Competition and Cooperation* (New York: Currency Doubleday, 1996).

7 Quoted in Russell Hotten, "Carmakers Face Challenge from Google and Apple," BBC News, March 4, 2015, accessed July 27, 2016, www.bbc.com/news/business-31720645.

8 "TAG Heuer, Google and Intel Announce Swiss Smartwatch Collaboration," Intel, March 19, 2015, accessed July 22, 2016, newsroom.intel.com/news-releases/tag-heuer-google-and-intel-announce-swiss-smartwatch-collaboration.

9 조 벨포어, "레노버, 윈도즈 10과 연결성에서 최상의 결과를 끌어내줄 새로운 PC들 출시." 2015년 10월 19일 자 윈도즈 웹사이트에 올린 블로그 포스트. accessed July 22, 2016, blogs. windows.com/windowsexperience/2015/10/19/lenovo-introduces-great-new-pcs-to-bringout-the-best-in-windows-10-and-connectivity.

10 Tom Warren, "레노버, 경쟁 제품이라며 마이크로소프트의 서피스 판매 거절." *Verge*, October 16, 2015, accessed July 22, 2016, theverge.com/2015/10/16/9549183/lenovo-refused-to-sell-microsoft-surface-pro-3.

11 Academic research has focused on capabilities during the last two decades. Prof. Paul Pavlou and Omar El Sawy introduce the ideas of improvisational capabilities in the context of product development, which could be usefully extended to multi-firm settings under coopetitive conditions. For their original work, see Paul A. Pavlou and Omar A. El Sawy, "The Third Hand: IT-Enabled Competitive Advantage in Turbulence through Improvisational Capabilities," *Information Systems Research*, vol. 21, no. 3 (2008): 443-71.

12 "Google: signs of mortality?" in *WPP, Annual Report and Accounts 2009*, accessed July 22, 2016, www.wpp.com/annualreports/2009/what-we-think/new-markets-new-media-and-consumer-insight-by-sir-martin-sorrell/googlesigns-of-mortality.html. In this document, Sir Martin Sorrell, chief executive officer, uses the spelling "frienemy," which was modified by the Financial Times to be "frenemy."

13 Sir Martin Sorrell, "What We Think," in *WPP, Annual Report* 2012, p. 88, accessed July 22, 2016, www.wpp.com/wppataglance/2013/pdf/what-we-think/sirmartin-sorrells-article.pdf.

14 Sir Martin Sorrell, in *WPP, Annual Report and Accounts 2015*, accessed July 22, 2016, www.wpp.com/annualreports/2015/what-we-think/the-case-for-sticking-your-neck-out/#data-big-getting-bigger.

15 바볼랏은 Babolat Play 앱을 만들어 테니스 선수들이 자신들의 게임을 아주 자세히 추적하고 분석하고 평가할 수 있게 해주었다. "Babolat Play", Babolat, accessed July 1, 2016, en.babolatplay.com.

제8장

1 IBM의 딥 블루는 체스 세계 챔피언을 6게임에서 이겼다. 두 차례 승리는 IBM에게, 한 차례 승리는 개리 카스파로프에게 돌아갔고, 세 차례 승부는 무승부였다. "Deep Blue," IBM 100, accessed July 1, 2016, www-03.ibm.com/ibm/history/ibm100/us/en/icons/deepblue.

2 IBM 왓슨의 승리로 게임이 끝난 뒤, 이 인기 있는 TV 퀴즈 쇼에서 74번이나 우승한 켄 제닝스는 이렇게 적었다. "나는 개인적으로 우리의 새로운 컴퓨터 지배자들을 환영한다." Adam Gabbatt, "IBM Computer Watson Wins Jeopardy Clash," Guardian, February 17, 2011, theguardian.com/technology/2011/feb/17/ibm-computer-watson-wins-jeopardy.

3 IBM은 IBM 왓슨 그룹을 별도로 설립해 클라우드 기반의 인지 솔루션 개발 및 상업화에 전념케 했고, 또 생태계 구축 속도를 높이기 위해 1억 달러 규모의 벤처 투자를 감행했다. "IBM Forms New Watson Group to Meet Growing Demand for Cognitive Innovations," IBM, January 9, 2014, accessed July 1, 2016, www-03. ibm.com/press/us/en/pressrelease/42867.wss.

4 Virginia M. Rometty, "Chairman's Letter," in *2015 Annual Report*, IBM, accessed July 27, 2016, www.ibm.com/annualreport/2015/chairmans-letter.

5 나는 지금 오늘날 가장 대표적인 예로 IBM 왓슨을 거론하고 있지만, 꼭 그 컴퓨터뿐 아니라 인지 능력을 가진 컴퓨터 전체를 얘기하고 있는 것이다.

6 Satya Nadella, "The Partnership of the Future," *Slate*, June 28, 2016, accessed July 24, 2016, www.slate.com/articles/technology/future_tense/2016/06/microsoft_ceo_satya_nadella_humans_and_a_i_can_work_together_to_solve_society.html.

7 For more details on cloud robotics, see "Cloud Robotics and Automation," University of California, Berkeley, accessed July 27, 2016, project on cloud robotics and automation. goldberg.berkeley.edu/cloud-robotics.

8 Carl B. Frey and Michael A. Osborne, "The Future of Employment: How Susceptible are Jobs to Computerization?" Oxford Martin School working paper, September 17, 2013, www.oxfordmartin.

ox.ac.uk/downloads/academic/The_Future_of_Employment.pdf.

9 "EPS Estimates Down for J.M. Smucker in Past Month," *Forbes*, October 12, 2015, accessed July 24, 2016, www.forbes.com/sites/narrativescience/2015/10/12/eps-estimates-down-for-j-m-smucker-in-past-month/#424e0f7a45da.

10 "What Is Watson?" IBM Watson, accessed July 24, 2016, www.ibm.com/watson/what-is-watson.html.

11 Tom Davenport and Julia Kirby, *Only Humans Need Apply: Winners & Losers in the Age of Smart Machines* (New York: Harper Business 2016). 이 책에서 두 저자는 확대의 필요성과 도전 과제들에 대해 자세히 논하고 있다. 요즘 스마트 머신들의 '스마트함'에 대해서도 논하고 있다. 저자들은 또 기업에서 인간의 재능이 계속 필요한 다섯 가지 일, 그러니까 큰 그림을 그려내는 통찰력을 개발하는 일, 컴퓨터들이 잘 하지 못하는 영역들을 처리하는 일, 컴퓨터 프로그래머로 참여하는 일, 전문화된 영역들의 전문화된 업무들을 처리하는 일, 새로운 방법 및 시스템들을 개발하는 일에 대해서도 논하고 있다.

12 Bureau of Labor Statistics, US Department of Labor, economic news release, July 12, 2016, www.bls.gov/news.release/jolts.nr0.htm.

13 Jerry Kaplan, *Humans Need Not Apply: A Guide to Wealth and Work in the Age of Artificial Intelligence* (New Haven, CT: Yale University Press, 2015), 5.

14 Ibid.

15 보스턴에 있는 리싱크 로보틱스는 차세대 협동 로봇 개발의 선두주자들 가운데 하나이다. www.rethinkrobotics.com

16 Gary Kasparov, "The Chess Master and the Computer" *New York Review of Books*, February 11, 2010, www.nybooks.com/articles/2010/02/11/the-chess-master-and-the-computer.

17 Interview quoted in Sam Byford, "DeepMind Founder Demis Hassabis on How AI Will Shape the Future," Verge, March 10, 2016, www.theverge.com/2016/3/10/11192774/demis-hassabis-interview-alphago-google-deepmind-ai.

18 Mark Zuckerberg, post on Facebook page, January 26, 2016, www.facebook. com/zuck/posts/10102619979696481.

19 Airbnb acquired the talent of ChangeCoin in the form of "aqui-hire." See Ian Karr and Joon Ian Wong, "Airbnb Just Acquired a Team of Bitcoin and Blockchain Experts," Quartz, April 12, 2016, accessed July 24, 2016, qz.com/657246/airbnb-just-acquired-a-team-of-bitcoin-and-blockchain-experts.

20 Erik Brynjolfsson and Andrew McAfee, *The Second Machine Age: Work Progress and Prosperity in a Time of Brilliant Technologies* (New York: W.W. Norton, 2014).

21 L2에서 내놓은 2015년도 분석에 따르면, 1,000명이 넘는 경영인들이 최고 브랜드의 소비재 업계를 떠나 디지털 거인들에 합류했다. 이는 어떤 특정 방향으로의 보다 큰 잠재적 추세를 보여주는 전조는 아닐지 몰라도, 다른 방식으로 강력한 기계들을 다룰 수도 있었던 재능 있는 인간들과 관련된 문제여서 주시할 필요가 있다. Sir Martin Sorrell cited in Mindi Chahal, "Sir Martin Sorrell on Digital, Cost-Cutting and Client-Agency Relationships," Marketing Week, February 4, 2016, accessed July 24, 2016, www.marketingweek.com/2016/02/04/sir-martin-sorrell-on-digital-costcutting-and-client-agency-relationships.

22 Laszlo Bock, *Work Rules! Insights from Inside Google That Will Transform How You Live and Lead* (New York: Hachette Group, 2015), 371.

23 N. Venkatraman, "Alphabet Isn't a Typical Conglomerate," *Harvard Business Review Online*, August 2015, accessed July 11, 2016, hbr.org/2015/08/alphabet-isnt-a-typical-conglomerate.

제9장

1 Peter F. Drucker, "The Theory of the Business," *Harvard Business Review*, September-October 1994, 95-104.

2 James G. March, "Exploration and Exploitation in Organizational Learning," *Organization Science*, vol. 2, no. 1 (1991): 71-87. 이 고전적인 학술적인 연구 논문 덕에 그간 조직 적응과 관련된 폭넓은 연구가 진행되어왔다.

3 D.A. Levinthal and J.G. March, "The Myopia of Learning," *Strategic Management Journal*, vol. 14 (1993), 95-112.

4 H.I. Ansoff, R.P. Declerk, and R.L. Hayes, eds., *From Strategic Planning to Strategic Management* (London: John Wiley & sons, 1976). 이 책은 내가 전략적 경영 분야에서 박사 학위를 받을 때 처음 읽은 책들 중 하나로, '약한 조짐들' 아이디어는 이후 내 사고에 깊은 영향을 주었다.

5 Douglas K. Smith and Robert C. Alexander, *Fumbling the Future: How Xerox Invented, Then Ignored the First Personal Computer* (New York: William Morrow & Co., 1988).

6 Louis M. Gerstner, *Who Says Elephants Can't Dance: Inside IBM's Historic Turnaround* (New York: Harper Collins, 2002).

7 Clayton M. Christensen, *The Innovator's Dilemma: When New Technologies Cause Great Firms to Fail* (Boston: Harvard Business Press, 1997).

8 Howard Yu, "What Pokémon Go's Success Means for the Future of Augmented Reality," Fortune, July 23, 2016, accessed July 25, 2016, fortune.com/2016/07/23/pokemon-go-augmented-reality.

9 Sunny Dhillon quoted in Igal Raichelgauz, "Pok'emon Go is Nice, but Here's What *Real* Augmented Reality Will Look Like," *VentureBeat*, July 24, 2016, accessed July 25, 2016, venturebeat.com/2016/07/24/pokemon-go-is-nice-but-heres-what-real-augmented-reality-will-look-like.

10 Claude Bernard, *An Introduction to the Study of Experimental Medicine* (US: Henry Schuman, Inc., 1949), 18. Digitized by the Internet Archive in 2014, archive.org/details/b21270557.

11 Jeff Bezos, 2014 Letter to shareholders, accessed July 25, 2016, www.sec.gov/Archives/edgar/data/1018724/000119312514137753/d702518dex991.htm.

12 See Local Motors 3D (LM3D), accessed July 25, 2016, localmotors. com/3d-printed-car.

13 Manu S. Mannoor, Ziwen Jiang, Teena James, Yong Lin Kong, Karen A. Malatesta, Winston O. Soboyejo, Naveen Verma, David H. Gracias, and Michael C. McAlpine, "3D Printed Bionic Ears," *Nano Letters*, vol. 13, no. 6 (2013): 2634-39.

14 "Aurora Flight Sciences and Stratasys Deliver World's First Jet-Powered, 3D Printed UAV in Record Time," Stratasys, November 9, 2015, accessed July 25, 2016, investors.stratasys.com/releasedetail.cfm?ReleaseID=941406.

15 Larry Page, "Larry's Alphabet Letter," on Alphabet Investor Relations page, accessed July 25, 2016, abc.xyz/investor/founders-letters/2015.

16 Niccolò Machiavelli, *The Prince*, English translation by Ninian H. Thomson, (New York: P.F. Collier & Son, 1909), originally published in Florence, 1513.

17 Gordon R. Sullivan and Michael V. Hopper, *Hope is Not a Method: What Business Leaders Can Learn from America's Army* (New York: Broadway Books, 1997).

18 Ibid.

19 John F. Kennedy, "266—Address in the Assembly Hall at the Paulskirche in Frankfurt," transcript of speech from June 25, 1963, American Presidency Project, accessed July 26, 2016, www.presidency.ucsb.edu/ws/?pid=9303.

20 Jesse Willms, "R3 Blockchain Development Initiative Grows to 22 Banks Worldwide," *Bitcoin*

Magazine, September 29, 2015, accessed July 25, 2016, bitcoinmagazine.com/articles/r-blockchain-development-initiative-grows-to-banks-worldwide-1443553081.

제10장

1 Jeff Bezos, 1997 Letter to shareholders, accessed August 2, 2016, www.sec.gov/Archives/edgar/data/1018724/000119312514137753/d702518dex991.htm.

2 David L. Rogers, *The Digital Transformation Playbook* (New York: Columbia Business School Publishing. 2016). 이 책 5장에 나오는 '집중'과 '분산'에 대한 다음과 같은 그의 의견에 특히 주목하기 바란다. "당신 기업은 현재의 핵심 사업을 개선하기 위한 혁신에서는 '집중' 실험에 전력투구할 가능성이 더 높다. 그러나 새로운 사업 분야들을 개발하고 새로운 제품, 서비스 또는 과정을 만들어내기 위한 혁신에서는 '분산' 실험에 전력투구할 가능성이 더 높다."

3 George Westerman, Didier Bonenet, and Andrew McAfee. *Leading Digital: Turning Technology into Business Transformation* (Boston: Harvard Business School Press, 2014).

4 IBM Institute for Business Value, *Device Democracy: Saving the Future of the Internet of Things* (Somers, NY: IBM Corporation, 2015), available online at www-935.ibm.com/services/us/gbs/thoughtleadership/internetofthings.

5 "The Trust Machine," *Economist* (print edition), October 31, 2015, available online at www.economist.com/news/leaders/21677198-technology-behind-bitcoin-could-transform-how-economy-works-trust-machine (pay wall or registration).

6 Peter Thiel, *Zero to One: Notes on Startups, or How to Build the Future* (New York: Crown Business, 2014), 151.

7 Julia La Roche, "Goldman Sachs Just Pulled a Silicon Valley Move," *Business Insider*, August 12, 2015, accessed July 25, 2016, www.businessinsider.com/goldman-is-making-its-trading-tech-open-source-2015-8. 골드만삭스의 앱인 사이먼은 구조화된 투자 시장과 온라인을 대표하며, 골드만삭스가 자신의 역량 토대를 재창조하는 데 도움을 주고 있다. 현재 골드만삭스의 직원 약 3만 5,000명 가운데 9,000명이 프로그래머나 엔지니어이다.

8 Nathaniel Popper, "A Gay, Latino Partner Tests Goldman's Button-Down Culture," *New York Times*, April 1, 2016, accessed July 31, 2016, www.nytimes.com/2016/04/03/business/dealbook/goldmans-tech-chief-pushes-thebank-to-be-more-open-like-him.html?_r=0.

9 Arun Sundararajan, *The Sharing Economy: The End of Employment and the Rise of Crowd-Based Capitalism* (Cambridge, MA: The MIT Press, 2016).

10 예를 들어 내가 동료 교수 발라 아이어와 이지현과 함께 행한 소프트웨어 생태계에 대한 연구에 따르면, 일련의 네트워크 구조들이 소프트웨어 생태계의 역동성을 이해하는 데 어떻게 도움이 되는지를 알 수 있다. Bala Iyer, Chi-Hyon Lee, and and N. Venkatraman, "Managing in a 'Small World Ecosystem': Lessons from the Software Sector," *California Management Review*, vol. 48, no. 3 (2006): 28-47.

11 A.R. Guess, "How PayPal Is Using Deep Learning to Root Out Fraud," *Dataversity*, March 10, 2015, accessed July 26, 2016, www.dataversity.net/paypal-using-deep-learning-root-fraud.

12 Romain Dillet, "BMW, Mobileye and Intel Are Building a Full Self-Driving Car for 2021," *Tech Crunch*, July 1, 2016, accessed July 25, 2016, techcrunch.com/2016/07/01/bmw-mobileye-and-intel-are-building-a-full-self-driving-car-for-2021.

13 컴퓨터가 인간의 일자리를 빼앗아갈 것인가 하는 문제는 그간 많은 논란을 불러일으킨 주제이다. Jerry kaplan의 *Humans Need Not Apply: A Guide to Wealth and Work in the Age of Arti ficial Intelligence* (New Haven, CA: Yale University Press, 2015)과 Tom Davenport와 Julia Kirby의 공저 *Only Humans*

Need Arpply: Winners and Losers in the Age of Smart Machines (New York: HarperBusiness, 2016)는 그 양극단을 보여주고 있는 책들이다. 인간은 본질적으로 기계보다 더 창의적이기 때문에, 나는 이 문제에 대한 답은 그 양극단 사이 어디쯤 있다고 본다.

14 Thiel, *Zero to One*, 151.

15 Andrew Grove, *Only the Paranoid Survive: How to Exploit the Crisis Points That Challenge Every Company* (New York: Doubleday Business, 1996).

16 Stephen Elop, as reported by Chris Ziegler, "Nokia CEO Stephen Elop Rallies Troops in Brutally Honest 'Burning Platform' Memo? (Update: It's Real!)," *engadget*, February 8, 2011, accessed July 27, 2016, www.engadget.com/2011/02/08/nokia-ceo-stephen-elop-rallies-troops-in-brutally-honest-burnin.

17 Kevin J. Delaney, "No One Should Have The Word 'Strategy' in Their Job Title," *Quartz*, May 12, 2016, accessed July 25, 2016, qz.com/680887/no-one-should-have-the-word-strategy-in-their-job-title.